Studien der NRW School of Governance

AF147818

Herausgegeben von
Univ.-Prof. Dr. Karl-Rudolf Korte, Universität Duisburg-Essen

Die NRW School of Governance ist eine Exzellenzinitiative am Institut für Politikwissenschaft der Universität Duisburg-Essen. Zu den zentralen Zielen der Förderung des wissenschaftlichen Nachwuchses gehört es, ausgezeichnete Arbeiten einer interessierten Öffentlichkeit zugänglich zu machen. In Kooperation mit dem Verlag Springer VS wurde deshalb die Schriftenreihe „Studien der NRW School of Governance" initiiert. Sie umfasst exzellente Projektarbeiten, Dissertationen und Forschungsergebnisse, die im Rahmen der thematischen Schwerpunkte der NRW School of Governance entstehen.

Herausgegeben von
Univ.-Prof. Dr. Karl-Rudolf Korte
Universität Duisburg-Essen

Simon Wiegand

Die Europäisierung der Energie- und Klimaschutzpolitik Nordrhein-Westfalens

Die Regierungszeit von CDU/FDP von 2005 bis 2010

 Springer VS

Simon Wiegand
Duisburg-Essen, Deutschland

Diese Arbeit wurde von der Fakultät für Politikwissenschaft der Universität Duisburg-Essen als Dissertation zur Erlangung des Doktorgrades (Dr. rer. pol.) genehmigt. Originaltitel: Die Europäisierung der Energie- und Klimaschutzpolitik Nordrhein-Westfalens in der Regierungszeit von CDU/FDP von 2005-2010. Eine politikwissenschaftliche Analyse unter besonderer Berücksichtigung des „Europäischen Energie- und Klimapakets".

Name der Gutachterinnen und Gutachter:
1. Prof. em. Dr. Heinz-Jürgen Axt
2. Prof. Dr. Andreas Blätte
Tag der Disputation: 30.01.2014

ISBN 978-3-658-07084-7   ISBN 978-3-658-07085-4 (eBook)
DOI 10.1007/978-3-658-07085-4

Die Deutsche Nationalbibliothek verzeichnet diese Publikation in der Deutschen Nationalbibliografie; detaillierte bibliografische Daten sind im Internet über http://dnb.d-nb.de abrufbar.

Springer VS
© Springer Fachmedien Wiesbaden 2015

Springer VS ist eine Marke von Springer DE. Springer DE ist Teil der Fachverlagsgruppe Springer Science+Business Media.
www.springer-vs.de

Danksagung

Eine Promotion lässt sich am besten mit einem Marathonlauf vergleichen. Am Anfang steht eine sehr lange Strecke, bei der man zu Beginn nicht mit Gewissheit sagen kann, ob und in welchem Zustand man es ins Ziel schafft. Nur eines ist gewiss: wenn man es nicht versucht, dann kann man es auch nicht schaffen. Bei der Promotion hängt die Frage, ob und wie man das Ziel erreicht nicht nur von der eigenen Motivation, der eigenen Kondition und den eigenen Fähigkeiten ab, sondern insbesondere von der Unterstützung durch das wissenschaftliche und soziale Umfeld.

An dieser Stelle möchte ich daher zunächst ganz herzlich meinem Doktorvater und Erstgutachter, Herrn Prof. em. Dr. Heinz-Jürgen Axt, danken. Seine freundschaftliche Unterstützung, seine mitreißende Motivation und seine ständige Bereitschaft, meine Ideen und Zwischenergebnisse zu diskutieren, haben wesentlich zum Gelingen meiner Dissertation beigetragen. In diesem Kontext möchte ich mich ausdrücklich auch für die zahlreichen von ihm organisierten und durchgeführten Promovenden-Workshops bedanken. Diese Workshops waren wie eine rettende Insel im Meer voller möglicher Fehler, die man im Laufe einer Promotion machen kann.

Mein Dank gilt darüber hinaus dem Zweitgutachter meiner Arbeit, Herrn Prof. Dr. Andreas Blätte, sowie den anderen Mitgliedern der Prüfungskommission: Herrn Prof. Dr. Nicolai Dose und Herrn Prof. Dr. Michael Kaeding. Herrn Prof. Dr. Karl-Rudolf Korte danke ich für das Erscheinen meiner Arbeit in der Reihe „Studien der NRW School of Governance". Ich danke ihm und dem ganzen Team der Forschungsgruppe Regieren auch für die allgemeine Unterstützung bei meinem Promotionsprojekt.

Zu Dank verpflichtet fühle ich mich außerdem meinen Interviewpartnerinnen und -partnern. Zudem danke ich Frau Anne Susanne Göbel und Herrn Dr. Jan Treibel vom Verlag Springer VS für die gute Zusammenarbeit im Rahmen der vorliegenden Publikation sowie Frau Priska Schorlemmer für die professionelle Erstellung der Druckvorlage.

Für eventuelle Fehler und für den Inhalt des Buches bin allein ich verantwortlich. Meine Arbeit wurde im Sommersemester des Jahres 2013 von der Fakultät für Gesellschaftswissenschaften der Universität Duisburg-Essen angenommen. Für die Drucklegung wurde sie an einigen Stellen abgeändert.

Zweifelsohne wäre die Fertigstellung meiner Doktorarbeit ohne die Unterstützung meiner Familie, meiner Freundinnen und Freunde sowie meiner Kolleginnen und Kollegen am Institut für Politikwissenschaft der Universität Duisburg-Essen nicht möglich gewesen. Mein ganz besonderer Dank gilt daher Yvonne Wiegand, Luca Dominik Wiegand, Erika Gehle, Wolfgang Gehle, Desiree Wiegand, Stefan Beyen, Danny Christian Habedank, Elfriede Olschewski, Roswitha Wiegand, Evelyn Möllmann, Heribert Möllmann, Sven Müller, Heiko Belker, Oliver Regitz, Yvonne Epping, Alexander Rank, Robert Rjeschni, Jasmin Rjeschni, Hoang-Dung Duong, Dipl.-Soz.-Wiss. Markus Hoffmann, Monika Bähtz, Dagmar Bäcker und Anita Weber. An dieser Stelle möchte ich insbesondere Karina Hohl M. A. und Dr. Oliver Schwarz für ihre wertvollen Hinweise und fürs Korrekturlesen danken.

Simon Wiegand
Essen, im August 2014

Vorwort des Herausgebers

Wie haben sich Landesregierung und Landtagsfraktionen in Nordrhein-Westfalen im Bereich der Energie- und Klimaschutzpolitik positioniert und wie haben sie Einfluss auf das „Europäische Energie- und Klimapaket" ausgeübt? Lässt sich am Beispiel dieses Politikfeldes zeigen, dass die deutschen Länder im europäischen Mehrebenensystem bei weitem nicht so ausgegrenzt sind wie oftmals behauptet wird? Sind vielmehr auch landespolitisch formierte Gegenstrategien erkennbar, die auf die Europäisierung der Energie- und Klimaschutzpolitik zurückwirken und damit die diagnostizierte Entparlamentarisierung der Landespolitik kompensieren können?

Mit diesen Fragen richtet der Autor seinen Fokus auf einen nur wenig beachteten Bereich der politikwissenschaftlichen Governance-Forschung. Das Verhältnis von Europäisierung und Landespolitik musste bisher einer stärkeren Beschäftigung mit der Bundesebene weichen. Für den Autor ist dies gerade deshalb problematisch, weil die unterschiedlichen Ebenen der europäischen Politik in ihrer Praxis nicht strikt hierarchisch funktionieren, mitunter staatsorganisatorisch untergeordnete Entscheidungsebenen durch diverse Umgehungsmöglichkeiten einen eigenständigen Einfluss auf die europäische Politikformulierung nehmen können. Das führt dazu, dass der Prozess der Europäisierung unter dem Einfluss besonderer, regional geprägter Parteien- und Machtverhältnisse auch politikfeldspezifische Variationen hervorrufen kann.

Die Fallauswahl hat der Autor so angelegt, dass Komplexität und Zirkularität des europäischen Mehrebenensystems deutlich sichtbar werden; und dies aus zwei Gründen. Erstens, weil Nordrhein-Westfalen als große Industrieregion von der Energie- und Klimaschutzpolitik der EU besonders betroffen ist und seine landespolitischen Akteure sich aktiv in das europäisierte Politikfeld einmischen. Und zweitens, weil trotz des Scheiterns einer europapolitisch ausgerichteten Einflussstrategie des Landes im untersuchten Beispiel die parteipolitische Dynamik europäischer Mehrebenenpolitik erkennbar gemacht werden kann. Mit großer Detailgenauigkeit zeigt der Autor, dass die Landesregierung Nordrhein-Westfalens letztlich nicht an der hierarchischen Struktur des europäischen Mehrebenensystems gescheitert ist, sondern an der parteipolitisch motivierten Strategie der Bundesregierung, die Bundeskanzlerin als „Klimakanzlerin" zu inszenieren. Es ist verblüffend, dass der Autor gerade an einem Fall des

Scheiterns die europäischen Aktionspotenziale von Landesregierungen ein-
drucksvoll umreißen kann.
    Literatur- und Quellenverzeichnis verdeutlichen die umfassende Verar-
beitung des einschlägigen empirischen Materials. Zudem greift die Analyse auf
bedeutsame Interviews mit landespolitischen Akteuren Nordrhein-Westfalens in
der 14. Wahlperiode zurück. Die Europäisierung von Landespolitik ist bisher
wohl kaum eingehender untersucht worden, insofern schließt Simon Wiegand
verdienstvoll eine empirische Lücke. Sein problemorientiertes, analytisches
Konzept und seine Ergebnisse – insbesondere seine zentrale Erkenntnis, dass die
deutschen Länder trotz vielfältiger Europäisierungsprozesse keinesfalls obsolet
geworden sind –, laden dazu ein, weitere Forschung zu Prozessen der Europäisierung auf der Bundes- und Landesebene anzuschließen.
    Für das Industrie- und Energieland Nordrhein-Westfalen, das vor der Her-
ausforderung steht, in den nächsten Jahrzehnten Klimaschutz und Wirt-
schaftsinteressen nachhaltig in Einklang zu bringen, sind die wissenschaftlichen
Erkenntnisse des vorliegenden Buches für die politische Praxis aufschlussreich
und unmittelbar relevant. Die Fallstudie offenbart nachdrücklich die Notwendigkeit für landespolitische Akteure, ihre Europafähigkeit stets zu überprüfen und
zu verbessern.

Duisburg, im Juli 2014
Univ.-Prof. Dr. Karl-Rudolf Korte
Direktor NRW School of Governance

Inhalt

Vorwort des Herausgebers 7

Tabellen- und Abbildungsverzeichnis 13

Abkürzungsverzeichnis 15

1   Einleitung 17

    1.1   Stand der politikwissenschaftlichen Forschung und
        Erkenntnisinteresse 20
    1.2   Fragestellung 31
    1.3   Methode und Inhalt 32

2   Theoretische Perspektive, begriffsdefinitorischer Teil,
    institutionelles Setting 35

    2.1   Begriffsbestimmung: Energiepolitik und
        Klimaschutzpolitik 35
    2.2   Multi-Level-Governance und Liberaler
        Intergouvernementalismus 37
    2.3   Europäisierung 41
    2.4   Neo-Institutionalismus 45
    2.5   (Sub)nationale parteipolitische Präferenzen und
        Parteienwettbewerb 47
    2.6   Landesparlamente und Landesregierungen im
        Mehrebenensystem 50

3   Der Klimawandel und seine Auswirkungen und
    Herausforderungen 61

    3.1   Die zentralen Aussagen des IPCC-Berichts im Jahr
        2007 61

3.2   Die zentralen Aussagen des Stern-Reports 64
3.3   Die zentralen Aussagen des DIW 67

**4   Europäische und deutsche klimaschutzpolitische
       Ambitionen 69**

4.1   Europäische Ambitionen 69
4.2   Bundesdeutsche Ambitionen 84

5   Industriestruktur und Treibhausgasemissionen in NRW 91

5.1   NRW als Energieland Nr. 1 91
5.2   NRW als Treibhausgas-Emissionsland Nr. 1 98

**6   Die Energie- und Klimaschutzpolitik der
       Landesregierung 109**

6.1   Die Energie- und Klimaschutzstrategie 109
6.2   Die Position zum Europäischen Energie- und
       Klimapaket 113
6.3   Die Strategie für den Politikprozess im europäischen
       Mehrebenensystem 117
6.4   Die Bewertung des Politikprozesses 127
6.5   Zwischenfazit 128

**7   Die Energie- und Klimaschutzpolitik der
       Landtagsfraktionen 135**

7.1   Die parlamentarische Arena im ersten Jahr 136
7.2   Die parlamentarische Arena im zweiten Jahr 146
7.3   Die parlamentarische Arena im dritten Jahr 158
7.4   Die parlamentarische Arena im vierten Jahr 164
7.5   Die parlamentarische Arena im fünften Jahr 180
7.6   Die Teilnahme am Politikprozess außerhalb der
       parlamentarischen Arena 186
7.7   Zwischenfazit 190

8   Fazit und theoretische Einordnung der Ergebnisse 199

Literaturverzeichnis **213**

Quellenverzeichnis **221**

Dokumente und Internetquellen 221
Interviews 238

Tabellen- und Abbildungsverzeichnis

Tabelle 1:   Treibhausgasemissionen nach Bundesländern in 2005 98

Tabelle 2:   Treibhausgasemissionen ausgewählter Staaten und Regionen
in 2010 100

Tabelle 3:   Beschäftigte und Umsätze energieintensiver Branchen in
NRW in 2010 107

Abbildung 1:   Brutto-Stromerzeugung in Deutschland und NRW in 2005 93

Abbildung 2:   Brutto-Stromerzeugung aus Braunkohle in Deutschland und
NRW in 2005 93

Abbildung 3:   Brutto-Stromerzeugung aus Steinkohle in Deutschland und
NRW in 2005 94

Abbildung 4:   Primärenergiegewinnung in Deutschland und NRW in 2005.... 95

Abbildung 5:   Primärenergiegewinnung aus Braunkohle in Deutschland
und NRW in 2005 96

Abbildung 6:   Primärenergiegewinnung aus Steinkohle in Deutschland und
NRW in 2005 97

Abbildung 7:   Treibhausgasemissionen in NRW nach Sektoren in 2010 102

Abbildung 8:   Treibhausgasemissionen in der Energiewirtschaft in
Deutschland und NRW in 2010 103

Abbildung 9:   Treibhausgasemissionen in der Industrie in Deutschland
und NRW in 2010 106

Abkürzungsverzeichnis

AdR	Ausschuss der Regionen
Art.	Artikel
BAT	Best Available Technology
BVerfG	Bundesverfassungsgericht
CCS	Abscheidung und Speicherung von CO_2 (Carbon Capture and Storage)
CDU	Christlich Demokratische Union Deutschlands
CO_2	Kohlendioxid
CALRE	Konferenz der Präsidenten der regionalen gesetzgebenden Versammlungen in der Europäischen Union (Conference of European Regional Legislative Assemblies)
COSAC	Konferenz der Ausschüsse für Gemeinschafts- und Europaangelegenheiten der Parlamente der Europäischen Union (Conference of the Committees of the national Parliaments of the European Union Member States)
CSU	Christlich-Soziale Union in Bayern e.V.
DIW	Deutsches Institut für Wirtschaftsforschung
ECCP	Europäische Programm für den Klimaschutz (European Climate Change Programme)
EG	Europäische Gemeinschaft(en)
EU	Europäische Union
EU ETS	EU-Emissionshandel (European Union Emission Trading System)
EUZBBG	Gesetz über die Zusammenarbeit von Bundesregierung und Deutschem Bundestag in Angelegenheiten der Europäischen Union
EUZBLG	Gesetz über die Zusammenarbeit von Bund und Ländern in Angelegenheiten der Europäischen Union
FDP	Freie Demokratische Partei
GG	Grundgesetz für die Bundesrepublik Deutschland
Ggf.	gegebenenfalls
IEKP	Integrierte Energie- und Klimaprogramm

IntVG	Gesetz über die Wahrnehmung der Integrationsverantwortung des Bundestages und des Bundesrates in Angelegenheiten der Europäischen Union
IPCC	Zwischenstaatlicher Ausschuss für Klimaänderungen (Intergovernmental Panel on Climate Change)
IPEX	InterParliamentary EU information eXchange
kg	Kilogramm
KWK	Kraft-Wärme-Kopplung
Mill.	Million(en)
Mrd.	Milliarde(n)
NAP	Nationaler Allokationsplan
NRW	Nordrhein-Westfalen
OECD	Organisation für wirtschaftliche Entwicklung und Zusammenarbeit (Organisation for Economic Co-operation and Development)
PJ	Petajoule
REGLEG	Versammlung der europäischen Regionen mit Gesetzgebungskompetenzen (Conference of European Regions with legislative power)
SPD	Sozialdemokratische Partei Deutschlands
t	Tonne(n)
THG	Treibhausgase
TWh	Terawattstunde(n)
u. a.	unter anderem; und andere
UNEP	Umweltprogramm der Vereinten Nationen (United Nations Environment Programme)
UNFCCC	Klimarahmenkonvention der Vereinten Nationen (United Nations Framework Convention on Climate Change)
WMO	Weltorganisation für Meteorologie (World Meteorological Organization)
z. B.	zum Beispiel

1 Einleitung

Die sozialdemokratische Ministerpräsidentin von Nordrhein-Westfalen (NRW), Hannelore Kraft, brachte im November 2010 bei Ihrer Antrittsrede als Bundesratspräsidentin im Bundesrat die energie- und klimapolitische Herausforderung für das bevölkerungsreichste Land der Bundesrepublik Deutschland wie folgt auf den Punkt:

> „Wie stärken wir gleichzeitig den Klima- und Umweltschutz auf der einen und die industrielle Basis, das sage ich auch als Politikern aus Nordrhein-Westfalen, auf der anderen Seite?"[1]

Fragen der Energie- und Klimaschutzpolitik haben in den vergangenen Jahren auf der subnationalen, nationalen, europäischen und globalen Ebene stetig an Bedeutung zugenommen. Ein Grund dafür sind die alarmierenden Aussagen des *„Zwischenstaatlichen Ausschusses für Klimaänderungen"* (IPCC) und des Stern-Reports zum Klimawandel und seinen Folgen.[2] Mittlerweile sieht ein Großteil der europäischen Wissenschaftler(innen), Politiker(innen) und Bürger(innen) den Klimawandel in ökologischer, ökonomischer und sozialer Hinsicht als eine der großen Herausforderungen des 21. Jahrhunderts an. Eine Eurobarometer-Umfrage zum Thema „Einstellungen der europäischen Bürger zum Klimawandel" aus dem Jahr 2008 belegt, dass 75 Prozent der Bürgerinnen und Bürger in der Europäischen Union (EU) (74 Prozent der Deutschen) den Klimawandel als ein sehr ernstes Problem und 15 Prozent (16 Prozent der Deutschen) als ein ziemlich ernstes Problem betrachten. Lediglich sieben Prozent der Bürgerinnen und Bürger in der EU (neun Prozent der Deutschen) sehen beim Klimawandel kein ernstes Problem.[3] Das Problem der globalen Erwärmung kann zweifelsohne

---

1   Rede von Ministerpräsidentin Hannelore Kraft anlässlich der Übernahme der Bundesratspräsidentschaft in der 876. Sitzung des Bundesrates am 05. November 2010. http://www.nrw.de/web/media_get.php?mediaid=15077&fileid=43203&sprachid=1, S. 3. Zugegriffen: 24.04.2014.

2   Zu den zentralen Aussagen des IPCC und des Stern-Reports siehe Kapitel 3.

3   Vgl. Europäische Kommission/Europäisches Parlament (Hrsg.): Spezial Eurobarometer 300. Einstellungen der europäischen Bürger zum Klimawandel. http://ec.europa.eu /public_opinion/archives/ebs/ebs_300_full_de.pdf. Zugegriffen: 06.07.2013, Brüssel 2008, S. 13.

nur transnational gelöst werden. Zu dieser Einschätzung ist auch die Europäische Union gelangt und möchte daher im Bereich des Klimaschutzes eine weltweite Vorreiterrolle einnehmen. Aus diesem Grunde versucht sie eine Energie- und Klimaschutzpolitik mit ambitionierten Zielen zu betreiben, die zunächst im Jahr 2009 in dem sogenannten „Europäischen Energie- und Klimapaket"[4] gipfelte. Die deutsche Bundesregierung zeigte sich wiederum als Motor der voranschreitenden europäischen Integration im Bereich der Energie- und Klimaschutzpolitik.

Gleichzeitig ist jedoch die Diskussion in Wissenschaft, Politik und Medien um ein Legitimitäts- und Demokratiedefizit der Europäischen Union und der europäischen Integration zum Dauerbrenner geworden. Im Mittelpunkt des deutschen Diskurses stehen u. a. Fragen: zur nationalstaatlichen Souveränität, zur Intransparenz und Ineffizienz von Politikprozessen, zur Dominanz der Exekutiven und der damit verbundenen Entparlamentarisierung in Willensbildungs- und Entscheidungsprozessen im europäischen Mehrebenensystem, zur Rolle der deutschen Parlamente und zum Bedeutungsverlust der deutschen Länder. In diesem Kontext wird auch die (zu) hohe Anzahl von Regelungen aus Brüssel thematisiert. Zwar wurde der von Kommissionspräsident Jacques Delors ins Leben gerufen 80-Prozent-Mythos[5] mittlerweile widerlegt. So lagen beispielsweise in den Jahren 2002 bis 2005 in Deutschland durchschnittlich ca. 39 Prozent der Bundesgesetze einem europäischen Impuls zugrunde.[6] Dennoch sprechen die absoluten Zahlen für sich: in den Jahren 1998 bis 2004 wurden insgesamt 18.167 EU-Verordnungen und 750 EU-Richtlinien erlassen.[7] Im Hinblick auf die Diskussion zur Rolle der deutschen Länder in Politikprozessen im euro-

---

4   Der Terminus: (integriertes) „Europäisches Energie- und Klimapaket" ist u. a. in der Politik, in den Medien und in der wissenschaftlichen Literatur gebräuchlich. Er wurde nicht vom Verfasser hervorgebracht. Er wird in der vorliegenden Arbeit lediglich zur besseren Lesbarkeit in Anführungszeichen gesetzt.

5   Jacques Delors hatte im Jahr 1998 vor dem Europäischen Parlament gesagt, dass in zehn Jahren 80 Prozent der Wirtschaftsgesetzgebung - vielleicht auch der steuerlichen und sozialen - gemeinschaftlichen Ursprungs sein werden. Siehe hierzu: Töller, Anette Elisabeth 2008: Mythen und Methoden. Zur Messung der Europäisierung der Gesetzgebung des Deutschen Bundestages jenseits des 80-Prozent-Mythos. In: Zeitschrift für Parlamentsfragen 39: 1, S. 3-17, hier S. 5.

6   Vgl. Töller 2008., S. 9 und S. 11. In den Ressorts Umwelt (ca. 81 Prozent) sowie Landwirtschaft und Ernährung (ca. 75 Prozent) lagen in diesem Zeitraum die Bundesgesetze tatsächlich größtenteils einem europäischen Impuls zugrunde, während in anderen Ressorts der Anteil der Bundesgesetze mit europäischem Impuls im Bereich von 40 Prozent oder weit darunter lag (z. B. Inneres: ca. 13 Prozent oder Arbeit und Soziales: ca. 16 Prozent).

7   Vgl. Schriftliche Fragen mit den in der Woche vom 02. Mai 2005 eingegangenen Antworten der Bundesregierung (Drucksache 15/5434 des Deutschen Bundestages vom 06.05.2005), S. 15.

päischen Mehrebensystem wird mittlerweile sogar vom „Verschwinden der Landespolitik" gesprochen, weil ihre Bedeutung „rapide abzunehmen" scheint.[8]
Welchen aktuellen und hohen Stellenwert die Diskussion in Deutschland in Bezug auf die Entmachtung der Parlamente aufgrund der voranschreitenden europäischen Integration einnimmt, verdeutlicht das am 30. Juni 2009 gefällte Urteil
des Bundesverfassungsgerichts zum Lissabon-Vertrag, das man wie folgt zu-
sammenfassen kann: Der europäische Änderungsvertrag ist zwar mit dem
Grundgesetz vereinbar, das ursprünglich erarbeitete Begleitgesetz zum Vertrag
von Lissabon war jedoch aus verfassungsrechtlicher Sicht nicht ausreichend, um
den deutschen Parlamenten die Erfüllung ihrer Integrationsverantwortung zu
ermöglichen. Daher mussten die Beteiligungsrechte von Bundestag und Bundesrat in EU-Angelegenheiten gestärkt werden. Im Leitsatz 2a zum Urteil wurde
dazu ausgeführt:

> „Sofern die Mitgliedstaaten das Vertragsrecht so ausgestalten, dass unter grundsätz-
> licher Fortgeltung des Prinzips der begrenzten Einzelermächtigung eine Veränderung
> des Vertragsrechts ohne Ratifikationsverfahren herbeigeführt werden kann, ob-
> liegt neben der Bundesregierung den gesetzgebenden Körperschaften eine besondere
> Verantwortung im Rahmen der Mitwirkung, die in Deutschland innerstaatlich den
> Anforderungen des Art. 23 Abs. 1 GG genügen muss (Integrationsverantwortung)
> und gegebenenfalls in einem verfassungsgerichtlichen Verfahren eingefordert wer-
> den kann."[9]

Als Konsequenz aus diesem Urteil des Bundesverfassungsgerichts und aufgrund
des „Protokolls über die Rolle der nationalen Parlamente in der Europäischen
Union"[10], das dem Lissabon-Vertrag beigefügt wurde, verabschiedeten der Deutsche Bundestag und der Bundesrat im September 2009 das „Gesetz über die
Wahrnehmung der Integrationsverantwortung des Bundestages und des Bundesrates in Angelegenheiten der Europäischen Union"[11] (IntVG). Zudem wurde das
„Gesetz über die Zusammenarbeit von Bundesregierung und Deutschem Bundestag in Angelegenheiten der Europäischen Union" (EUZBBG) sowie das „Gesetz
über die Zusammenarbeit von Bund und Ländern in Angelegenheit der Europäi-

---

8   Vgl. Nolte, Paul 2008: Das Verschwinden der Landespolitik. Welche Rollen spielen
     eigentlich noch die Bundesländer? In: Internationale Politik 63: 1, S. 64-65.
9   BVerfG, 2 BvE 2/08 vom 30.06.2009, Leitsatz 2a.
10   Vgl. Protokoll über die Rolle der nationalen Parlamente in der Europäischen Union. In:
     Amtsblatt der Europäischen Union vom 17.12.2007, C 306/148-150.
11   Vgl. Gesetz über die Wahrnehmung der Integrationsverantwortung des Bundestages und
     des Bundesrates in Angelegenheiten der Europäischen Union vom 22.09.2009. In: Bun-
     desgesetzblatt, Teil 1, 60/2009, S. 3022-3025.

schen Union" (EUZBLG) geändert [12], um die juristische Situation an das Urteil des Bundesverfassungsgerichts anzupassen. Somit wurde auf bundespolitischer Ebene mit dem Problem der Exekutivlastigkeit und der Rolle von Bundesrat und Bundestag im europäischen Politikprozess eine Facette des deutschen Demokratie- und Legitimitätsdefizits erkannt. In welchem Ausmaß die juristischen und institutionellen Maßnahmen zukünftig die Rolle von Bundesrat und Bundestag verändern können und damit verbunden das deutsche Demokratie- und Legitimitätsdefizit im Politikprozess des europäischen Mehrebensystems in der Praxis reduzieren können, ist gegenwärtig noch nicht abschätzbar.[13]

Die vorliegende Arbeit bringt beide Diskussionen um die Rolle und den Bedeutungsverlust der deutschen Länder und ihrer Parlamente im europäischen Mehrebenensystem auf der einen Seite und um die energie- und klimaschutzpolitischen Herausforderungen und den damit verbundenen politikfeldspezifischen Europäisierungsprozess auf der anderen Seite exemplarisch zusammen, indem die Europäisierung der Energie- und Klimaschutzpolitik aus der Perspektive der Regierung und des Parlaments des Landes Nordrhein-Westfalen in der schwarz-gelben Regierungszeit von Juni 2005 bis Juni 2010 untersucht wird.

1.1 Stand der politikwissenschaftlichen Forschung und Erkenntnisinteresse

Im Hinblick auf die doppelte Politikverflechtung im europäischen Mehrebenensystem, den Prozess der Unitarisierung und der Europäisierung diskutieren in Deutschland seit Jahren u. a. Politikwissenschaftler(innen), Politiker(innen) und das Bundesverfassungsgericht den Verlust der deutschen Länder an Kompetenz, Autonomie, Macht, Einfluss und Bedeutung und damit verbunden auch die Entparlamentarisierung und den Funktionswandel der deutschen Länderparla-

---

12 Vgl. Gesetz zur Änderung des Gesetzes über die Zusammenarbeit von Bundesregierung und Deutschem Bundestag in Angelegenheiten der Europäischen Union vom 22.09.2009. In: Bundesgesetzblatt, Teil 1, 60/2009, S. 3026-3030 und Gesetz zur Änderung des Gesetzes über die Zusammenarbeit von Bund und Ländern in Angelegenheit der Europäischen Union vom 22.09.2009. In: Bundesgesetzblatt, Teil 1, 60/ 2009, S. 3031-3035.

13 Vgl. Daiber, Birgit 2012: Das Integrationsverantwortungsgesetz in der Praxis des Deutschen Bundestages. In: Zeitschrift für Parlamentsfragen 43: 2, S. 293-312 und Schröder, Hinrich 2012: Die Mitwirkung des Bundestages in EU-Angelegenheiten nach dem EUZBBG in der Praxis – ein Kurzkommentar. In: Zeitschrift für Parlamentsfragen 43: 2, S. 250-277 und Wichmann, Richard 2012: Die Bindewirkung von Stellungnahmen des Deutschen Bundestages im Rahmen der Zusammenarbeit mit der Bundesregierung in EU-Angelegenheiten. In: Zeitschrift für Parlamentsfragen 43: 2, S. 278-293 und Barnickel, Christiane 2012: Der Bundestag in der Europäischen Union – (Ein) Blick von innen. In: Zeitschrift für Parlamentsfragen 43: 2, S. 324-340.

mente. Im Mittelpunkt der politikwissenschaftlichen Analyse stehen u. a.: (a) die Veränderungen im innerstaatlichen Verhältnis zwischen Bund und Länder und zwischen den Ländern, (b) die Mitwirkungsmöglichkeiten der Länder an der Europapolitik der Bundesregierung, (c) ihre eigenständige Europapolitik, (d) ihre Möglichkeiten an Politikprozessen der Meinungsäußerung, Beratung und Entscheidung im europäischen Mehrebenensystem zu partizipieren, (e) ihre Europafähigkeit und (f) ihre diesbezügliche Reformfähigkeit.

Die für die vorliegende Arbeit relevanten Problemstellungen und Forschungsfragen ergeben sich zunächst einmal aus der Tatsache, dass „über die Jahrzehnte, insbesondere aber nach dem Maastricht-Vertrag 1993, (...) ein massiver Souveränitätstransfer [erfolgte], der inzwischen nahezu alle staatlichen Handlungsbereiche in erheblichem Maße tangiert, insbesondere auch Bereiche, die in den Föderalstaaten zuvor schwerpunktmäßig auf der subnationalen Ebene verankert waren"[14] und dass die deutschen Länder bei der Gesetzgebung auf europäischer Ebene – mit einer Ausnahme – formal nicht unmittelbar beteiligt sind. Roland Sturm und Heinrich Pehle führen jedoch an, dass sich die „deutschen Länder nach ihrem Verfassungsverständnis nicht mit der Rolle des Objektes von Politikentscheidungen auf internationaler und europäischer Ebene zufrieden geben [wollen und können]. Sie haben deshalb unterschiedliche Strategien zur Wahrung ihrer Interessen in einem vereinten Europa entwickelt."[15] Diese europapolitischen Strategien der deutschen Länder sind „der Ausbau von Beteiligungsrechten vermittelt durch den Bundesrat[,] die Verteidigung der Ländereigenständigkeit unter Verweis auf das Subsidiaritätsprinzip[,] die Mitarbeit im Ausschuss der Regionen [und] eine eigenständige Länderaußenpolitik (vom EU-Lobbyismus bis hin zur interregionalen und grenzüberschreitenden Zusammenarbeit)."[16]

Im Hinblick auf die deutschen Landesparlamente, wird die zentrale Frage diskutiert, ob die Europäische Integration zur Entparlamentarisierung von Politik führt, was meist auf eine zunehmende Exekutivlastigkeit des europäischen Verhandlungssystems zurückgeführt wird. Insbesondere die Diskussion um den Kompetenzverlust und die Entmachtung der deutschen Parlamente ist für die Politikwissenschaft von besonderer Bedeutung, weil Parlamente als zentrale Institutionen der demokratischen Verfassungsordnung wichtige Funktionen für

---

14   Chardon, Matthias/Eppler, Annegret 2009: Mehr europapolitische Handlungsspielräume für die deutschen Länder? Die Auswirkungen der Föderalismusreform I und des Vertrags von Lissabon. In: Lambertz, Karl-Heinz/Große Hüttmann, Martin (Hrsg.): Europapolitik und Europafähigkeit von Regionen, Baden-Baden, S. 25-41, hier S. 25.

15   Sturm, Roland/Pehle, Heinrich 2005: Das neue deutsche Regierungssystem. Die Europäisierung von Institutionen, Entscheidungsprozessen und Politikfeldern in der Bundesrepublik Deutschland, 2. Aufl., Wiesbaden, S. 100.

16   Sturm/Pehle 2005, S. 100.

die repräsentative Demokratie erfüllen (Repräsentation, Artikulation, Gesetzgebung, Kontrolle und Wahlen) und nach herrschendem Demokratieverständnis
zur demokratischen Legitimation von Politik beitragen (sollen). Hierzu stellten
Gabriele Abels und Annegret Eppler kürzlich folgendes fest:

> „Die europäische Integration geht mit einer ‚Entparlamentarisierung' einher, die
> durch den zweifelsohne beachtlichen Kompetenzzuwachs des Europäischen Parla-
> ments nicht ausreichend kompensiert wird. Dies ist in der Literatur weitgehend un-
> bestritten. EU-induziert unterliegen die Funktionen nationaler Parlamente wie Ge-
> setzgebung, Kontrolle, Repräsentation/Artikulation einem Wandel. In Deutschland
> sind hiervon auch die Länderparlamente betroffen. Sollen Parlamente weiterhin als
> Garanten der demokratischen Legitimation dienen, wird eine grundlegende Refle-
> xion über Rolle, Funktion und Organisation von Parlamenten und Abgeordneten
> notwendig, welche die Besonderheiten des EU-Mehrebenensystem angemessen be-
> rücksichtigen. (…) Obgleich als ‚Mehrebenenparlamentarismus' bezeichnet, werden
> die subnationalen Parlamente bislang kaum berücksichtigt."[17]

Siegfried Mielke und Werner Reuter weisen aber in dieser Diskussion auch darauf hin, dass „die viel beklagte Entmachtung der Landesparlamente, soweit sie
denn stattgefunden hat, keineswegs allein auf Politikverflechtung und europäische Integration zurückzuführen ist."[18] In einigen Studien und Beiträgen
wurden bereits die Stellungen und Funktionen hauptsächlich nationaler – aber
auch subnationaler – Parlamente beim Meinungsbildungs-, Beratungs- und Entscheidungsprozess im europäischen Mehrebenensystem untersucht:[19] Die im Jahr

---

17   Abels, Gabriele/Eppler, Annegret 2011a: Die deutschen Länderparlamente nach Lissabon-
      Vertrag und -Urteil: Ein Problemaufriss entlang parlamentarischer Funktionen am Bei-
      spiel des Landtags Baden-Württemberg. In: Europäisches Zentrum für Föderalismus-
      Forschung (Hrsg.): Jahrbuch des Föderalismus 2011. Föderalismus, Subsidiarität und Re-
      gionen in Europa, Band 12, S. 457-470, hier S. 457.
18   Mielke, Siegfried/Reuter, Werner 2004: Länderparlamentarismus in Deutschland. Eine
      Bestandsaufnahme. In: Mielke, Siegfried/Reuter, Werner (Hrsg.): Länderparla-
      mentarismus in Deutschland. Geschichte - Struktur - Funktionen, Wiesbaden, S. 19-51,
      hier S. 21.
19   Vgl. u. a. Johne, Roland 1994: Landesparlamentarismus im Zeichen der europäischen
      Integration, Frankfurt/Main und Johne, Roland 2000: Die deutschen Landtage im Ent-
      scheidungsprozess der Europäischen Union. Parlamentarische Mitwirkung im europäi-
      schen Mehrebenensystem, Baden-Baden und Weber-Panariello, Philippe A. 1995: Natio-
      nale Parlamente in der Europäischen Union. Eine rechtsvergleichende Studie zur Beteili-
      gung nationaler Parlamente an der innerstaatlichen Willensbildung in Angelegenheiten der
      Europäischen Union im Vereinigten Königreich, Frankreich und der Bundesrepublik
      Deutschland, Baden-Baden und Kamann, Hans-Georg 1997: Die Mitwirkung der Parla-
      mente der Mitgliedstaaten an der europäischen Gesetzgebung. National-parlamentarische
      Beeinflussung und Kontrolle der Regierungsvertreter im Rat der Europäischen Union im
      Spannungsfeld von Demokratie und Funktionsfähigkeit des gemeinschaftlichen Entschei-

2000 veröffentlichte Arbeit von Roland Johne untersuchte beispielsweise die im Maastrichter Vertrag und die in Art. 23 GG liegenden Konsequenzen für die Landesparlamente sowie ihre institutionalisierte Einbindung in die Europapolitik im jeweiligen Bundesland.[20] Er diskutierte die zentrale Frage, inwieweit die deutschen Landtage versuchen, „Mitsprache im Entscheidungsprozess der Europäischen Union dort zu erhalten, wo es um ihre ureigensten Kompetenzen geht?"[21] Zunächst diskutierte Roland Johne die vor allem institutionellen Gegebenheiten in den sechszehn deutschen Landesparlamenten. Für Nordrhein-Westfalen sei hier festzuhalten, dass die institutionalisierte Mitwirkung des Landtages an der europapolitischen Entscheidungsfindung der Landesregierung auf briefliche Zugeständnisse dieser beruhe. Rein rechtlich gesehen sei dieser Umstand eine äußerst schwache Grundlage. In der Praxis jedoch entfalte sich als Übereinkunft zwischen den Verfassungsorganen eine Bindewirkung, die seitens des Landtages stets politisch eingefordert werden könne, so Roland Johne.[22] Im Landtag Nordrhein-Westfalen könne daher eine effiziente parlamentarische Mitwirkung an der Europapolitik des Landes aber auch ohne Verankerung eines Mitwirkungsanspruchs auf hoher Regelungsebene, etwa in der Landesverfassung, funktionieren.[23] Im Anschluss daran untersuchte er anhand von zwei Fallbeispielen die parlamentarische Mitwirkung in der Praxis in den beiden Ländern Hessen und Baden-Württemberg. Als Fälle wählte er zum einen die „Regierungskonferenz 1996 der Mitgliedstaaten der EU" und zum anderen die „Agenda 2000". Er kommt zu dem Ergebnis, dass es in den Fallbeispielen beiden Landta-

---

dungsverfahrens, Frankfurt/Main u. a. und Norton, Philip (Hrsg.) 1996: National Parliaments and the European Union, London und Laursen, Finn/Pappas, Spyros A. (Hrsg.) 1995: The changing role of parliaments in the European Union, Maastricht und Steffani, Winfried/Thaysen, Uwe (Hrsg.) 1995: Demokratie in Europa: Zur Rolle der Parlamente, Opladen und Straub, Peter/Hrbek, Rudolf (Hrsg.) 1998: Die europapolitische Rolle der Landes- und Regionalparlamente in der EU, Baden-Baden und Lenz, Aloys/Johne, Roland 2000: Die Landtage vor der Herausforderung Europa. In: Aus Politik und Zeitgeschichte 6, S. 20-29 und Auel, Katrin 2003: Strategische Anpassung nationaler Parlamente an das europäische Mehrebenensystem. Ein deutsch-britischer Vergleich. In: Grande, Edgar/Prätorius, Rainer (Hrsg.): Politische Steuerung und neue Staatlichkeit, Baden-Baden, S. 259-280 und Auel, Katrin 2005: Die deutschen Landtage im europäischen Mehrebenensystem. In: Alemann von, Ulrich/Münch, Claudia (Hrsg.): Landespolitik im europäischen Haus. NRW und das dynamische Mehrebenensystem, Wiesbaden, S. 133-151 und Benz, Arthur 2004: „Europäisierung der Arbeit nationaler Parlamente". Abschlussbericht. http://www.fernuni-hagen.de/imperia/md/content/politikwissenschaft/lg i/dfgii_abschlussbericht.pdf. Zugegriffen: 01.02.2013, Hagen und Buzogány, Aron/ Stuchlik, Andrej 2012: Subsidiarität und Mitsprache. Nationale Parlamente nach Lissabon. In: Zeitschrift für Parlamentsfragen 43: 2, S. 340-361.

20 Vgl. Johne 2000.
21 Johne 2000, S. 19.
22 Vgl. Johne 2000, S. 193.
23 Vgl. Johne 2000, S. 199.

gen nicht gelungen sei, an der europapolitischen Willensbildung zu partizipieren. Eine Institutionalisierung parlamentarischer Einbindung in den europapolitischen Willensbildungsprozess des Landes verbürge daher allein noch keine effiziente Mitsprache.[24] Das europäische Mehrebenensystem weise den Landesparlamenten eine veränderte Rolle und Funktion zu. Dies sei nicht nur in den parlamentarischen Regierungssystemen der Länder der Fall, sondern im föderativen Gefüge der Bundesrepublik Deutschland insgesamt.[25]

Ein im Jahr 2004 abgeschlossenes Forschungsprojekt zum Thema „Europäisierung der Arbeit nationaler Parlamente", das von Arthur Benz geleitet wurde, untersuchte vergleichend drei nationale Parlamente (Deutscher Bundestag, House of Commons, Folketing).[26] Hier wurden theoretisch-analytische Arbeiten zum europäischen Mehrebenensystem einbezogen und hinterfragt, „ob und wie die institutionellen Reformen der nationalen parlamentarischen Systeme, mit denen auf die Europäisierung von Politik reagiert wurde, eine wirksame parlamentarische Verantwortlichkeit und Kontrolle der auf europäischer Ebene verhandelnden Regierungen bewirken können."[27] Um einen Einblick in konkrete Prozesse der Parlamentsbeteiligung zu erhalten, wurden die Prozesse beispielhaft anhand von zwei Richtlinien der EG untersucht. Die Ergebnisse der Analyse wurden abschließend vor dem Hintergrund von demokratischen Legitimationsaspekten bewertet. Als ein Ergebnis dieser Forschungsarbeit lässt sich festhalten, dass „die Europäische Integration nicht zwangsläufig eine völlige Entmachtung der untersuchten nationalen Parlamente zur Folge hatte, so wie von Verfechtern der ‚Entparlamentarisierungsthese' angeführt wird."[28] Die institutionellen Reformen reichten jedoch nicht aus zum völligen Ausgleich von strukturellen Nachteilen nationaler Parlamente im europäischen Mehrebenensystem und zur Gewährleistung demokratischer Legitimation der im Rat verhandelnden Regierungen. Die nationalen Parlamente seien nicht direkt in die Entscheidungsprozesse auf europäischer Ebene eingebunden. Sie seien weder in der Lage, die Agenda auf europäischer Ebene entscheidend mitzugestalten, noch seien sie in der Lage, direkten Einfluss auf europäische Entscheidungen auszuüben. Sie besäßen lediglich die Möglichkeit der Einflussnahme auf die Verhandlungsposition der jeweiligen nationalen Regierung. Die nationalen Parlamente seien aber auch nicht auf dem Weg, bedeutungslos zu werden. Vielmehr nähmen sie die europäische Integration als Herausforderung an. Nationale Parlamente seien sich

---

24   Vgl. Johne 2000, S. 311-350.
25   Vgl. Johne 2000, S. 368.
26   Vgl. Benz, Arthur 2000: „Europäisierung der Arbeit nationaler Parlamente". Neuantrag
      auf Gewährung einer Sachhilfe im Rahmen des DFG-Schwerpunktprogramms „Regieren
      in der Europäischen Union", Hagen und Benz 2004.
27   Benz 2004, S. 2.
28   Benz 2004, S. 6.

der Machtverschiebung zugunsten der Exekutive aufgrund deren Gatekeeper-Position zwischen nationaler und europäischer Ebene durchaus bewusst und versuchten entsprechend, diese Machtverschiebung über institutionelle Reformen auszugleichen und passten ihre internen Verfahren und Strategien an die Herausforderungen des Policymaking im europäischen Mehrebenensystem an.[29]

Ziel der institutionellen Reformen in allen drei Ländern sei gewesen, den durch die Europäische Integration ausgelösten Transfer politischer Machtressourcen an die Exekutive durch Beteiligungs- und Kontrollrechte zu kompensieren.[30] Die Analyse habe unterschiedliche Strategien identifiziert, die nationale Parlamente im europäischen Mehrebenensystem einsetzten. Diese seien: „Vetostrategien" und „Einflussstrategien". Zu diesen Einflussstrategien zählten die Forscher die „Herstellung von Öffentlichkeit", „informelle Kooperation" und „By-passing". Wie die Untersuchung gezeigt habe, werde die Frage, welche dieser Strategien Parlamentarier zur Lösung von Koordinationsproblemen im europäischen Mehrebenensystem entwickeln, ganz entscheidend durch den institutionellen Kontext des parlamentarischen Systems und hier vor allem durch die spezifische Beziehung zwischen Exekutive und Legislative beeinflusst.[31] Wenn nötig, versuchten sich die nationalen Abgeordneten über die institutionellen Reformen hinaus strategisch an die Herausforderungen der europäischen Integration anzupassen.[32]

Katrin Auel, die in diesem Forschungsprojekt mitgearbeitet hat, ging 2005 der Frage nach, ob „sich die These vom Bedeutungsverlust der Landtage tatsächlich aufrechterhalten lässt, oder ob sie den Verlust eigener Entscheidungskompetenzen zumindest teilweise kompensieren können."[33] Mit ihrem Beitrag wollte sie zeigen, dass „die Einschränkung originärer Legislativkompetenzen nicht zwangsläufig zu einer Entparlamentarisierung auf Landesebene führen muss, sondern dass die Handlungsfähigkeit der Landtage von ihrer Anpassungsfähigkeit an die spezifischen Anforderungen des europäischen Mehrebenensystems abhängt."[34] Ihrer Ansicht nach würden die Landtage aber zu den Verlierern der europäischen Integration werden, wenn die politische Gestaltungsfähigkeit nicht durch eine Neuausrichtung oder zumindest Neuakzentuierung der Parlamentsfunktion unter den Vorzeichen des europäischen Mehrebenensystems wiederhergestellt werde.[35] Die Stärkung von parlamentarischen Beteiligungsrechten sei aber wenig vielsprechend, da sie die intergouvernementalen Verhand-

---

29   Vgl. Benz 2004, S. 6.
30   Vgl. Benz 2004, S. 7.
31   Vgl. Benz 2004, S. 7-8.
32   Vgl. Benz 2004, S. 10.
33   Auel 2005, S. 134.
34   Auel 2005, S. 134.
35   Vgl. Auel 2005, S. 145.

lungen der Landesregierungen schwächten oder sogar blockieren könnten, womit die Positionen der deutschen Länder insgesamt geschwächt seien. Sie sieht die Aufgabe der deutschen Landtage vielmehr: (a) in der Schaffung eines Rahmens für Verhandlungen durch die öffentliche Deliberation europäischer Themen, (b) in der Kontrolle der Landesregierungen und (c) in der Informierung der Öffentlichkeit über europäische Themen und deren Auswirkungen.[36]

Vor dem Hintergrund dieses Diskurses bearbeitete Maik Runberger im Rahmen seiner 2007 veröffentlichten Diplomarbeit exemplarisch die Frage, ob es dem Landtag von Nordrhein-Westfalen[37] im Allgemeinen gelingt, im Bereich der Europapolitik Einfluss zu nehmen.[38] Er kommt u. a. zu dem Ergebnis, dass „die Rahmenbedingungen für die Landesparlamente zur politischen Gestaltung zunehmend schlechter geworden und insgesamt als ungünstig zu bezeichnen [sind]."[39] Im Vergleich zu den Landesregierungen könne man daher die Landesparlamente im Hinblick auf ihre europapolitische Mitwirkung als Verlierer bezeichnen. Für den Landtag von Nordrhein-Westfalen gebe es im Bereich der Europapolitik durchaus Möglichkeiten der Einflussnahme, die von den Fraktionen aber nicht zwangsläufig genutzt werden. Die Regierungsfraktionen seien beispielsweise in der Lage, in den verschiedenen internen Gremien Einfluss auf die Europapolitik der Landesregierung auszuüben. Allerdings sei der Anspruch, diese Möglichkeiten zu nutzen, nachrangig.[40] Die Analyse von Maik Runberger ist allgemein auf den formal-institutionellen ganzen Bereich der Europapolitik ausgerichtet und wurde nicht in einem konkreten Politikfeld vorgenommen.[41]

Mittlerweile ist die Politikwissenschaft dazu übergegangen, das normative Leitbild des „Mehrebenenparlamentarismus" zu entwickeln und zu diskutieren.[42]

---

36 Vgl. Auel 2005, S. 149.
37 Zu den Funktionen, Prozessen und Arbeitsweisen des Landtages von Nordrhein-Westfalen siehe auch: Grasselt, Nico/Hoffmann, Markus/Lerch, Julia-Verena (Hrsg.) 2011: Der Landtag Nordrhein-Westfalen. Funktionen, Prozesse und Arbeitsweise, Opladen/Berlin/Farmington Hills und Andersen, Uwe/Bovemann, Rainer 2004: Der Landtag von Nordrhein-Westfalen. In: Mielke, Siegfried/Reuter, Werner (Hrsg.): Länderparlamentarismus in Deutschland. Geschichte – Struktur – Funktionen, Wiesbaden, S. 307-330.
38 Vgl. Runberger, Maik 2007: Der Landtag von Nordrhein-Westfalen: Zur Frage des Einflusses eines subnationalen Parlaments im Bereich der Europapolitik, Saarbrücken.
39 Runberger 2007, S. 132.
40 Vgl. Runberger 2007, S. 132-133.
41 Vgl. Runberger 2007.
42 Vgl. Abels, Gabriele/Eppler, Annegret (Hrsg.) 2011c: Auf dem Weg zum Mehrebenenparlamentarismus? Funktionen von Parlamenten im politischen System der EU, Baden-Baden und Schneider, Ellen 2011: Auf dem Weg zum Mehrebenenparlamentarismus? Zukünftige Funktionen von Parlamenten im europäischen Integrationsprozess. Tagungsbericht der wissenschaftlichen Tagung des Arbeitsbereichs Vergleichende Politikwissenschaft und Europäische Integration der Universität Tübingen und des Arbeitskreises Euro-

Bemerkenswert ist, dass nicht allein die Politikwissenschaft seit Jahren die Problematik der deutschen Länder im Zuge der sich beschleunigenden Europäisierung analysiert und diskutiert: Der Landtag von Nordrhein-Westfalen hatte beispielsweise vor dem Hintergrund der „Einheitlichen Europäischen Akte" am 1. Dezember 1988 eine Kommission eingesetzt zum Thema: „Erhaltung und Fortentwicklung der bundesstaatlichen Ordnung innerhalb der Bundesrepublik Deutschland – auch in einem Vereinten Europa", die sich u. a. mit dem schon damals erwarteten Kompetenzverlust der Länder an die Europäische Gemeinschaft (EG) beschäftigte. John van Nes Ziegler, der Vorsitzende dieser Kommission und Landtagspräsident a. D., stellte im Vorwort des Kommissionsberichts fest:

> „Seit Jahrzehnten hat das deutsche bundesstaatliche System eine stetige Unitarisierung erfahren. (...) Zusätzlich verstärken sich die zentralistischen Tendenzen im europäischen Integrationsprozess. Hier wird (...) nachhaltig in Zuständigkeiten der Länder, d. h. auch in Kompetenzen der Landesparlamente eingegriffen, ohne daß diese, im Gegensatz zu den Landesregierungen, ein Recht oder auch nur die Möglichkeit der Mitwirkung haben."[43]

Dreizehn Jahre später wurde in einer Erklärung des Föderalismuskonvents der deutschen Landesparlamente im März 2003 folgende Kritik veröffentlicht:

> „Die deutschen Landesparlamente haben wiederholt die überragende Bedeutung der europäischen Einigung für Sicherheit, Frieden und Wohlstand in Europa betont. Sie weisen aber darauf hin, dass die Kompetenzverluste der Länder durch den Übergang von Hoheitsrechten der Länder auf die Europäische Union ein bedenkliches Ausmaß erreicht haben. Auch gehen Rechtsetzungsakte der Europäischen Union in Umfang und Regelungstiefe nicht selten über das erforderliche Maß hinaus. Dies hat zu einer Aushöhlung der eigenstaatlichen Gestaltungsmöglichkeiten der Länder und ihrer Parlamente beigetragen.
>   Soweit zum Ausgleich von Kompetenzverlusten in Artikel 23 GG Mitwirkungsbefugnisse der Länder in Angelegenheiten der Europäischen Union über den Bundesrat vorgesehen sind, stärkt dies die Position der Landesregierungen, nicht

---

päische Integration e. V. vom 26. bis 27. Mai 2011 in Tübingen. In: Integration 34: 4, S. 369-375.

43 Nes Ziegler van, Nils 1990: Vorwort. In: Große-Sender, Heinrich A. (Hrsg.): Bericht Teil Eins. Kommission „Erhaltung und Fortentwicklung der bundesstaatlichen Ordnung innerhalb der Bundesrepublik Deutschland – auch in einem Vereinten Europa", Düsseldorf, S. 7-11, hier S. 7-8.

aber die der Landesparlamente. Deren Interessen sind in Angelegenheiten der Europäischen Union durch eigene Mitwirkungsbefugnisse zur Geltung zu bringen."[44]

Auch im Untersuchungszeitraum der vorliegenden Arbeit war diese Thematik für Nordrhein-Westfalen aktuell. Sowohl Mitglieder der Landesregierung als auch Abgeordnete im Landtag forderten an verschiedenen Stellen mehr Kompetenzen und mehr Mitwirkungsmöglichkeiten für die deutschen Länder in Politikprozessen im europäischen Mehrebenensystem: In einem angenommen Antrag der CDU- und FDP-Fraktion vom 16. Januar 2007 mit dem Titel: „Die deutsche EU-Ratspräsidentschaft ehrgeizig als Motor für ein handlungsfähiges, bürgernahes und zukunftsfestes Europa nutzen" hieß es beispielsweise, dass die Grundsätze von Subsidiarität und Verhältnismäßigkeit stärker in den Mittelpunkt aller europapolitischen Bemühungen gestellt werden müssten. Die Einführung des Subsidiaritätsfrühwarnsystems könne hierzu einen wichtigen Beitrag leisten. Wichtig sei auch die frühzeitige Einflussnahme auf europäische Gesetzesvorhaben, die für die Bundesländer und die Länderparlamente von Bedeutung seien, weil europäische Vorgaben zukünftig nur noch Eins zu Eins umgesetzten werden dürften.[45] Der damalige Minister für Bundes- und Europaangelegenheiten, Michael Breuer (CDU)[46], führte im September 2005 im Rahmen einer Ausschusssitzung des Landtages folgendes zu dieser Thematik aus:

„Die Landesregierung und der Landtag haben immer wieder festgestellt, dass die Europäische Union – ich formuliere es einmal vorsichtig – dazu neigt, ihre Kompetenzen so auszulegen und sie gegebenenfalls auch zu überschreiten, wie sie das in den letzten Monaten und Jahren getan hat (…). Auch ich halte es für dringend notwendig, dass die Landesregierung den Landtag frühzeitig über die Vorhaben der Europäischen Union informiert und seine Beteiligungen bei der Normsetzung auf europäischer Ebene verbessert."[47]

---

44   Lübecker Erklärung der deutschen Landesparlamente vom 31. März 2003: Bekenntnis zum Föderalismus und zur Subsidiarität – Landesparlamente stärken! In: Der Präsident des Schleswig-Holsteinischen Landtages (Hrsg.) 2003: Föderalismuskonvent der deutschen Landesparlamente - Dokumentation. https://www.landtag.ltsh.de/export/sites/ landtagsh/downloads/infomaterial/schriftenreihe/sr-heft-01_foederalismuskonvent. pdf. Zugegriffen: 01.03.2013, Kiel, S. 89-94, hier S. 90.

45   Vgl. Antrag der Fraktion der CDU und der Fraktion der FDP: Die deutsche EU-Ratspräsidentschaft ehrgeizig als Motor für ein handlungsfähiges, bürgernahes und zukunftsfestes Europa nutzen (Drucksache 14/3504 des Landtages von Nordrhein-Westfalen vom 16.01.2007), S. 3.

46   Michael Breuer (CDU) war von Juni 2005 bis Oktober 2007 Minister für Bundes- und Europaangelegenheiten des Landes Nordrhein-Westfalen. Sein Nachfolger wurde Andreas Krautscheid (CDU).

47   Ausschussprotokoll 14/33 des Landtages von Nordrhein-Westfalen vom 08.09.2005, S. 12-13.

Die vorliegende Arbeit knüpft an den oben angeführten Forschungsarbeiten und Diskussionen zur Rolle und zu den Beteiligungsmöglichkeiten der deutschen Länder (Landesregierungen und Landesparlamente) am Politikprozess der Artikulation/Meinungsäußerung[48], Beratung und Entscheidung im europäischen Mehrebenensystem und an die vor dem Hintergrund der Exekutivlastigkeit geführten Diskussion zum Verhältnis von Exekutive und Legislative bei diesem Prozess an. Die Thematik wird als politikfeldspezifische Fallstudie auf Nordrhein-Westfalen übertragen und konkret anhand des Prozesses der Meinungsäußerung, Beratung und Entscheidung zum integrierten „Europäischen Energie- u. Klimapaket" analysiert. Die zu füllende Forschungslücke besteht darin, dass es in dem oben aufgezeigten Themenkomplex keine Untersuchungen für Nordrhein-Westfalen aus politikfeldspezifischer Perspektive gibt. Es gibt bisher keine politikwissenschaftlichen Beiträge, die:

- erstens die Punkte des umfangreichen integrierten „Europäischen Energie- und Klimapakets" (vier Rechtsakte) aufgezeigt haben, mit denen die Landesregierung und die Fraktionen im Landtag von Nordrhein-Westfalen im diesbezüglichen Politikprozess der Meinungsäußerung, Beratung und Entscheidung im europäischen Mehrebenensystem nicht einverstanden waren,
- zweitens das Verhalten und ggf. die Strategien der Landesregierung und der Landtagsfraktionen in diesem bzw. für diesen Politikprozess aufgezeigt und untersucht haben,
- drittens das Verhältnis und die Funktionen bzw. die jeweilige Rolle von Landesregierung und Landtag mit seinen Fraktionen bei diesem politikfeldspezifischen Politikprozess beleuchtet haben,
- viertens die Frage diskutiert haben, ob NRW bei energie- und klimaschutzpolitischen Politikprozessen im europäischen Mehrebensystem ausgegrenzt ist,
- fünftens die Frage beantwortet haben, ob der Landtag von Nordrhein-Westfalen im Bereich der Energie- und Klimaschutzpolitik von einer Entparlamentarisierung betroffen ist.

Darüber hinaus kann man sagen, dass im Allgemeinen die beiden Forschungsbereiche „Nordrhein- Westfalen" und „Mitregieren im europäischen Mehrebenensystem/Europäisierung" von der Politikwissenschaft wenig miteinander verknüpft worden sind. Lediglich die im Rahmen der unter Federführung

---

48 In der vorliegenden Arbeit wird der Begriff Artikulation als Teil des Begriffes Meinungsäußerung verstanden. Daher wird im Folgenden ausschließlich der Begriff Meinungsäußerung verwendet.

der „Forschungs-Initiative NRW in Europa"[49] erschienenen Publikationen liefern neuere Beiträge, die diesem Forschungsbereich zugeordnet werden können.[50]

Das Erkenntnisinteresse der vorliegenden Untersuchung liegt zum einen darin begründet, im Zeitalter zunehmender Europäisierungsprozesse die Positionen, die Möglichkeiten und das Verhalten der zentralen landespolitischen Akteure Landesregierung und Landtag in dem größten deutschen Land, Nordrhein-Westfalen, zumindest exemplarisch in dem für NRW besonders wichtigen Politikbereich „Energie und Klimaschutz" vor dem Hintergrund des für die Politikwissenschaft wichtigen oben aufgezeigten Themenkomplexes zu analysieren. Zum anderen liegt es darin begründet, dass in einem auf europäischer und (sub)nationaler Ebene relativ neuen und sich schnell entwickelnden Politikbereich geforscht wird, der höchst aktuelle Fragen und Probleme der Industriepolitik, Wirtschaftspolitik, Energiepolitik und Klimaschutzpolitik miteinander verbindet und bereits jetzt in fast alle Bereiche des politischen und gesellschaftlichen Lebens hineinwirkt. Das kann natürlich im Rahmen einer Dissertation nur punktuell geleistet werden. Es handelt sich aber zweifelsohne um einen Politikbereich, der auf allen Ebenen (international, europäisch, national, regional und kommunal) und aufgrund des Querschnittcharakters für fast alle Politikfelder eine zunehmend wichtige Rolle spielt. Es kann daher davon ausgegangen werden, dass die Verbindung aus Problemstellungen der Energiegewinnung und des Klimaschutzes sowohl in der Wissenschaft als auch in der Politik und der Wirtschaft zukünftig noch an Relevanz gewinnen wird und sich deshalb weitere politikfeldspezifische Forschungsfragen ergeben werden.

Da die Forschungsfragen aus Sicht der nordrhein-westfälischen Landespolitik und ihrer zentralen politischen Akteure (Landesregierung und Landtag)[51] formuliert werden, ist zudem diese Arbeit durchaus als Beitrag zur Europäisierungsforschung zu verstehen: Im Mittelpunkt der Analyse steht nicht die Frage, warum es in diesem Politikbereich zu einer Kooperation und zu Kompetenzverlagerungen auf europäischer Ebene kam, die zur Verabschiedung von Rechtsakten (hier: „Europäisches Energie- und Klimapaket") geführt haben. Es

---

49   Die Forschungs-Initiative NRW in Europa (FINE) ist ein unter der Leitung von Ulrich von
      Alemann und Hartwig Hummel (Heinrich-Heine Universität Düsseldorf) stehendes Pro-
      jekt, dass es sich zur Aufgabe gemacht hat, „die politischen Entscheidungsprozesse in ih-
      rer regionalen Dimension stärker als bisher ins Zentrum politikwissenschaftlicher Europa-
      forschung zu stellen". http://fine.phil-fak.uni-duesseldorf.de/fine/das-projekt. Zugegriffen:
      01.02.2013.
50   In erster Linie ist hier zu nennen: Alemann von, Ulrich/Münch, Claudia (Hrsg.) 2005:
      Landespolitik im europäischen Haus. NRW und das dynamische Mehrebenensystem,
      Wiesbaden.
51   Zum politischen System Nordrhein-Westfalens siehe: Korte, Karl-Rudolf/Florack, Mar-
      tin/Grunden, Timo 2006: Regieren in Nordrhein-Westfalen, Wiesbaden, S. 25-121.

geht auch beispielsweise nicht darum, einen Policy-Wandel zu erklären bzw. vorauszusagen oder das „Europäische Energie- und Klimapaket" inhaltlich-normativ zu bewerten. Diese Arbeit ist deshalb als Beitrag zur Europäisierungsforschung zu verstehen, weil danach gefragt wird, ob und welche Rückwirkungen die europäische Kooperation und ihre konkreten Ergebnisse in diesem Politikbereich auf landespolitische Akteure hat (hier: Landesregierung und Landtagsfraktionen). Es geht also auch darum, für das bevölkerungsreichste Land der Bundesrepublik Deutschland die Möglichkeiten der Teilnahme im europäischen Mehrebenensystem an Politikprozessen der Meinungsäußerung, Beratung und Entscheidung in diesem schnell für die europäische Ebene an Bedeutung gewinnenden Politikbereich zumindest exemplarisch aufzuzeigen sowie die daraus resultierenden politikfeldspezifischen Positionen und Verhaltensweisen der Landesregierung und der Landtagsfraktionen herauszuarbeiten und dabei das Verhältnis der Akteure (Landesregierung, Regierungsfraktionen und Oppositionsfraktionen) zueinander zu beleuchten.

Da NRW ein bedeutender nationaler und europäischer Energie- und Industriestandort ist, betreffen Fragen der Energie- und Klimaschutzpolitik und die konkreten Regelungen des „Europäischen Energie- und Klimapakets" (u. a. aufgrund des hohen Ausstoßes von Kohlendioxid (CO_2)) mehr als viele andere EU-Mitgliedsstaaten oder Regionen unmittelbar das Land. Außerdem steht dieses deutsche Bundesland mit ca. 17,5 Millionen (Mill.) Einwohnern (noch vor den Niederlanden) an achter Stelle der bevölkerungsreichsten EU-Staaten und hätte als souveräner Mitgliedsstaat aufgrund seiner Bevölkerungsstärke und auch aufgrund seiner Wirtschaftskraft entsprechend hohes Gewicht im Entscheidungsprozess auf europäischer Ebene. Die Frage, welche Beteiligungsmöglichkeiten fürs politikfeldspezifische Mitregieren ein derartiges Bundesland in einem für das Land offensichtlich äußerst wichtigen Politikbereich hat, ist nicht nur für die Politikwissenschaft relevant, sondern ebenso für die Landespolitik selbst. NRW steht in Zeiten von Klimaschutz, Strukturwandel und ökonomisch-sozialer Krise schon jetzt unter Reformdruck. Dieser Reformdruck wird in Zukunft höchst wahrscheinlich noch zunehmen.

1.2 Fragestellung

Vor dem Hintergrund der Diskussion um den Bedeutungsverlust der deutschen Länder und ihrer Parlamente sowie der Entwicklungen in der Energie- und Klimaschutzpolitik im Zeitraum der 14. Legislaturperiode in Nordrhein-Westfalen, die auf europäischer Ebene zum Abschluss des sogenannten „Europäischen

Energie- und Klimapaket" führten, wendet sich die vorliegende Arbeit den folgenden zentralen Fragen zu:

- Haben sich in der 14. Wahlperiode die schwarz-gelbe Landesregierung[52] und die Fraktionen im Landtag von Nordrhein-Westfalen zum „Europäischen Energie- und Klimapaket" positioniert? Wenn ja, wie sahen ihre zentralen Standpunkte aus und aus welchen Gründen nahmen die Akteure ihre Positionen ein?
- Haben Landesregierung und Landtagsfraktionen versucht, Einfluss zu nehmen, um ihre Positionen zum „Europäischen Energie- und Klimapaket" in den Politikprozess der Meinungsäußerung, Beratung und Entscheidung im europäischen Mehrebenensystem einzubringen? Wenn ja, wie haben sie dies versucht und wie sind die diesbezüglichen Beobachtungen zu erklären?
- Bestätigt die Fallstudie die in der politikwissenschaftlichen Literatur oftmals vertretene These, dass die deutschen Länder in Politikprozessen im europäischen Mehrebenensystem ausgegrenzt sind?
- Welche Rolle spielte bzw. welche Funktionen übernahmen die Landtagsfraktionen und ihre zuständigen Mitglieder im Politikprozess zum „Europäischen Energie- und Klimapaket"? Bestätigt die Fallstudie die ebenfalls in der Politikwissenschaft oftmals vertretene These, dass Europäisierung und Politikprozesse im europäischen Mehrebenensystem insbesondere aufgrund der Exekutivlastigkeit zur Entparlamentarisierung subnationaler Politik führen?
- Ist bei der Landesregierung und bei den Landtagsfraktionen eine angepasste oder sogar vereinheitlichte gemeinsame politikfeldspezifische Positions- und Strategieentwicklung für NRW zu beobachten, die auf den Europäisierungsprozess im Bereich der Energie- und Klimapolitik und/oder auf den konkreten Politikprozess zum „Europäischen Energie- und Klimapaket" im europäischen Mehrebenensystem zurückgeführt werden kann? Wie können die diesbezüglichen Beobachtungen erklärt werden?

1.3 Methode und Inhalt

Die vorliegende Arbeit ist als empirische Fallstudie zu verstehen, die sowohl auf Primär- als auch auf Sekundärliteratur sowie auf die vom Verfasser durchgeführten Leitfaden-Interviews zurückgreift. Da für die Analyse der nordrheinwestfälischen Energie- und Klimaschutzpolitik von Landesregierung und Land-

---

52   In der vorliegenden Arbeit werden unter dem Begriff der Landesregierung auch die für die Forschungsfrage relevanten und zuständigen Akteure der Exekutive gefasst.

tagsfraktionen im vorliegenden Untersuchungszeitraum (2005-2010) keine für die Fragestellung relevante Sekundärliteratur vorliegt, wird hier ausschließlich auf die Analyse von Primärliteratur (u. a. Plenarprotokolle, Ausschussprotokolle, Drucksachen) und der Analyse der Interviews zurückgegriffen, welche der Verfasser mit für die Fragestellung relevanten und betroffen Akteuren geführt hat.[53]

Die vorliegende Arbeit gliedert sich in acht Kapitel. Nach dieser Einleitung werden zunächst im zweiten Kapitel das Verständnis der beiden Begriffe: „Energie- und Klimaschutzpolitik" dargelegt. Im Anschluss daran wird die theoretische Perspektive der Analyse eröffnet. Aus dem Konzept Multi-Level Governance, dem Ansatz der Europäisierung, der Theorieströmung Neo-Institutionalismus, der Rolle (sub)nationaler parteipolitischer Präferenzen und Parteienwettbewerb sowie aus der formal-institutionellen Stellung von Landesparlamenten und Landesregierungen im europäischen Mehrebensystem werden für die Analyse und Beantwortung der oben aufgeführten Fragestellungen relevante Prämissen gebildet. Sie bilden die Grundlage für eine theoretische Reflexion des beobachteten Verhaltens von Landesregierung und Landtagsfraktionen. In Kapitel 3 werden die zentralen Aussagen des IPCC-Berichts zum Klimawandel, seinen Auswirkungen und Herausforderungen aus zwei Gründen zusammenfassend dargestellt: Erstens erhält man als politikfeldspezifischer Beobachter den Eindruck, dass die energie- und klimaschutzpolitischen Entwicklungen im europäischen Mehrebenensystem aufgrund dieser Aussagen beschleunigt wurden. Zweitens wurde auf diese drei Quellen im Untersuchungszeitraum der vorliegenden Arbeit in verschiedenen Kontexten (u. a. in Debatten, Positionspapieren, in den vom Verfasser durchgeführten Interviews, in den deutschen Medien) immer wieder hingewiesen. Dieses Kapitel wird nicht in die Klimatologie einführen und nicht die zentralen Aussagen zum Klimawandel und seinen Auswirkungen hinsichtlich der Richtigkeit und möglicher Lücken bewerten. Anschließend werden im vierten Kapitel die im Untersuchungszeitraum liegenden europäischen und bundesdeutschen klimaschutzpolitischen Ambitionen dargestellt, die zum Abschluss des „Europäischen Energie- und Klimapakets" im Jahr 2009 geführt haben. Zudem werden hier die für die vorliegende Analyse und die für das Verständnis der folgenden Kapitel relevanten inhaltlichen Aspek-

---

53   Siehe Quellenverzeichnis. Zudem hat der Verfasser weitere Interviews geführt, die nicht im Quellenverzeichnis aufgeführt werden, weil die entsprechenden Interviewpartner(innen) nicht genannt werden wollten. Die meisten Interviewpartner(innen) äußerten vor Beginn des Interviews den Wunsch, dass der Verfasser den Inhalt der jeweiligen Interviews anonymisiert auswertet und verwendet. Es ist daher beabsichtigt, dass die vom Verfasser gemachten Schlussfolgerungen und Aussagen, die aus den durchgeführten Interviews resultieren, nicht auf die einzelnen Gespräche zurückgeführt werden können. Wenn der Verfasser einzelne Aussagen der Interviewpartner(innen) unmittelbar wiedergibt, dann wurde dies genehmigt.

te dieses Legislativpakets aufgezeigt. Vor dem Hintergrund der aufgezeigten zentralen Aussagen zum Klimawandel und der dargestellten ambitionierten Klimaschutzpolitik der EU und der Bundesrepublik wird Kapitel 5 einen Einblick in die für die vorliegenden Forschungsfragen relevante nordrhein-westfälische Industriestruktur und die damit verbundenen Treibhausgasemissionen in NRW geben. Auf Grundlage der bis dahin vorliegenden Kapitel wird im sechsten Kapitel die Energie- und Klimaschutzpolitik der schwarz-gelben Landesregierung und im siebten Kapitel die Energie- und Klimaschutzpolitik der Landtagsfraktionen untersucht. Die Analyse schließt mit dem Fazit und der theoretischen Einordnung der Ergebnisse in Kapitel 8 ab.

2 Theoretische Perspektive, begriffsdefinitorischer Teil, institutionelles Setting

Die „klassischen" Theorieansätze der europäischen Integration wie beispielsweise der Neo-Funktionalismus oder Föderalismus erheben den Anspruch, das Entstehen intergouvernementaler und supranationaler Kooperationsstrukturen zu erklären. Sie analysieren die Gründe, warum souveräne Nationalstaaten in einigen Bereichen enger und in anderen weniger eng miteinander kooperieren und dabei in unterschiedlichem Ausmaß auch Souveränitätsrechte an supranationale Institutionen übertragen. Mit dem voranschreitenden Prozess der Vertiefung und Erweiterung der europäischen Integration und der politikwissenschaftlichen Analyse von Rückwirkungen dieses Prozesses auf die Nationalstaaten hat dieses Theorieangebot an Erklärungskraft verloren. Diese Theorien können die EU als sich stets weiterentwickelndes komplexes Gebilde sui generis offensichtlich nicht mehr ausreichend erfassen.[54] Für die vorliegenden Fragestellungen müssen daher komplementär zueinander stehende Analyseansätze nutzbar gemacht werden, um eine theoriegeleitete Erklärung für das beobachtete politikfeldspezifische Verhalten von Landesregierung und Landtagsfraktionen zu ermöglichen. Zunächst wird jedoch das dieser Analyse zugrunde liegende Begriffsverständnis von Energie- und Klimaschutzpolitik verdeutlicht.

2.1 Begriffsbestimmung: Energiepolitik und Klimaschutzpolitik

Klimaschutzpolitik wird von der Politik und der Politikwissenschaft in Europa erst seit einigen Jahren als eher eigenständiger Politikbereich betrachtet. Vorher rechnete man Klimaschutzpolitik vielmehr der internationalen bzw. globalen

---

54 Vgl. Bieling, Hans-Jürgen/Lerch, Marika (Hrsg.) 2012: Theorien der europäischen Integration, 3. Aufl., Wiesbaden und Wiener, Antje/Diez, Thomas (Hrsg.) 2009: European Integration Theory, 2. Aufl., Oxford und Rosamond, Ben 2000: Theories of European Integration, Houndmills/London und Holzinger, Katharina u. a. 2005: Die Europäische Union. Theorien und Analysekonzepte, Paderborn u. a. und Grimmel, Andreas/Jakobeit, Cord (Hrsg.) 2009: Politische Theorien der Europäischen Integration. Ein Text- und Lehrbuch, Wiesbaden und Knodt, Michéle/Corcaci, Andreas 2012: Europäische Integration. Anleitung zur theoriegeleiteten Analyse, Konstanz/München.

Umweltpolitik zu. Es ist zwar nach wie vor richtig, dass Klimaschutzpolitik global ausgerichtet ist bzw. ausgerichtet sein muss, jedoch erhält Klimaschutzpolitik zunehmend eine weitaus größere europäische und nationale Dimension: Zum einen sind auf europäischer und nationaler Ebene zahlreiche konkrete klimaschutzpolitische gesetzliche Regelungen (z. B. Erneuerbare-Energien-Gesetz), Maßnahmen (z. B. Förderprogramme wie die nationale Klimaschutzinitiative) und Instrumente (z. B. EU-weiter Handel mit Emissionszertifikaten) in ganz verschiedenen Politikbereichen entstanden. Zum anderen gehören zur Klimaschutzpolitik heute nicht nur die Bemühungen zur Vermeidung bzw. Verringerung des Klimawandels (u. a. durch die Verringerung des Ausstoßes von Treibhausgasen, durch die Förderung ihrer natürlichen Aufnahme und durch die technologische Entwicklung der Speicherung von Kohlendioxid), sondern auch Strategien und Maßnahmen zur Anpassung an die Auswirkungen des Klimawandels (z. B. Deichbau an Flüssen und Küsten). Zudem gerät Klimaschutzpolitik zunehmend in Zielkonflikte mit anderen Zielen der nationalen Umweltpolitik, was die anhaltenden Diskussionen um den Neubau und den Ausbau der deutschen Windkraftanlagen sowohl Onshore als auch Offshore und der damit verbundene Ausbau der deutschen Netze verdeutlicht.

Die Verbindung aus Energiepolitik und Klimaschutzpolitik ist immer dann gegeben, wenn es erstens in der Energiepolitik und in der energiepolitischen Debatte primär darum geht, bei der Energiegewinnung und beim Energieverbrauch die Emissionen von Treibhausgasen zu reduzieren. Dies beispielsweise durch Maßnahmen zur Steigerung der Energieeffizienz (u. a. durch die Steigerung der Wirkungsgrade von Kraftwerken, die Förderung von Kraft-Wärme-Kopplung oder die Förderung von energieeffizienten Anlagen in der Industrie) oder durch die wirtschaftliche und politische Begünstigung CO_2-armer Energieträger (u. a. Uran, Biomasse, Wasserkraft, Erdwärme, Sonnenlicht, Windkraft, Erdgas) oder CO_2-intensiver Energieträger (v. a. Braunkohle und Steinkohle) im Land. Und wenn es zweitens zu Zielkonflikten in der Energie- und Klimaschutzpolitik kommt. Diese Zielkonflikte könnten beispielsweise in dem energiepolitischen Ziel der Gewährleistung von Energieversorgungssicherheit durch eine wirtschaftliche und politische Unterstützung von heimischen CO_2-intensiven fossilen Energieträgern liegen, die aus Gründen des Klimaschutzes sehr problematisch sind. Die vorliegende Arbeit basiert zum einen auf diesem Verständnis von Energie- und Klimaschutzpolitik. Zum anderen werden unter Energie- und Klimaschutzpolitik auch die Positionen und Strategien für die Teilnahme und die Einflussnahme an politikfeldspezifischen Politikprozessen der Meinungsäußerung, Beratung und Entscheidung verstanden.

2.2 Multi-Level-Governance und Liberaler Intergouvernementalismus

Die folgende Ausführung von Rudolf Hrbek zum Konzept von „European Multi-Level Governance" belegt, warum diese. akteurzentrierte Perspektive für die vorliegenden Forschungsfragen einzubeziehen ist:

> „When dealing with politics and decision-making in the EU system, the term and concept of 'multi-level governance (MLG)' plays a dominant role. 'Governance' is on how decisions are being shaped and taken; with an emphasis on a pattern in which public and private actors are involved, in which we find interactive (and non hierarchical) and informal forms of communication, in which negotiations (instead of simple majority-type decisions) with a tendency towards consensual decisions play a prominent role. Applied to the EU system the term MLG refers its multi-level structure. Parliaments as institutional 'public' actors are embedded in this pattern and deserve to be taken into account."[55]

Das wissenschaftliche Konzept „Multi-Level Governance" eröffnet insbesondere deshalb einen Beitrag für die theoretische Perspektive der vorliegenden Arbeit, weil hier nicht das klassische Verständnis von Regierungshandeln als einer hierarchisch angelegten staatlichen Steuerung und von einem intergouvernementalem Verhandlungsregime auf europäischer Ebene zugrunde gelegt wird, sondern weil die Europäische Union als eigenständiges auf breite Mitwirkung angelegtes politisches System mit einem formellen und informellen Willensbildungs- und Entscheidungsprozess in einer eng verflochtenen Mehrebenstruktur mit staatlichen und nicht-staatlichen Akteuren betrachtet wird. Im Mittelpunkt der Analyse steht hier der Prozess der Meinungsäußerung, der Beratung und der Entscheidung und die jeweilige Rolle der intergouvernementalen, supranationalen, nationalen und subnationalen Akteure in der gesamten Europäischen Union.[56] Wissenschaftler dieser Forschungs- und Denkrichtung beschreiben dieses spezielle europäische System sui generis auch als „Verflechtungssystem", als

---

[55]   Hrbek, Rudolf 2010: Parliaments in EU Multi-Level Governance. In: Hrbek, Rudolf (Hrsg.): Legislatures in Federal Systems and Multi-Level Governance, Baden-Baden, S. 136-150, hier S. 137.

[56]   Vgl. Marks, Gary/Hooghe, Liesbet/Blank, Kermit 1996: European Integration since the 1980s: State-Centric vs. Multi-level Governance. In: Journal of Common Market Studies 34: 3, S. 341-378 und Jachtenfuchs, Markus/Kohler-Koch, Beate 2010: Governance in der Europäischen Union. In: Benz, Arthur/Dose, Nicolai (Hrsg.): Governance - Regieren in komplexen Regelsystemen. Eine Einführung, 2. Aufl., Wiesbaden, S. 69-92 und Knodt, Michéle/Große Hüttmann, Martin 2012: Der Multi-Level Governance-Ansatz. In: Bieling, Hans-Jürgen/Lerch, Marika (Hrsg.): Theorien der europäischen Integration, 3. Aufl., Wiesbaden, S. 187-206.

„Verhandlungssystem" und als „Mehrebenensystem."[57] In diesem europäischen Mehrebenensystem gibt es neue Formen der politischen Koordinierung und Kooperation, was Gary Marks, Liesbet Hooghe und Kermit Blank wie folgt auf den Punkt bringen:

> „In short, the locus of political control has changed. Individual state sovereignty is diluted in the EU by collective decision-making among national governments and by the autonomous role of the European Parliament, the European Commission, and the European Court of Justice."[58]

Markus Jachtenfuchs beschreibt dieses System wie folgt:

> „Regiert wird nicht nur von der Regierung, also idealtypisch der Spitze einer Hierarchie, sondern auch von anderen Akteuren, die in einem nicht-hierarchischen Verhältnis zueinander stehen."[59]

Die Europäische Kommission beispielsweise wird hier also nicht nur als bloßer Ausführungsgehilfe der Nationalstaaten gesehen, so wie beim Intergouvernementalismus, sondern als „Motor der Integration"[60], als ein eigenständiger zentraler Akteur, der die politische Agenda wesentlich mitbestimmen kann und bei der Erarbeitung von Integrationskonzepten und Gesetzesvorlagen eine zentrale Rolle einnimmt. Deshalb ist die Europäische Kommission als ein zentraler Ansprechpartner für alle Akteure im Politikprozess der Meinungsbildung, Beratung und Entscheidung im europäischen Mehrebenensystem zu betrachten.[61] Auch das Europäische Parlament hat im Laufe des europäischen Integrationsprozesses an Kompetenz und an Einfluss gewonnen, insbesondere durch die Aufwertung des Mitentscheidungsverfahrens zum ordentlichen Gesetzgebungsverfahren und

---

57   Vgl. u. a. Tömmel, Ingeborg 2008: Das politische System der EU, 3. Aufl., München, S. 253-264.
58   Marks/Hooghe/Blank 1996, S. 342.
59   Jachtenfuchs, Markus 2003: Regieren jenseits der Staatlichkeit. In: Hellmann, Gunther/Wolf, Klaus Dieter/Zürn, Michael (Hrsg.): Die neuen internationalen Beziehungen. Forschungsstand und Perspektiven in Deutschland, Baden-Baden, S. 495-518, hier S. 495.
60   Dieser Begriff ist ein in der politikwissenschaftlichen Literatur oftmals verwendeter im Hinblick auf die Rolle der Europäischen Kommission im europäischen Integrationsprozess. Er wurde nicht vom Verfasser hervorgebracht.
61   Vgl. Grimmel/Jakobeit 2009, S. 321-322. Für die Rolle und Funktionen der Europäischen Kommission siehe u. a.: Nugent, Neil 2001: The European Commission, Houndmills und Nugent, Neil 2010: The Government and Politics of the European Union, 7. Aufl., Houndmills, S. 105-138 und Tömmel 2008, S. 63-69 und S. 107-113 und Wessels, Wolfgang 2008: Das politische System der Europäischen Union, Wiesbaden, S. 225-256.

durch dessen Ausdehnung auf weitere Politikbereiche im Lissabon-Vertrag.[62] Michéle Knodt weist darauf hin, dass sich in einem derartigen System die deutschen Länder neu ausrichten müssen:

> „Wollen die Länder als subnationale staatliche Einheiten ihre politische Steuerungsfähigkeit sichern bzw. teilweise wiedererlangen, so sind sie gezwungen, sich auf die Interaktion mit den verschiedenen Ebenen des europäischen Systems einzulassen."[63]

Dennoch darf die Rolle der Nationalstaaten bzw. die Rolle der zentralstaatlichen Regierungen auf europäischer Ebene durch den Begriff „Governance" nicht völlig unterminiert werden. Der Liberale Intergouvnementalismus verweist auf die wichtige (zentrale) Rolle der auf der europäischen Ebene verhandelnden Regierungen der Nationalstaaten, dessen Positionen und Verhalten vom innerstaatlichen Meinungs-, Interessen- und Präferenzbildungsprozess bestimmt werden.[64] Andrew Moravcsik formuliert diese Perspektive wie folgt:

> „(...) Governments are assumed to act purposively in the international arena, but on the basis of goals that are defined domestically. (...) The foreign policy goals of national governments are viewed as varying in response to shifting pressure from domestic social groups, whose preferences are aggregated through political institutions. National interests are, therefore, neither invariant nor unimportant, but emerge through domestic political conflict as societal groups compete for political influence, national and transnational coalitions form, and new policy alternatives are recognized by governments. An understanding of domestic politics is a precondition for, not a supplement to, the analysis of strategic interaction among states."[65]

---

62   Vgl. Leinen, Jo 2010: Das Europäische Parlament und der Vertrag von Lissabon. In: Leiße, Olaf (Hrsg.): Die Europäische Union nach dem Vertrag von Lissabon, Wiesbaden, S. 97-113 und Abels, Gabriele/Eppler, Annegret 2011b: Auf dem Weg zum Mehrebenenparlamentarismus? In: Abels, Gabriele/Eppler, Annegret (Hrsg.): Auf dem Weg zum Mehrebenenparlamentarismus? Funktionen von Parlamenten im politischen System der EU, Baden-Baden, S. 17-40, hier S. 22-23 und Maurer, Andreas 2010: Parlamente in der EU, Wien, S. 52-167.

63   Knodt, Michéle 2000: Europäisierung á la Sinatra: Deutsche Länder im europäischen Mehrebenensystem. In: Knodt, Michéle/Kohler-Koch, Beate (Hrsg.): Deutschland zwischen Europäisierung und Selbstbehauptung, Frankfurt/Main, S. 237-264, hier S. 238.

64   Vgl. Steinhilber, Jochen 2012: Liberaler Intergouvernementalismus. In: Bieling, Hans-Jürgen/Lerch, Marika (Hrsg.): Theorien der europäischen Integration, 3. Aufl., Wiesbaden, S. 141-163 und Grimmel/Jakobeit 2009, S. 161-224.

65   Moravcsik, Andrew 1993: Preferences and Power in the European Community – A Liberal Intergouvernementalism Approach. In: Journal of Common Market Studies 31: 4, S. 473-524, hier S. 481.

Mit anderen Worten: Die Meinungen und Interessen innerstaatlicher Akteure können die Position und die Politik der nationalen Regierungen bestimmen, die für den Verhandlungsprozess auf europäischer Ebene zentral sind. Die für die vorliegende Analyse relevanten zentralen Prämissen dieser theoretischen Perspektiven lauten:

- Beim Politikprozess der Meinungsäußerung, Beratung und Entscheidung sowie bei der Implementation gibt es keine klare hierarchische Trennung der subnationalen, nationalen und supranationalen Ebene. Vielmehr sind die Ebenen ineinander greifende Handlungssysteme, bei der eine bestimmte Materie der europäischen Politik nicht nur auf einer politischen Ebene behandelt wird, sondern gleichzeitig Ebenen übergreifend. Daher können und sollten - müssen aber nicht zwangsläufig - die deutschen Landesregierungen und die deutschen Landesparlamente mit ihren Fraktionen und Abgeordneten nicht nur bei der Implementierung, sondern genauso beim Politikprozess der Meinungsäußerung, Beratung und Entscheidung im europäischen Mehrebenensystem - also auch auf der bundesdeutschen und europäischen Ebene - mehr oder weniger relevante Akteure sein, um nicht bedeutungslos zu werden.

- Die nationalen Regierungen spielen zwar nach wie vor eine zentrale Rolle im europäischen Mehrebenensystem, insbesondere beim Verhandlungsprozess auf europäischer Ebene, aber nicht die alles entscheidende. Vielmehr sind die Kompetenzen auf verschiedene Ebenen verteilt und werden von mehreren Akteuren, die netzwerkartig über mehrere Ebenen miteinander verbunden sein können, ausgeübt. Verschiedene subnationale, nationale und europäische Akteure, insbesondere supranationale wie die Europäische Kommission oder das Europäische Parlament, spielen eine zunehmend wichtige Rolle beim Politikprozess der Meinungsäußerung, Beratung und Entscheidung im europäischen Mehrebenensystem. Daher sind sie für deutsche Landesregierungen und deutsche Parlamente neben der Bundesregierung wichtige Akteure, u. a. um Einfluss auf den Politikprozess auszuüben, Informationen einzuholen und Kooperationen einzugehen.

- Im gesamten Netzwerk des Mehrebenensystems bieten sich für Akteure Koalitionsmöglichkeiten mit anderen staatlichen und nicht-staatlichen Akteuren an, was den Akteuren wie den deutschen Landesregierungen und den deutschen Parlamenten zusätzliche strategische Möglichkeiten für die Teilnahme an Politikprozessen der Meinungsäußerung, Beratung und Entscheidung ermöglicht.

- Aufgrund des besonderen Charakters ist das „Mitregieren" im europäischen Mehrebenensystem für die Akteure ressourcenintensiv. Daher können Eu-

ropean-Governance-Prozesse von einigen wenigen Akteuren dominiert werden, wenn sie – je nach eigener Ressourcenlage – ihren Einfluss bei Politikprozessen der Meinungsäußerung, Beratung und Entscheidung geltend
machen. Für die deutschen Landesregierungen und die deutschen Parlamente bedeutet dies, dass sie nicht nur gezwungen werden, sich auf Interaktionen auf den verschiedenen Ebenen einzulassen, sondern auch, dass sie
die dafür notwendigen Ressourcen aufbringen müssen und auch aufbringen
wollen, um ihre Teilnahme an Politikprozessen im europäischen Mehrebenensystem zu ermöglichen.

- Da europäische Entscheidungen zunehmend mehrheitlich gefällt werden,
  produziert das - zwar auf Konsens ausgerichtete - europäische Mehrebenensystem auch Gewinner und Verlierer. Dies bedeutet für ein deutsches Land,
  dass Verluste für dieses Land durch auf europäischer Ebene gefällte Entscheidungen auch dann möglich sind, wenn die Bundesregierung eigentlich
  die Interessen dieses deutsche Land im europäischen Politikprozess vertreten hat.

2.3 Europäisierung

In den letzten Jahren entwickelte sich zunehmend ein Forschungsparadigma, das
die Rückwirkungen, Auswirkungen und die sich ggf. daraus ergebenden Herausforderungen der europäischen Integration auf die Mitgliedsstaaten und Beitritts-
kandidaten der EU in den Fokus des Interesses rückt: die Europäisierungsforschung. Sie analysiert u. a. die Europäisierung von Politikfeldern, von politischen Akteuren, von politischen Institutionen, von politischen Parteien, von
Interessengruppen, Ressourcen, Diskursen, Normen sowie von Prozessen der
Meinungsäußerung, Beratung und Entscheidung.[66]
    Die vorliegende Arbeit kann zumindest teilweise im Bereich dieser Euro-
päisierungsforschung verortet werden, weil u. a. der Frage nachgegangen wird,
welche Rückwirkungen, Auswirkungen und Herausforderungen die Ent-

---

[66]   Vgl. u. a.: Axt, Heinz-Jürgen/Milososki, Antonio/Schwarz, Oliver 2007: Europäisierung -
ein weites Feld. Literaturbericht und Forschungsfragen. In: Politische Vierteljahresschrift
28: 1, S. 136-149 und Sturm, Roland/Pehle, Heinrich 2012: Das neue deutsche Regierungssystem. Die Europäisierung von Institutionen, Entscheidungsprozessen und Politikfeldern in der Bundesrepublik Deutschland, 3. Aufl., Wiesbaden und Beichelt, Timm
2009: Deutschland und Europa. Die Europäisierung des politischen Systems, Wiesbaden
und Auel, Katrin 2012: Europäisierung nationaler Politik. In: Bieling, Hans-Jürgen/Lerch,
Marika (Hrsg.): Theorien der europäischen Integration, 3. Aufl., Wiesbaden, S. 247-269
und Knodt, Michéle/Kohler-Koch, Beate (Hrsg.) 2000: Deutschland zwischen Europäisierung und Selbstbehauptung, Frankfurt/Main.

wicklungen in der europäischen Energie- und Klimaschutzpolitik mit dem Fokus auf den Politikprozess der Meinungsäußerung, Beratung und Entscheidung zum „Europäische Energie- und Klimapaket" auf die Landesregierung und die Landtagsfraktionen hatten.

Der Forschungsansatz und der Begriff Europäisierung werden in der Politikwissenschaft aber nicht systematisch und einheitlich angewandt, weshalb bereits im Jahre 2002 Johan P. Olsen von „The Many Faces of Europeanization" sprach.[67] Einen guten Überblick über die verschiedenen Forschungsmöglichkeiten in diesem Bereich bietet Christoph Knill.[68] Mittlerweile hat die Politikwissenschaft eine Fülle von Definitionen erarbeitet, die dabei helfen, auch das Konzept der Europäisierung als analytischen Rahmen für die vorliegende Arbeit nutzbar zu machen. Im Folgenden werden einige prominente Definitionen aus der politikwissenschaftlichen Literatur aufgezeigt, die erstens verdeutlichen, dass es bei dem Konzept der Europäisierung um Rückwirkungen und Auswirkungen auf die nationale und subnationale Ebene geht, die aus dem Prozess der europäischen Integration in unterschiedlichem Ausmaße resultieren oder zumindest resultieren könnten und die zweitens das Verständnis der vorliegenden Arbeit von Europäisierung verdeutlichen sollen: Grundsätzlich wird Europäisierung in der vorliegenden Analyse verstanden als eine Vertiefung der europäischen Integration im Bereich der Energie- und Klimaschutzpolitik und als energie- und klimapolitisches „Mehr an Europa" für das deutsche Bundesland Nordrhein-Westfalen. Europäisierung bedeutet in diesem Kontext, dass Politikprozesse der Meinungsäußerung, Beratung und Entscheidung zunehmend unter dem Einfluss der europäischen Integration und unter dem Einfluss von Politikprozessen im europäischen Mehrebensystems stattfinden und dass die landespolitischen Akteure irgendwie darauf reagieren müssen oder zumindest aus normativer Betrachtungsweise heraus reagieren sollten. Bereits 1994 hatte Robert Ladrech eine brauchbare Definition von Europäisierung angeboten:

> „Europeanization is an incremental process of reorientating the direction and shape of politics to the degree that EC political and economic dynamics become part of the organizational logic of national politics and policy-making."[69]

67　　Vgl. Olsen, Johan P. 2002: The Many Faces of Europeanization. In: Journal of Common Market Studies 40: 5, S. 921-952.

68　　Vgl. Knill, Christoph 2005: Die EU und die Mitgliedstaaten. In: Holzinger, Katharina u. a.: Die Europäische Union. Theorien und Analysekonzepte, Paderborn u. a., S. 153-180.

69　　Ladrech, Robert 1994: Europeanisation of domestic politics and institutions: the case of France. In: Journal of Common Market Studies 32: 1, S. 69-88, hier S. 69.

Maarten P. Vink bringt dieses Verständnis von Europäisierung wie folgt auf den Punkt:

„Europeanization is always (to a certain extent) a process of domestic political change caused (somehow) by process of European Integration."[70]

Das von Claudio M. Radaelli erweiterte Verständnis lautet:

„Europeanisation consists of processes of a) construction, b) diffusion and c) institutionalization of formal and informal rules, procedures, policy paradigms, styles, 'ways of doing things', and shared beliefs and norms which are first defined and consolidated in the EU policy process and then incorporated in the logic of domestic (national and subnational) discourse, political structures and public policies."[71]

Angelehnt an Beate Kohler-Koch kann Europäisierung auch verstanden werden als:

„die Erweiterung des Wahrnehmungshorizonts und des politischen Handlungsraumes um die europäische Dimension."[72]

Seine Erklärungskraft hat der Europäisierungsansatz insbesondere durch die Klassifikation und Messung des Ausmaßes von Europäisierung erhalten. Tanja Börzel und Thomas Risse unterscheiden hier zwischen „Absorption", „Accommodation" und „Transformation". Bei Absorption und Accommodation erfährt der Mitgliedsstaat keine wesentlichen Änderungsprozesse, während bei Transformation u. a. traditionelle Politiken und Strukturen durch europäische verändert oder gegebenenfalls ersetzt werden.[73] Unter Berücksichtigung der Möglichkeit, dass Europäisierung auch keinerlei Veränderungen oder sogar eine abnehmende Europäisierung in den Nationalstaaten hervorrufen könnte, unter-

---

70   Vink, Maarten P. 2003: What is Europeanisation? And other questions on a new research agenda. In: European Political Science 3: 1, S. 63-74, hier S. 72.

71   Radaelli, Claudio M. 2003: The Europeanization of Public Policy. In: Featherstone, Kevin/Radaelli, Claudio M. (Hrsg.): The Politics of Europeanization, Oxford, S. 27-56, hier S. 30.

72   Kohler-Koch, Beate 2000: Europäisierung: Plädoyer für eine Horizonterweiterung. In: Knodt, Michéle/Kohler-Koch, Beate (Hrsg.): Deutschland zwischen Europäisierung und Selbstbehauptung, Frankfurt/Main, S. 11-31, hier S. 22.

73   Vgl. Börzel, Tanja A./Risse, Thomas 2000: When Europe hits home: Europeanization and domestic change. In: European Integration Online Papers 15: 4. http://eiop.or.at/ eiop/pdf/2000-015.pdf. Zugegriffen: 16.01.2013, S. 10-11.

scheidet Claudio M. Radaelli zwischen „Retrenchment", „Inertia", „Absorption" und „Transformation".[74]

Dieses Verständnis von Europäisierung richtet zwangsläufig die Frage auf die Art und Weise, den Grund und den Umfang einer (fehlenden) europabezogen Ausrichtung von (sub)nationalen und landespolitischen Akteuren. Als zentrale Erklärungsgröße für den durch die europäische Integration bedingten Wandel (oder auch Nicht-Wandel) auf nationaler Ebene sieht die in der EU-Implementationsforschung aufgestellte Misfit-These das Ausmaß der Kompatibilität zwischen europäischen Vorgaben und bestehenden nationalen Gegebenheiten. Die These lautet: Je geringer das Ausmaß der Kompatibilität ist, desto größer ist der Anpassungsbedarf bei den nationalen Gegebenheiten.[75] Timm Beichelt weist in diesem Kontext darauf hin, dass „das Ausmaß des Veränderungsdrucks nicht nur von der EU-Ebene ausgeht, sondern zusätzlich, und vielleicht sogar entscheidend, von innerstaatlichen Gegebenheiten abhängt."[76] Das Misfit-Modell werde dann einschlägig, wenn politische Entscheidungen auf europäischer Ebene nicht nur getroffen, sondern auch vorbereitet werden würden. Erst dann sei die Notwendigkeit eines Anpassungsprozesses an die EU-Ebene plausibel. In der Umweltpolitik oder in der Klimapolitik zeichne sich ab den 1990er Jahren eine rasche Expansion, Vertiefung und Institutionalisierung des europäischen Policy-Making ab. Folglich seien Entscheidungsrechte transferiert worden, bevor sich die nationalen Systeme und ihre Öffentlichkeiten darauf hätten einstellen können, so Timm Beichelt.[77]

Die für die vorliegende Analyse relevanten zentralen Prämissen dieses Konzepts lauten:

- Es können u. a. Politikfelder, Akteure, Institutionen, Politikprozesse, Strukturen, Einstellungen und Meinungen, Identitäten, Werte und Normen sowohl auf der subnationalen als auch auf der nationalen Ebene eine unterschiedliche Ausprägung von Europäisierung aufweisen.
- Europäisierung geht auf nationaler und subnationaler Ebene mit einem Anpassungsdruck einher, der in seinem Ausmaß sowohl von den Anforderungen der EU-Ebene als auch von den innerstaatlichen Gegebenheiten auf der nationalen und der subnationalen Ebene abhängt.

---

74   Vgl. Radaelli 2003, S. 37-38.
75   Vgl. Risse, Thomas/Cowles, Maria Green/Caporaso, James 2001: Europeanization and
        Domestic Change: Introduction. In: Cowles, Maria Green/Caporaso, James/Risse, Thomas
        (Hrsg.): Transforming Europe. Europeanization and Domestic Change, Ithaca, S. 1-20 und
        Beichelt 2009, S. 23-42.
76   Beichelt 2009, S. 24.
77   Vgl. Beichelt 2009, S. 42.

2.4 Neo-Institutionalismus

Der Neo-Institutionalismus kann nicht als eine in sich geschlossene Theorie-perspektive bezeichnet werden, u. a. weil sich diese Theorieströmung jeweils in den Forschungsfragen, Untersuchungsgegenständen, Theorietraditionen, Prämis-sen und Begrifflichkeiten unterscheidet.[78] Fritz Scharpf weist darauf hin, dass der Begriff „Institution" nicht eindeutig ist: Vertreter der Rational-Choice-Richtung neigten dazu, diesen Begriff ausschließlich auf sanktionierte Regeln zu be-schränken, welche die Kosten und den Nutzen veränderten, die ein Akteur zu erwarten hätte, wenn er eine bestimmte Handlungsweise verfolge. Andere Wis-senschaftler erweiterten die Bedeutung so, dass damit nicht nur soziale Normen und kulturell verfestigte Bedeutungssysteme erfasst werden würden, sondern auch soziale Entitäten, die über die Fähigkeit zweckgerichteten Handelns verfüg-ten.[79]

Die Sozialwissenschaften gehen davon aus, dass Institutionen wichtig sind, um bestimmte Beobachtungen erklären zu können. Die zentrale These der Neo-Institutionalisten lautet, dass „Handeln nicht nur Ergebnis individueller Ent-scheidungsfindung [ist], sondern auch bedingt [wird] durch institutionelle Rah-menbedingungen."[80] Mit anderen Worten: Akteure werden irgendwie von Insti-tutionen geprägt, in denen sie handeln. Dabei lassen sich Institutionen u. a. als „übergreifende Erwartungsstrukturen definieren, die darüber bestimmen, was angemessenes Handeln und Entscheiden ist."[81] Sie bringen dauerhafte und regel-hafte Handlungen hervor, die sich kausal auf die Institution zurückführen las-sen.[82] Ein prominenter politikwissenschaftlicher Ansatz, der akteurzentrierte und institutionenzentrierte Perspektiven in einem Ansatz zusammenfasst, ist der von Fritz W. Scharpf und Renate Mayntz entwickelte akteurzentrierte Institutiona-lismus:[83] Akteure werden von ihnen durch „Handlungsorientierungen" (Wahr-

---

78   Vgl. Senge, Konstanze/Hellmann, Kai-Uwe (Hrsg.) 2006a: Einführung in den Neo-Institutionalismus, Wiesbaden und Hasse, Raimund/Krücken, Georg 2005: Neo-Institutionalismus, 2. Aufl., Bielefeld.

79   Vgl. Scharpf, Fritz W. 2006: Interaktionsformen. Akteurzentrierter Institutionalismus in der Politikforschung, 2. Aufl., Wiesbaden, S. 76.

80   Senge, Konstanze/Hellmann, Kai-Uwe 2006b: Einleitung. In: Senge, Konstanze/Hellmann, Kai-Uwe (Hrsg.): Einführung in den Neo-Institutionalismus, Wiesbaden, S. 7-31, hier S. 7.

81   Hasse/Krücken 2005, S. 15.

82   Vgl. Senge, Konstanze 2006: Zum Begriff der Institutionen im Neo-Institutionalismus. In: Senge, Konstanze/Hellmann, Kai-Uwe (Hrsg.): Einführung in den Neo-Institutionalismus, Wiesbaden, S. 35-47, hier S. 39-40.

83   Vgl. Scharpf 2006 und Mayntz, Renate/Scharpf, Fritz W. 1995: Der Ansatz des akteur-zentrierten Institutionalismus. In: Mayntz, Renate/Scharpf, Fritz W. (Hrsg.): Gesellschaft-liche Selbstregelung und politische Steuerung, Frankfurt am Main/New York, S. 39-72.

nehmungen und Präferenzen) und „Handlungsressourcen" (z. B. materielle Ressourcen oder privilegierte Informationszugänge) und die je nach Anforderung sich daraus ergebenden Fähigkeiten charakterisiert. Die Wahrnehmungen und Präferenzen der Akteure könnten verhältnismäßig stabil sein, was Vertreter der Rational-Choice-Theorien annehmen, oder sie könnten durch Lernen oder Argumente verändert werden.[84] Dabei betont dieser Ansatz den „Einfluß von Institutionen auf die Wahrnehmungen, Präferenzen und Fähigkeiten individueller und korporativer Akteure und ihre Interaktionsformen."[85] Es wird davon ausgegangen, dass „Akteure unterschiedlich auf Drohungen, Beschränkungen und Möglichkeiten von außen reagieren, weil sie sich in ihren Wahrnehmungen und Präferenzen unterscheiden, aber auch weil ihre Wahrnehmungen und Präferenzen sehr stark durch den jeweiligen institutionellen Kontext, in dem sie interagieren, beeinflußt werden."[86] Institutionen erleichterten oder beschränkten „nicht nur eine bestimmte Menge von Entscheidungen, sondern sie legen auch weitgehend fest, wie die Ergebnisse, die durch solche Entscheidungen erreicht werden, von den beteiligten Akteuren bewertet werden – und sie bestimmen daher die Präferenzen der Akteure im Hinblick auf die möglichen Optionen. Darüber hinaus üben institutionalisierte Verpflichtungen auch Einfluß auf die Wahrnehmungen aus."[87]

Sabine Kropp und Silke Riemann weisen darauf hin, dass institutionell geprägte Rollendefinitionen und -zuschreibungen wesentlich darüber mitbestimmen, wie sich die deutschen Abgeordneten im Parlament verhalten und wie sie „ihre Aufgaben wahrnehmen und wie sie ihr Mandat ausfüllen. Formale Positionen, wie die des Parlamentarischen Geschäftsführers, ein Ausschussvorsitz oder eine Sprecherfunktion setzen Anreize für Akteure, sich auf eine bestimmte Weise regelhaft zu verhalten. Solche sog. ‚Positionsrollen', die institutionell definiert sind und z. B. in Geschäftsordnungen festgeschrieben sind, findet man angesichts der ausdifferenzierten Organisationsstruktur der Parlamente und der Fraktionen in Deutschland in großer Zahl. Sie dienen der Integration der Abgeordneten in das Parlament und seiner Funktionsfähigkeit (...)."[88]

---

84   Vgl. Scharpf 2006, S. 86-87.
85   Scharpf 2006, S. 76.
86   Scharpf 2006, S. 74.
87   Scharpf 2006, S. 79.
88   Kropp, Sabine/Riemann, Silke 2008: Parlamentarismus. In: Schwarz, Hans-Peter (Koord.): Die Bundesrepublik Deutschland. Eine Bilanz nach 60 Jahren, München, S. 253-277, hier S. 260-261.

Aus der neo-institutionalistischen Perspektive ergeben sich somit für die vorliegende Arbeit die folgenden beiden Prämissen:

- Die Fraktionen und ihre Abgeordneten werden in ihrem Rollenverständnis hauptsächlich von ihren subnationalen Tätigkeiten und Interaktionen in der „Institution" Parlament geprägt, während Landesregierungen zudem auch von ihren Tätigkeiten und Interaktionen in nationalen und supranationalen Kontexten geprägt werden, dies insbesondere durch die „Institution" Bundesrat.
- Die Wahrnehmungen und Präferenzen der Fraktionen und ihrer Mitglieder in Parlamenten sind veränderbar durch u. a. Lernprozesse und/oder durch eine Veränderung in ihrer Kosten-Nutzen-Rechnung.

2.5 (Sub)nationale parteipolitische Präferenzen und Parteienwettbewerb

Unabhängig davon, ob man Deutschland als „Parteienstaat" oder als „Parteiendemokratie" bezeichnet,[89] politische Parteien sind zentrale Akteure im repräsentativen politischen System Deutschlands. Durch Artikel 21 des Grundgesetzes und durch das Parteiengesetz nehmen sie die Stellung einer verfassungsrechtlichen Institution ein: Nach Paragraph 1 des Parteiengesetzes sind Parteien „ein verfassungsrechtlich notwendiger Bestandteil der freiheitlich demokratischen Grundordnung"[90] und „wirken an der Bildung des politischen Willens des Volkes auf allen Gebieten des öffentlichen Lebens mit, indem sie insbesondere auf die Gestaltung der öffentlichen Meinung Einfluß nehmen, (...) auf die politische Entwicklung in Parlament und Regierung Einfluß nehmen, die von ihnen erarbeiteten politische Ziele in den Prozeß der staatlichen Willensbildung einführen und für eine ständig lebendige Verbindung zwischen dem Volk und den Staatsorganen sorgen."[91]

Die verschiedenen politischen Parteien repräsentieren verschiedene Gruppen der Gesellschaft und ihre jeweiligen Interessen. Zu den vielfältigen Funktionen von Parteien gehören u. a. die Rekrutierung von politischen Eliten aus der Gesellschaft sowie die Vermittlungsfunktion, bei der Repräsentanten politischer

---

89   Parteienstaat und Parteiendemokratie sind u. a. in der politikwissenschaftlichen Literatur und Diskussion gebräuchliche Begriffe. Sie wurden nicht vom Verfasser hervorgebracht.
90   Paragraph 1 Absatz 1 des Gesetzes über die politischen Parteien.
91   Paragraph 1 Absatz 2 des Gesetzes über die politischen Parteien.

Parteien in der Gesellschaft vorhandene Partikularinteressen in den Regierungen und in den Parlamenten vertreten.[92]

Die Entstehung und die heutige Grundstruktur des deutschen Parteiensystems auf nationaler und auf subnationaler Ebene bzw. in den einzelnen deutschen Ländern und die langfristige Existenz von politischen Parteien, die um Wählerstimmen und um Sitze in Parlamenten konkurrieren, lassen sich durch historische gesellschaftliche Grundkonfliktlinien (Cleavages) erklären.[93] Diese Grundkonfliktlinien sind nach Seymour Lipset und Stein Rokkan: Zentrum gegen Peripherie, Stadt gegen Land, Kirche gegen Staat und Kapital gegen Arbeit. Demnach können sich neue Parteien nur dann etablieren, wenn sie neue gesellschaftliche Konfliktlinien repräsentieren,[94] was in der „Pluralisierungsphase der achtziger Jahre"[95] offensichtlich den Grünen gelang aufgrund der damals neu aufgekommenen kulturellen Konfliktlinie zwischen libertären und autoritären Werten und der ökologischen Konfliktdimension.[96] Heute kann man das deutsche Parteiensystem als „fluides Fünfparteiensystem"[97] bezeichnen, in dem die sozio-ökonomische Konfliktlinie zunehmend wichtiger zu werden scheint. Es rücken sozio-ökonomische Fragen und Probleme, die sich u. a. ergeben aus der Globalisierung (z. B. globale Finanzkrise, internationaler Wettbewerb), aus knappen öffentlichen Kassen und der damit verbundenen Finanzierungsproblematik des deutschen Sozialstaates und auch aus der europäischen und deutschen Energie- und Klimaschutzpolitik, zunehmend in den Mittelpunkt der gesellschaftspolitischen Auseinandersetzungen und des Parteienwettbewerbs.

---

92   Vgl. Decker, Frank/Neu, Viola (Hrsg.) 2007: Handbuch der deutschen Parteien, Wiesbaden und Andersen, Uwe (Hrsg.) 2009: Parteien – Parteiensysteme – Parteienforschung, Schwalbach.

93   Vgl. Jun, Uwe/Hass, Melanie/Niedermayer, Oskar (Hrsg.) 2008: Parteien und Parteisysteme in den deutschen Ländern, Wiesbaden und Kost, Andreas/Rellecke, Werner/Weber, Reinhold (Hrsg.) 2010: Parteien in den deutschen Ländern. Geschichte und Gegenwart, München und Alemann von, Ulrich 2003: Das Parteiensystem der Bundesrepublik Deutschland, 3. Aufl., Opladen.

94   Vgl. Lipset, Seymour/Rokkan, Stein 1967: Cleavage Structures, Party Systems, and Voter Alignments: An Introduction. In: Lipset, Seymour/Rokkan, Stein (Hrsg.): Party Systems and Voter Alignments. Cross-National Perspectives, New York, S. 1-64.

95   Niedermayer, Oskar 2007: Die Entwicklung des bundesdeutschen Parteiensystems. In: Decker, Frank/Neu, Viola (Hrsg.): Handbuch der deutschen Parteien, Wiesbaden, S. 114-135, hier S. 124.

96   Vgl. Niedermayer 2007, S. 124-126.

97   Niedermayer, Oskar 2008: Das fluide Fünfparteiensystem nach der Bundestagswahl 2005. In: Niedermayer, Oskar (Hrsg.): Die Parteien nach der Bundestagswahl 2005, Wiesbaden, S. 9-35.

Man kann daher sagen, dass der Parteienwettbewerb „ein entscheidender Schlüssel zum Verständnis politischer Prozesse in Deutschland [ist]".[98]

Bei der Analyse des Parteienwettbewerbs in den deutschen Bundesländern von 1990-2010 kamen Thomas Bräuninger und Marc Debus für NRW[99] zu dem Ergebnis, dass die Parteien deutlich unterschiedliche Positionen in der Wirtschaftspolitik vertreten: Die FDP ist als wirtschaftsliberale Kraft in NRW wirtschaftspolitisch rechts verortet, die CDU hat mit Ausnahmen eine moderat-liberale wirtschaftspolitische Haltung eingenommen, die SPD eine moderat-linke und die Grünen eine linke. Die CDU und insbesondere die FDP neigen daher zu weniger Staatsinterventionismus und setzen auf eine wirtschaftsfreundliche Politik und die freie Entfaltung der Marktkräfte in NRW, während die SPD und die Grünen zu mehr Staatsinterventionen neigen.[100] Die NRW-Grünen haben sich zwar im Zeitverlauf einer moderat-linken wirtschaftspolitischen Haltung angenähert, aber „auch während ihrer Regierungszeit [von 1995 bis 2005] keinen ausgeprägten Wandel hin zu einer moderaten wirtschaftspolitischen Position durchgemacht wie in anderen Bundesländern."[101] Die rot-grüne Regierungskoalition war aufgrund von ausgeprägten Positionsdifferenzen in der Energiepolitik und der Industriepolitik überaus konfliktbehaftet und wie es Marcel Solar auf den Punkt bringt: keine „Liebesheirat"[102]. Während ihrer Regierungszeit kam es u. a. regelmäßig zu Auseinandersetzungen um den Braunkohletagebau.[103] Diese Feststellung, dass sich in NRW die wirtschaftspolitischen Positionen der Parteien deutlich unterscheiden, ist deshalb relevant, weil Oliver Treib in einer Fallstudie, in der er die Umsetzung europäischer Sozialrichtlinien in vier EU-Mitgliedsstaaten untersuchte, zu dem Ergebnis kam, dass die Misfit-These nur begrenzt in der Lage sei, die beobachtete teilweise unzureichende nationale Anpassung und Umsetzung zu erklären. Vielmehr spiele dabei die Haltung politischer nationaler Akteure und ihre „parteipolitisch definierten Präferenzen" eine entscheidende

---

98   Tils, Ralf 2005: Politische Strategieanalyse. Konzeptionelle Grundlagen und Anwendungen in der Umwelt- und Nachhaltigkeitspolitik, Wiesbaden, S. 82.

99   Zum Parteiensystem in Nordrhein-Westfalen siehe auch: Kranenpohl, Uwe 2008: Das Parteiensystem Nordrhein-Westfalens. In: Jun, Uwe/Hass, Melanie/Niedermayer, Oskar (Hrsg.): Parteien und Parteisysteme in den deutschen Ländern, Wiesbaden, S. 315-339.

100   Vgl. Bräuninger, Thomas/Debus, Marc 2012: Parteienwettbewerb in den deutschen Bundesländern, Wiesbaden, S. 111-118.

101   Bräuninger/Debus, S. 115.

102   Solar, Marcel 2010: Nordrhein-Westfalen – das Erbe des politischen Katholizismus und der Mythos vom sozialdemokratischen Stammland. In: Kost, Andreas/Rellecke, Werner/Weber, Reinhold (Hrsg.): Parteien in den deutschen Ländern. Geschichte und Gegenwart, München, S. 276-301, hier S. 291.

103   Die Energie- und Industriepolitik der rot-grünen Regierungskoalition sowie insbesondere die Auseinandersetzungen um den Braunkohletagebau hatte der Verfasser der vorliegenden Arbeit regelmäßig in den Medien verfolgt.

Rolle.[104] Für Deutschland beispielsweise stellte er in der rot-grünen Regierungszeit bei der Teilzeitarbeitsrichtlinie der EU sogar eine nationale
Überimplementation fest, die parteipolitisch motivierte gewesen sei. In dieser
Überimplementation habe die europäische Maßnahme als Legitimationsgrundla-
ge gedient.[105]

Damit ergibt sich aus dieser Perspektive die folgende für die vorliegende
Arbeit relevante Prämisse:

- Unterschiedliche Einstellungen und Positionen von nordrhein-westfälischen
  Politikern u. a. zur Europäisierung von Politikfeldern, zu europäischen
  Rechtsakten, zu Entscheidungen, Zielen und Instrumenten der EU mit wirtschaftspolitischen Elementen können durch unterschiedliche subnationale
  parteipolitische Präferenzen im wirtschaftspolitischen Bereich und durch
  den damit verbundenen subnationalen Parteienwettbewerb erklärt werden.

2.6 Landesparlamente und Landesregierungen im Mehrebenensystem

Parlamente sind als Volkvertretungen in repräsentativen Demokratien als Quelle
demokratischer Legitimation zu betrachten. Zu den zentralen Funktionen eines
durch den Parteienwettbewerb geprägten deutschen Parlaments zählt die politikwissenschaftliche Literatur: die Repräsentations- und Artikulationsfunktion, die
Kontrollfunktion, die Gesetzgebungsfunktion und die Wahlfunktion.[106] Die
Volksvertreter in deutschen Parlamenten bündeln und artikulieren die Interessen
der Bürger und müssen sich dabei gegenüber den Bürgern spätestens bei Wahlen
verantworten. Dabei sind Parlamente Räume u. a. der Debatte, der Deliberation
von verschiedenen Ideen und der Verhandlungen über Interessen und Kompensa-
tionen.[107] Sie sind „Vermittler von Inhalten, und zwar in verschiedenen Richtun-
gen: vom Volk zu den politischen Institutionen, vom politischen Entscheidungs-

---

104   Vgl. Treib, Oliver 2004: Die Bedeutung der nationalen Parteipolitik für die Umsetzung
       europäischer Sozialrichtlinien, Frankfurt/Main und Treib, Oliver 2003: Die Umsetzung
       von EU-Richtlinien im Zeichen der Parteipolitik: Eine akteurzentrierte Antwort auf die
       Misfit-These. In: Politische Vierteljahresschrift 44: 4, S. 506-528.
105   Vgl. Treib 2004, S. 145-149.
106   Vgl. Beyme, Klaus von 1999: Die parlamentarische Demokratie. Entstehung und Funkti-
       onsweise 1789-1999, 3. Aufl., Wiesbaden, S. 253 und Patzelt, Werner J. 2003: Parlamente
       und ihre Funktionen. In: Patzelt, Werner J. (Hrsg.): Parlamente und ihre Funktionen. Insti-
       tutionelle Mechanismen und institutionelles Lernen im Vergleich, Wiesbaden, S. 13-49
       und Marschall, Stefan 2005: Parlamentarismus. Eine Einführung, Baden-Baden, S. 133-
       185.
107   Vgl. Abels/Eppler 2011b, S. 20.

system zum Volk."[108] Zudem können sie vertikal und horizontal miteinander interagieren (Repräsentations- und Artikulationsfunktion). Die deutschen Parlamente haben ein Initiativrecht bei der Gesetzgebung, sie beraten über Gesetze und verabschieden diese. Parlamente wählen die Regierung und können diese auch wieder entlassen (Wahlfunktion). Die Parlamentarier kontrollieren die Regierung durch verschiedene Instrumente wie Anfragen, Aktuelle Stunden oder Untersuchungsausschüsse (Kontrollfunktion).[109] Diese Funktion wird in der politikwissenschaftlichen Literatur zur wichtigsten eines Landesparlaments gezählt.[110] Sie wird im parlamentarischen Regierungssystem insbesondere von der Opposition wahrgenommen, da die Regierung tragende Parlamentsmehrheit in erster Linie ein besonderes Interesse an der Unterstützung der Regierungstätigkeit hat.[111] Die Wahl und der Einsatz der Instrumente einer opponierenden Fraktion hängen dabei u. a. von ihren Zielen ab, wobei „der Machtwechsel, die Ablösung der Regierung bzw. die Veränderung der parteipolitischen Zusammensetzung der Regierung, traditionell als das wichtigste Ziel sämtlicher Bestrebungen der parlamentarischen Opposition [gilt]."[112] Eine kompetitive Oppositionsstrategie könnte durch die Darstellung eines entgegenstehenden Politikkonzepts in erster Linie einen Politikwechsel durch einen Regierungswechsel forcieren, während eine konsensorientierte Oppositionsstrategie u. a. der Durchsetzung möglichst vieler eigener Politikentwürfe zusammen mit der Regierung zugrunde liegen könnte.[113]

Die zentrale Legislativfunktion der deutschen Landesparlamente hat im Laufe der Zeit aufgrund von nationaler Unitarisierung und Europäisierung in vielen Politikfeldern abgenommen, wobei Werner J. Patzelt zu Recht anmerkt, dass „sich im parlamentarischen Regierungssystem die politische Leistung eines Parlaments besonders schlecht an seiner Gesetzgebungsfunktion ablesen [lässt]. Es ist die Regierung, die im Auftrag der Regierungsmehrheit, und idealerweise in enge Zusammenarbeit mit ihr, die Gesetzesvorlagen ausarbeitet."[114] In Nordrhein-Westfalen beispielsweise stammten in der 14. Wahlperiode (2005-

---

108   Abels/Eppler 2011b, S. 20.
109   Vgl. Abels/Eppler 2011b, S. 20.
110   Vgl. Patzelt, Werner J. 2006: Länderparlamentarismus. In: Schneider, Herbert/Wehling, Hans-Georg (Hrsg.): Landespolitik in Deutschland. Grundlagen - Strukturen - Arbeitsfelder, Wiesbaden, S. 108-129, hier S. 116.
111   Vgl. Abels/Eppler 2011b, S. 20.
112   Helms, Ludger 2010: Strategie und politische Opposition. In: Raschke, Joachim/Tils, Ralf (Hrsg.): Strategie in der Politikwissenschaft. Konturen eines neuen Forschungsfeldes, Wiesbaden, S. 233-256, hier S. 236.
113   Vgl. Helms 2010 und Helms, Ludger 2002: Politische Opposition. Theorie und Praxis in westlichen Regierungssystemen, Opladen.
114   Patzelt 2006, S. 115.

2010) von insgesamt 244 eingebrachten Gesetzentwürfen über drei Viertel von der Landesregierung.[115]

Man muss allerdings bei der Diskussion um die Rolle und Funktionen von Landesregierungen und Landesparlamente unbedingt beachten, dass die Landesregierungen weitaus mehr als die Landesparlamente aus historischen und aus formal-institutionellen Gründen in den Politikprozess im europäischen Mehrebenensystem einbezogen sind: Aus historischen Gründen sind sie dies, u. a. weil der bundesdeutsche Föderalismus nach dem Zweiten Weltkrieg auf dem Bundesratsmodell anstatt auf dem Senatsmodell aufgebaut wurde,[116] was „die Landesregierungen, in Sonderheit die Ministerpräsidenten, von Anfang an zu zentralen bundespolitischen Akteuren [machte].“[117] Aus heutigen formal-institutionellen Gründen sind die Landesregierungen in den Politikprozess im europäischen Mehrebenensystem mehr einbezogen als die Landesparlamente, weil sie nicht nur bei der Gesetzgebung des Bundes über den Bundesrat beteiligt sind, sondern gemäß des sogenannten Europaartikels (Art. 23 GG) über den Bundesrat auch bei der Europapolitik des Bundes (u. a. bei der Übertragung von Hoheitsrechten) mitwirken. Zudem wird dem Bundesrat verfassungsrechtlich ein Klagerecht vor dem Europäischen Gerichtshof wegen Verstoßes eines Gesetzgebungsaktes der EU gegen das Subsidiaritätsprinzip eingeräumt sowie eine frühestmögliche und umfassende Informationspflicht durch die Bundesregierung.[118] Durch den am 1. Dezember 2009 in Kraft getretenen Lissabon-Vertrag (mit seinen Protokollen) und der damit verbundenen verfassungsrechtlichen Änderung des Europaartikels und der Verabschiedung der deutschen Begleitgesetze sowie durch das sogenannte „Lissabon-Urteil“ des Bundesverfassungsgerichts sind die deutschen Länder (insbesondere die Landesregierungen) sowie der Deutsche Bundestag bei der Mitwirkung an Politikprozessen im europäischen Mehrebenensystem formal gestärkt worden: Denn durch die Regelungen im Lissabon-Vertrag, der den nationalen Parlamenten in der EU erstmals im europäischen Vertragstext eine Mitwirkungsrolle formell zuspricht,[119] und durch das „Protokoll über die Rolle der nationalen Parlamente in der Europäischen Union" und durch das „Protokoll über die Anwendung der Grundsätze der Subsidiarität und

---

115   Vgl. Schoofs, Jan 2011: Funktionen des Landtags Nordrhein-Westfalen. In: Grasselt, Nico/Hoffmann, Markus/Lerch, Julia-Verena (Hrsg.): Der Landtag Nordrhein-Westfalen. Funktionen, Prozesse und Arbeitsweise, Opladen/Berlin/Farmington Hills, S. 91-114, hier S. 97.

116   Vgl. Patzelt 2006, S. 125.

117   Patzelt 2006, S. 125.

118   Vgl. Artikel 23 des Grundgesetzes für die Bundesrepublik Deutschland.

119   Vgl. Müller, Ute 2009: Mehr Parlamentarismus wagen – die neue Rolle der nationalen Parlamente in der Europäischen Union. In: Lambertz, Karl-Heinz/Große Hüttmann, Martin (Hrsg.): Europapolitik und Europafähigkeit von Regionen, Baden-Baden, S. 141-156.

der Verhältnismäßigkeit" werden den Parlamenten (in Deutschland: Bundestag und Bundesrat) frühzeitige Unterrichtungspflichten garantiert. Zudem haben die nationalen Parlamente die Möglichkeit erhalten, innerhalb von acht Wochen zur Übereinstimmung eines Entwurfs eines Gesetzgebungsakts mit dem Prinzip der Subsidiarität eine begründete Stellungnahme an den Präsidenten des Europäischen Parlaments, des Rates und der Kommission zu richten. Wenn eine gewisse Anzahl der nationalen Parlamente[120] eine begründete Stellungnahme abgeben, wonach der Entwurf eines Gesetzgebungsakts nicht mit dem Prinzip der Subsidiarität übereinstimmt, dann muss der Entwurf überprüft werden. Jedoch kann nach Prüfung und Begründung an dem Entwurf auf europäischer Ebene festgehalten werden. Bundestag und Bundesrat können in Angelegenheiten der Subsidiarität und der Verhältnismäßigkeit auch Klage vor dem Europäischen Gerichtshof erheben.[121]

Als Konsequenz aus dieser Entwicklung lässt sich zunächst einmal feststellen, dass die von der europäischen Ebene induzierte Stärkung der nationalen Parlamente in der EU mit Blick auf die formal-institutionelle Perspektive in der Bundesrepublik Deutschland mit eine Stärkung der im Bundesrat vertretenden deutschen Landesregierungen einhergeht. Die subnationalen Parlamente mit Gesetzgebungsbefugnissen werden zwar im Protokoll erwähnt, sie erhalten jedoch nicht das Recht der Subsidiaritätsrüge. Es obliegt allein den nationalen Parlamenten, ob sie die subnationalen Parlamente in dieser Angelegenheit konsultieren.[122]

Das Protokoll sieht auch eine interparlamentarische Zusammenarbeit und Verknüpfung in der EU ausdrücklich vor.[123] Sie befindet sich aber noch im Entwicklungsstadium. Allerdings wurden bereits vor einigen Jahren erste Schritte in diese Richtung gemacht:[124] Auf nationalstaatlicher Ebene wurde im Jahr 1989 als

---

120   Das müssen mindestens ein Drittel der Gesamtzahl der den nationalen Parlamenten zugewiesenen Stimmen sein (zwei Stimmen pro nationales Parlament; in einem Zweikammersystem eine Stimme für jede der beiden Kammern). Wenn es sich um den Entwurf eines Gesetzgebungsakts auf der Grundlage des Artikels 76 des Vertrags über die Arbeitsweise der Europäischen Union betreffend den Raum der Freiheit, der Sicherheit und des Rechts handelt, beträgt die Schwelle ein Viertel der Stimmen.

121   Vgl. Protokoll über die Rolle der nationalen Parlamente in der Europäischen Union. In: Amtsblatt der Europäischen Union vom 30.03.2010, C 83/203-205 und Protokoll über die Anwendung der Grundsätze der Subsidiarität und der Verhältnismäßigkeit. In: Amtsblatt der Europäischen Union vom 30.03.2010, C 83/206-209.

122   Vgl. Artikel 6 des Protokolls über die Anwendung der Grundsätze der Subsidiarität und der Verhältnismäßigkeit. In: Amtsblatt der Europäischen Union vom 30.03.2010, C 83/206-209.

123   Vgl. Artikel 9-10 des Protokolls über die Rolle der nationalen Parlamente in der Europäischen Union. In: Amtsblatt der Europäischen Union vom 30.03.2010, C 83/203-205.

124   Zu den folgenden Ausführungen siehe auch: Maurer 2012, S. 219-230.

informelle Gesprächsebene die „Konferenz der Ausschüsse für Gemeinschafts-
und Europaangelegenheiten der nationalen Parlamente der Europäischen Union"
(COSAC) gegründet, die 1997 im Zuge des Amsterdam-Vertrags im "Protokoll
über die Rolle der einzelstaatlichen Parlamente in der Europäischen Union"[125]
verankert wurde. In der COSAC, die alle sechs Monate tagt, sind jeweils Vertreter aus den nationalen Parlamenten aller EU-Mitgliedsstaaten und des Europäischen Parlaments sowie Beobachter aus den nationalen Parlamenten der Bei-
trittskandidaten vertreten.[126] Um den interparlamentarischen Informationsaus-
tausch zwischen den nationalen Parlamenten und des Europäischen Parlaments
in EU-Angelegenheiten zu verbessern, wurde eine internetbasierte Kommunika-
tions- und Informationsplattform namens IPEX[127] eingerichtet.[128] Auf subnationaler Ebene wurde im Jahr 1997 die „Konferenz der Präsidenten der regionalen
gesetzgebenden Versammlungen in der Europäischen Union" (CALRE) ins Leben gerufen. Hier versammeln sich mindestens einmal im Jahr die Präsidenten
der Regionalparlamente aus der Union, die über eine gesetzgebende Befugnis
verfügen.[129] Der durch den Vertrag von Maastricht errichtete Ausschuss der
Regionen (AdR) bietet Ministerpräsidenten, Länderministern, Staatssekretären
und auch Landtagsabgeordneten die Möglichkeit der formal-institutionellen
Einbindung in Politikprozesse der Meinungsäußerung, Beratung und Entscheidung auf europäischer Ebene. Der AdR ist ein beratendes Organ der EU aus
Vertretern der regionalen und kommunalen Gebietskörperschaften Europas.
Deutschland entsendet 24 Vertreter, davon zwei aus Nordrhein-Westfalen, die
beide in der vierten Mandatsperiode des AdR (2006-2010) Landtagsabgeordnete
waren. Dies waren Werner Jostmeier (CDU) und Dietmar Brockes (FDP), der
Sprecher seiner Fraktion im Ausschuss für Wirtschaft, Mittelstand und Energie
im Landtag.[130]

Im Lissabon-Urteil vom 30. Juni 2009 erklärte das Bundesverfassungsgericht die bis dahin erarbeiteten deutschen Begleitgesetze zum Lissabon-Vertrag
als nicht verfassungskonform, weil Bundestag und Bundesrat im Rahmen von
europäischen Rechtsetzung- und Vertragsveränderungsverfahren „keine hinrei-

---

125   Vgl. Protokoll über die Rolle der einzelstaatlichen Parlamente in der Europäischen Union.
       In: Amtsblatt der Europäischen Union vom 29.12.2006, C 321 E/227-228.
126   Vgl. das Internetangebot der „Conference of the committees of the national Parliaments of
       the European Union Member States". www.cosac.eu. Zugegriffen: 01.02.2013.
127   IPEX steht für: InterParliamentary EU information eXchange.
128   Vgl. das Internetangebot von IPEX. http://www.ipex.eu/IPEXL-WEB/home/home.do.
       Zugegriffen: 01.02.2013.
129   Vgl. das Internetangebot der „Conference of European Regional Legislative Assemblies".
       www.calrenet.eu. Zugegriffen: 01.02.2013.
130   Vgl. Wessels 2008, S. 290-295 und Schmuck, Otto 2012: Ausschuss der Regionen. In:
       Weidenfeld, Werner/Wessels, Wolfgang (Hrsg.): Jahrbuch der Europäischen Integration
       2012, Baden-Baden, S. 129-134.

chenden Beteiligungsrechte" eingeräumt wurden.[131] Die Rolle von Bundestag und Bundesrat und damit die Mitwirkungsrechte der Länder wurden durch das Integrationsverantwortungsgesetz (IntVG) ausgebaut, sodass dieses Gesetz zusammen mit dem Europaartikel des deutschen Grundgesetzes (GG) und dem „Gesetz über die Zusammenarbeit von Bund und Ländern in Angelegenheit der Europäischen Union" (EUZBLG) und ergänzend dazu der „Vereinbarung zwischen der Bundesregierung und den Regierungen der Länder zur Regelung weiterer Einzelheiten der Zusammenarbeit von Bund und Ländern in Angelegenheiten der Europäischen Union" die rechtliche und formal-institutionelle Basis der deutschen Länder für die Mitwirkung in europäischen Angelegenheiten und Politikprozessen der Meinungsbildung, Beratung und Entscheidung bildet.[132] Im IntVG wird den Ländern durch den Bundesrat neben dem Deutschen Bundestag ausdrücklich eine Integrationsverantwortung zugeschrieben, die den innerstaatlichen Anforderungen des Europaartikels im GG genügen soll.[133] Im EUZBLG wird den Ländern u. a. ihre Mitwirkung durch den Bundesrat in EU-Angelegenheiten zugesprochen.[134] Dabei unterrichtet die Bundesregierung den Bundesrat „umfassend und zum frühestmöglichen Zeitpunkt über alle Vorhaben im Rahmen der Europäischen Union, die für die Länder von Interesse sein könnten."[135] Je nach Berührung der Interessen oder der innerstaatlichen Zuständigkeit der Länder erhält der Bundesrat die Möglichkeit, entweder vor der Festlegung der Verhandlungsposition der Bundesregierung eine Stellungnahme abzugeben oder an Beratungen zur Festlegung der Verhandlungsposition teilzunehmen.[136] Die Bundesregierung kann auf Verlangen unter bestimmten Bedingungen, Vertreter der Länder zu den Verhandlungen in den Beratungsgremien der Kommission und des Rates hinzuziehen. Die Verhandlungsführung liegt dabei zwar bei der Bundesregierung, die Länder können jedoch mit Zustimmung der Verhandlungsführung Erklärungen abgeben. Im Bereich der ausschließlichen Gesetzgebungsbefugnisse der Länder auf den Gebieten der schulischen Bildung, der

---

131 Vgl. BVerfG, 2 BvE 2/08 vom 30.06.2009, Absatz-Nr. 409.

132 Vgl. Hahn, Jörg-Uwe 2010: Die Integrationsverantwortung der Länder nach dem Vertrag von Lissabon und die Begleitgesetzgebung. In: Europäisches Zentrum für Föderalismus-Forschung Tübingen (Hrsg.): Jahrbuch des Föderalismus 2010. Föderalismus, Subsidiarität und Regionen in Europa, Baden-Baden, S. 150-162 und Chardon/Eppler 2009, S. 25-41.

133 Vgl. Gesetz über die Wahrnehmung der Integrationsverantwortung des Bundestages und des Bundesrates in Angelegenheiten der Europäischen Union vom 22.09.2009. In: Bundesgesetzblatt, Teil 1, 60/2009, S. 3022-3025.

134 Vgl. Paragraph 1 des Gesetzes über die Zusammenarbeit von Bund und Ländern in Angelegenheit der Europäischen Union vom 12.03.1993, zuletzt geändert durch Gesetz vom 22.09.2009.

135 Ebd., Paragraph 2.

136 Vgl. ebd., Paragraph 3-5.

Kultur oder des Rundfunks, hat die Bundesregierung sogar die Verhandlungsführung auf einen Vertreter der Länder zu übertragen.[137]
   Die Landesregierungen der deutschen Länder unterhalten ähnlich wie die
Vertretungen beim Bund in Berlin bereits seit Mitte der achtziger Jahre Infor-
mations- und Verbindungsbüros in Brüssel, um Informationen frühzeitig und
unmittelbar auf der europäischen Ebene einzuholen und zu filtern und um Net-
working und Lobbying insbesondere mit bzw. auf die wichtigen Beamten und
Entscheidungsträger in der Kommission und Mitglieder im Europäischen Parlament zu betreiben. Die Lobbying-Funktion ist dabei im Laufe der Zeit stärker in
den Vordergrund getreten.[138] Damit besitzen die Landesregierungen „eine über
20-jährige Lobbying-Erfahrung auf dem europäischen Parkett."[139] Die Informa-
tions- und Verbindungsbüros von Bayern, Baden-Württemberg und Nordrhein-
Westfalen haben zusammen mittlerweile mehr Personal als die Ständige Vertretung der Bundesrepublik Deutschland.[140] In diesem Kontext ist auch der Länderbeobachter als gemeinsame Einrichtung der 16 deutschen Länder zu erwähnen.
Er kann an den Tagungen des Rates der EU und des Ausschusses der Ständigen
Vertreter und den diesbezüglichen Besprechungen der deutschen Delegation
teilnehmen und darüber berichten.[141] Somit kann der Länderbeobachter auch
überprüfen, ob die Bundesregierung in den Verhandlungen die Beschlüsse des
Bundesrates berücksichtigt hat. Er ist für die nordrhein-westfälische Landesregierung eine sehr wichtige, ergiebige und frühzeitige Informationsquelle im
gesamten Politikprozess auf europäischer Ebene.[142] Die Vernetzungs- und Lob-
bypolitik der deutschen Landesregierungen spiegelt sich auch in der jährlichen
„Conference of European regions with legislative power" (REGLEG) wider.[143]
   Seit Anfang 2012 unterhält der Landtag von Nordrhein-Westfalen ein Verbindungsbüro bei der Vertretung des Landes in Brüssel. Dieses Kontaktbüro soll
als „Anlaufstelle" dienen zur Unterstützung von europapolitischen Aktivitäten,
Begegnungen und Gesprächen der Landtagsabgeordneten vor Ort. Zu den Aufgaben des Referenten gehört u. a. die Recherche von Informationen zu Europa-

---

137   Vgl. ebd., Paragraph 6.
138   Vgl. Knodt, Michéle/Große Hüttmann, Martin/Kotzian, Peter 2009: Die Brüsseler Infor-
       mationsbüros der deutschen Länder: Aktive Mitspieler im Mehrebenensystem der EU. In:
       Lambertz, Karl-Heinz/Große Hüttmann, Martin (Hrsg.): Europapolitik und Europa-
       fähigkeit von Regionen, Baden-Baden, S. 123-135.
139   Knodt/Große Hüttmann/Kotzian, S. 123.
140   Knodt/Große Hüttmann/Kotzian, S. 123.
141   Vgl. Artikel 2 des Abkommens über den Beobachter der Länder bei der Europäischen
       Union. http://www.laenderbeobachter.de/germanhome/rechtsgrundlagen. Zugegriffen:
       01.02.2013.
142   Aus den vom Verfasser durchgeführten Interviews (siehe Quellenverzeichnis).
143   Vgl. das Internetangebot der „Conference of European regions with legislative power".
       http://www.regleg.eu. Zugegriffen: 01.02.2013.

themen, die aus landesparlamentarischer Sicht von Bedeutung sein könnten, das frühzeitige Hinweisen der Abgeordneten auf aktuelle, europapolitische Entwicklungen und die Unterstützung der Mitsprache des Landtags in Fragen der Subsidiarität. Der Referent nimmt dafür u. a. an den Besprechungen der fachpolitischen Referenten teil.[144]

Die Rolle der Landesparlamente bleibt aber in formal-institutioneller Hinsicht von dem oben aufgezeigten verfassungsrechtlichen und gesetzlichen Rahmen bei der Mitwirkung der Länder in Angelegenheiten der EU und beim Politikprozess im europäischen Mehrebenensystem unberührt. Wie, wieweit und auf welcher Grundlage die jeweiligen Landesregierungen ihre Landesparlamente u. a. über Angelegenheiten der Europäischen Union und über Entwicklungen auf europäischer Ebene informieren müssen und ggf. über ihre Positionen und Handlungen dazu, unterscheidet sich in den jeweiligen Bundesländern. In einigen deutschen Ländern ist die diesbezügliche Informationspflicht der Landesregierung und ggf. die Beteiligungsmöglichkeiten der Landesparlamente in der jeweiligen Landesverfassung festgeschrieben. In Bayern, in Sachsen-Anhalt und in Schleswig-Holstein ist dies gesetzlich konkretisiert (Parlamentsinformations- bzw. Parlamentsbeteiligungsgesetze). In fast allen deutschen Ländern gibt es zudem untergesetzliche Regelungen (Informations-, Unterrichtungs- und Beteiligungsvereinbarungen) zwischen den jeweiligen Landesregierungen und Landesparlamenten.[145]

In Nordrhein-Westfalen gibt es dazu nach wie vor keine verfassungsrechtliche oder gesetzliche Regelung, obwohl sich die Landespolitik bereits seit den siebziger Jahren mit den parlamentarischen Informationsdefiziten immer wieder beschäftigte. Das erste schriftliche Zugeständnis einer Landesregierung über Informationsrechte des Landtages gab es wahrscheinlich am 29. Januar 1974.[146] Bereits in der 13. Walperiode hatten sich der Landtag und die Landesregierung aufgrund eines Gesetzentwurfes der Fraktion der FDP intensiv mit dem Abbau des Informationsdefizites des nordrhein-westfälischen Parlaments beschäftigt. Das Gesetz sah die Stärkung der parlamentarischen Informationsrechte

---

144 Vgl. Die Präsidentin des Landtages von Nordrhein-Westfalen (Hrsg.) 2012: Der direkte Draht. Landtag eröffnet Verbindungsbüro in Brüsseler Europa-Viertel. In: Landtag Intern 43: 3, S. 14.

145 Vgl. Abels, Gabriele 2011: Wandel oder Kontinuität? Europapolitische Reformen der deutschen Landesparlamente in der Post-Lissabon-Phase. In: Abels, Gabriele/Eppler, Annegret (Hrsg.): Auf dem Weg zum Mehrebenenparlamentarismus? Funktionen von Parlamenten im politischen System der EU, Baden-Baden, S. 279-294, hier S. 286-287.

146 Vgl. Plenarprotokoll 14/129 des Landtages von Nordrhein-Westfalen vom 09.09.2009, S. 14914.

durch die Festschreibung in der Landesverfassung vor,[147] kam jedoch aufgrund der ablehnenden Haltung der Regierungsmehrheit nicht zustande[148] und erledigte sich letztlich durch Beendigung der Wahlperiode. Allerdings wurde im Laufe der 14. Wahlperiode (2005-2010) in der schwarz-gelben Regierungszeit mithilfe einer Arbeitsgruppe, in der alle Fraktionen vertreten waren, eine Parlamentsinformationsvereinbarung mit der Regierung Rüttgers ausgehandelt und schriftlich festgehalten.[149] Die Vereinbarung wurde am Ende der schwarz-gelben Regierungszeit im April 2010 im Hinblick auf die Regelungen zur Überwachung des Subsidiaritätsprinzips im Zuge des Lissabonner Reformvertrags erweitert[150] und in der laufenden 16. Wahlperiode im Dezember 2012 von Ministerpräsidentin Hannelore Kraft (SPD) und von Landtagspräsidentin Carina Gödecke (SPD) nochmals abgeändert unterzeichnet, die zu dieser neuen Vereinbarung sagte:

„Die Vereinbarung sieht vor, dass der Landtag nun regelmäßig Berichte der Landesregierung zu subsidiaritätsrelevanten EU-Vorhaben erhält und damit in der Europapolitik gestärkt wird. Damit wird ein Anliegen aller Fraktionen aus der vergangenen Wahlperiode verwirklicht."[151]

Hannelore Kraft (SPD) erklärte dazu:

„Mit der heute unterzeichneten Parlamentsinformationsvereinbarung stärken wir die Europafähigkeit des Landtags. Dies ist auch aus Sicht der Landesregierung wichtig, damit sich unser Land als eine der größten Regionen in Europa mehr Gehör verschaffen kann. Zugleich stärken wir damit die konstruktive und vertrauensvolle Zusammenarbeit der Verfassungsorgane Landtag und Landesregierung."[152]

---

147   Vgl. Gesetzentwurf der Fraktion der FDP: Gesetz zur Veränderung der Verfassung für das
       Land Nordrhein-Westfalen (Drucksache 13/2393 des Landtages von Nordrhein-Westfalen
       vom 19.03.2002).
148   Vgl. Klenke, Andreas 2009: Stärkung der Informationsrechte des Landesparlaments in
       Bezug auf beabsichtigtes Regierungshandeln. Eine Untersuchung auf Grundlage der Ver-
       fassung für das Land Nordrhein-Westfalen, Baden-Baden, S. 34.
149   Vgl. Vereinbarung zwischen Landtag und Landesregierung über die Unterrichtung des
       Landtags durch die Landesregierung - Parlamentsinformationsvereinbarung - (Anlage der
       Drucksache 14/9787 des Landtages von Nordrhein-Westfalen vom 03.09.2009).
150   Vgl. Vereinbarung zwischen Landtag und Landesregierung über die Unterrichtung des
       Landtags durch die Landesregierung - Parlamentsinformationsvereinbarung - (Anlage der
       Drucksache 14/11070 des Landtages von Nordrhein-Westfalen vom 27.04.2010).
151   Pressemitteilung des Landtages von Nordrhein-Westfalen vom 13.12.2012: Stärkung des
       nordrhein-westfälischen Parlamentarismus. http://www.nrw.de/landesregierung/staerkung-
       des-nordrhein-westfaelischen-parlamentarismus-13854/. Zugegriffen: 02.05.2014.
152   Ebd.

Die nordrhein-westfälischen Politiker(innen) hatten also in der 14. Wahlperiode (2005-2010) selbst erkannt, dass in der Vergangenheit der Austausch und die Zusammenarbeit zwischen Landesregierung und Parlament auch mit Blick auf Politikprozesse im europäischen Mehrebensystem defizitär waren und diesbezüglich die Beziehungen zwischen Regierung und Parlament und die Informationsflüsse von der Regierung zum Parlament prinzipiell höheren Ansprüchen genügen müssen. Für eine verfassungsrechtliche oder gesetzliche Regelung hat aber diese Problematik in Nordrhein-Westfalen bis heute nicht ausgereicht. Die Parlamentsinformationsvereinbarung ist Ausdruck eines diesbezüglichen Minimalkonsenses, in der die Unterrichtung des Landtags durch die Landesregierung geregelt wird u. a. in Angelegenheiten der Europäischen Union und im Bereich der Zusammenarbeit mit dem Bund, den Ländern, anderen Staaten, den Regionen sowie den zwischen- und überstaatlichen Einrichtungen.[153]

Vor dem Hintergrund der oben aufgezeigten Gegebenheiten und Entwicklungen sehen Gabriele Abels und Annegret Eppler für die nationalen und subnationalen Parlamente nur zwei sich nicht ausschließende mögliche Strategien, um auf die komplexen Entwicklungen im europäischen Mehrebenensystem zu reagieren: Die erste mögliche Strategie besteht in der „Kontrolle und Determinierung der legislativen Handlungen ihrer Exekutiven auf den höheren Ebenen durch den Ausbau der Kontrollfunktion oder die aktive Wahrnehmung der eigenen Akteursposition im Mehrebenensystem durch den Ausbau der Repräsentations- und Artikulationsfunktion."[154] Die zweite mögliche Strategie besteht „im Ausbau der eigenen Position eines Parlaments im EU-Mehrebenensystem. Sie ist insofern weiterführend, als das Parlament in seinen Handlungen nicht auf das eigene politische System und die eigene Ebene beschränkt bleibt, sondern auch auf andere Ebenen des EU-Mehrebenensystems aktiv werden kann. Dazu gehört es nicht nur, Europapolitik den Abgeordneten und dem Volk gegenüber erkennbar zu machen und auch Verantwortung gegenüber den Wählerinnen und Wählern für die europapolitischen Outcomes zu übernehmen. Parlamente als Repräsentanten des Souveräns wirken zunehmend an den Prozessen europäischer Politikgestaltung mit. Damit artikulieren sie die Interessen ihrer Wählerschaft in europäischen Governance-Prozessen. Doch die Wahrnehmung der Akteursposition erfordert eine Vernetzung der Parlamente untereinander sowie auch mit nichtparlamentarischen Akteuren."[155]

---

153   Vgl. Kapitel V und Kapitel VI der Vereinbarung zwischen Landtag und Landesregierung über die Unterrichtung des Landtags durch die Landesregierung (Anlage der Drucksache 16/1724 des Landtages von Nordrhein-Westfalen vom 14.12.2012).
154   Abels/Eppler 2011b, S. 26-27.
155   Abels/Eppler 2011b, S. 27.

Daraus ergeben sich für die vorliegende Analyse die folgenden Prämissen:

- Die deutschen Parlamente und ihre Fraktionen erfüllen im parlamentarischen Regierungssystem der Bundesrepublik Deutschland für die demokratische Legitimation von Politikprozessen der Meinungsäußerung, Beratung und Entscheidung nach wie vor zentrale formal-institutionelle Funktionen.
- Die Landesregierungen sind aus historischen und formal-institutionellen Gründen durch den Bundesrat bei Politikprozessen der Meinungsäußerung, Beratung und Entscheidung weitaus mehr horizontal (Bundesebene) und vertikal (zwischen den Ländern) ausgerichtet als Landesparlamente und ihre Fraktionen und Abgeordnete. Wenn Landtagsfraktionen in einem Politikfeld unzureichend horizontal oder vertikal ausgerichtet sind, sind sie für die Teilnahme an politikfeldspezifischen Politikprozessen der Meinungsäußerung, Beratung und Entscheidung auf die Informationen der eigenen Regierung angewiesen.
- Die Fraktionen in den Parlamenten der deutschen Länder können Prozesse von Entparlamentarisierung entgegenwirken durch die Wahrnehmung und durch den Ausbau von Kontroll-, Artikulations- und Repräsentationsfunktionen insbesondere gegenüber ihrer Landesregierung – dies aber auch gegenüber anderen Akteuren im europäischen Mehrebenensystem sowie damit verbunden durch eine die eigene Ebene verlassende aktive Rolle auf der nationalen und europäischen Ebene (horizontale Ausrichtung).
- Die Landesregierungen sind bei der Teilnahme an Politikprozessen im europäischen Mehrebenensystem auf die Legitimation ihres Parlaments angewiesen. Je geringer allerdings Landesparlamente horizontal und vertikal im europäischen Mehrebenensystem ausgerichtet sind, desto weniger sind Landesregierungen bei der Teilnahme an Politikprozessen im europäischen Mehrebenensystem auf die Ebenen übergreifende direkte Mitwirkung ihres Parlaments angewiesen.

3 Der Klimawandel und seine Auswirkungen und Herausforderungen

Das folgende Kapitel soll nicht in die Klimatologie oder kritisch in die Methoden der Forschung zum Klimawandel und seiner potentiellen Auswirkungen einführen.[156] Vielmehr werden die zentralen Aussagen der im Untersuchungszeitraum relevanten Berichte zum Klimawandel und seiner Auswirkungen zusammenfassend dargestellt, auf die Politiker, politische Institutionen und politische Organe im europäischen Mehrebenensystem immer wieder Bezug genommen haben, u. a. in Debatten, Positionspapieren, Beschlüssen und Rechtsakten sowie in den vom Verfasser durchgeführten Interviews.

3.1 Die zentralen Aussagen des IPCC-Berichts im Jahr 2007

Der „Zwischenstaatliche Ausschuss für Klimaänderungen" (IPCC) ist ein im Jahr 1988 von der „Weltorganisation für Meteorologie" (WMO) und vom „Umweltprogramm der Vereinten Nationen" (UNEP) gegründetes zwischenstaatliches Gremium. Aufgabe des IPCC ist es, insbesondere den politischen Entscheidungsträgern einen objektiven Stand der aktuellen Forschung aus den verschiedensten Bereichen (Risiko menschengemachter Klimaänderung, Auswirkungen, Anpassung, Vermeidung) zur Verfügung zu stellen und diesen zu bewerten. Dafür veröffentlicht der IPCC u. a. Sachstandsberichte[157] aus drei Arbeitsgruppen[158].

---

156   Für einen Einstieg in die Klimatologie und für ein besseres Verständnis der Thematik auch aus natur- und sozialwissenschaftlicher Perspektive empfiehlt sich: Kappas, Martin 2009: Klimaforschung im 21. Jahrhundert – Herausforderung für Natur- und Sozialwissenschaften, Heidelberg und Böhler, Susanne/Bonghardt, Daniel/Frech, Siegried 2009: Jahrhundertproblem Klimawandel. Forschungsstand, Perspektiven, Lösungswege, Schwalbach und Rahmstorf, Stefan/Schellnhuber, Hans Joachim 2012: Der Klimawandel: Diagnose, Prognose, Therapie, München.

157   Neben Sachstandsberichte veröffentlicht der IPCC auch Sonderberichte, technische Berichte und methodologische Berichte.

158   Arbeitsgruppe I beschäftigt sich mit den wissenschaftlichen Grundlagen von Klimaänderungen, Arbeitsgruppe II mit den Auswirkungen, der Anpassung und den Verwundbarkeiten und Arbeitsgruppe III mit der Verminderung des Klimawandels.

Der erste Bericht wurde 1990, der zweite 1995, der dritte 2001 und der vierte im Jahr 2007 veröffentlicht. Die zentralen Aussagen des im Jahr 2007 veröffentlichten Synthesebandes, der die Auswertungen der einzelnen Arbeitsgruppen und ihrer Berichte für politische Entscheidungsträger zusammenfasst, werden im Folgenden dargelegt:

In dem Bericht wird festgestellt, dass offenbar eine Erwärmung des Klimas eindeutig ist. Dies sei aus Beobachtungen des Anstiegs der mittleren globalen Luft- und Meerestemperaturen, des ausgedehnten Abschmelzens von Schnee und Eis sowie des Anstiegs des mittleren globalen Meeresspiegels ersichtlich. Der 100-jährige lineare Trend (vom Jahr 1906 bis zum Jahr 2005) von 0,74 Grad Celsius sei sogar stärker als der im dritten Sachstandsbericht von 2001 angegebene Trend von 0,6 Grad Celsius (vom Jahr 1901 bis zum Jahr 2000). Es seien zahlreiche natürliche Systeme von regionalen Änderungen des Klimas betroffen. Dies zeigten Beobachtungen von allen Kontinenten und den meisten Ozeanen. Darüber hinaus zeichneten sich (mit mittlerem Vertrauen) weitere Auswirkungen regionaler Klimaänderungen auf die natürliche und menschliche Umwelt ab. Der Bericht zählt dazu beispielsweise Aspekte der menschlichen Gesundheit wie die hitzebedingte Mortalität auf dem europäischen Kontinent und neue Überträger von infektiösen Krankheiten.[159]

Als Ursache für den globalen Temperaturanstieg sieht er den von Menschen verursachten Anstieg der globalen Treibhausgasemissionen seit der vorindustriellen Zeit. Die Zunahme betrage 70 Prozent zwischen dem Jahr 1970 und dem Jahr 2004, wobei Kohlendioxid das wichtigste anthropogene Treibhausgas sei. Die jährlichen Emissionen dieses Gases seien von 1970 bis zum Jahr 2004 um ca. 80 Prozent angestiegen.[160] Im Jahr 2004 wurden ca. 56,6 Prozent der weltweiten Treibhausgase durch die Nutzung fossiler Brennstoffe verursacht. Die Sektoren Energieversorgung (ca. 25,9 Prozent) und Industrie (ca. 19,4 Prozent) emittierten in diesem Jahr die meisten Treibhausgase.[161] Die globalen atmosphärischen Konzentrationen von Methan und Lachgas seien als Folge menschlicher Aktivitäten seit 1750 markant angestiegen und überträfen heute bei Weitem die aus Eisbohrkernen über viele Jahrtausende bestimmten vorindustriellen Werte. Der weltweite Anstieg von Kohlendioxid sei vor allem auf die Nutzung fossiler

---

159   Vgl. Intergouvernemental Panel on Climate Change (Hrsg.): Klimaänderung 2007: Synthesebericht. Zusammenfassung für politische Entscheidungsträger. http://www.ipcc.ch/pdf/reports-nonUN-translations/deutch/IPCC2007-SYR-german.pdf. Zugegriffen: 01.02.2013, S. 2-5.

160   Vgl. ebd., S. 5.

161   Vgl. ebd., S. 6. Der Sektor Forstwirtschaft emittierte im Jahr 2004 ca. 17,4 Prozent, der Sektor Landwirtschaft ca. 13,5 Prozent, der Sektor Verkehr ca. 13,1 Prozent, der Sektor Wohn- und Betriebsgebäude ca. 7,9 Prozent und der Sektor Abfall und Abwasser ca. 2,8 Prozent.

Brennstoffe zurückzuführen. Der Anstieg von Methan gehe sehr wahrscheinlich vor allem auf die Landwirtschaft und die Nutzung von fossilen Brennstoffen zurück, der von Lachgas vor allem auf die Landwirtschaft.[162] Es bestehe „sehr hohes Vertrauen darin, dass der Nettoeffekt menschlicher Aktivitäten seit 1750 eine Erwärmung war."[163] Der größte Teil des beobachteten Anstiegs der mittleren globalen Temperatur seit Mitte des 20. Jahrhunderts sei sehr wahrscheinlich durch den beobachteten Anstieg der anthropogenen Treibhausgaskonzentrationen verursacht.[164]

Wissensfortschritte seit dem letzten Sachstandsbericht machten die Ausweitung erkennbarer menschlicher Einflüsse über das Ansteigen der Durchschnittstemperatur hinaus auf andere Aspekte des Klimas deutlich. Hierzu zählt der Bericht u. a. (a) den Anstieg des Meeresspiegels (sehr wahrscheinlich), (b) Änderungen der Windmuster (wahrscheinlich), (c) Erhöhung der Temperaturen extrem heißer Nächte, kalter Nächte und kalter Tage (wahrscheinlich) (d) die Vergrößerung des Risikos von Hitzewellen, schwere Niederschlagereignisse und die Ausbreitung von Dürreflächen (eher wahrscheinlich als nicht).[165]

Es bestehe eine hohe Übereinstimmung und eine starke Beweislage für die weitere Zunahme der globalen Emissionen von Treibhausgasen über die nächsten Jahrzehnte, wobei anhaltend gleich hohe oder höhere Emissionen von Treibhausgasen laut Bericht eine weitere Erwärmung verursachten und im 21. Jahrhundert viele Änderungen im globalen Klimasystem bewirken würden. Diese seien sehr wahrscheinlich größer als die, die man im 20. Jahrhundert beobachtet hatte. Die wahrscheinliche Bandbreite der weltweiten Temperaturerhöhung bis zum Ende des 21. Jahrhunderts, die in verschiedenen Szenarien untersucht wurde, liegt zwischen 1,1 Grad Celsius und 6,4 Grad Celsius. Die beste Schätzung in dem günstigsten Szenario liegt bei 1,8 Grad Celsius; die beste Schätzung in dem ungünstigsten Szenario liegt bei 4,0 Grad Celsius.[166] Der Bericht kommt an dieser Stelle auch zu dem Schluss, dass „selbst wenn die Konzentration aller THG und Aerosole auf den Niveaus des Jahres 2000 konstant gehalten worden wären, wäre eine weitere Erwärmung um ca. 0,1 °C pro Jahrzehnt zu erwarten."[167]

Im Vergleich zum letzten Sachstandsbericht bestehe nun höheres Vertrauen in projizierte Erwärmungsmuster und andere Erscheinungen auf regionaler Ebene. Dazu zählt der Bericht u. a. (a) die Abnahme der Schneebedeckung, (b) die Zunahme in der Häufigkeit von Hitze-Extremen, Hitzewellen und Starknieder-

---

162　　Vgl. ebd., S. 5.
163　　Ebd., S. 5.
164　　Vgl. ebd., S. 6.
165　　Vgl. ebd., S. 6.
166　　Vgl. ebd., S. 8.
167　　Vgl. ebd., S. 8.

schlagsereignissen (sehr wahrscheinlich), (c) den Anstieg der Intensität tropischer Wirbelstürme (wahrscheinlich), (d) die Zunahme der Niederschlagsmengen in höheren Breiten (sehr wahrscheinlich) und (e) die Abnahme der Niederschlagsmengen über den meisten subtropischen Landregionen (sehr wahrscheinlich).[168]

Der Bericht zeigt auch eine Liste projizierter regionaler und sektoraler Auswirkungen auf.[169] Für Afrika beispielsweise wird u. a. projiziert, dass bis zum Jahr 2020 ca. 75 bis 250 Millionen Menschen aufgrund der Änderung des Klimas an zunehmender Wasserknappheit leiden werden. In einigen Ländern Afrikas könnten sich bis zum Jahr 2020 die Erträge der auf Niederschläge angewiesenen Landwirtschaft um bis zu 50 Prozent verringern.[170]

Um die Verwundbarkeit gegenüber dem Klimawandel zu verringern, stehe ein breites Angebot an Maßnahmen zur Anpassung zur Verfügung. Jedoch seien über die bereits existierenden hinaus weitergehende Anpassungsmaßnahmen nötig.[171] Zudem seien Emissionsminderungen möglich. Den Regierungen stehe eine große Anzahl an Politiken und Instrumenten zur Verfügung, um Anreize für Maßnahmen zur Emissionsminderung zu schaffen.[172] Weder Anpassung noch Emissionsminderung könnten jedoch allein alle Auswirkungen des Klimawandels verhindern. Sie könnten sich aber gegenseitig ergänzen und gemeinsam die Risiken signifikant verbessern. Viele Auswirkungen könnten durch Minderungen von Emissionen verringert, verzögert oder vermieden werden, so die Ausführungen im IPCC-Bericht.[173]

3.2 Die zentralen Aussagen des Stern-Reports

Der Stern-Report[174] wurde vom ehemaligen Chefökonom der Weltbank und heutigem Professor an der London School of Economics, Lord Nicholas Stern, auf Anforderung des britischen Finanzministers erstellt und im Oktober 2006 veröffentlicht. Die Kernaussage des Berichts lautet:

---

168   Vgl. ebd., S. 9-10.
169   Vgl. ebd., S. 12-13.
170   Vgl. ebd., S. 12.
171   Vgl. ebd., S. 16.
172   Vgl. ebd., S. 19-21.
173   Vgl. ebd., S. 23.
174   Vgl. Stern, Nicholas 2007: The Economics of Climate Change: The Stern Review, Cambridge.

„Es ist immer noch Zeit, die schlimmsten Auswirkungen des Klimawandels zu vermeiden, wenn wir jetzt entschieden handeln."[175]

Die wissenschaftlichen Beweise seien jetzt überwältigend - der Klimawandel sei
eine ernsthafte Bedrohung und erfordere daher eine dringende globale Antwort.
Aus allen betrachteten Perspektiven führten die gesammelten Beweise zu einem
einzigen Schluss: „die Vorteile eines entschiedenen und frühen Handelns über-
wiegen die wirtschaftlichen Kosten des Nichthandelns bei weitem."[176] In dem
Bericht werden die durch den Klimawandel bedingten Gesamtkosten und Ge-
samtrisiken auf den gleichbedeutenden jährlichen Verlust von mindestens fünf
Prozent des globalen Bruttoinlandsprodukts geschätzt, sofern man nicht handeln
würde. Im Gegensatz dazu könnten die Kosten des Handelns auf ca. ein Prozent
des weltweiten Bruttoinlandsprodukts pro Jahr begrenzt werden.[177] „Durch unser
Handeln jetzt und über die nächsten Jahrzehnte könnte das wirtschaftliche und
soziale Leben in einem Ausmaße ähnlich dem während der Weltkriege und der
Wirtschaftskrise in der ersten Hälfte des 20. Jahrhunderts gestört werden."[178] Es
werde schwierig oder gar unmöglich werden, diese Änderungen wieder rückgän-
gig zu machen. Dies spreche eindeutig für ein schnelles und entschiedenes Handeln. Da der Klimawandel ein globales Problem sei, müsse die Antwort darauf
international sein.[179]„Der Klimawandel könnte sehr ernsthafte Einflüsse auf
Wachstum und Entwicklung haben."[180] Wenn nichts getan werde zur Reduktion
von Emissionen, „dann könnte die Konzentration von Treibhausgasen in der
Atmosphäre bereits 2035 das Doppelte ihres vorindustriellen Niveaus erreichen,
was einen globalen Anstieg der Durchschnittstemperatur von mehr als 2°C be-
deuten würde. Langfristig gesehen lägen die Aussichten, dass der Temperaturanstieg 5°C überschreiten würde, bei mehr als 50%. Dieser Anstieg wäre wirklich
äußerst gefährlich;"[181]
    Eine Anpassung an den Klimawandel sei unerlässlich. Der Klimawandel
lasse sich nicht mehr aufhalten, aber es sei noch immer möglich, die Gesell-
schaften und Volkswirtschaften wenigstens einigermaßen zu schützen. Die Kos-

---

175   Stern-Review: Der wirtschaftliche Aspekt des Klimawandels. Zusammenfassung der
       Schlussfolgerungen - kurze Version. http://webarchive.nationalarchives.gov.uk/+/http:/
       /www.hm-treasury.gov.uk/media/A/9/stern_shortsummary_german.pdf   oder   http://un
       fccc.int/files/meetings/dialogue/application/pdf/wp_20_add.1_g.pdf.   Zugegriffen:
       01.02.2013, S. 1 (VI).
176   Ebd., S. 1 (VI).
177   Vgl. ebd., S. 1 (VI).
178   Ebd., S. 1 (VI).
179   Vgl. ebd., S. 1 (VI).
180   Ebd., S. 1 (VI).
181   Ebd., S. 1-2 (VI-VII).

ten für die Stabilisierung des Klimas seien erheblich, aber tragbar. Dahingegen würden Verzögerungen gefährlich und viel zu teuer werden.[182] Das Handeln gegen den Klimawandel sei für alle Länder notwendig und brauchte die Ambitionen zum Wachstum reicher oder armer Länder nicht zu behindern. Maßnahmen gegen den Klimawandel schafften auch wichtige Geschäftsmöglichkeiten, wenn „neue Märkte in kohlenstoffarmen Energietechnologien und anderen kohlenstoffarmen Waren und Dienstleistungen geschaffen werden."[183] Diese Märkte würden auf Werte von jährlich hunderten von Milliarden (Mrd.) Dollar anwachsen können. Die Beschäftigung in diesen Sektoren würde entsprechend expandieren. Die Welt brauchte sich daher nicht zwischen der Vermeidung des Klimawandels und der Förderung von Wachstum und Entwicklung zu entscheiden. Änderungen der Energietechnologien und der Struktur von Volkswirtschaften hätten Gelegenheiten geschaffen, um Wachstum von Treibhausgasemissionen abzukoppeln. Wenn man jedoch den Klimawandel ignoriere, dann schädige dies irgendwann das Wirtschaftswachstum.[184]

Zum Reduzieren von Emissionen gebe es eine Reihe von Optionen. Emissionen könnten durch eine höhere Energieeffizienz, durch Bedarfsänderungen sowie durch die Nutzung sauberer Leistungs-, Wärme- und Transporttechnologien reduziert werden. Der Leistungssektor in der ganzen Welt müsse laut Bericht bis 2050 um wenigstens 60 Prozent dekarbonisiert werden, um atmosphärische Konzentrationen auf oder unter 550 parts per million CO_2-Äquivalent[185] stabilisieren zu können.[186]

Im Hinblick auf die zukünftige weltweite Energieversorgung werde der Anteil der Nutzung fossiler Brennstoffe im Jahr 2050 noch immer mehr als die Hälfte betragen. Kohle werde für den globalen Energiemix weiterhin wichtig bleiben. Daher sei umfangreiches Abscheiden und Speichern von Kohlendioxid erforderlich, um die fortgesetzte Verwendung fossiler Brennstoffe zuzulassen.[187]

Klimawandel sei das größte Versagen des Marktes, das die Welt je gesehen habe, und interagiere mit anderen Mängeln des Marktes.[188] Für eine wirksame

---

182   Vgl. ebd., S. 2 (VII).
183   Ebd., S. 3 (VIII).
184   Vgl. ebd., S. 3 (VIII).
185   Die Treibhausgase werden bezüglich ihrer jeweiligen Wirkung auf Kohlendioxid umgerechnet (Kohlendioxidäquivalent), um die unterschiedlichen Gase in ihrer Wirkung miteinander vergleichen zu können.
186   Vgl. Stern-Review: Der wirtschaftliche Aspekt des Klimawandels. Zusammenfassung der Schlussfolgerungen - kurze Version. http://webarchive.nationalarchives.gov.uk/+/ http://www.hm-treasury.gov.uk/media/A/9/stern_shortsummary_german.pdf oder http://unfccc.int/files/meetings/dialogue/application/pdf/wp_20_add.1_g.pdf. Zugegriffen: 01.02.2013), S. 3.
187   Vgl. ebd., S. 3-4 (VIII-IX).
188   Vgl. ebd., S. 4 (IX).

globale Antwort seien drei Richtlinienelemente erforderlich: „erstens, die Preise
für Kohlenstoff, implementiert durch Steuern, Handel oder Regulierung; zweitens, die Richtlinie zur Unterstützung von Innovation und den Einsatz kohlenstoffarmer Technologien; und drittens, das Handeln zur Beseitigung von Schran-
ken für Energieeffizienz, und um Personen über ihre Handlungsmöglichkeiten
zum Klimawandel zu informieren, auszubilden und sie zum Handeln zu überre-
den."[189]

Außerdem wird in dem Report dezidiert darauf hingewiesen, dass „Klimawandel eine internationale Antwort auf der Basis eines gemeinsamen Ver-
ständnisses langfristiger Ziele und einer Vereinbarung eines Handlungsrahmens
[verlangt]."[190] Zahlreiche Länder und Regionen handelten bereits, aber es sei
noch ehrgeizigeres Handeln in der ganzen Welt erforderlich. Das Handeln einzelner Länder sei nicht genug. Vielmehr sei die Schaffung einer gemeinsamen
internationalen Vision von langfristigen Zielen und eines internationalen Rahmens dafür wesentlich. Als Beispiele für wichtige Elemente eines zukünftigen
internationalen Rahmens werden im Bericht genannt: (a) weltweite Ausweitung
und Verknüpfung von Ansätzen des Emissionshandels, (b) technische Kooperationen, (c) Reduzierung von Abholzungen natürlicher Wälder und (d) Adapti-
on.[191]

3.3 Die zentralen Aussagen des DIW

Auch das Deutsche Institut für Wirtschaftsforschung (DIW) hatte sich im Untersuchungszeitraum mit dem Klimawandel und seinen Auswirkungen beschäftigt,
um die zentrale Frage zu beantworten, welche wirtschaftlichen Folgen der Klimawandel für Deutschland haben könnte. In einem im März 2007 veröffentlichten Wochenbericht warnte das größte deutsche Wirtschafsforschungsinstitut:

> „Wenn kein forcierter Klimaschutz betrieben würde und damit die globale Oberflä-
> chentemperatur bis zum Jahr 2100 um bis zu 4,5°C stiege, fielen in Deutschland
> schon bis zum Jahr 2050 Kosten von insgesamt knapp 800 Mrd. Euro an. Allein die
> durch Klimaschäden verursachten Kosten betrügen rund 330 Mrd. Euro. Die erhöh-
> ten Energiekosten beliefen sich auf knapp 300 Mrd. Euro, wovon die privaten Haus-
> halte einen großen Teil tragen müssten. Die Kosten für die Anpassung an den Kli-
> mawandel lägen bei knapp 170 Mrd. Euro. Der Klimawandel würde damit in den

---

189   Ebd., S. 4 (IX).
190   Ebd., S. 4 (IX).
191   Vgl. ebd., S. 4-5 (IX-X).

kommenden 50 Jahren durchschnittlich zu realen gesamtwirtschaftlichen Wachstumseinbußen von bis zu 0,5 Prozentpunkten pro Jahr führen."[192]

Ein Jahr später veröffentlichte das DIW einen Bericht, der die Auswirkungen des Klimawandels in den deutschen Ländern ausdifferenzierte. Mit dem Hinweis darauf, dass das Jahr 2007 laut der WMO ein Jahr der Wetterextreme war (u. a. weil es in der nördlichen Hemisphäre das zweitwärmste Jahr seit Beginn der Messung war) wurde ausgeführt, dass auch in Deutschland immer häufiger mit extremen Klimaereignissen gerechnet werden müsse. Allerdings seien die einzelnen Sektoren der Volkswirtschaft und die einzelnen deutschen Bundesländer in unterschiedlicher Art und Weise vom Klimawandel betroffen, wobei es die wirtschafsschwachen Länder am härtesten treffen werde.[193] Laut Bericht liegen die bis zum Jahr 2050 kumulierten Kosten durch Klimaschäden für Baden-Württemberg mit fast 130 Mrd. Euro am höchsten. Die Kosten für Nordrhein-Westfalen werden auf über 70 Mrd. Euro beziffert, womit dieses Land die fünfhöchsten Kosten zu tragen hätte. Dies würde 0,5 Prozent der Bruttowertschöpfung betragen, was zusammen mit Hessen jedoch den zweitniedrigsten Wert ausmachen würde. Den höchsten Wert zeigt hier Sachsen-Anhalt mit ca. 2,7 Prozent auf.[194]

---

192   Kemfert, Claudia 2007: Klimawandel kostet die deutsche Volkswirtschaft Milliarden. In: DIW Wochenbericht 74: 11, S. 165-170, hier S. 165.

193   Vgl. Kemfert, Claudia 2008: Kosten des Klimawandel ungleich verteilt: Wirtschafsschwache Bundesländer trifft es am härtesten. In: DIW Wochenbericht 75: 12-13, S. 137-142.

194   Vgl. Kemfert 2008, S. 141.

4 Europäische und deutsche klimaschutzpolitische Ambitionen

Dieses Kapitel wird einen Einblick geben in die für die Fragestellungen relevanten klimaschutzpolitischen Entwicklungen auf europäischer Ebene in dem für die vorliegenden Arbeit liegenden Untersuchungszeitraum und in die Rolle der deutschen Bundesregierung dabei. In dem folgenden Unterkapitel 4.1 werden auch die einzelnen Rechtsakte des integrierten „Europäischen Energie- und Klimapakets" vorgestellt.

4.1 Europäische Ambitionen

Die Klimapolitik der EU hat offensichtlich seit der deutschen Ratspräsidentschaft im ersten Halbjahr 2007 auffällig an Dynamik gewonnen.[195] Den Anfang der heutigen europäischen Klimapolitik bildet allerdings das erste „Europäische Programm für den Klimaschutz" (ECCP)[196] aus dem Jahr 2000, in dessen Rahmen die Mitgliedsstaaten im Jahr 2003 die Einführung eines grenzüberschreitenden Emissionshandels als zentrales Instrument der EU-Klimaschutzpolitik zur Reduzierung von Treibhausgasemissionen beschlossen hatten.[197] Dieser EU-Emissionshandel (EU ETS) trat im Januar 2005 in Kraft. Die teilnehmenden Mitgliedsstaaten der Europäischen Union wurden zunächst verpflichtet, jeweils ein nationales Handelssystem für Emissionszertifikate einzurichten. Der Handel mit Emissionsrechten wurde sektorenspezifisch erfasst und in mehrjährige Handelsphasen eingeteilt. In den jeweiligen Nationalen Allo-

---

195 Vgl. Europäische Kommission 2008: Bekämpfung des Klimawandels. Europa in der Vorreiterrolle, Brüssel und die Dokumentensammlung der Europäischen Kommission zur Energie- und Klimapolitik der EU unter: http://ec.europa.eu/climateaction/key_doc uments/index_de.htm. Zugegriffen: 01.02.2013 und Geden, Oliver/Fischer, Severin 2008: Die Energie- und Klimapolitik der Europäischen Union. Bestandsaufnahmen und Perspektiven, Baden-Baden.

196 Das ECCP wurde im Sommer 2000 von der Europäischen Kommission initiiert, um die Vorgaben des Kyoto-Protokolls zu erfüllen.

197 Vgl. Richtlinie 2003/87/EG des Europäischen Parlaments und des Rates vom 13.10.2003 über ein System für den Handel mit Treibhausgasemissionszertifikaten in der Gemeinschaft und zur Änderung der Richtlinie 96/61/EG des Rates.

kationsplänen (NAP) wurde die Verteilung der Zertifikate geregelt. Im Makroplan des jeweiligen NAP wurde die Anzahl der insgesamt in einem Nationalstaat auszugebenden Zertifikate festgelegt. Im Mikroplan wurden die Zertifikate entsprechend der festgelegten Sektoren konkret auf die einzelnen Anlagen (z. B. Kraftwerke zur Stromerzeugung, Kokereien, Anlagen zur Herstellung von Roheisen und Stahl, Anlagen zur Herstellung von keramischen Erzeugnissen durch Brennen) verteilt. Die erste Handelsphase lief als Pilotphase von 2005 bis 2007, in der die jeweiligen Nationalstaaten nur maximal fünf Prozent der Zertifikate entgeltlich abgeben durften, d. h. mindestens 95 Prozent mussten kostenlos verteilt werden. Deutschland stellte den Unternehmen in der ersten Phase 100 Prozent der Zertifikate unentgeltlich zur Verfügung. Die zweite Handelsphase lief von 2008 bis 2012, in der mindestens 90 Prozent der Zertifikate unentgeltlich abgegeben werden mussten, d. h. maximal zehn Prozent durften verkauft werden. Das deutsche Emissionsbudget für Kohlendioxid sah in dieser Handelsperiode 851,5 Millionen (Mill.) Tonnen (t) pro Jahr vor.[198] Seit der dritten Handelsperiode (2013 bis 2020) gibt es keine NAP mehr, weil das EU ETS durch die neue Emissionshandelsrichtlinie gemeinsame rechtliche Rahmenbedingungen mit einer gemeinsamen Zuteilungsmethode und einer jährlichen gemeinsamen Gesamtobergrenze erhalten hat.[199]

Der Emissionshandel ist nach dem Prinzip Cap (Begrenzung) und Trade (Handel) organisiert, das die Marktkräfte für die EU-weite Reduzierung von Treibhausgasemissionen nutzbar machen soll: Eine übergeordnete Instanz begrenzt und verringert im Laufe der Zeit die Gesamtmenge von Emissionsberechtigungen in Form von Zertifikaten, um den Ausstoß von Emissionen insgesamt stetig zu verringern. Die knapper werdenden Zertifikate können zwischen den Unternehmen gehandelt werden.[200] Somit entscheiden letztlich die betroffenen Betriebe, ob sie Zertifikate kaufen bzw. verkaufen oder ob sie z. B. in neue energieeffiziente Technologien investieren. Eine Alternative zu diesem System wäre die Schaffung eines ordnungsrechtlichen Rahmens, der die Emissionen durch Gesetze und Verordnungen regeln würde.

---

198   Vgl. Nationaler Allokationsplan für die Bundesrepublik 2005-2007. http://www.bmub. bund.de/fileadmin/bmu-import/files/pdfs/allgemein/application/pdf/nap_kabinettsbesch luss.pdf. Zugegriffen: 09.07.2013 und Nationaler Allokationsplan für die Bundesrepublik Deutschland 2008-2012. http://www.bmub.bund.de/fileadmin/bmu-import/files/emissions handel/downloads/application/pdf/nap_2008_2012.pdf Zugegriffen: 09.07.2013 und Ates, Aynur 2011: Der Handel mit Emissionszertifikaten, Köln.
199   Vgl. Richtlinie 2009/29/EG des Europäischen Parlaments und des Rates vom 23. April 2009 zur Änderung der Richtlinie 2003/87/EG zwecks Verbesserung und Ausweitung des Gemeinschaftssystems für den Handel mit Treibhausgasemissionszertifikaten.
200   Vgl. Ates: Handel, 2011, S. 45-46. Für weiterführende Informationen zum Emissionshandel siehe auch das Internetangebot der Deutschen Emissionshandelsstelle im Umweltbundesamt: http://www.dehst.de/. Zugegriffen: 01.02.2013.

Hintergrund der Einführung des EU ETS war, dass sich die Europäische Union im 1997 als Zusatzprotokoll zur Ausgestaltung der „Klimarahmenkonvention der Vereinten Nationen" (UNFCCC) verabschiedeten Kyoto-Protokoll verpflichtet hatte, ihre Treibhausgasemissionen in der ersten Verpflichtungsperiode von 2008 bis 2012 um acht Prozent gegenüber 1990 zu verringern. Das im Februar 2005 in Kraft getretene Protokoll sah vor, den jährlichen Ausstoß der sechs relevantesten Treibhausgase[201] der Industrieländer innerhalb der ersten Verpflichtungsperiode um durchschnittlich 5,2 Prozent gegenüber dem Stand von 1990 zu reduzieren. Für Entwicklungs- und Schwellenländer wurden keine Reduktionsziele festgeschrieben.[202]

Mit Beginn der deutschen EU-Ratspräsidentschaft im ersten Halbjahr 2007 beschloss die Europäische Union einige zukunftsweisende Weichenstellungen ihrer Klimaschutzpolitik: Im Januar 2007 legte die Europäische Kommission aufbauend auf ihre im Februar 2005 veröffentlichte „Strategie für eine erfolgreiche Bekämpfung der globalen Klimaänderung"[203] zwei Papiere vor, die der EU u. a. neue Klimaschutzziele und -maßnahmen vorschlug: Die Kommission bekräftigte das Ziel, den globalen Temperaturanstieg auf zwei Grad Celsius begrenzen zu wollen. Als Maßnahmen schlug sie u. a. die Senkung der Treibhausgasemissionen, die Verbesserung der Energieeffizienz sowie die Erhöhung des Anteils der erneuerbaren Energien in der EU um jeweils 20 Prozent bis zum Jahr 2020 vor.[204] Diese Maßnahmen wurden auch als „20-20-20 Ziele bis 2020" bekannt.

Im Februar 2007 begrüßte der Rat der EU (Umwelt) diese Vorschläge der Europäischen Kommission und erklärte vor dem Hintergrund der jüngsten wissenschaftlichen Erkenntnisse des IPCC,[205] dass er tief besorgt ist „über die sich beschleunigende globale Klimaerwärmung und über die damit verbundenen

---

201   Kohlendioxid, Methan, Distickstoffoxid (Lachgas), Teilhalogenierte Fluorkohlenwasserstoffe, Perfluorierte Kohlenwasserstoffe, Schwefelhexafluorid.

202   Vgl. Protokoll von Kyoto zum Rahmenübereinkommen der Vereinten Nationen über Klimaänderungen.   http://unfccc.int/resource/docs/convkp/kpger.pdf,   Zugegriffen: 01.02.2013.

203   Vgl. Mitteilung der Kommission der Europäischen Gemeinschaften an den Rat, an das Europäische Parlament, an den Europäischen Wirtschafts- und Sozialausschuss und an den Ausschuss der Regionen: Strategie für eine erfolgreiche Bekämpfung der globalen Klimaänderung, KOM (2005) 35, Brüssel 09.02.2005.

204   Vgl. Mitteilung der Kommission der Europäischen Gemeinschaften an den Europäischen Rat und das Europäische Parlament: Eine Energiepolitik für Europa, KOM (2007) 1, Brüssel 10.01.2007 und Mitteilung der Kommission der Europäischen Gemeinschaften an den Rat, das Europäische Parlament, den Europäischen Wirtschafts- und Sozialausschuss und den Ausschuss der Regionen: Begrenzung des globalen Klimawandels auf 2 Grad Celsius. Der Weg in die Zukunft bis 2020 und darüber hinaus, KOM (2007) 2, Brüssel 10.01.2007.

205   Zu diesen Erkenntnissen des IPCC siehe Kapitel 3.1 der vorliegenden Arbeit.

negativen Auswirkungen"[206]. Zudem betonte er, dass „die EU entschlossen ist, Europa in einen in hohem Maße energieeffizienten Wirtschaftsraum mit niedrigem Treibhausgasausstoß umzuwandeln"[207] und beschloss, die Treibhausgasemissionen unabhängig von internationalen Verhandlungen bis 2020 um 20 Prozent gegenüber dem Jahr 1990 zu reduzieren. [208] Mit Blick auf die internationalen Verhandlungen signalisierte der Rat die Bereitschaft, die Emissionen um 30 Prozent zu reduzieren, „sofern sich andere entwickelte Länder zu vergleichbaren Emissionsreduzierungen verpflichten und wirtschaftlich weiter fortgeschrittene Entwicklungsländer einen ihren Verantwortlichkeiten und jeweiligen Fähigkeiten angemessen Beitrag leisten."[209] Außerdem forderte er die Kommission auf, die Richtlinie 2003/87/EG (über ein System für den Handel mit Treibhausgasemissionszertifikaten in der Gemeinschaft) frühzeitig zu überprüfen und „Vorschläge vorzulegen mit dem Ziel, wirksame Anreize für zukunftsweisende Investitionsentscheidungen zugunsten kohlenstoffarmer Technologien [zu schaffen]."[210]

Ebenfalls im Februar 2007 veröffentlichte das Europäische Parlament eine Entschließung zum Klimawandel.[211] In dieser unterstützten die europäischen Parlamentarier im Wesentlichen die Ziele, die Schwerpunktsetzungen und die Instrumente der europäischen Klimapolitik und forderten u. a. die Europäische Union auf, weiterhin ihre Führungsrolle bei den internationalen Klimaverhandlungen gerecht zu werden und „mit ihren internationalen Partnern weiterhin ehrgeizige Ziele anzustreben."[212] Zudem forderten sie von den drei Ratsvorsitzen (Deutschland erstes Halbjahr 2007, Portugal zweites Halbjahr 2007 und Slowenien erstes Halbjahr 2008) die noch stärke Forcierung von Klimaschutzmaßnahmen und die gleichzeitige Verstärkung des politischen Engagements sowie die Einbeziehung von noch mehr internationalen Partnern in den internationalen Prozess. Besonders erwähnenswert ist, dass das Europäische Parlament offenbar in jedem Fall für eine Senkung der Emissionen bis zum Jahr 2020 um mindestens 30 Prozent gegenüber dem Jahr 1990 plädierte, denn die Parlamentarier kritisierten in ihrer Entschließung „den Mangel an Klarheit des ‚Energie- und Klimapakets‘ der Kommission hinsichtlich der Ziele für die Verringerung der

---

206   Punkt 1 der Schlussfolgerungen des Rates der Europäischen Union vom 20.02.2007: Ziele der EU für die Weiterentwicklung der internationalen Klimaschutzregelung über das Jahr 2012 hinaus, Rat 6621/07, Brüssel 21.02.2007.
207   Ebd., Punkt 10.
208   Vgl. ebd., Punkt 10.
209   Ebd., Punkt 9.
210   Ebd., Punkt 14.
211   Vgl. Entschließung des Europäischen Parlaments zum Klimawandel vom 14.02.2007, P6_TA (2007) 0038.
212   Ebd.

Treibhausgasemissionen für 2020."[213] Die Gesamtemissionen aller Industriestaaten müssten um mindestens 30 Prozent reduziert werden, damit eine vernünftige Chance zur Begrenzung des Anstiegs der Durchschnittstemperatur auf zwei Grad Celsius bestehe, so die europäischen Parlamentarier.[214]

Knapp einen Monat später bestätigte der Europäische Rat in seinen Schlussfolgerungen u. a. die Problematik und die Auswirkungen des Klimawandels, den europäischen und internationalen Handlungsbedarf, die nötige Vorreiterolle der Europäischen Union beim internationalen Klimaschutz und das strategische Ziel des Anstiegs der globalen Durchschnittstemperatur auf höchstens zwei Grad Celsius.[215]

Ende Juni 2007 stellte die Europäische Kommission ein Grünbuch vor mit dem Titel: „Anpassung an den Klimawandel in Europa – Optionen für Maßnahmen der EU"[216].

Ebenfalls Ende Juni beriet der Rat der EU (Umwelt) über die zukünftige interne Lastenverteilung bei der Reduzierung von Treibausgasen und über die Reform des EU ETS. Hier betonte er, dass „das Emissionshandelssystem der EU (EU ETS) heute und in Zukunft eines der wichtigsten Instrumente für den Beitrag der EU zur Verwirklichung der erheblichen Emissionsreduktionen ist, deren es bedarf, um das strategische Ziel zu erreichen, den Anstieg der globalen Durchschnittstemperatur auf höchstens 2 °C gegenüber dem vorindustriellen Niveau zu begrenzen"[217] und stellte fest, „dass das EU ETS auf kosteneffiziente und marktorientierte Weise zu Emissionsreduktionen führt und so wesentlicher Bestandteil einer integrierten Klima- und Energiepolitik ist"[218].

Auf der Grundlage dieser erklärten ambitionierten Klimaschutzpolitik der Europäischen Union und zur Erreichung der genannten Ziele legte die Europäische Kommission im Januar 2008 ein „Paket der Durchführungsmaßnahmen für die Ziele der EU in den Bereichen Klimawandel und erneuerbare Energie bis 2020" („Europäische Energie- und Klimapaket") sowie als Begleitpapier eine

---

213   Ebd.

214   Vgl. ebd.

215   Vgl. Punkt 27 - Punkt 39 der Schlussfolgerungen des Vorsitzes des Europäischen Rates vom 08./09.03.2007, Rat 7224/07, Brüssel 09.03.2007.

216   Vgl. Grünbuch der Kommission der Europäischen Gemeinschaften an den Rat, das Europäische Parlament, den Europäischen Wirtschafts- und Sozialausschuss und den Ausschuss der Regionen. Anpassung an den Klimawandel in Europa – Optionen für Maßnahmen in der EU, KOM (2007) 354, Brüssel 29.06.2007.

217   Punkt 1 der Schlussfolgerungen des Rates der Europäischen Union (Umwelt) vom 28.06.2007, Rat 11429/07, Brüssel 04.07.2007.

218   Ebd., Punkt 1.

Folgenabschätzung[219] und eine Mitteilung mit dem Titel: „20 und 20 bis 2020. Chancen Europas im Klimawandel"[220] zu diesen Legislativvorschlägen vor. Die einzelnen Rechtsakte des „Europäischen Energie-und Klimapakets" wurden im Mitentscheidungsverfahren gemäß Art. 251 EGV (Nizza) gemeinsam und gleichberechtigt vom Europäischen Parlament und Rat (mit qualifizierter Mehrheit) beschlossen. Bei diesem im Januar 2008 vorgelegten europäischen Legislativpaket handelte es sich konkret um jeweils einen Vorschlag der EU-Kommission für:

- eine Entscheidung des Europäischen Parlaments und des Rates über die Anstrengungen der Mitgliedstaaten zur Reduktion ihrer Treibhausgasemissionen mit Blick auf die Erfüllung der Verpflichtungen der Gemeinschaft zur Reduktion der Treibhausgasemissionen bis 2020;[221]

Dieser Rechtsakt sollte festlegen, (a) welchen Beitrag die Mitgliedsstaaten zur Reduzierung von Treibhausgasemissionen von 2013 bis 2020 aus Quellen zu leisten haben, die nicht unter das EU ETS fallen sowie (b) die Regeln dafür. Für Deutschland wurde eine Reduktion von 14 Prozent festgelegt.[222]

- eine Richtlinie des Europäischen Parlaments und des Rates über die geologische Speicherung von Kohlendioxid und zur Änderung der Richtlinien 85/337/EWG und 96/61/EG des Rates sowie der Richtlinie 2000/60/EG, 2001/80/EG, 2004/35/EG, 2006/12/EG und der Verordnung (EG) Nr. 1013/2006;[223]

---

219   Vgl. Begleitpapier der Kommission der Europäischen Gemeinschaften zum Paket der Durchführungsmaßnahmen für die Ziele der EU in den Bereichen Klimawandel und erneuerbare Energie bis 2020, SEK (2008) 85, Brüssel 23.01.2008.

220   Vgl. Mitteilung der Kommission der Europäischen Gemeinschaften an den Rat, das Europäische Parlament, den Europäischen Wirtschafts- und Sozialausschuss und den Ausschuss der Regionen: 20 und 20 bis 2020. Chancen Europas im Klimawandel, KOM (2008) 30, Brüssel 23.01.2008.

221   Vgl. Vorschlag der Kommission der Europäischen Gemeinschaften für eine Entscheidung des Europäischen Parlaments und des Rates über die Anstrengungen der Mitgliedstaaten zur Reduktion ihrer Treibhausgasemissionen mit Blick auf die Erfüllung der Verpflichtungen der Gemeinschaft zur Reduktion der Treibhausgasemissionen bis 2020, KOM (2008) 17, Brüssel 23.01.2008.

222   Vgl. ebd. und Anhang des Richtlinienvorschlags „Treibhausgasemissionen der Mitgliedsstaaten gemäß Artikel 3".

223   Vgl. Vorschlag der Kommission der Europäischen Gemeinschaften für eine Richtlinie des Europäischen Parlaments und des Rates über die geologische Speicherung von Kohlendioxid und zur Änderung der Richtlinien 85/337/EWG und 96/61/EG des Rates sowie der Richtlinie 2000/60/EG, 2001/80/EG, 2004/35/EG,2006/12/EG und der Verordnung (EG) Nr. 1013/2006, KOM (2008) 30, Brüssel 23.01.2008.

Ziel dieses Vorschlags war die Festlegung von harmonisierten Vorschriften für die sichere Speicherung von CO_2 in geologischen Formationen. Die Richtlinie sollte u. a. die Erteilung von Genehmigungen zur Untersuchung und zur Speicherung von CO_2 regeln.[224]

- eine Richtlinie des Europäischen Parlaments und des Rates zur Förderung der Nutzung von Energie aus erneuerbaren Quellen;[225]

Mit diesem Richtlinienvorschlag sollte für den Anteil erneuerbarer Energiequellen am Energieverbrauch der EU ein verbindliches Ziel von insgesamt 20 Prozent bis zum Jahr 2020 festgelegt werden. Um dieses Gesamtziel zu erreichen, wurden verbindliche nationale Ziele bestimmt. Für Deutschland sollte der Zielwert für den Anteil von Energie aus erneuerbaren Quellen am Endenergieverbrauch im Jahr 2020 18 Prozent betragen (Stand 2005: 5,8 Prozent).[226]

- eine Richtlinie des Europäischen Parlaments und des Rates zur Änderung der Richtlinie 2003/87/EG zwecks Verbesserung und Ausweitung des Systems für den Handel mit Treibhausgasemissionszertifikaten in der Gemeinschaft.[227]

Mit diesem Rechtsakt sollte die Union ihren Emissionshandel vereinheitlichen, verbessern und ausweiten. Der Richtlinienvorschlag bezog weitere Treibhausgase sowie CO_2-Emissionen aus weiteren Sektoren (u. a. Anlagen zur Herstellung von petrochemischen Erzeugnissen, Ammoniak, Aluminium) in das EU ETS ein. Die bisherigen nationalen Obergrenzen für Emissionen sollten ersetzt werden durch eine EU-weit einheitliche Obergrenze, die in der neuen Handelsperiode von 2013 bis 2020 jährlich linear um 1,74 Prozent herabgesetzt werden sollte. Das erklärte Ziel lautete, die Emissionen aus den betreffenden Sektoren im Jahr 2020 mindestens um 20 Prozent im Vergleich zum Stand des Jahres 2005 zu senken. Die meisten Emissionszertifikate sollten in der neuen Handelsperiode von 2013 bis 2020 - anders als in den beiden vorausgegangen - verstei-

---

224 Vgl. ebd.
225 Vgl. Vorschlag der Kommission der Europäischen Gemeinschaften für eine Richtlinie des Europäischen Parlaments und des Rates zur Förderung der Nutzung von Energie aus erneuerbaren Quellen, KOM (2008) 19, Brüssel 23.01.2008.
226 Vgl. ebd. und Anhang I des Richtlinienvorschlags „Nationale Gesamtziele für den Anteil von Energie aus erneuerbaren Quellen am Endenergieverbrauch im Jahr 2020".
227 Vgl. Vorschlag der Kommission der Europäischen Gemeinschaften für eine Richtlinie des Europäischen Parlaments und des Rates zur Änderung der Richtlinie 2003/ 87/EG zwecks Verbesserung und Ausweitung des Systems für den Handel mit Treibhausgasemissionszertifikaten in der Gemeinschaft, KOM (2008) 16, Brüssel 23.01.2008.

gert werden. Die Kommission rechnete mit einer Versteigerung von mindestens zwei Drittel der gesamten Zertifikate. Mindestens 20 Prozent der Einkünfte sollten dabei rechtlich bindend für die Durchführung der Strategien zum Klimawandel in der EU oder in Drittstaaten zweckgebunden verwendet werden. Für den Stromsektor sah der vorgeschlagene Rechtsakt eine Vollversteigerung der Zertifikate direkt zu Beginn der neuen Handelsperiode ab 2013 sowohl für Bestands- als auch für Neuanlagen vor. Für Anlagen in den anderen Sektoren regelte der Richtlinienvorschlag einen allmählichen Übergang, bei dem zunächst 80 Prozent der Zertifikate kostenfrei zugeteilt werden sollten. Durch eine gleichmäßige jährliche Senkung des Anteils der kostenfrei zugeteilten Zertifikate sollte auch hier die Vollversteigerung bis 2020 erreicht werden. Diese übergangsweise kostenfreie Zuteilung von Zertifikaten an Industrieanlagen sollte sich nicht mehr an den historischen Werten der einzelnen Anlagen orientieren (Grandfathering), sondern anhand von Benchmarks[228] erfolgen. Dies bedeutet ggf., dass Industrieanlagen unentgeltliche Zertifikate erhalten könnten, die die im Vergleich beste verfügbare Technik einsetzen bezüglich des Ausstoßes von Treibhausgasen (Best Available Technology: BAT-Benchmarks). Der Vorschlag regelte, dass die Kommission bis zum 30. Juni 2011 gemeinschaftsweite und vollständig harmonisierte Durchführungsmaßnahmen für die Zuteilung der Zertifikate erlässt. Er sah auch vor, dass Kleinemittenten (unter 10.000 Tonnen CO_2-Äquivalent pro Jahr) unter bestimmten Bedingungen vom EU ETS ausgeschlossen werden können u. a. aufgrund unverhältnismäßig hoher Verwaltungskosten. Für die energieintensiven Sektoren, für die aufgrund des internationalen Wettbewerbs ein erhebliches Risiko einer Verlagerung von CO_2-Emissionen in Drittstaaten bestehen könnte („Carbon Leakage")[229], sah der Vorschlag eine bis zu 100 Prozent kostenfreie Zuteilung der Emissionszertifikate bis zum Ende der Handelsperiode im Jahr 2020 unter Berücksichtigung der Ergebnisse internationaler Verhandlungen vor. Diese Sektoren sollten durch die Kommission jeweils für einen Zeitraum von drei Jahren ermittelt werden. Als Datum für die Ermittlung dieser jeweiligen Sektoren wurde der 30. Juni 2010 genannt. Zur Einschätzung der internationalen

---

228   Das Umweltbundesamt erklärt den Begriff in diesem Kontext wie folgt: „Ein Benchmark ist ein für eine Anlagen- oder Produktkategorie spezifischer Emissionswert, welcher in Form von Emissionen pro Output-Einheit angegeben wird. Entsprechend werden für Anlagentypen oder Branchen Standardwerte für die Emissionen ermittelt (z.B. nach BVT - Bester Verfügbarer Technik oder Durchschnittswerten), nach denen sich die Ausstattung mit Emissionsberechtigungen richtet. Bei der Zuteilung von Emissionsberechtigungen dienen Benchmarks zum einen der Ermittlung der Allokation auf Anlagenebene und zum anderen der Anerkennung von Early Action. http://www.de hst.de/SharedDocs/Glossar eintraege/DE/B/Benchmarks.html?view=renderHelp[CatalogHelp]". Zugegriffen: 19.07.2013.

229   Der Begriff „Carbon Leakage" bezeichnet die Verlagerung von CO2-Emissionen durch Abwanderung der heimischen Industrie in Drittländer.

Lage sollte die Kommission einen Analysebericht vorlegen bis spätestens Juni 2011.[230]

Bei der Ermittlung dieser energieintensiven Sektoren mit einem erheblichen Risiko der Verlagerung von CO_2-Emissionen, sah der Richtlinienvorschlag aufgrund seiner Befugnisse zur Durchführung von Rechtsakten einen für die Europäische Kommission erheblichen Spielraum für Entscheidungen und Gestaltungen vor, weshalb Markus Kerber vor dem Hintergrund einer wirtschaftsrechtlichen Analyse dieses Rechtsaktes die Kommission als „faktischen Souverän" bezeichnet. In diesem Regelungsbereich der Richtlinie werde ersichtlich, wie gewaltig die Definitionsmacht der Kommission als „Durchführungslegislator" sei.[231] Die Durchführungslegislation veranschauliche das Spannungsverhältnis zwischen der vermeintlichen ökologischen Ratio des neuen EU ETS und der fast willkürlichen Beliebigkeit seiner Anwendung auf die energieerzeugende und energieverbrauchende Industrie. Zudem sei u. a. aufgrund der klimapolitischen Gesetzgebung der Union die indirekte Favorisierung in Frankreich wegen des hohen Anteils von Atomstrom im Hinblick auf den Grundsatz der Gleichbehandlung und im Hinblick auf Wettbewerbsverfälschungen problematisch, so Markus Kerber.[232]

Der Richtlinienvorschlag der Kommission, die Zertifikate in der Stromwirtschaft bereits zu Beginn der neuen Handelsperiode ab 2013 sowohl für Altanlagen als auch für Neuanlagen und in der produzierenden Industrie schrittweise bis 2020 vollständig zu versteigern, stand im starken Gegensatz zur Position der Landesregierung von Nordrhein-Westfalen und der sie tragenden Regierungsfraktionen.[233]

Anfang März 2008 begrüßte der Umweltrat „die von der Kommission in ihrem umfassenden Paket zum Thema Klimawandel und erneuerbare Energien vorgelegten Rechtsetzungsvorschläge, mit denen die ehrgeizigen Zusagen im Bereich Klimaschutz und erneuerbare Energien, die der Europäische Rat im März 2007 gemacht hat, umgesetzt werden"[234] sollten und betonte, „dass es im

---

230 Vgl. Vorschlag der Kommission der Europäischen Gemeinschaften für eine Richtlinie des Europäischen Parlaments und des Rates zur Änderung der Richtlinie 2003/87/ EG zwecks Verbesserung und Ausweitung des Systems für den Handel mit Treibhausgasemissionszertifikaten in der Gemeinschaft, KOM (2008) 16, Brüssel 23.01.2008.

231 Vgl. Kerber, Markus C. 2009: Wettbewerbsverfälschungen durch die klimapolitische Gesetzgebung der EU? Anmerkungen zur CO2-Richtlinie (ETS) und ihrer europarechtlichen Umsetzung aus ordnungspolitischer und staatsrechtlicher Sicht. In: Wirtschaftswissenschaftliche Dokumentation der Technischen Universität Berlin: Diskussionspapier 2, Berlin, S. 10-12.

232 Vgl. Kerber 2009, S. 2.

233 Vgl. Kapitel 6 und Kapitel 7 der vorliegenden Arbeit.

234 Punkt 4 der Schlussfolgerungen des Rates der EU (Umwelt) vom 03.03.2008, Rat 7251/08, Brüssel 04.03.2008.

Sinne der strategischen Vorgaben des Europäischen Rates möglich sein sollte, in umfassenden Beratungen des Rates und in enger Zusammenarbeit mit dem Europäischen Parlament vor Ende 2008 zu einer Einigung über diese Vorschläge, die ein kohärentes Paket darstellen, zu gelangen und demzufolge diese Vorschläge innerhalb der laufenden Legislaturperiode, spätestens jedoch Anfang 2009, anzunehmen."[235]

Mitte März 2008 legten der Hohe Vertreter für die gemeinsame Außen- und Sicherheitspolitik der EU und die Europäische Kommission einen gemeinsamen Bericht über die Auswirkungen des Klimawandels auf die internationale Sicherheit vor.[236] Hier werden als Bedrohungen aufgrund der Erderwärmung genannt: Ressourcenkonflikte, wirtschaftliche Schäden und Risiken von Küstenstädten und kritischen Infrastrukturen, Landverlust und Grenzstreitigkeiten, umweltbedingte Migration, Verschärfung der Instabilität schwacher oder zerfallender Staaten, Spannungen aufgrund unzulänglicher Energieversorgung und Druck auf die internationale Sicherheitsarchitektur. In verschiedenen Weltregionen könnten bereits bestehende Belastungen durch den Klimawandel vervielfacht werden, was sich in erheblichem Maße auf die Energieversorgungsrouten der Union auswirken könne.[237] Die Auswirkung des Klimawandels auf die internationale Sicherheit sei kein zukünftiges Problem. Es stelle sich bereits jetzt und werde „uns" dauerhaft beschäftigen. Daher sei die aktive Rolle der Union bei den internationalen Verhandlungen zum Klimawandel enorm wichtig.[238] Der Bericht forderte sogar eine: „Multilaterale Führungsrolle der EU bei der Förderung einer globalen Klimasicherheit"[239]. Der Klimawandel und seine Sicherheitsdimension seien entscheidende Aspekte in den internationalen Beziehungen. Dies werde in den kommenden Jahren noch weiter an Bedeutung zunehmen. Werde dies anerkannt, dann könne der Klimawandel sogar zu einer positiven Triebfeder für die Verbesserung und Umgestaltung der globalen Struktur- und Ordnungspolitik werden.[240]

Ebenfalls im März 2008 erklärte der Europäische Rat, dass die EU auch zukünftig in der Energie- und Klimapolitik eine internationale Führungsrolle spielen möchte, um die Dynamik der internationalen Klimaverhandlungen zu unterstützen. Ziel sei es, in Kopenhagen im Jahr 2009 ein ehrgeiziges, globales und

---

235   Ebd., Punkt 4.
236   Vgl. Papier des Hohen Vertreters und der Europäischen Kommission für den Europäischen Rat: Klimawandel und internationale Sicherheit. http://www.consilium.europa.e u/ueDocs/cms_Data/docs/pressdata/DE/reports/99391.pdf. Zugegriffen: 01.02.2013, Brüssel 14.03.2008.
237   Vgl. ebd., S. 3-6.
238   Vgl. ebd., S. 8-9.
239   So lautet die Überschrift eines Absatzes in dem Papier. Vgl. ebd., S. 10.
240   Vgl. ebd., S. 10.

umfassendes Abkommen zu treffen für die Zeit nach der ersten Verpflichtungsperiode. Dieses Abkommen solle mit dem Zwei-Grad-Ziel übereinstimmen. Die EU werde einen wesentlichen Beitrag leisten durch die Verwirklichung aller vom Europäischen Rat im März 2007 festgelegten Vorgaben.[241] Das von der Kommission vorgeschlagene ehrgeizige Maßnahmenpaket bilde einen guten Ausgangspunkt und eine gute Grundlage für eine Einigung. Daher forderte der Europäische Rat die Kommission auf, „die Anstrengungen der Mitgliedsstaaten zur Verringerung ihrer Treibhausgasemissionen weiterhin durch umfassende und ehrgeizige Gemeinschaftspolitiken und -maßnahmen zu unterstützen."[242] Die Staats- und Regierungschefs plädierten zudem für eine schnelle Einigung über das „Europäische Energie- und Klimapaket" und für seine Annahme spätestens Anfang 2009. Dabei solle sich der Rat aber leiten lassen von den Grundsätzen der Transparenz, der Wirtschaftlichkeit, der Kosteneffizienz und der Fairness und Solidarität bei der Lastenverteilung zwischen den Mitgliedsstaaten. Außerdem müsse als nächster Schritt das ehrgeizige Ziel einer Reduzierung der Emissionen um 30 Prozent als Teil einer globalen und umfassenden Übereinkunft in Angriff genommen werden.[243] Der Europäische Rat ging auch auf die Problematik von „Carbon Leakage" ein:

> „Der Europäische Rat ist sich bewusst, dass die Gefahr der Verlagerung von CO_2-Emissionsquellen vor dem globalen Hintergrund wettbewerbsgeprägter Märkte in bestimmten Wirtschaftssektoren, z. B. bei energieintensiven Branchen, die in besonderem Maße dem internationalen Wettbewerb ausgesetzt sind, ein Anliegen ist, das im Rahmen der neuen ETS Richtlinie dringend analysiert und in Angriff genommen werden muss, damit im Falle eines Scheiterns der internationalen Verhandlungen geeignete Maßnahmen getroffen werden können. Ein internationales Abkommen ist aber nach wie vor das beste Mittel zur Behandlung dieses Problems."[244]

Er betonte auch die zentrale Rolle des EU ETS bei der integrierten Energie- und Klimapolitik der Union.[245] Darüber hinaus begrüßten die Staats- und Regierungschefs den Bericht des Hohen Vertreters und der Kommission über die Auswirkungen des Klimawandels auf die internationale Sicherheit und unterstrichen die Bedeutung dieser Frage.[246] Die Europäische Sicherheitsstrategie hatte zwar bereits im Dezember 2003 auf eine Steigerung von Ressourcen-

---

241 Vgl. Punkt 17 der Schlussfolgerungen des Vorsitzes des Europäischen Rates vom 13./14.03.2008, Rat 7652/1/08, Brüssel 20.05.2008.
242 Ebd., Punkt 18.
243 Vgl. ebd., Punkt 18.
244 Ebd., Punkt 19.
245 Vgl. ebd., Punkt 13.
246 Vgl. ebd., Punkt 26.

konflikte und damit verbundene Migrationsbewegungen aufgrund der Erderwärmung gewarnt,[247] jedoch hat die EU-Klimaschutzpolitik mit diesem Papier
eine ausgeprägte außen- und sicherheitspolitische Dimension erhalten.

Im Juni 2008 und Oktober 2008 beriet der Rat der EU (Umwelt) über die
Hauptaspekte des „Europäischen Energie- und Klimapakets" und über die noch
offenen Fragen, um in diesen Punkten eine Annäherung der Positionen der Mitgliedsstaaten zu erreichen. Diskussionsbedarf bestand im Beratungsprozess u. a.
bei der Überarbeitung der vorgeschlagenen „Richtlinie zur Änderung der Richtlinie 2003/87/EG zwecks Verbesserung und Ausweitung des EU-Systems für
den Handel mit Treibhausgasemissionszertifikaten":

Hier erstens bei der Zuteilungsmethode, der Umverteilung und der Verwendung der Erlöse und bei den entsprechenden Versteigerungsregeln. Wie
bereits oben ausgeführt, hatte der Vorschlag der Kommission eine Vollversteigerung der Emissionszertifikate für die Stromerzeugung ab 2013 und für andere
Industriesektoren stufenweise bis zum Jahr 2020 vorgesehen. Mindestens 20
Prozent der Erlöse (ca. 30-50 Mrd. Euro) sollten für die Durchführung der Strategien zum Klimawandel in der EU oder in Drittstaaten zweckgebunden verwendet werden. Einige Mitgliedsstaaten traten zunächst dafür ein, die Versteigerung
im Bereich der Stromerzeugung ebenfalls in Stufen einzuführen,[248] wovon sie
allerdings im Laufe des Beratungsprozesses wieder Abstand nahmen.[249] Außerdem wurde von einigen Vertretern die Zweckbindung der Erlöse als problematisch betrachtet.[250]

Zweitens bestand noch Diskussionsbedarf im Hinblick auf das Risiko der
Verlagerung von CO_2-Emissionsquellen („Carbon Leakage") durch das EU ETS.
Die Vertreter der Mitgliedsstaaten betrachteten zwar als beste Lösung die Verabschiedung eines internationales Klimaabkommens für den Zeitraum nach 2012,
begrüßten jedoch die Bestimmungen im Vorschlag der Kommission zur Förderung von Anlagen in Sektoren, in denen ein beträchtliches Risiko für die Verlagerung von CO_2-Emissionen bestehe. Allerdings erbaten sie die Kommission um

---

247   Vgl. European Security Strategy: a secure europe in a better world. http://www.consili
       um.europa.eu/uedocs/cmsUpload/78367.pdf.   Zugegriffen: 01.02.2013,   Brüssel
       12.12.2003, S. 3.

248   Vgl. Vermerk des Vorsitzes für den AStV/Rat zur Vorbereitung der Tagung des Rates
       (Umwelt) am 05. Juni 2008 und der Tagung des Rates (Verkehr, Telekommunikation und
       Energie) (Tagungsteil Energie) am 06. Juni 2008, Rat 9648/08, Brüssel 26.05.2008, S. 5
       und Pressemitteilung des Rates der Europäischen Union zur 2874. Tagung des Rates Um-
       welt, Rat 9959/08 (Presse 149), Luxemburg 05.06.2008.

249   Vgl. Pressemitteilung des Rates der Europäischen Union zur 2898. Tagung des Rates
       Umwelt, Rat 13857/08 (Presse 282), Luxemburg 20.10.2008, S. 16.

250   Vgl. Vermerk des Vorsitzes für den AStV/Rat zur Vorbereitung der Tagung des Rates
       (Umwelt) am 05. Juni 2008 und der Tagung des Rates (Verkehr, Telekommunikation und
       Energie) (Tagungsteil Energie) am 06. Juni 2008, Rat 9648/08, Brüssel 26.05.2008, S. 6.

eine Vorverlegung ihrer im Vorschlag genannten Termine, an denen sie diese Sektoren bestimmen wollte (in Art. 10a Abs. 9 wurde spätestens 30. Juni 2010 festgelegt) und an denen sie einen Analysebericht vorlegen wollte zur Bewertung der Lage mit Blick auf ein internationales Abkommen, der dann ggf. durch geeignete Vorschläge ergänzt werden sollte (in Art. 10b wurde spätestens Juni 2011 festgelegt).[251]

Im Dezember 2008 verhandelten die Staats- und Regierungschefs der EU letztmalig über die vier Rechtsakte. An dieser Stelle ist besonders erwähnenswert, dass der Kompromiss auch ausdrücklich für den Zeitraum von 2013 bis 2016 Investitionszuschüsse bis maximal 15 Prozent der gesamten Investitionsausgaben für den Bau hocheffizienter Kraftwerke aus den Erlösen der versteigerten Zertifikate vorsah.[252] Die deutsche Bundesregierung setzte sich gegen die Vollversteigerung von Zertifikaten in der produzierenden Industrie bis zum Ende der dritten Handelsperiode im Jahr 2020 ein und für Investitionszuschüsse für den Bau hocheffizienter Kraftwerke aus den Erlösen der versteigerten Zertifikate, womit sie sich auch auf europäischer Ebene weitestgehend durchsetzte. Für diese Position wurde sie insbesondere von den deutschen Umweltverbänden und von den deutschen Grünen-Politikern stark kritisiert.[253]

Im Dezember 2008 stimmte zunächst das Europäische Parlament dem „Europäischen Energie- und Klimapaket" mit einer Reihe von Veränderungen und Ergänzungen gegenüber dem ursprünglichen Vorschlag der Kommission zu. Am 23. April 2009 wurden die Rechtsakte auch vom Rat der EU verabschiedet.[254]

In der „Richtlinie zur Änderung der Richtlinie 2003/87/EG zwecks Verbesserung und Ausweitung des EU-Systems für den Handel mit Treibhausgasemissionszertifikaten" blieb es bei dem ursprünglichen Kommissionsvorschlag des jährlichen Rückgangs an Zertifikaten um 1,74 Prozent und bei der Vollauk-

---

251   Vgl. ebd., S. 5.
252   Vgl. Vermerk des Generalsekretariats des Rates für die Delegation: Energie und Klimawandel - Bestandteile des endgültigen Kompromisses vom 11./12. Dezember 2008, Rat 17215/08, Brüssel 12.12.2008, S. 17.
253   Aus den vom Verfasser durchgeführten Interviews (siehe Quellenverzeichnis).
254   Vgl. Richtlinie 2009/29/EG des Europäischen Parlaments und des Rates vom 23. April 2009 zur Änderung der Richtlinie 2003/87/EG zwecks Verbesserung und Ausweitung des Systems für den Handel mit Treibhausgasemissionszertifikaten in der Gemeinschaft und Richtlinie 2009/31/EG des Europäischen Parlaments und des Rates vom 23. April 2009 über die geologische Speicherung von Kohlendioxid und zur Änderung der Richtlinien 85/337/EWG und 96/61/EG des Rates sowie der Richtlinie 2000/60/EG, 2001/80/EG, 2004/35/EG, 2006/12/EG und der Verordnung (EG) Nr. 1013/2006 und Entscheidung Nr. 406/2009/EG des Europäischen Parlaments und des Rates vom 23. April 2009 über die Anstrengungen der Mitgliedstaaten zur Reduktion ihrer Treibhausgasemissionen mit Blick auf die Erfüllung der Verpflichtungen der Gemeinschaft zur Reduktion der Treibhausgasemissionen bis 2020 und Richtlinie 2009/28/EG des Europäischen Parlaments und des Rates vom 23. April 2009 zur Förderung der Nutzung von Energie aus erneuerbaren Quellen.

tionierung der Emissionszertifikate im Stromsektor für Alt- und Neuanlagen für die neue Handelsperiode ab dem Jahr 2013. Allerdings sah die Richtlinie nun im Stromsektor eine Ausnahme für eine übergangsweise und teilweise kostenlose Zuteilung (bis zu 70 Prozent) von Zertifikaten zur Modernisierung der Stromerzeugung vor, wenn bestimmte Bedingungen erfüllt werden (u. a. durfte das nationale Stromnetz 2007 nicht direkt oder indirekt an das EU-Verbundsystem angeschlossen sein). Diese Ausnahmeregelungen kamen für osteuropäische Mitgliedsstaaten in Frage (insbesondere für Polen) und betrafen Deutschland nicht. Für Industrieanlagen in Sektoren, in denen ein erhebliches Risiko der Verlagerung von CO_2-Emissionen besteht, blieb es bei der Regelung im Kommissionsvorschlag: Diese Anlagen können unter bestimmten Bedingungen für die komplette neue Handelsperiode (2013 bis 2020) kostenlose Zertifikate erhalten. Die Richtlinie legte als Datum für die Festlegung dieser Sektoren durch die Kommission anstatt den 30. Juni 2010 nun den 31. Dezember 2009 fest. Zudem werden diese Sektoren für einen Zeitraum von fünf Jahren ermittelt.[255] (Der Vorschlag sah drei Jahre vor.) Die Sektoren und Teilsektoren wurden am 24. Dezember 2009 durch Beschluss der Kommission festgelegt.[256] Für alle anderen Industrieanlagen steigt der Versteigerungsanteil im Zeitraum der neuen Handelsperiode von 20 Prozent im Jahr 2013 auf jetzt 70 Prozent bis zum Jahr 2020. Die Vollauktionierung wird nun erst für das Jahr 2027 angestrebt. (Der Kommissionsvorschlag sah bereits im Jahr 2020 die Vollauktionierung vor.) Die nicht zu versteigernden Zertifikate in jedem Sektor bzw. Teilsektor werden zumeist anhand von produktbezogenen (z. B. Aluminium, Koks, Zeitungsdruckpapier, Mineralwolle) BAT-Benchmarks verteilt. Für den Beschluss der gemeinschaftsweiten und vollständig harmonisierten Durchführungsmaßnahmen für die Zuteilung der kostenlosen Zertifikate sah der Rechtsakt nun anstatt 30. Juni 2011 den 31. Dezember 2010 vor,[257] allerdings veröffentlichte die Kommission diesen Beschluss doch erst vier Monate später im April 2011.[258] Die Richtlinie sieht

---

255   Vgl. Richtlinie 2009/29/EG des Europäischen Parlaments und des Rates vom 23. April 2009 zur Änderung der Richtlinie 2003/87/EG zwecks Verbesserung und Ausweitung des EU-Systems für den Handel mit Treibhausgasemissionszertifikaten.

256   Vgl. Beschluss der Kommission vom 24. Dezember 2009 zur Festlegung eines Verzeichnisses der Sektoren und Teilsektoren, von denen angenommen wird, dass sie einem erheblichen Risiko einer Verlagerung von CO2-Emissionen ausgesetzt sind, gemäß der Richtlinie 2003/87/EG des Europäischen Parlaments und des Rates (2010/2/EU). In: Amtsblatt der Europäischen Union vom 05.01.2010, L 1/10-18.

257   Vgl. Richtlinie 2009/29/EG des Europäischen Parlaments und des Rates vom 23.April 2009 zur Änderung der Richtlinie 2003/87/EG zwecks Verbesserung und Ausweitung des EU-Systems für den Handel mit Treibhausgasemissionszertifikaten.

258   Vgl. Beschluss der Kommission vom 27. April 2011 zur Festlegung EU-weiter Übergangsvorschriften zur Harmonisierung der kostenlosen Zuteilung von Emissionszertifikaten gemäß Artikel 10a der Richtlinie 2003/87/EG des Europäischen Parlaments und

anders als im Kommissionsvorschlag nun keine bindende zweckgebundene Verwendung der Erlöse mehr vor (Vorschlag im Kommissionsentwurf: 20 Prozent). Außerdem wurde der Schwellenwert für die Kleinemittenten, die unter bestimmten Bedingungen vom EU ETS ausgenommen werden können, von 10.000 t CO_2-Äquivalent pro Jahr auf 25.000 t angehoben.[259]

Die Änderungen für den Industriebereich in der Richtlinie gegenüber dem ursprünglichen Kommissionsvorschlag kamen insbesondere auf Betreiben der deutschen Bundesregierung zum Ende des Politikprozesses zustande.[260] Der prozentuale Unterschied der Regelung in der verabschiedeten Richtlinie gegenüber dem ursprünglichen Vorschlag mag auf den ersten Blick nicht sehr hoch erscheinen, allerdings geht es hier um Kosten für die Unternehmen bzw. Erlöse von mehreren Milliarden Euro und um einen Ausstoß von vielen Millionen Tonnen an Treibhausgasen. Somit blieb im Kern der ambitionierte Vorschlag der Kommission durch die Entscheidung über die Vollversteigerung der Zertifikate im Stromsektor für Alt- und Neuanlagen bestehen. Gleichzeitig wurde aber die Richtlinie verwässert durch den Kompromiss, die Zertifikate in der produzierenden Industrie bis zum Ende der Handelsperiode nicht vollständig zu versteigern. Ergänzend zum „Europäischen Energie- und Klimapaket" wurden am selben Tag noch zwei weitere europäische Rechtsakte im Bereich des Klimaschutzes verabschiedet.[261]

---

des Rates (2011/278/EU). In: Amtsblatt der Europäischen Union vom 17.05.2011, L130/1-45.

259 Vgl. Richtlinie 2009/29/EG des Europäischen Parlaments und des Rates vom 23. April 2009 zur Änderung der Richtlinie 2003/87/EG zwecks Verbesserung und Ausweitung des EU-Systems für den Handel mit Treibhausgasemissionszertifikaten.

260 Vgl. Punkt 2.8 der Tagesordnung der Beschluss-Sammlung der Wirtschaftsminister-konferenz am 15./16. Dezember in Weimar. http://www.wirtschaftsministerkonferenz. de/WMK/DE/termine/Sitzungen/08-12-15-16-WMK/08-12-15-16-beschluesse.pdf? _blob=publicationFile&v=1. Zugegriffen: 01.05.2014, S. 21 und aus den vom Verfasser durchgeführten Interviews (siehe Quellenverzeichnis).

261 Vgl. Verordnung (EG) Nr. 443/2009 des Europäischen Parlaments und des Rates vom 23. April 2009 zur Festsetzung von Emissionsnormen für neue Personenkraftwagen im Rahmen des Gesamtkonzepts der Gemeinschaft zur Verringerung der CO2-Emissionen von Personenkraftwagen und leichten Nutzfahrzeugen und Richtlinie 2009/30/EG des Europäischen Parlaments und des Rates vom 23. April 2009 zur Änderung der Richtlinie 98/70/EG im Hinblick auf die Spezifikationen für Otto-, Diesel- und Gasölkraftstoffe und die Einführung eines Systems zur Überwachung und Verringerung der Treibhausgasemissionen bei der Verwendung von für den Straßenverkehr bestimmten Kraftstoffen, zur Änderung der Richtlinie 1999/32/EG des Rates im Hinblick auf die Spezifikationen für von Binnenschiffen gebrauchte Kraftstoffe und zur Aufhebung der Richtlinie 93/12/EWG.

4.2 Bundesdeutsche Ambitionen

Die Bundesrepublik Deutschland wollte ebenfalls frühzeitig sowohl bei der Entwicklung der internationalen als auch bei der Entwicklung der europäischen Klimaschutzpolitik eine Vorreiterrolle einnehmen. Deshalb verpflichtete sich Deutschland im Rahmen der EU-Lastenteilung, insgesamt 21 Prozent weniger Treibhausgase in der ersten Verpflichtungsperiode von 2008 bis 2012 gegenüber dem Jahr 1990 zu emittieren.[262]

Die deutsche Klimapolitik[263] gehöre zu den „anspruchsvollsten und effektivsten" im internationalen Vergleich, so Helmut Weidner.[264] Er stellt sogar die These auf, dass das Kyoto-Protokoll im Februar 2005 nicht in Kraft getreten wäre, ohne Deutschlands großes langjährige Engagement und hier insbesondere ohne die engagierten Vorbereitungsarbeiten der damaligen Bundesumweltministerin Angela Merkel. Den Ruf eines klimapolitischen Vorreiters verdanke die Bundesrepublik aber ebenso den anspruchsvollen nationalen Zielsetzungen und effektvollen Maßnahmen.[265] Als Gründe für die deutsche Vorreiterpolitik und Durchhaltepolitik im globalen Klimaschutz, die trotz wechselnder Regierungen selten schwächelte, führt er Kombinationseffekte von „(a) begünstigenden Strukturen, Institutionen und Akteurskonfigurationen, die sich seit den 1970er Jahren im Verlauf der konfliktreichen Entwicklungen in der Luftreinhaltepolitik herausgebildet und im Sinne einer ‚positiven Pfadabhängigkeit' gewirkt haben, und (b) einer weitverbreiteten (gleichwohl politisch fragilen) Sensibilisierung für globale Verantwortlichkeit"[266] an. Außerdem lasse sich in dieser progressiven Klimaschutzpolitik die Erwartung sowohl einer ge-

---

262   Vgl. EU-Lastenverteilung (engl. EU burden sharing) im Internetglossar des Bundesministeriums für Umwelt, Naturschutz und Reaktorsicherheit. http://www.bmub.bund.de/themen/klima-energie/klimaschutz/internationale-klimapolitik/glossar/. Zugegriffen: 01.02.2013. Die Europäische Union verteilte auf der Grundlage der Zusagen im Kyoto-Protokoll intern ihre Verpflichtung zur Reduktion von Treibhausgasen in der Verpflichtungsperiode von 2008 bis 2012 neu. Einigen Mitgliedssaaten wurde wirtschaftlicher Nachholbedarf eingeräumt; daher durften sie gegenüber 1990 ihre Emissionen steigern (u. a. Portugal: plus 27 Prozent; Griechenland plus 25 Prozent), andere mussten sie senken (u. a. Luxemburg minus 28 Prozent, Dänemark und Deutschland minus 21 Prozent).

263   Einen guten, bewertenden Überblick über die nationale Klimaschutzpolitik Deutschlands bietet: Itzenplitz, Anja 2012: Klimaschutz als nationales und internationales Politikfeld. Zwischenstaatliche Kooperation und nationalstaatliche Implementierung, Köln, S. 109-195.

264   Vgl. Weidner, Helmut 2008: Klimaschutzpolitik: Warum ist Deutschland ein Vorreiter im internationalen Vergleich? Zur Rolle von Handlungskapazitäten und Pfadabhängigkeit. In: Discussion Paper SP IV 2008-303 des Wissenschaftszentrums Berlin für Sozialforschung, Berlin, S. 1.

265   Vgl. Weidner 2008, S. 5 und S. 7.

266   Weidner 2008, S. 1 der Zusammenfassung.

samtwirtschaftlichen als auch persönlichen positiven Kosten-Nutzen-Bilanz vermuten.[267] Umwelt-, Energie- und Klimaschutzpolitik waren zweifelsohne bereits eine politische Priorität der rot-grünen Bundesregierung (1998 bis 2005). Die Große Koalition erklärte bereits zu Beginn ihrer Regierungszeit, an die durchaus ambitionierte deutsche Klimaschutzpolitik der Vorgängerregierung anknüpfen zu wollen. Im Koalitionsvertrag vom 11. November 2005 hielten CDU, SPD und CSU zunächst folgendes fest:

„Deutschland wird weiterhin seine führende Rolle im Klimaschutz wahrnehmen. Ziel ist, die weltweite Temperatursteigerung auf ein klimaverträgliches Niveau von 2 Grad Celsius gegenüber dem vorindustriellen Stand zu begrenzen. Wir werden daher: das nationale Klimaschutzprogramm weiter entwickeln und zusätzliche Maßnahmen ergreifen, damit Deutschland sein Kyoto-Ziel erreicht; uns dafür einsetzen, dass bis 2009 ein internationales Klimaschutzabkommen für die Zeit nach 2012 geschaffen wird, das auf dem Kyoto-Protokoll aufbaut; (...) vorschlagen, dass sich die EU im Rahmen der internationalen Klimaschutzverhandlungen verpflichtet, ihre Treibhausgasemissionen bis 2020 insgesamt um 30% gegenüber 1990 zu reduzieren. Unter dieser Voraussetzung wird Deutschland eine darüber hinaus gehende Reduktion seiner Emissionen anstreben;"[268]

Die drei Parteien gingen auch auf den Emissionshandel ein, den sie „als wichtiges Instrument des Klimaschutzes ökologisch und ökonomisch effizienter gestalten"[269] wollten.

Bundeskanzlerin Angela Merkel (CDU) und Bundesumweltminister Sigmar Gabriel (SPD) setzten sich auf europäischer und internationaler Ebene für anspruchsvolle Ziele im Bereich der Energie- und Klimaschutzpolitik ein. Ihre erklärte Vorreiterrolle unterstrich die schwarz-gelbe Bundesregierung im europäischen und internationalen Politikprozess mit dem Angebot, ihre Emissionen von Treibhausgasen noch stärker senken zu wollen, wenn Europa und andere Industriestaaten ihre Ziele ebenfalls höher stecken würden.[270]

Wie bereits erwähnt, hatte die Europäische Union unter deutschem Vorsitz in der ersten Hälfte des Jahres 2007 wegweisende Beschlüsse über ihre zukünftige Klimaschutzpolitik gefasst. Man kann sagen, dass das „Europäische Energie- und Klimapaket" unter der Leitung Deutschlands auf den Weg gebracht wurde. Einen Monat nach dem Europäischen Rat im März 2007 lobte der deutsche Bun-

---

267   Vgl. Weidner 2008, S. 1 der Zusammenfassung.
268   Koalitionsvertrag von CDU, CSU und SPD vom 11.11.2005. http://www.cdu.de/
       sites/default/files/media/dokumente/05_11_11_Koalitionsvertrag_Langfassung_navigier
       bar_0.pdf. Zugegriffen: 01.05.2014, S. 65.
269   Ebd., S. 66.
270   Vgl. Weidner 2008, S. 4-5.

desumweltminister Sigmar Gabriel (SPD) in einer Regierungserklärung die ambitionierten europäischen Klimaschutzziele und forderte für Deutschland weitere klimapolitische Anstrengungen: Denn die harten Fakten zeigten, wie weit Deutschland noch von dem Erreichen des 21-Prozent-Ziels für das Jahr 2012 entfernt sei. Die Ursache dafür sah der Minister u. a. beim Emissionshandel, weil in der ersten Handelsperiode zu viele Emissionsrechte an die Energiewirtschaft und an die Industrie kostenlos verteilt worden seien. Aufgrund des daraus resultierenden niedrigen Zertifikatspreises seien keine Impulse zur Modernisierung der Stromversorgung und der industriellen Produktion ausgegangen. Der Bundesumweltminister erklärte, man müsse in Deutschland mehr erbringen, wenn die Europäische Union die Treibhausgase um 30 Prozent mindern wolle. So stehe es in der Koalitionsvereinbarung von SPD, CDU und CSU. Deutschland müsse demnach seine Treibhausgasemissionen im Vergleich zu 1990 bis zum Jahr 2020 um 40 Prozent senken. Da liege die Latte, da müsse man hin.[271] Der Anteil der Energiewirtschaft an den gesamten Treibhausgasemissionen in Deutschland betrage 40 Prozent, wobei die Emissionen in diesem Sektor seit 1999 um über 30 Mill. t zugenommen hätten. Daran sehe man, dass die bisher in diesem Sektor getroffenen Maßnahmen nicht ausreichend wirksam gewesen seien. Daher habe die Bundesregierung grundlegend umgesteuert und durch das Zuteilungsgesetz 2012 die verfügbare Emissionsmenge der Kraftwerke drastisch um 57 Mill. t abgesenkt, so Gabriel.

Der sozialdemokratische Bundesumweltminister stellte aber auch klar, dass man in Deutschland bis auf Weiteres nicht auf den Einsatz von Kohle für die Stromerzeugung verzichten könne. Bis Dezember 2012 würden drei große Braunkohlekraftwerke, sechs Steinkohlekraftwerke und sieben Gaskraftwerke gebaut mit einer Gesamtleistung von 12.000 Megawatt. Der Ersatz der ineffizienten Anlagen bringe eine massive Entlastung für den Klimaschutz. Aufgrund des weitaus höheren Wirkungsgrades der neuen Kraftwerke könne der Atmosphäre bis zu 42 Mill. t CO_2 im Jahr erspart bleiben. Es gebe aber unter den Bedingungen des Emissionshandels für die Verstromung von Braun- und Steinkohle klare Grenzen. Dies ergebe sich aus der fortschreitenden Verknappung der Emissionsrechte. Das Horrorgemälde von 29 oder 40 neuen Kohlekraftwerken entbehre aber jeder Grundlage. Außerdem werde die Bundesregierung das Emissionsbudget für die Energiewirtschaft in der dritten Handelsperiode (ab 2013)

---

271   Vgl. Regierungserklärung des Bundesministers für Umwelt, Naturschutz und Reaktorsicherheit, Sigmar Gabriel, zur Klimapolitik der Bundesregierung nach den Beschlüssen des Europäischen Rates vor dem Deutschen Bundestag am 26. April 2007 in Berlin. In: Bulletin der Bundesregierung 46-1, Berlin 26.04.2007, S. 1-4.

nochmals deutlich absenken, um die europäischen Klimaschutzziele erreichen zu können.[272]

Um die europäischen energie- und klimaschutzpolitischen Richtungsentscheidungen in der ersten Hälfte des Jahres 2007 auf nationaler Ebene durch ein Gesetzgebungs- und Maßnahmenprogramm umzusetzen, beschloss die Bundesregierung im August 2007 im Rahmen einer Klausurtagung in Meseberg die „Eckpunkte für ein integriertes Energie- und Klimaprogramm" (die sogenannten Meseberger Beschlüsse). Erklärte Ziele waren hier u. a. die Verdopplung des Anteils von Strom aus Kraft-Wärme-Kopplung bis 2020 auf etwa 25 Prozent, die Erhöhung des Anteils der erneuerbaren Energien an der Stromproduktion auf 25 bis 30 Prozent bis 2020 (Stand 2007: ca. 13 Prozent), die Entwicklung von sauberen Kraftwerkstechnologien und die Erhöhung des Anteils von erneuerbaren Energien am Wärmeverbrauch auf 14 Prozent im Jahr 2020 (Stand 2006: ca. sechs Prozent).[273]

Die Energie- und Klimaschutzpolitik der Großen Koalition war zudem stark von Personalisierungen gekennzeichnet. Auffällig ist, dass sowohl die Christdemokratin Angela Merkel als auch der Sozialdemokrat Sigmar Gabriel in ihrer Regierungszeit verschiedene Gelegenheiten nutzten, um sich in der medialen Öffentlichkeit als Klimaschutzpolitiker in Szene zu setzen. Auch deshalb wurde Merkel in den deutschen Medien als „Klimakanzlerin" betitelt. Das US-amerikanische Time Magazin nahm 2007 die Bundeskanzlerin sogar in die Kategorie „Leaders and Visionaries" der Reihe „Heroes of the Environment" auf.[274] Es ist anzunehmen, dass insbesondere ihre erste Amtszeit als Bundeskanzlerin (2005-2009) von ihrer Tätigkeit als Bundesumweltministerin im Kabinett Kohl (1994-1998) nachhaltig beeinflusst wurde.

Die Energie- und Klimaschutzpolitik von Bundeskanzlerin Merkel (CDU) und Bundesumweltminister Gabriel (SPD) - insbesondere auch ihre positiven Einstellungen zum EU ETS und zur Vollauktionierung in der Stromwirtschaft - wurden von der Regierungskoalition im Deutschen Bundestag unterstützt: Nach einer ausführlichen Debatte des konkreten Kommissionsvorschlags zur Ausweitung und Verbesserung des EU ETS im Umweltausschuss[275] hatte dieser be-

---

272   Vgl. ebd., S. 8-9.
273   Vgl. Eckpunkte für ein integriertes Energie- und Klimaprogramm. http://www.bmub.bu nd.de/fileadmin/bmu-import/files/pdfs/allgemein/application/pdf/klimapaket_aug2007.p df. Zugegriffen: 01.02.2013, Meseberg 2007, S. 9-47.
274   Vgl. Time Magazin vom 29. Oktober 2007.
275   Vgl. Beschlussempfehlung und Bericht des Ausschusses für Umwelt, Naturschutz und Reaktorsicherheit 1. zu dem Antrag der Abgeordneten Michael Kauch, Gudrun Kopp, Angelika Bruckhorst, weiter Abgeordneter und der Fraktion der FDP „Vorschlag der EU-Kommission für den Emissionshandel nach 2012 überarbeiten – Klima schützen, Stromverbraucher entlasten, Wettbewerb stärken und 2. zu der Unterrichtung durch die Bundes-

schlossen, die Bundesregierung aufzufordern, „an der Zertifikateverteilung durch Auktionierung in der Stromwirtschaft festzuhalten und hier eine 100-prozentige Versteigerung ab 2013 vorzusehen"[276]. Zugleich forderten die Abgeordneten aber auch, dass „energieintensive Unternehmen des produzierenden Gewerbes, die vom Emissionshandel betroffen sind, besonders behandelt werden."[277] Auch in der Plenardebatte sprach sich - im Gegensatz zur CDU-Landtagsfraktion in NRW[278] - die CDU/CSU-Bundestagsfraktion deutlich für das EU ETS und für die von der Kommission vorgeschlagenen Vollauktionierung in der Stromwirtschaft aus. Andreas Jung (CDU) erklärte:

> „Die CDU/CSU-Bundestagsfraktion bekennt sich zu den Klimazielen, die im Paket, das die Europäische Kommission am 23. Januar 2008 vorgestellt hat, enthalten sind: zur Reduzierung der Treibhausgasemissionen in der EU bis 2020 um 20 Prozent gegenüber 1990 und um 30 Prozent für den Fall, dass ein wirksames internationales Klimaschutzabkommen verabschiedet wird. Vor diesem Hintergrund ist die Weiterentwicklung des europäischen Emissionshandels unerlässlich. Ihm kommt eine doppelte Bedeutung zu: Das Erreichen der Klimaziele sicherzustellen sowie das europäische Emissionshandelssystem als Vorbild für andere Regionen der Welt zu etablieren. (...) An der vorgeschlagenen 100-prozentigen Auktionierung in der Stromwirtschaft soll festgehalten werden."[279]

Frank Schwaabe, sein sozialdemokratischer Kollege aus der Regierungskoalition ergänzte:

> „Besonders möchte ich hervorheben, dass sich die Koalitionsfraktionen darauf geeinigt haben, die CO_2-Zertifikate im Energiebereich zu 100 Prozent zu versteigern. Dieser Punkt ist äußerst wichtig, um die Stromwirtschaft in die Verantwortung zu nehmen. So wird in Zukunft unterbunden, dass die Stromwirtschaft Zertifikate geschenkt bekommt, diese dann aber in den Strompreis einbezieht und so unverdiente Milliardenprofite einstreicht."[280]

Auch die Fraktion der FDP und die Fraktion von Bündnis90/Die Grüne im Bundestag hatten erklärt, dass sie die geplante Vollauktionierung in der Stromwirt-

---

　　　　regierung „Vorschlag für eine Richtlinie des Europäischen Parlaments und des Rates zur Änderung der Richtlinie 2003/87/EG zwecks Verbesserung und Ausweitung des EU-Systems für den Handel mit Treibhausgasemissionszertifikaten" (Drucksache 16/9334 des Deutschen Bundestages vom 28.05.2008), S. 5-8.
276　　Ebd., S. 4.
277　　Ebd., S. 4.
278　　Vgl. Kapitel 7 der vorliegenden Arbeit.
279　　Plenarprotokoll 16/163 des Deutschen Bundestages vom 29.05.2008, S. 17283.
280　　Ebd., S. 17283.

schaft grundsätzlich unterstützen.[281] Damit hatten auch die liberalen Abgeordneten auf Bundesebene eine andere Position eingenommen als die Fraktion der FDP im nordrhein-westfälischen Landtag.[282]

281   Vgl. Beschlussempfehlung und Bericht des Ausschusses für Umwelt, Naturschutz und Reaktorsicherheit 1. zu dem Antrag der Abgeordneten Michael Kauch, Gudrun Kopp, Angelika Bruckhorst, weiter Abgeordneter und der Fraktion der FDP „Vorschlag der EU-Kommission für den Emissionshandel nach 2012 überarbeiten – Klima schützen, Stromverbraucher entlasten, Wettbewerb stärken und 2. zu der Unterrichtung durch die Bundesregierung „Vorschlag für eine Richtlinie des Europäischen Parlaments und des Rates zur Änderung der Richtlinie 2003/87/EG zwecks Verbesserung und Ausweitung des EU-Systems für den Handel mit Treibhausgasemissionszertifikaten (Drucksache 16/9334 des Deutschen Bundestages vom 28.05.2008), S. 6 und S. 8.

282   Zu dieser Position der FDP-Fraktion im Landtag von Nordrhein-Westfalen siehe Kapitel 7 der vorliegenden Arbeit.

5 Industriestruktur und Treibhausgasemissionen in NRW

Vor dem Hintergrund der oben aufgezeigten ambitionierten Zielsetzungen in der europäischen und deutschen Klimaschutzpolitik im Untersuchungszeitraum der vorliegenden Arbeit sowie zum besseren Verständnis der folgenden Kapitel zur Energie- und Klimapolitik der Landesregierung und der Fraktionen im Landtag von Nordrhein-Westfalen wird dieses Kapitel einen Einblick geben in die Industriestruktur und die damit verbundenen Emissionen von Treibhausgasen in diesem Land.

5.1 NRW als Energieland Nr. 1

Als sogenanntes „Industrie- und Energieland" war und ist Nordrhein-Westfalen von der ambitionierten europäischen und deutschen Klimaschutzpolitik und konkret von der im „Europäischen Energie- und Klimapaket" angestrebten Reduzierung der Treibhausgasemissionen weitaus mehr als jedes andere deutsche Land betroffen, weil zur Energiegewinnung größtenteils die CO_2-intensiven Energieträger Braun- und Steinkohle eingesetzt werden.

Zu Beginn des Untersuchungszeitraums der vorliegenden Arbeit im Jahr 2005 wurde mit ca. 180,6 Terawattstunden (TWh) Brutto-Stromerzeugung fast ein Drittel des in Deutschland produzierten Stroms (ca. 620,6 TWh Brutto-Stromerzeugung) in NRW erzeugt,[283] weshalb oftmals dieses deutsche Land insbesondere von den heimischen Politikern - nicht zu Unrecht - als „Energieland Nr. 1" betitelt wird. In 2005 erzeugten die nordrhein-westfälischen Kraftwerke ca. 78,2 TWh Strom aus Braunkohle (in Gesamtdeutschland: ca. 154,1 TWh) und 58,5 TWh Strom aus Steinkohle (in Gesamtdeutschland: ca. 134,1

---

283 Vgl. Ministerium für Klimaschutz, Umwelt, Landwirtschaft, Natur- und Verbraucherschutz des Landes Nordrhein-Westfalen: Energie. Daten NRW 2011, Düsseldorf 2011, S. 3. Die Brutto-Stromerzeugung lag nach Angaben des Ministeriums zum Ende des Untersuchungszeitraumes der vorliegenden Arbeit im Jahr 2010 in Nordrhein-Westfalen bei ca. 178 TWh und im gesamten deutschen Bundesgebiet bei ca. 628,1 TWh. Damit betrug der nordrhein-westfälische Anteil an der gesamtdeutschen Stromerzeugung in 2010 ca. 28,3 Prozent (eigene Berechnung).

TWh).[284] Durch Erdgas und Mineralöl wurden in 2005 in NRW ca. 24,7 TWh Strom erzeugt (in Gesamtdeutschland: ca. 82,6 TWh) und lediglich ca. 8,7 TWh durch erneuerbare Energien (in Gesamtdeutschland: ca. 62,4 TWh) und ca. 10,5 TWh durch sonstige Energieträger wie beispielsweise Grubengas (in Gesamtdeutschland: ca. 24,4 TWh). Nordrhein-Westfalen verfügt über keine fast CO_2-neutralen Atomkraftwerke – dahingegen betrug die gesamtdeutsche Stromerzeugung durch Kernenergie zu Beginn des Untersuchungszeitraums (im Jahr 2005) ca. 163 TWh und zum Ende des Untersuchungszeitraums (im Jahr 2010) ca. 140,5 TWh.[285] Damit betrug der Anteil der nordrhein-westfälischen Stromerzeugung durch Kohle im Vergleich zu dem durch andere in NRW verwendete Energieträger über 75 Prozent. Die anteilige Stromerzeugung allein durch Braunkohle betrug über 43 Prozent.[286] Der Anteil der nordrhein-westfälischen Stromerzeugung durch Stein- und Braunkohle an der gesamtdeutschen Stromerzeugung durch diese beiden Energieträger betrug über 47 Prozent. Die anteilige Erzeugung von Strom allein durch Braunkohl in NRW lag bei über 50 Prozent gegenüber dem Anteil der gesamtdeutschen Stromerzeugung allein durch diesen Energieträger.[287] Die folgenden Abbildungen veranschaulichen die Verhältnisse:

---

284   Vgl. ebd., S. 3.
285   Vgl. ebd., S. 3.
286   Vgl. ebd., S. 3 (eigene Berechnung).
287   Vgl. ebd., S. 3 (eigene Berechnung).

Abbildung 1:   Brutto-Stromerzeugung in Deutschland und NRW in 2005

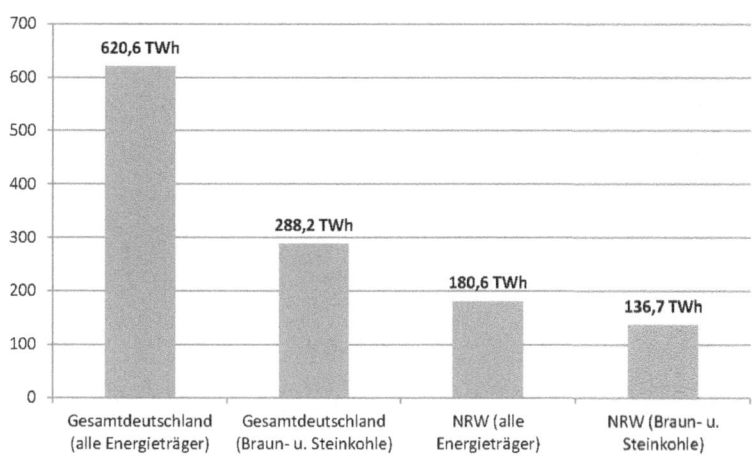

Quelle: Eigene Darstellung nach Daten des Ministeriums für Klimaschutz, Umwelt, Landwirtschaft, Natur- und Verbraucherschutz des Landes Nordrhein-Westfalen.[288]

Abbildung 2:   Brutto-Stromerzeugung aus Braunkohle in Deutschland und NRW in 2005

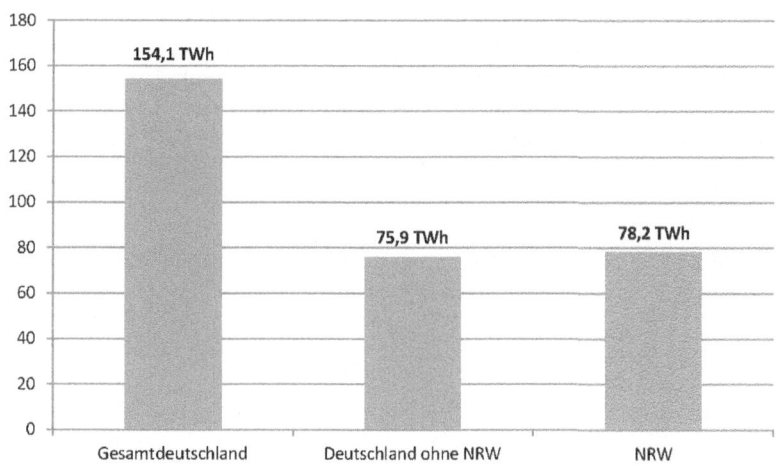

Quelle: Eigene Darstellung nach Daten des Ministeriums für Klimaschutz, Umwelt, Landwirtschaft, Natur- und Verbraucherschutz des Landes Nordrhein-Westfalen.[289]

---

288   Vgl. ebd., S. 3.

Abbildung 3:　Brutto-Stromerzeugung aus Steinkohle in Deutschland und NRW in 2005

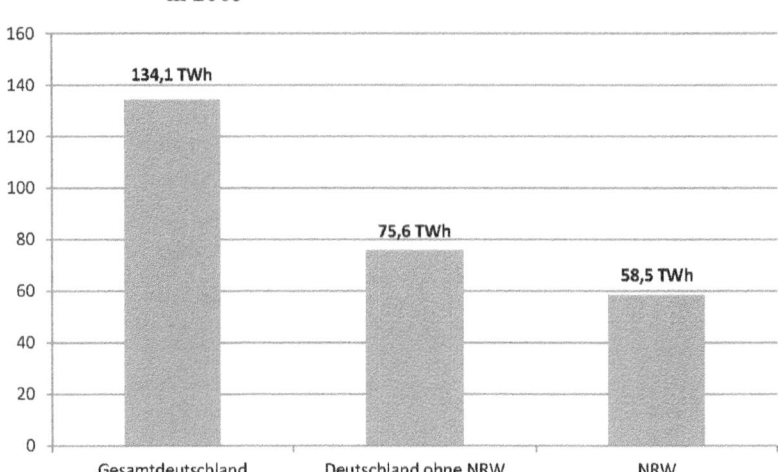

Quelle: Eigene Darstellung nach Daten des Ministeriums für Klimaschutz, Umwelt, Landwirtschaft, Natur- und Verbraucherschutz des Landes Nordrhein-Westfalen.[290]

Die Primärenergiegewinnung lag im Jahr 2005 in Nordrhein-Westfalen bei ca. 1.629 Petajoule (PJ) (in Gesamtdeutschland bei ca. 4.108 PJ). Wie die folgenden Abbildungen zeigen, nahmen dabei in NRW die beiden Energieträger Braun- und Steinkohle die mit Abstand größte Rolle ein. Aus Braunkohle wurden ca. 874 PJ Primärenergie gewonnen (in Gesamtdeutschland: ca. 1.611 PJ); aus Steinkohle ca. 611 PJ (in Gesamtdeutschland: ca. 756 PJ):[291]

289　　　Vgl. ebd., S. 3.
290　　　Vgl. ebd., S. 3.
291　　　Vgl. ebd., S. 3.

Abbildung 4:   Primärenergiegewinnung in Deutschland und NRW in 2005

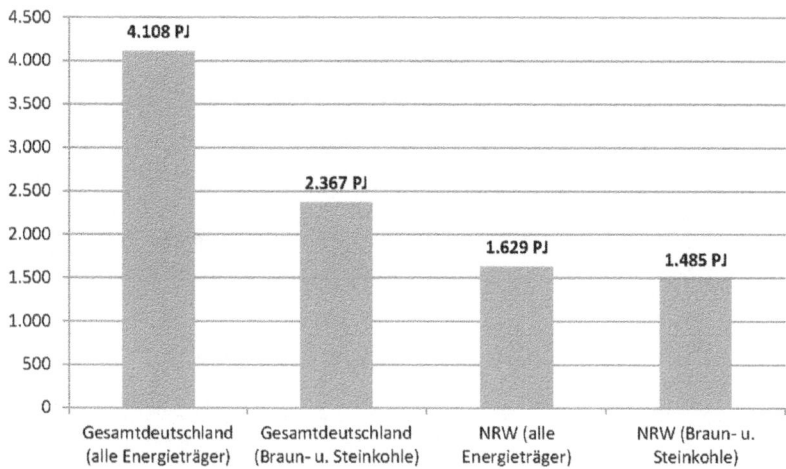

Quelle: Eigene Darstellung nach Daten des Ministeriums für Klimaschutz, Umwelt, Landwirtschaft, Natur- und Verbraucherschutz des Landes Nordrhein-Westfalen.[292]

Abbildung 5:   Primärenergiegewinnung aus Braunkohle in Deutschland und
                 NRW in 2005

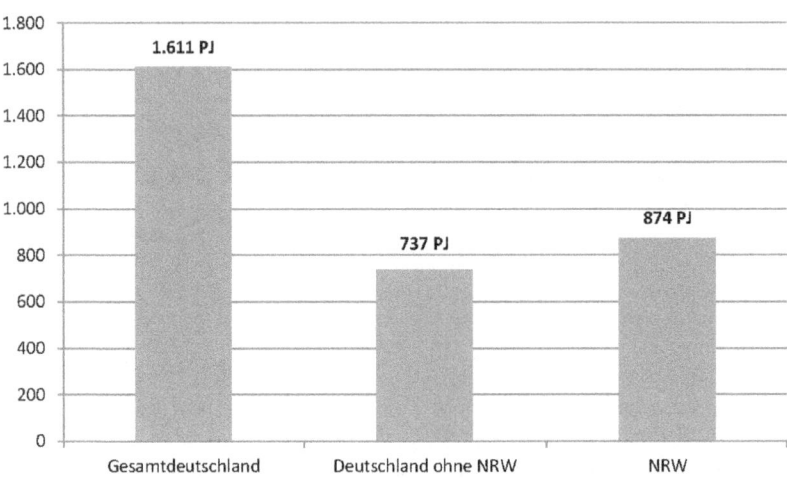

Quelle: Eigene Darstellung nach Daten des Ministeriums für Klimaschutz, Umwelt,
Landwirtschaft, Natur- und Verbraucherschutz des Landes Nordrhein-Westfalen.[293]

---

293   Vgl. ebd., S. 3.

Abbildung 6: Primärenergiegewinnung aus Steinkohle in Deutschland und
NRW in 2005

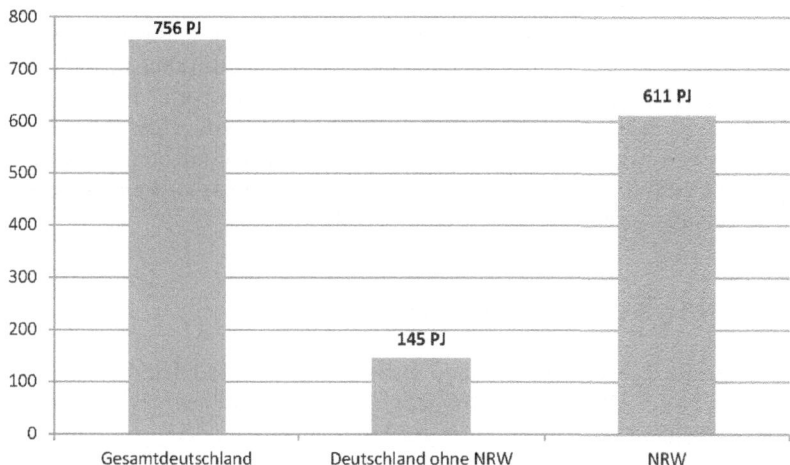

Quelle: Eigene Darstellung nach Daten des Ministeriums für Klimaschutz, Umwelt,
Landwirtschaft, Natur- und Verbraucherschutz des Landes Nordrhein-Westfalen.[294]

Hintergrund ist u. a., dass in der Vergangenheit in Nordrhein-Westfalen der
Energieträger Kohle aufgrund der hohen Vorkommen in ausreichendem Maße
und relativ kostengünstig abgebaut werden konnte. Allerdings ist der Abbau der
Steinkohle in NRW aus Kostengründen zunehmend bedeutungslos geworden
(von über 130 Mill. t im Jahr 1957 auf knapp über 10 Mill. t im Jahr 2011)[295],
weshalb seit einiger Zeit kostengünstige Steinkohle aus dem Ausland importiert
wird. Dahingegen ist die nordrhein-westfälische Braunkohle aufgrund der nach
wie vor hohen Vorkommen (nach Angaben des Bundesverbandes Braunkohle im
Jahr 2011: ca. 35 Mrd. t wirtschaftlich gewinnbare Vorräte)[296] und des kostengünstigen Tagebaus nach Einschätzung von Experten der Energiewirtschaft auch

---

294   Vgl. ebd., S. 3.
295   Vgl. Statistik der Kohlenwirtschaft e.V. (Hrsg.): Der Kohlenbergbau in der Energiewirt-
        schaft der Bundesrepublik Deutschland im Jahre 2011. http://www.kohlenstatistik.de/files/
        silberbuch_2011.pdf. Zugegriffen: 01.02.2013, Herne/Köln 2012, S. 26. Die Daten wer-
        den jährlich aktualisiert. Siehe auch: http://www.kohlenstatistik.de/.
296   Vgl. Deutsche Braunkohlen-Industrie-Verein: Braunkohle in Deutschland 2011, Daten
        und Fakten. http://www.braunkohle.de/tools/download.php?filedata=1350989167.pdf&
        filename=DEBRIV_Statistikfaltblatt_de_20121009.pdf&mimetype=application/pdf. Zu-
        gegriffen: 01.02.2013, Köln, S. 1.

ohne Subventionen zukünftig wettbewerbsfähig.[297] Der Abbau von Braunkohle betrug 2011 im gesamten Bundesgebiet über ca. 176 Mill. t. Davon wurden mit über ca. 95 Mill. t mehr als die Hälfte in NRW abgebaut. Von diesen ca. 95 Mill. t Braunkohle wurden ca. 84 Mill. t in Kraftwerken zur Strom- und Fernwärmeerzeugung verwendet.[298] Bei einer gleichbleibenden jährlichen Abbaumenge von zurzeit ca. 95 Mill. t (Stand: 2011) würde der Braunkohlevorrat in NRW für noch fast ca. 37 Jahre ausreichen. Durch die Modernisierung des nordrhein-westfälischen Kraftwerksparks und den damit verbundenen höheren Wirkungsgraden könnte NRW wahrscheinlich noch länger auf heimische Braunkohle zur Energiegewinnung zurückgreifen.

5.2 NRW als Treibhausgas-Emissionsland Nr. 1

Wie die folgende Tabelle zeigt, könnte man Nordrhein-Westfalen nicht nur als „Energieland Nr. 1" bezeichnen, sondern auch als deutsches „Treibhausgas-Emissionsland Nr. 1".

Tabelle 1:   Treibhausgasemissionen nach Bundesländern in 2005

Land	CO_2-Äquivalentein Mill. t[299]
Nordrhein-Westfalen	313.1
Bayern[300]	97.3
Niedersachsen[301]	87.7
Baden-Württemberg	87.3
Brandenburg	68.1
Hessen	59.4
Sachsen	52.8

297   Vgl. Ströbele, Wolfgang/Pfaffenberger, Wolfgang/Heuterkes, Michael 2012: Energie-
       wirtschaft. Einführung in Theorie und Politik, 3. Aufl., München, S. 104.
298   Vgl. Statistik der Kohlenwirtschaft e.V. (Hrsg.): Der Kohlenbergbau in der Energiewirt-
       schaft der Bundesrepublik Deutschland im Jahre 2011. http://www.kohlenstatistik.de/files/
       silberbuch_2011.pdf. Zugegriffen: 01.02.2013, Herne/Köln 2012, S. 19.
299   Hier sind Kohlendioxid, Methan und Stickstoff eingerechnet. Die Werte wurden vom
       Verfasser zur besseren Übersicht gerundet.
300   Ohne prozessbedingte CO2-Emissionen.
301   Ohne prozessbedingte CO2-Emissionen. Der angegebene Wert bezieht sich auf das Jahr
       2006.

Sachsen-Anhalt	38.1
Rheinland-Pfalz[302]	31.8
Schleswig-Holstein	27.9
Saarland[303]	26.7
Berlin	20.4
Mecklenburg-Vorpommern	17.4
Thüringen[304]	15.2
Bremen	12.5
Hamburg	11.9

Quelle: Eigene Darstellung nach Angaben des „Arbeitskreises Umweltökonomische Gesamtrechnungen der Länder" der Statistischen Ämter der Länder.[305]

Die EU-Mitgliedsstaaten emittierten im Jahr 2010 an Treibhausgasen insgesamt ca. 4,7 Mrd. t CO_2-Äquivalente. Fast ein Fünftel davon entstand in Deutschland, weshalb die Bundesrepublik im europäischen Vergleich mit Abstand auf Rang 1 steht. Die Menge der in Nordrhein-Westfalen emittierten Treibhausgase betrug ca. sechs Prozent der in der EU ausgestoßenen Treibhausgase. Als eigenständiger Staat würde NRW diesbezüglich hinter Deutschland, Großbritannien, Frankreich, Italien, Polen, Spanien und vor den Niederlanden an siebter Stelle stehen. Betrachtet man allein den Ausstoß von Kohlendioxid, dann würde NRW sogar an sechster Stelle noch vor Spanien stehen.[306] Die folgende Tabelle gibt einen vergleichenden Überblick über den Ausstoß von Treibhausgasen ausgewählter Staaten und Regionen im Jahr 2010:

---

302 Ohne prozessbedingte CO2-Emissionen.
303 Ohne prozessbedingte CO2-Emissionen.
304 Ohne prozessbedingte CO2-Emissionen.
305 Vgl. Arbeitskreis Umweltökonomische Gesamtrechnungen der Länder der Statistischen Ämter der Länder: Emissionen an Treibhausgasen 1995-2009 nach Bundesländern. http://www.ugrd 1.de/tab31.htm#diagramm. Zugegriffen: 11.06.2013.
306 Vgl. Landesamt für Natur, Umwelt und Verbrucherschutz Nordrhein-Westfalen (Hrsg.): Treibhausgas-Emissionsinventar Nordrhein-Westfalen 2010. http://www.lanuv .nrw.de/klima/pdf/Treibhausgas_Emissionsinventar.pdf. Zugegriffen: 01.02.2013, Recklinghausen 2012, S. 18. Das Treibhausgas-Emissionsinventar Nordrhein-Westfalens wird regelmäßig aktualisiert, sodass unter dem oben angegebenen Internetlink jeweils die aktuelle Publikation mit den aktualisierten Daten zum Download zur Verfügung steht. Siehe auch: http://www.lanuv.nrw.de/klima/inventare.htm.

Tabelle 2:   Treibhausgasemissionen ausgewählter Staaten und Regionen in
2010

Staaten/Regionen	CO$_2$ in Mill. t	CO$_2$-Äquivalente in Mill. t
Welt	31.350	
China	7.591	
U.S.A.	5.720	
Russland	1.620	
Indien	1.689	
Japan	1.175	
Afrika	931	
Lateinamerika	718	
EU-27	3.891	4.705
Deutschland	826	944
Vereinigtes Königreich	501	594
Italien	425	500
Frankreich	387	514
Polen	333	402
Nordrhein-Westfalen	**295**	**314**
Spanien	281	349
Niederlande	181	209
Tschechien	118	137
Belgien	115	132
Griechenland	97	117
Rumänien	81	117
Österreich	73	85
Finnland	64	75
Portugal	53	71
Schweden	52	65
Ungarn	52	68
Dänemark	49	61
Bulgarien	48	60
Irland	41	61
Estland/Litauen/Lettland[307]	41	53
Slowakei	38	46
Slowenien	16	19
Luxemburg	11	12
Zypern	8	9
Malta	3	3

Quelle: Eigene Darstellung nach Daten der Europäischen Umweltagentur und des Landesamtes für Natur, Umwelt und Verbraucherschutz des Landes Nordrhein-Westfalen.[308]

---

307   Zur besseren Übersicht wurden vom Verfasser die Treibhausgasemissionen der drei baltischen Staaten in zusammengefasster Form dargestellt.

Die Gesamtemissionen an Treibhausgasen im Jahr 2010 betrugen in NRW ca. 313,6 Mill. t CO_2-Äquivalente (in Gesamtdeutschland: ca. 936,5 Mill. t CO_2-Äquivalente), wobei sie sich zu ca. 94,1 Prozent aus Kohlendioxid, zu ca. 2,4 Prozent aus Methan und zu ca. 2,4 Prozent aus Lachgas zusammensetzten.[309] Der Anteil der gesamten Emissionen an Treibhausgasen in NRW an denen im ganzen deutschen Bundesgebiet betrug damit ca. 33,5 Prozent.

Die meisten Treibhausgasemissionen in NRW werden von der Energie-wirtschaft und der Industrie verursacht, weil hier Energie vorwiegend aus dem mit Abstand CO_2-intensivsten Energieträger (Kohle) erzeugt wird. Die Strom-produktion aus Braunkohle in thermischen Kraftwerken beispielsweise verur-sacht pro Kilowattstunde 20 bis 100-mal mehr Treibhausgasemissionen als CO_2-arme Energieträger wie Wasserkraft, Solarstrom, Windkraft oder Uran.[310] Bei der Energieerzeugung ist Braunkohle CO_2-intensiver als Steinkohle aufgrund des geringeren Brennwertes. Je nach Qualität liegt der Brennwert der deutschen Steinkohle bei ca. 29.700 Kilojoule pro Kilogramm und der von Braunkohle aus dem Rheinland bei nur ca. 8600 Kilojoule pro Kilogramm.[311] Mit ca. 167,4 Mill. t CO_2-Äquivalente im Jahr 2010 entfielen ca. 53,4 Prozent der Gesamtemissio-nen in NRW auf den Sektor Energiewirtschaft (Strom- und Wärmeversorgung, Raffinerien, Herstellung fester Brennstoffe, sonstige Energieindustrie).[312]

---

308 Vgl. European Environment Agency: Annual European Union greenhouse gas inventory 1990-2012 and inventory report 2013. http://www.eea.europa.eu/publications/european-union-greenhouse-gas-inventory-2013/greenhouse-gas-inventory-2013-full-report. Zuge-griffen: 11.06.2013, Kopenhagen 2013, S. 108, S. 128, S. 942 und S. 951 und Landesamt für Natur, Umwelt und Verbraucherschutz Nordrhein-Westfalen (Hrsg.): Treibhausgas-Emissionsinventar Nordrhein-Westfalen 2010. www.lanuv.nrw.de/klima/pdf/ Treibhausgas_Emissionsinventar.pdf. Zugegriffen: 01.02.2013, Recklinghausen 2012, S. 18. Die hier verwendeten und dargestellten Daten berücksichtigen nicht die Treibhausgas-emissionen im Bereich „der Landnutzung, Landnutzungsänderung und Forstwirtschaft" (LULUCF).

309 Vgl. Landesamt für Natur, Umwelt und Verbraucherschutz Nordrhein-Westfalen (Hrsg.): Treibhausgas-Emissionsinventar Nordrhein-Westfalen 2010 (http://www.lanu v.nrw.de/ klima/pdf/Treibhausgas_Emissionsinventar.pdf. Zugegriffen: 01.02.2013, Recklinghausen 2012, S. 6 und S. 17.

310 Vgl. Lübbert, Daniel 2007: CO2-Bilanzen verschiedener Energieträger im Vergleich. Zur Klimafreundlichkeit von fossilen Energien, Kernenergie und erneuerbaren Energien. In: Info-Brief des Wissenschaftlichen Dienstes des Deutschen Bundestages 056, Berlin.

311 Vgl. Ströbele/Pfaffenberger/Heuterkes 2012, S. 95.

312 Vgl. Landesamt für Natur, Umwelt und Verbraucherschutz Nordrhein-Westfalen (Hrsg.): Treibhausgas-Emissionsinventar Nordrhein-Westfalen 2010. http://www.lanuv .nrw.de/klima/pdf/Treibhausgas_Emissionsinventar.pdf. Zugegriffen: 01.02.2013, Reck-linghausen 2012, S. 6.

Abbildung 7:   Treibhausgasemissionen in NRW nach Sektoren in 2010

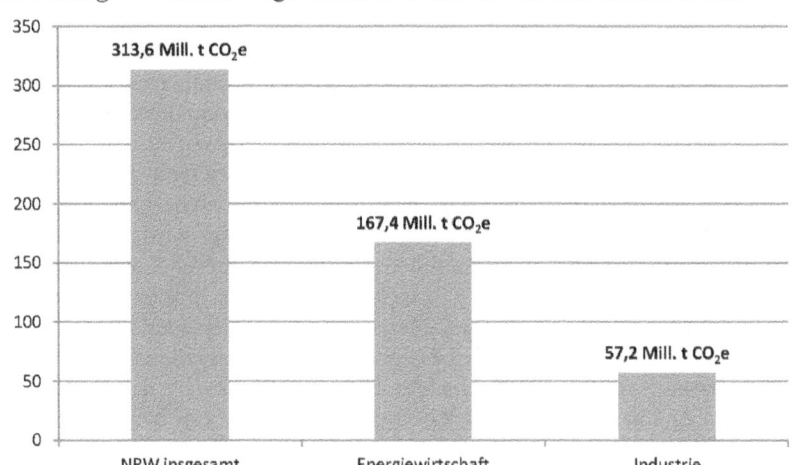

Quelle: Eigene Darstellung nach Daten des Landesamtes für Natur, Umwelt und Verbraucherschutz des Landes Nordrhein-Westfalen.[313]

Dabei lag der Anteil der Emissionen der nordrhein-westfälischen Energiewirtschaft an denen der gesamtdeutschen Energiewirtschaft (ca. 354,5 Mill. t CO_2-Äquivalente) bei ca. 47,2 Prozent,[314] was die folgende Abbildung veranschaulicht.

313   Vgl. ebd., S. 6.
314   Vgl. ebd., S. 17.

Abbildung 8:   Treibhausgasemissionen in der Energiewirtschaft in Deutschland
und NRW in 2010

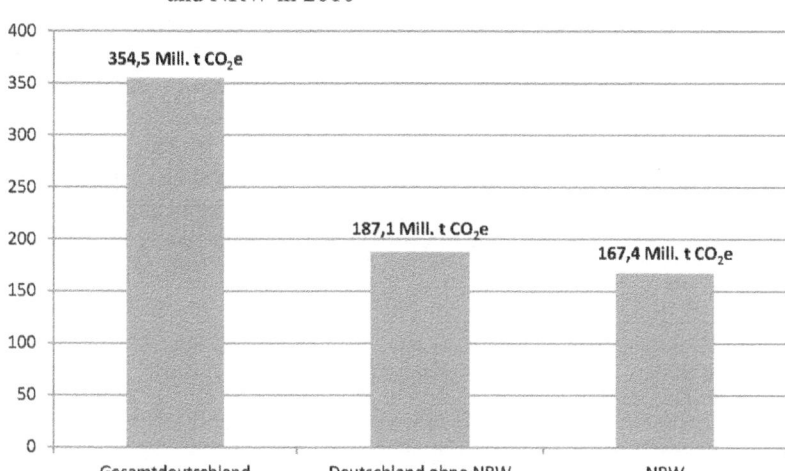

Quelle: Eigene Darstellung nach Daten des Landesamtes für Natur, Umwelt und
Verbraucherschutz des Landes Nordrhein-Westfalen.[315]

Die Energieversorgungsbranche spielt für die Politik und die Wirtschaft in
Nordrhein-Westfalen traditionell eine große Rolle. Dies insbesondere hinsichtlich der Zahl der Beschäftigten, der Umsätze und der Versorgung der energieintensiven Industrie in NRW mit Energie zu wettbewerbsfähigen Preisen.
Laut Angaben des nordrhein-westfälischen Umweltministeriums waren im Jahr
2010 im Bereich der Energieversorgung in NRW ca. 76.182 Personen beschäftigt und in möglichen Zulieferbetrieben des Energiesektors (Anlagen- und
Systembau) ca. 126.757 Personen.[316] In NRW haben zwei große Energiekonzerne ihren Sitz: Die E.ON SE mit Sitz in Düsseldorf hatte im Jahr 2012 insgesamt ca. 72.083 Mitarbeiter und einen Umsatz von ca. 132,1 Mrd. Euro.[317] Die
RWE AG mit Sitz in Essen hatte im Jahr 2012 insgesamt ca. 70.208 Mitarbeiter

315   Vgl. ebd., S. 17.
316   Vgl. Ministerium für Klimaschutz, Umwelt, Landwirtschaft, Natur- und Verbraucher-
       schutz des Landes Nordrhein-Westfalen: Energie. Daten NRW 2011, Düsseldorf 2011,
       S. 12.
317   Vgl. Geschäftsbericht 2012 der EO.N SE. http://www.eon.com/content/dam/eon-com/
       ueber-uns/GB_2012_D_eon.pdf. Zugegriffen: 11.06.2013, S. 212.

und einen Umsatz von ca. 53,2 Mrd. Euro.[318] Die RWE AG betreibt zurzeit die meisten Kohlekraftwerke in NRW (Stand: März 2013)[319] und ist mit Abstand der größte Emittent an Treibhausgasen in diesem deutschen Bundesland.[320] Der CO_2-Ausstoß allein der folgenden vier von der RWE Power AG betriebenen nordrhein-westfälischen Braunkohlekraftwerke: Niederaußem in Bergheim (ca. 28,6 Mill. t), Weisweiler in Eschweiler (ca. 19,3 Mill. t), Neurath (ca. 19,6 Mill. t) und Frimmersdorf (ca. 15,2 Mill. t) in Grevenbroich lag im Jahr 2011 insgesamt bei ca. 82,7 Mill. t.[321] Nach eigenen Angaben lag im Jahr 2012 der gesamte direkte[322] CO_2-Ausstoß dieses nordrhein-westfälischen Energiekonzerns bei ca. 181,7 Mill. t.[323] Die E.ON SE gibt ihre direkten CO_2-Emissionen für das Jahr

---

318   Vgl. Nachhaltigkeitsbericht 2012 der RWE AG. http://www.rwe.com/web/cms/mediab
       lob/de/1888352/data/10122/3/rwe/ueber-rwe/RWE-CR-Bericht-2012.pdf,   Zugegriffen:
       11.06.2013, S. 151.
319   Einen aktuellen Überblick über die Kraftwerke in Deutschland ab 100 Megawatt elekt-
       rischer Leistung und ihre jeweiligen Primärenergieträger gibt das Umweltbundesamt:
       Kraftwerke in Deutschland ab 100 Megawatt elektrischer Leistung. http://www.umwelt
       bundesamt.de/energie/archiv/kraftwerke_in_deutschland.pdf. Zugegriffen: 11.06.2013.
       Der Überblick wird regelmäßig vom Umweltbundesamt aktualisiert. Siehe auch:
       http://www.umweltbundesamt.de/daten/energiebereitstellung-verbrauch/kraftwerke.
320   Eine „Übersicht über die CO2-Emissionen der Energiewirtschaft und der Industrie in
       NRW aufgeschlüsselt nach Unternehmen" wurde dem Verfasser auf Anfrage vom Lande-
       samt für Natur, Umwelt und Verbraucherschutz Nordrhein-Westfalen (Abteilung 7 Anla-
       gentechnik, Kreislaufwirtschaft) im Juni 2013 zur Verfügung gestellt. In dieser Übersicht
       sind emissionshandelspflichtige Anlagen nach dem „Gesetz über den Handel mit Berech-
       tigungen zur Emission von Treibhausgasen" aufgeführt. Die vom Verfasser getroffene
       Aussage wurde auf Grundlage dieser Übersicht getroffen.
321   Vgl. Webportal des Umweltbundesamtes für die Abfrage von Emissionsdaten.
       www.thru.de. Zugegriffen: 11.06.2013. Die Angaben beruhen auf eigene Suchkriterien
       des Verfassers und die Zusammenrechnung der jeweiligen gefunden Angaben zu den ge-
       nannten Kraftwerken.
322   Die direkten CO2-Emissionen (scope 1) stammen aus eigenen Quellen des Konzerns
       (Stromerzeugung, Öl- und Gasförderung, Gastransport). Die indirekten CO2-Emissionen
       entstehen durch den Transport und die Verteilung von konzernextern bezogenem Strom
       (scope 2) sowie durch die Erzeugung konzernextern bezogenen Stroms, den Transport und
       der Verteilung in Stromnetzen Dritter, der Förderung und dem Transport von eingesetzten
       Brennstoffen sowie dem Verbrauch von Gas, welches der Konzern an die Kunden ver-
       kauft hat (scope 3). Siehe dazu die Angaben der RWE AG in den Fußnoten 3-5 der S. 151
       im Nachhaltigkeitsbericht 2012 der RWE AG. Die indirekten CO2-Emissionen gibt der
       Konzern für das Jahr 2012 mit ca. 107,1 Mill. t (scope 2: ca. 1,9 Mill. t und scope 3: ca.
       105,2 Mill. t) an.
323   Vgl. Nachhaltigkeitsbericht 2012 der RWE AG. http://www.rwe.com/web/cms/mediab
       lob/de/1888352/data/10122/3/rwe/ueber-rwe/RWE-CR-Bericht-2012.pdf.   Zugegriffen:
       11.06.2013, S. 151. Die indirekten CO2-Emissionen gibt der Konzern hier für das Jahr
       2011 mit ca. 160 Mill. t CO2 (scope 2: ca. 5,3 Mill. t CO2 und scope 3: ca. 154,7 Mill. t
       CO2) an.

2011 mit insgesamt ca. 140,9 Mill. t an.[324] Die CO_2-Emissionen dieses Energie-konzerns durch Strom- und Wärmeerzeugung lagen nach eigenen Angaben in Deutschland bei ca. 38,2 Mill. t.[325] Die E.ON SE emittiere in Nordrhein-Westfalen weitaus weniger CO_2 als die RWE AG, weil sie in diesem Bundesland keine Braunkohlekraftwerke betreibt. Die drei größten nordrhein-westfälischen Steinkohlekraftwerke des Unternehmens: Scholven in Gelsenkirchen (ca. 9,1 Mill. t CO_2), Heyden in Petershagen (ca. 4,2 Mill. t CO_2) und Datteln (ca. 1,7 Mill. t CO_2) emittierten in 2011 ca. 15 Mill. t CO_2.[326]

Auf den Sektor Industrie entfielen in NRW im Jahr 2010 ca. 57,2 Mill. t CO_2-Äquivalente (ca. 18,2 Prozent), auf den Sektor Haushalte und Kleinver-brauch ca. 38,2 Mill. t CO_2-Äquivalente (ca. 12,2 Prozent), auf den Sektor Ver-kehr ca. 35 Mill. t CO_2-Äquivalente (ca. 11,2 Prozent) und auf die restlichen Sektoren (u. a. Landwirtschaft) ca. 12,2 Mill. t CO_2-Äquivalente (ca. 5,1 Pro-zent).[327] Somit stehen die energie- und prozessbedingten Emissionen in der nordrhein-westfälischen Industrie hinter denen im Sektor der Energiewirtschaft an zweiter Stelle der Gesamtemissionen in NRW. Der Anteil der nordrhein-westfälischen Industrie machte ca. 33,2 Prozent der gesamtdeutschen Emis-sionen in diesem Sektor (ca. 172,4 Mill. t CO_2-Äquivalente) aus.[328]

324   Vgl. Nachhaltigkeitsbericht 2011 der E.ON SE. http://www.eon.com/content/dam/eon-com/Nachhaltigkeit/E.ON_Nachhaltigkeitsbericht2011.pdf. Zugegriffen: 11.06.2013, S. 72.
325   Vgl. Internetangebot der E.ON SE: Transparenz für mehr Klimaschutz. http://www.eon.com/de/nachhaltigkeit/umwelt/klimaschutz/co2-berichterstattung.html. Zugegriffen: 11.06.2013.
326   Vgl. Webportal des Umweltbundesamtes für die Abfrage von Emissionsdaten. www.thru.de. Zugegriffen: 11.06.2013. Die Angaben beruhen auf eigene Suchkriterien des Verfassers und die Zusammenrechnung der jeweiligen gefunden Angaben zu den ge-nannten Kraftwerken.
327   Vgl. Landesamt für Natur, Umwelt und Verbraucherschutz Nordrhein-Westfalen (Hrsg.): Treibhausgas-Emissionsinventar Nordrhein-Westfalen 2010. http://www.lanuv.nrw.de/klima/pdf/Treibhausgas_Emissionsinventar.pdf. Zugegriffen: 01.02.2013, Reck-linghausen 2012, S. 6.
328   Vgl. ebd., S. 17.

Abbildung 9:   Treibhausgasemissionen in der Industrie in Deutschland und
NRW in 2010

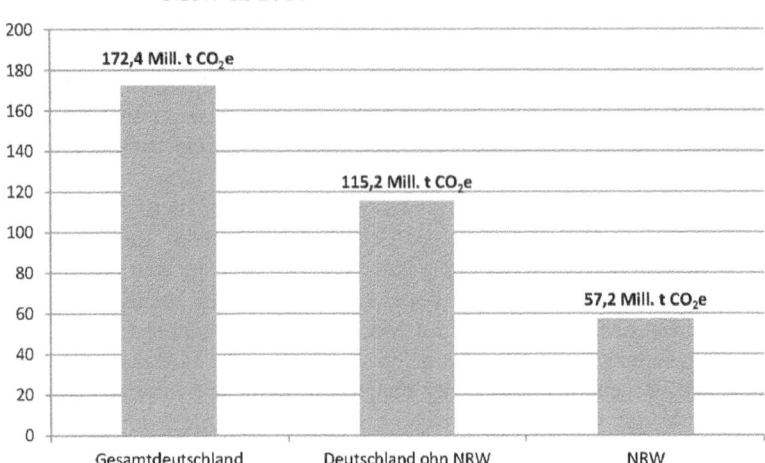

Quelle: Eigene Darstellung nach Daten des Landesamtes für Natur, Umwelt und
Verbraucherschutz des Landes Nordrhein-Westfalen[329]

Von den ca. 57,2 Mill. t CO_2-Äquivalente im Sektor Industrie emittierte der
Teilsektor Eisen und Stahl mit ca. 23,6 Mill t CO_2-Äquivalente (ca. 7,5 Prozent
der Gesamtemissionen in NRW) am meisten, gefolgt von der chemischen Industrie mit ca. 16,9 Mill. t CO_2-Äquivalente (ca. 5,4 Prozent der Gesamtemissionen in NRW) und dem Sektor der nichtmetallischen Minerale (u. a. Glas,
Zement) mit ca. 10,7 Mill. t CO_2-Äquivalente (ca. 3,4 Prozent der Gesamtemissionen in NRW).[330]

Der Stellenwert der energieintensiven Industrie für die Wirtschaft und die
Politik in Nordrhein-Westfalen lässt sich gut mit den Worten des aktuellen
NRW-Arbeitsministers Guntram Schneider (SPD) verdeutlichen, der im Juni
2011 beim 4. Kongress des Europäischen Metallgewerkschaftsbundes forderte,
dass der geplante deutsche Atomausstieg nicht zu Lasten des nordrhein-
westfälischen Industriestandortes und der Arbeitsplätze im Land gehen dürfe.
NRW dürfe keine Branche verlieren, eine Deindustrialisierung dürfe es auf keinen Fall geben. Gerade die energieintensiven Betriebe der Aluminium-, Stahl-,
Glas-, Papier- und Elektroindustrie müssten im Land gehalten werden. Das Land
sei ein industrielles Schwergewicht. Bei der Industrieproduktion belege es unter

---

329   Vgl. ebd., S. 17.
330   Vgl. ebd., S. 9.

den Volkswirtschaften weltweit Platz 18. Bundesweit gebe es in den energieintensiven Branchen 875.000 Beschäftigte; auf NRW würden knapp die Hälfte der
Arbeitsplätze entfallen, so Arbeitsminister Schneider (SPD).[331] An dieser Stelle
gibt die Pressemitteilung des Ministeriums für Arbeit, Integration und Soziales
des Landes Nordrhein-Westfalen die Zahl der Beschäftigten in Klammern mit
400.000 an.[332] Die folgende Tabelle zeigt die drei umsatzstärksten energieintensiven Industriebranchen in NRW im Jahr 2010:

Tabelle 3: Beschäftigte und Umsätze energieintensiver Branchen in NRW in
2010

Industriebranche	Beschäftigte / Anteil Gesamtdeutschland	Umsatz / Anteil Gesamtdeutschland
Herstellung von Metaller-zeugnissen	157.000 / 26,5 %	26.160 Mill. € / 28,4 %
Metallerzeugung und Metallbearbeitung	106.000 / 43,4 %	39.469 Mill. € / 41,9 %
Herstellung von chem. Erzeugnissen	89.000 / 28,5 %	46.746 Mill. € / 35,1 %

Quelle: Eigene Darstellung nach Daten des Ministeriums für Wirtschaft, Energie, Bauen,
Wohnen und Verkehr des Landes Nordrhein-Westfalen.[333]

Die ThyssenKrupp AG mit Sitz in Essen und Duisburg ist als Deutschlands
größter Stahlkonzern der größte CO_2-Emittent im nordrhein-westfälischen energieintensiven Industriesektor.[334] Die Werke/Anlagen des Konzerns emittierten in

---

331   Vgl. Pressemitteilung des Ministeriums für Arbeit, Integration und Soziales des Landes
       Nordrhein-Westfalen vom 09.06.2011: Minister Schneider: Energieintensive Industrien
       gehören zu Nordrhein-Westfalen – Wenn Grundstoffindustrien verschwinden, gehen uns
       Wertschöpfungsketten und Arbeitsplätze verloren / 4. Kongress des Europäischen Metall-
       gewerkschaftsbundes in Duisburg. http://www.nrw.de/meldungen-der-landesregierung/
       schneider-energieintensive-industrien-gehoeren-zu-nordrhein-westfalen-11038/. Zugegrif-
       fen: 11.06.2013.
332   Vgl. ebd.
333   Vgl. Ministerium für Wirtschaft, Energie, Bauen, Wohnen und Verkehr des Landes
       Nordrhein-Westfalen: Mit neuen Chancen und Ideen die Energiewende aktiv gestalten.
       Wirtschaftsbericht 2012, Düsseldorf 2012, S. 93.
334   Eine „Übersicht über die CO2-Emissionen der Energiewirtschaft und der Industrie in
       NRW aufgeschlüsselt nach Unternehmen" wurde dem Verfasser auf Anfrage vom Landes-
       samt für Natur, Umwelt und Verbraucherschutz Nordrhein-Westfalen (Abteilung 7 Anla-
       gentechnik, Kreislaufwirtschaft) im Juni 2013 zur Verfügung gestellt. In dieser Übersicht
       sind emissionshandelspflichtige Anlagen nach dem „Gesetz über den Handel mit Berech-
       tigungen zur Emission von Treibhausgasen" aufgeführt. Die Berechnung, auf deren
       Grundlage diese Aussage vom Verfasser getroffen wurde, bezieht die in der Übersicht

NRW im Jahr 2011 ca. 14,7 Mill. t. CO_2.[335] Der Konzern hatte im Jahr 2012 insgesamt ca. 167.961 Mitarbeiter (in Deutschland: ca. 64.380) und einen Umsatz von ca. 47 Mrd. Euro.[336]

---

aufgeführten Anlagen der ThyssenKrupp Steel AG und der ThyssenKrupp Nirosta GmbH ein.

335   Vgl. Webportal des Umweltbundesamtes für die Abfrage von Emissionsdaten. www.thru.de. Zugegriffen: 11.06.2013. Die Angaben beruhen auf eigene Suchkriterien des Verfassers und die Zusammenrechnung der jeweiligen gefunden Angaben zu den folgenden Werken/Anlagen des Konzerns in NRW: Werk Beeckerwerth in Duisburg (ca. 912.000.000 kg CO2), Werk Bruckhausen in Duisburg (ca. 561.000.000 kg CO2), Werk Hamborn in Duisburg (ca. 3.190.000.000 kg CO2), Werk Ruhrort in Duisburg (ca. 3.200.000.000 kg CO2), Werk Schwelgern in Duisburg (ca. 6.320.000.000 kg CO2), Werk Höntrop in Bochum (ca. 351.000.000 kg CO2) der ThyssenKrupp Steel Europe AG und Werk Krefeld der ThyssenKrupp Nirosta GmbH in Krefeld (ca. 125.000.000 kg CO2).

336   Vgl. Internetangebot der ThyssenKrupp AG: ThyssenKrupp kompakt. Konzern in Zahlen. http://www.thyssenkrupp.com/de/konzern/konzernzahlen.html. Zugegriffen: 11.06.2013.

6 Die Energie- und Klimaschutzpolitik der Landesregierung

Das folgende Kapitel soll Aufschluss geben über die energie- und klimaschutzpolitischen Positionen, über das Verhalten und über die Strategien der schwarz-gelben Landesregierung beim Politikprozess der Meinungsäußerung, Beratung und Entscheidung zum integrierten „Europäischen Energie- und Klimapaket". Daher stehen in diesem Kapitel die folgenden Fragen im Mittelpunkt:

- Welche Position hat die schwarz-gelbe Landesregierung in der 14. Wahlperiode zum „Europäischen Energie- und Klimapaket" eingenommen?
- Was waren die Hintergründe dieser Positionierung?
- Wie und wo hat sie versucht, ihre Standpunkte in den Politikprozess der Meinungsäußerung, Beratung und Entscheidung im europäischen Mehrebenensystem einzubringen?
- Spielten dabei die Abgeordnete aus den Regierungs- und Oppositionsfraktionen im nordrhein-westfälischen Landtag eine Rolle?
- Warum ist sie so vorgegangen? Wie kann ihr Verhalten erklärt werden?
- An welchen Stellen war sie warum erfolgreich bzw. nicht erfolgreich?
- Hat sie den Politikprozess als ausgrenzend, problematisch und nachteilig für NRW empfunden aufgrund fehlender Transparenz, fehlender Informationen oder fehlender institutioneller Einbindungen?

6.1 Die Energie- und Klimaschutzstrategie

Fragen der Klimaschutzpolitik Nordrhein-Westfalens lagen in der 14. Legislaturperiode nicht im Zuständigkeitsbereich des Umweltministeriums, sondern im Zuständigkeitsbereich des Ministeriums für Wirtschaft, Mittelstand und Energie. Mit dieser in Deutschland heute unüblichen Ressortzuständigkeit für Klimaschutzfragen demonstrierte die schwarz-gelbe Landesregierung bereits zu Beginn ihrer Regierungszeit sowohl politisch-strategisch als auch organisatorisch deutlich, dass Fragen des Klimaschutzes aus ihrer Sicht immer im Zusammenhang mit Fragen der Energieversorgung, der Industrie und der Wirtschaft des Landes zu betrachten sind.[337] Die schwarz-gelbe Landesregierung hatte bereits frühzeitig bei der Reduzierung von Treibhausgasen auf die Steigerung der Energieeffizienz und der damit verbundenen Entwicklung innovativer, energieeffizienter Technologien (u. a. beim Kraftwerksbau) gesetzt. Dies wurde auch im Januar 2007 organisatorisch durch die Zusammenlegung der Landesinitiative Zukunftsenergien NRW und der Wuppertaler Energieagentur NRW zur Energieagentur NRW[338] verdeutlicht.

Nur drei Monate nachdem die Europäische Kommission Anfang 2008 Vorschläge für das EU-Emissionshandelssystem nach 2013 vorgelegt hatte, veröffentlichte Ende April 2008 das für Klimaschutz zuständige Wirtschaftsministerium eine Energie- und Klimaschutzstrategie für Nordrhein-Westfalen. In dieser Energie- und Klimaschutzstrategie wurde angeführt, dass die nordrheinwestfälische Landesregierung eine Schrittmacherfunktion in der Energie- und Klimaschutzpolitik übernehme. Das zentrale Ziel sei eine dauerhaft sichere, wirtschaftliche und klimafreundliche Energieversorgung. Nordrhein-Westfalen werde innerhalb Deutschlands einen beträchtlichen Beitrag zum Klimaschutz leisten. Das Land verfüge unter allen Bundesländern über das größte Potenzial zur Reduzierung von CO_2-Emission, weil in Nordrhein-Westfalen die größten Energieversorgungsunternehmen Deutschlands ihren Sitz hätten. In NRW werde die meiste Energie umgewandelt und verbraucht sowie die größte Menge an CO_2 emittiert. Fast 30 Prozent des deutschen Stroms werde in diesem Bundesland erzeugt. Ein nennenswerter Teil dieser Energie komme dabei der Versorgung in anderen Bundesländern zugute. Wirtschaftswachstum und Klimaschutz müssten keine Gegensätze sein. Nordrhein-Westfalen müsse das Wirtschaftswachstum deutlich steigern und dabei eine noch stärke Entkoppelung von den CO_2-Emissionen erreichen. Für Nordrhein-Westfalen, deren Wirtschaft auf wettbewerbsfähige Energiepreise angewiesen sei, bedeuteten ehrgeizige Klimaschutzziele eine große Herausforderung. Bei der Verfolgung von Klimaschutzzielen

---

337   Mit dem Regierungswechsel in der 15. Wahlperiode wechselte die Zuständigkeit für Klimaschutzfragen in Nordrhein-Westfalen im Juli 2010 in das Ministerium für Klimaschutz, Umwelt, Landwirtschaft, Natur- und Verbraucherschutz. Minister wurde Johannes Remmel, parlamentarischer Geschäftsführer der Fraktion Bündnis 90/Die Grünen in der 14. Wahlperiode.

338   Die EnergieAgentur.NRW ist eine Dienstleistungsagentur des Landes Nordrhein-Westfalen. Sie betreibt Aufklärungsarbeit und Beratungsarbeit für Unternehmen, Bürger, Kommunen und Verwaltungen und koordiniert Forschungsprojekte. Die Arbeit der Agentur ist in acht Themenfelder organisiert: Energieeffizienz und erneuerbare Energien in Unternehmen, Energieeffizienz und erneuerbare Energien in Kommunen, Energieeffizienz und solares Bauen, Kraftwerks- und Netztechnik, Biomasse, Kraftstoffe und Antriebe, Brennstoffzelle und Wasserstoff, Photovoltaik und Klimaschutz und Emissionshandel (Stand: Februar 2013).

seien daher Übersteuerungseffekte unter allen Umständen zu vermeiden.[339] In diesem Zusammenhang wurde die Energie- und Klimaschutzpolitik des Bundes deutlich kritisiert:

> „Die für die deutsche Energiepolitik typischen Übertreibungen und Alleingänge, die uns in der Staatengemeinschaft immer wieder in eine isolierte Situation bringen, dürfen sich nicht wiederholen. Noch mehr als andere Politikbereiche verlangt gerade die Energie- und Klimapolitik Augenmaß. Denn wenn wir zu hohen Kosten nur in Europa Emissionen verringern, während in anderen Regionen der Welt Klimagasausstoß fast ungebremst wächst, wird der Industriestandort Europa gefährdet. (...) Für die Landesregierung sind Klimaschutz, Wettbewerbsfähigkeit der Wirtschaft und Versorgungssicherheit gleichrangige Ziele."[340]

Ebenso großes Gewicht wie die Wettbewerbsfähigkeit der nordrhein-westfälischen Industrie habe für die Landesregierung die Sicherung der Versorgung des Landes mit Primärenergieträgern. Zur Sicherung der industriellen Basis und damit zur Wohlstandssicherung müsse die wachsende Energieimportabhängigkeit gestoppt werden. Schon aus diesem Grund müssten regenerative Energien einen wachsenden Anteil an der Energieerzeugung erreichen. Die Landesregierung werde aber darauf achten, dass die in Nordrhein-Westfalen gewonnene Braunkohle ihren Platz im Energiemix behalte. Es seien alle Versuche unverantwortbar, nach der Kernenergie auch die Kohle als zweiten Hauptenergieträger zu brandmarken und allein auf zu importierendes Erdgas zu setzen.[341] Um aus ihrer Sicht ein nachhaltiges Wachstum der Wirtschaft bei gleichzeitiger Reduzierung von Kohlendioxidemissionen zu erreichen, formulierte die schwarz-gelbe Landesregierung in ihrer Energie- und Klimaschutzstrategie die folgenden Ziele:

- Reduzierung des Energieverbrauchs,
- Steigerung des Anteils der erneuerbaren Energien an der Energieversorgung,
- Erhöhung der Effizienz vor allem in der Verstromung fossiler Energieträger,

---

339   Vgl. Ministerium für Wirtschaft, Mittelstand und Energie des Landes Nordrhein-Westfalen: Mit Energie in die Zukunft - Klimaschutz als Chance. Energie- und Klimaschutzstrategie Nordrhein-Westfalen, Düsseldorf 2008. http://www.wirtschaftnrw.de/z Ablage_PDFs/Energie-_und_Klimaschutzstrategie_Nordrhein_Westfalen_290408.pdf. Zugegriffen: 21.04.2009, S. 3-4.
340   Ebd., S. 4-5.
341   Vgl. ebd., S. 5-6.

- Erforschung, Entwicklung und Markteinführung der dafür notwendigen Technologien,
- Forcierung des internationalen Energietechnologietransfers.[342]

Diese Energie- und Klimaschutzstrategie der Regierung Rütgers spiegelte die facettenreiche Thematik und Problematik der Energie- und Klimaschutzpolitik wider. Das Strategiepapier umfasste u. a. die Themen und Handlungsfelder: Energiesparen, Regenerative Energien, Kraft-Wärme/Kälte-Kopplung, Brennstoffzelle und Wasserstoff, Nutzung der Kyoto-Mechanismen: Joint Implementation und Clean Development Mechanism, Verkehr, Kernenergie, Energieforschung und internationale Zusammenarbeit.[343]

Allerdings stellte das Papier an verschiedenen Stellen deutlich die herausragende strategische Rolle der heimischen Braunkohle für Nordrhein-Westfalen und für die ganze Bundesrepublik Deutschland heraus und damit verbunden die Erneuerung des nordrhein-westfälischen Kohlekraftwerksparks. Den wichtigsten landesspezifischen Beitrag zum Klimaschutz könne nämlich die Erneuerung des Kraftwerksparks leisten, weshalb eine zügige Modernisierung als wichtigste Bedingung für die Erreichung der Klimaschutzziele in NRW gesehen wurde.[344] Im Kapitel „Fossile Energie" des Strategiepapiers heißt es dazu:

„Fossile Energien werden weltweit auch zukünftig eine wesentliche Rolle bei der Deckung des Energiebedarfs spielen. (...) Die Nutzung von Braunkohle als heimischer Energieträger gewährleistet für die Bundesrepublik Deutschland insbesondere in der Stromerzeugung Versorgungssicherheit zu wirtschaftlichen Bedingungen. (...) Braunkohle ist in Nordrhein-Westfalen noch langfristig vorhanden. Richtig ist aber auch, dass die Energieumwandlung aus Kohle, insbesondere aus Braunkohle, wegen des hohen CO_2-Ausstoßes eine besonders große Belastung für die Erdatmosphäre darstellt. Das bedeutet: Die Energieumwandlung aus Kohle muss effizienter und sauberer werden. Dieses Ziel hat für Nordrhein-Westfalen eine hohe strategische Bedeutung. Die Landesregierung setzt sich deshalb gegenüber der Bundesregierung und der Europäischen Kommission dafür ein, dass durch geeignete Rahmenbedingungen die Kraftwerkserneuerung ermöglicht wird. (...) Die effiziente Energieumwandlung in modernen Kraftwerken mit hohen Wirkungsgraden gehört daher zu den zentralen Themen der nordrhein-westfälischen Energie- und Klimapolitik."[345]

---

342   Vgl. ebd., S. 6.
343   Vgl. ebd., S. 6.
344   Vgl. ebd., S. 8.
345   Ebd., S. 43-45.

6.2 Die Position zum Europäischen Energie- und Klimapaket

Auf der einen Seite begrüßte die schwarz-gelbe Landesregierung ausdrücklich in verschiedenen Kontexten die ambitionierte Energie- und Klimaschutzpolitik der Europäischen Union und ihre Reduktionsziele. Begründet wurde diese Position damit, dass es keine nationalen Lösungen geben könne zur Verwirklichung der Ziele zum Schutze des globalen Klimas, sondern ausschließlich transnationale. Aus diesem Grunde unterstützte die Landesregierung auch die energie- und klimapolitischen Ziele der deutschen Ratspräsidentschaft im Jahre 2007.[346] Auf der anderen Seite übte sie im Laufe des Politikprozesses zum „Europäischen Energie- und Klimapaket" massive Einzelkritik gegenüber konkreten Regelungsvorschlägen der EU-Emissionshandelsrichtlinie, die sie in einigen Punkten für die Energiewirtschaft und für die energieintensive Industrie in Nordrhein-Westfalen als besonders nachteilig einschätzte. Hier positionierte sich die Landesregierung zum einen gegen die im Vorschlag geplante vollständige Auktionierung von CO_2-Zertifikaten in der Stromwirtschaft sowohl für Altanlagen als auch für Neuanlagen.[347] In der Energie- und Klimaschutzstrategie der Landesregierung wurde die Kritik dazu wie folgt formuliert:

„Die Vorschläge der EU-Kommission, ab 2013 die Emissionszertifikate in Europa vollständig zu auktionieren, sind dafür nicht geeignet. Deshalb fordert die Landesregierung von der EU-Kommission, diesen Plan aufzugeben und keine Ausweitung der Versteigerung gegenüber der geltenden Rechtslage vorzusehen, denn dies würde letztlich zu einer sinkenden Rentabilität neuer Kraftwerke führen und in der Folge möglicherweise zu ausbleibenden Investitionen im Kraftwerksbau. Nur eine kostenfreie Zuteilung auf der Basis eines brennstoffbezogenen Benchmarksystem für die Energieerzeugung kann einen breiten Energiemix mit modernster, hocheffizienter und Klima schonender Technik gewährleisten. Die Landesregierung vertritt dies im Bund und gegenüber der EU-Kommission mit Nachdruck. Weil die Weichen jetzt auf europäischer Ebene gestellt werden, sollten bei den Verhandlungen in Brüssel Wege beschritten werden, die verhindern, dass mit dem Emissionshandel unnötige Strompreiserhöhungen verbunden werden."[348]

---

346   Aus den vom Verfasser durchgeführten Interviews (siehe Quellenverzeichnis). Zudem wurde diese Position von der Regierungskoalition in Plenardebatten und in Anträgen dargelegt.
347   Ebd.
348   Ministerium für Wirtschaft, Mittelstand und Energie des Landes Nordrhein-Westfalen: Mit Energie in die Zukunft - Klimaschutz als Chance. Energie- und Klimaschutzstrategie Nordrhein-Westfalen, Düsseldorf 2008. http://www.wirtschaftnrw.de/zAblage_PDFs/ Energie-_und_Klimaschutzstrategie_Nordrhein_Westfalen_290408.pdf   Zugegriffen: 21.04.2009, S. 8.

An einer anderen Stelle im Strategiepapier heißt es:

„Nordrhein-Westfalen hält den Kommissionsvorschlag einer vollständigen Auktionierung der Zertifikate für den Kraftwerksbereich für konraproduktiv und riskant.
Zum einen wird dadurch die Tendenz forciert, Erdgas zur Stromerzeugung einzusetzen, das zwar emissionsärmer ist, gleichzeitig aber zu erhöhter Importabhängigkeit
führt. Die Gasreserven reichen darüber hinaus nur noch für wenige Jahrzehnte. Zum
anderen entfallen dadurch Anreize für den Ersatz alter Kohlekraftwerke durch neue,
hoch moderne Kohlekraftwerke. Statt einer vollständigen Auktionierung sollte sich
die Zuteilung der Zertifikate an Vergleichsgrößen (Benchmarks) orientieren."[349]

Zum anderen kritisierte die schwarz-gelbe Landesregierung auch die vorgeschlagene vollständige Auktionierung von Zertifikaten für die produzierende
Industrie bis zum Ende der Handelsperiode im Jahr 2020. Außerdem rügte sie
mit dem Hinweis auf die fehlende Planungs- und Investitionssicherheit der heimischen Industrie in NRW, dass die Kommission in ihrem Vorschlag die gemeinschaftsweiten und vollständig harmonisierten Durchführungsmaßnamen für
die Zuteilung der kostenlosen Zertifikate sowie die Ermittlung und Festlegung
der einzelnen Sektoren für die kostenlose Zuteilung von CO_2-Zertifikate in der
neuen Handelsperiode (2013 bis 2020) für die im globalen Wettbewerb stehenden energieintensiven Unternehmen erst Ende Juni 2010 und den Analysebericht
zur internationalen Lage erst bis (spätestens) Juni 2011 vorlegen wollte. Zudem
kritisierte sie das im Vorschlag der EU-Kommission vorgesehene Entschei-
dungsverfahren zu den konkreten Durchführungsbestimmungen, die lediglich im
für die deutschen Länder wenig transparenten Komitologieverfahren[350] festgelegt
werden sollten. Daher forderte sie diese bereits in der Richtlinie, welche durch
das Mitentscheidungsverfahren beschlossen wurde. Darüber hinaus setzte sie
sich dafür ein, den Schwellenwert für den Ausschluss von Kleinemittenten aus
dem EU ETS von 10.000 t CO_2-Äquivalent pro Jahr auf 25.000 t anzuheben.[351]
    Hintergrund dieser Haltung war, dass die Landesregierung aufgrund der in-
dustriellen Struktur des Landes die Wettbewerbsfähigkeit der nordrhein-
westfälischen Energiewirtschaft und Industrie in Gefahr sah. Sie wollte durch
diese konkreten Regelungen im „Europäischen Energie- und Klimapaket" zu

---

349   Ebd., S. 20.
350   Das System der Verwaltungs- und Expertenausschüsse in der EU wird als Komitolo-
       gieverfahren bezeichnet. In diesen Ausschüssen werden die Durchführungsbestimmungen
       von europäischen Rechtsakten erlassen.
351   Aus den vom Verfasser durchgeführten Interviews (siehe Quellenverzeichnis). Diese
       Forderung wurde auch im Positionspapier der „Allianz der wirtschaftsstarken Regionen
       Europas mit einem hohen Anteil an energieintensiven Industriebetrieben" erhoben. Siehe
       dazu die Ausführungen weiter unten in diesem Kapitel.

erwartende Wettbewerbsnachteile für die heimischen Stromproduzenten und für die heimische energieintensive Industrie verhindern. Die schwarz-gelbe Landesregierung setzte bei der Energiezeugung langfristig auf die heimische Braunkohle, um in erster Linie die energieintensiven Industrien in Nordrhein-Westfalen weiterhin kostengünstig mit Strom versorgen zu können. Die Landesregierung hatte sich zum Ziel gesetzt, ein Abwandern der heimischen Energie produzierenden und energieintensiven Industrie mit einem hohen Anteil von CO_2-Emissionen zu verhindern („Carbon Leakage"). Zudem ging sie davon aus, dass die hohen Belastungen der Stromproduzenten und der energieintensiven Industrien durch den Kauf von und den Handel mit Emissionszertifikaten dazu führen würden, dass diese Unternehmen nicht mehr investieren in Projekte zur Steigerung der Energieeffizienz (hier insbesondere zur Modernisierung von Kohlekraftwerken) und in Technologien im Bereich der erneuerbaren Energien.

Vor diesem Hintergrund schätzte die Landesregierung die energie- und klimaschutzpolitischen Ziele und Instrumente der EU und der Bundesregierung im Politikprozess zum „Europäischen Energie- und Klimapaket" insgesamt betrachtet als zu ambitioniert ein, weil diese Politik nach ihrer Ansicht die spezifische Struktur von Industrieregionen und das nach wie vor vorhandene Potenzial von Kohle nicht ausreichend berücksichtigte. Darüber hinaus hatte sie eine landesspezifische Klimaschutzstrategie für NRW erarbeitet und damit eigene energie- und klimapolitische Prioritäten gesetzt (insbesondere höhere Effizienz von fossilen Kraftwerken durch Erneuerung des Kraftwerksparks), die nach ihrer Ansicht nicht mit der neuen EU-Emissionshandelsrichtlinie in Einklang stand. Im Hinblick auf die gesamte Lastenverteilung zur Erreichung der angestrebten europaweiten Reduzierung von CO_2 sah die Landesregierung das Land Nordrhein-Westfalen stark benachteiligt und forderte deshalb ein „Level Playing Field", also ein faires Wettbewerbssystem mit gleichen Voraussetzungen für alle beteiligten Akteure und mit einer fairen innereuropäischen Lastenverteilung unter Berücksichtigung der jeweiligen (sub)nationalen Verhältnisse.[352]

Andere im Politikprozess zum „Europäischen Energie- und Klimapaket" vorgeschlagenen Regelungen wurden als weitestgehend unproblematisch, als Detailfragen, als technisch lösbar und nicht als Wettbewerbsnachteil für NRW eingeschätzt. Zudem hatte das „Integrierte Energie- und Klimaprogramm" (IEKP) der deutschen Bundesregierung, die so genannten Meseberger Beschlüsse, einen großen Teil der politikfeldspezifischen inhaltlichen Ziele und Regelungen vorweggenommen. Der Vorschlag und der Politikprozess zur „Richtlinie 2009/28/EG des Europäischen Parlaments und des Rates vom 23. April 2009 zur Förderung der Nutzung von Energie aus erneuerbaren Quellen

---

352   Ebd. Zudem wurde diese Position von der Regierungskoalition in Plenardebatten und in Anträgen dargelegt.

und zur Änderung und anschließenden Aufhebung der Richtlinie 2001/77/EG und 2003/30/EG" waren beispielsweise von der Landesregierung als unproblematisch für NRW eingeschätzt worden, weil u. a. auch die deutsche Bundesregierung von Anfang an das erfolgreiche nationale System erhalten wollte und sich diese Position auf europäischer Ebene zu Beginn des Politikprozesses durchgesetzt hatte.[353]

Als vorteilhaft für Nordrhein-Westfalen wurde die CCS-Richtlinie[354] betrachtet und daher im Politikprozess unterstützt. Bei der in dieser Richtlinie behandelten Abscheidung und Speicherung von CO_2 (Carbon Capture and Storage, kurz: CCS) handelt es sich um eine Technologie, die die klimaschonende Nutzung von fossilen Rohstoffen ermöglichen soll. Diese Richtlinie und die damit verbundene Förderung der CCS-Technologie war deshalb von der nordrheinwestfälischen Landesregierung begrüßt und unterstützt worden, weil sie neben der Erneuerung des heimischen Kraftwerksparks grundsätzlich eine zusätzliche Möglichkeit der zukünftigen Reduzierung des hohen CO_2-Ausstoßes bei fossilen Kraftwerken ermöglichen könnte.[355] Die Landesregierung und die nordrheinwestfälische Wirtschaft stellten im November 2009 in einem gemeinsamen Positionspapier des „Dialog Wirtschaft und Umwelt NRW" die Vorteile dieser Technologie und die Bedingungen für ihren Einsatz dar: Trotz Strukturwandels in NRW finde ein wichtiger Teil der Wertschöpfung in energieintensiven Industrien statt. Ihre Strom- und Wärmeversorgung sei bisher hauptsächlich aus Braun- und Steinkohlekraftwerken erfolgt. Die CCS-Technologie könne daher ein Mittel zur Erreichung von ambitionierten Zielen des Klimaschutzes sein, weil Öl, Gas und Kohle auf absehbare Zeit Hauptenergieträger der nordrhein-westfälischen Energieversorgung bleiben würden. Auch unter den anspruchsvollen Rahmenbedingungen der kommenden Emissionshandelsperiode ab 2013, könne diese Technologie ein Baustein sein für die Erhaltung der Wettbewerbsfähigkeit des Standortes. Die CCS-Technologie müsse sich aber sowohl an der technischen als auch an der wirtschaftlichen Realisierung messen lassen. Zudem stehe sie in Konkurrenz zu anderen CO_2-Minderungsmaßnahmen. Daher solle sie erst nach einer Demonstrationsphase im freien Wettbewerb unter Wirtschaftlichkeitspunkten zum Einsatz kommen. Vor allem die energieintensive Industrie sei auf die De-

---

353   Aus den vom Verfasser durchgeführten Interviews (siehe Quellenverzeichnis).
354   Richtlinie 2009/31/EG des Europäischen Parlaments und des Rates vom 23. April 2009 über die geologische Speicherung von Kohlendioxid.
355   Aus den vom Verfasser durchgeführten Interviews (siehe Quellenverzeichnis). Zudem wurde diese Position von der Regierungskoalition in Plenardebatten und in einem gemeinsamen Positionspapier des „Dialog Wirtschaft und Umwelt NRW" am 03. November 2009 dargelegt (siehe weiter unten in diesem Kapitel).

ckung ihres Strombedarfs zu wettbewerbsfähigen Preisen angewiesen. Als Anschubhilfe sei die Förderung von Demonstrationsprojekten aus Mitteln der EU und über die nationale Neuanlagenregelung für innovative Kraftwerke unabdingbar. Eine darüber hinausgehend Unterstützung solle jedoch unterlassen werden, weil sie sich schnell als Dauersubvention verfestigen könne. Die Etablierung der CCS-Technologie dürfe nicht zur Reduzierung der Anstrengungen in anderen Bereichen mit erheblich niedrigeren CO_2-Vermeidungskosten führen (z. B. Steigerung der Energieeffizienz von Kraftwerken). Investitionen in die Technologie zur Abscheidung und Speicherung müssten sich über Marktsignale aus dem Emissionshandel ergeben, weshalb eine verpflichtende Einführung dieser Technologie unterbleiben müsse. Die verpflichtende Anwendung von CCS widerspreche dem Ansatz des kostengünstigsten Klimaschutzes.[356]

6.3 Die Strategie für den Politikprozess im europäischen Mehrebenensystem

Um die oben aufgezeigten Standpunkte in den Politikprozess zum integrierten „Europäischen Energie- und Klimapaket" einzubringen, verfolgte die Landesregierung eine Strategie, die darin bestand:

- eine eigene Energie- und Klimaschutzstrategie zu entwickeln und zu veröffentlichen als unmittelbare Antwort auf den Vorschlag der Kommission, um damit u. a. die Unvereinbarkeit der neuen EU-Emissionshandelsrichtlinie mit der Klimaschutzpolitik Nordrhein-Westfalens aufzuzeigen;
- fortlaufend aktuelle Informationen von relevanten Akteuren im europäischen Mehrebenensystem zu erhalten und für eigene Zwecke auszuwerten;
- Öffentlichkeit herzustellen im Hinblick auf die Auswirkungen des „Europäischen Energie- und Klimapakets" für Nordrhein-Westfalen;
- aktiv und frühzeitig die Entscheider sowohl auf EU-Ebene als auch auf Bundesebene vor dem Hintergrund der vorgeschlagenen Regelungen auf die besondere Energie- und Industriestruktur Nordrhein-Westfalens aufmerksam zu machen (Verdeutlichung von „Carbon Leakage") sowie Planungs- und Investitionssicherheit für die Unternehmen einzufordern;
- in diesem Zusammenhang Entscheider davon zu überzeugen, dass die vorgeschlagenen Regelungen nicht nur äußerst nachteilig wären für die Ener-

---

356 Vgl. Gemeinsames Positionspapier des „Dialog Wirtschaft und Umwelt NRW" zu den Anforderungen an die CCS-Technologie sowie ein CCS-Gesetz vom 03. November 2009. http://www.dwu.nrw.de/energie-und-klima/downloads/Positionspapier_CCS-Gesetz.pdf. Zugegriffen: 01.02.2013, S. 1-2.

giewirtschaft und für die energieintensive Industrie in NRW, sondern zudem aufgrund einseitiger Belastungen als äußerst unfair einzuschätzen sind;

- die Teilnahme am Politikprozess zum „Europäischen Energie- und Klimapaket" zur Chefsache von Ministerpräsident Jürgen Rüttgers[357] zu machen, um zentralen Akteuren die Wichtigkeit des nordrhein-westfälischen Anliegens zu verdeutlichen;

- Bündnispartner im europäischen Mehrebenensystem zu organisieren, um durch Kooperationen das politische Gewicht im Politikprozess sowohl auf nationaler Ebene als auch auf europäischer Ebene zu erhöhen;

- parlamentarische Legitimität für die Positionierung zum „Europäischen Energie- und Klimapaket" und für die Teilnahme am Politikprozess der Meinungsäußerung, Beratung und Entscheidung im Mehrebenensystem durch den Landtag zu erhalten.

Wie bereits oben ausgeführt, erarbeitete das Ministerium für Wirtschaft, Mittelstand und Energie vor dem Hintergrund der energie- und klimapolitischen Entwicklungen im europäischen Mehrebensystem eine Energie- und Klimastrategie für Nordrhein-Westfalen, die drei Monate nach dem Kommissionsvorschlag am 29. April 2008 veröffentlicht wurde. Hiermit wollte sich die schwarz-gelbe Landesregierung im Politikprozess deutlich gegen den Vorschlag zur neuen EU-Emissionshandelsrichtlinie positionieren und eigene landepolitische Akzente, Maßnahmen und Zielsetzungen im Bereich von Energie- und Klimaschutzfragen öffentlich aufzeigen, um die Unvereinbarkeit des geplanten Rechtsakts mit der regionalen Politik Nordrhein-Westfalens aufzuzeigen.

Die Energie- und Klimaschutzpolitik Nordrhein-Westfalens im europäischen Mehrebenensystem wurde aufgrund der Tragweite der Thematik bereits zu Beginn des Politikprozesses zum „Europäischen Energie- und Klimapaket" zur Chefsache erklärt: Ministerpräsident Jürgen Rüttgers nutzte verschiedene Gesprächsrahmen, u. a. mit Kommissionspräsident Manuel Barrosso, mit der Bundeskanzlerin Angela Merkel, mit Abgeordneten im Europäischen Parlament und mit anderen Ministerpräsidenten, um auf die aus seiner Sicht für Nordrhein-Westfalen nachteiligen vorgeschlagenen Regelungen dieses europäischen Legislativpakets aufmerksam zu machen und um auf zentrale Entscheider im Politikprozess Einfluss auszuüben.[358]

Zudem verfassten und beantworteten u. a. Ministerpräsident Jürgen Rüttgers (CDU), Wirtschaftsministerin Christa Thoben (CDU) und Europaminister Andreas Krautscheid (CDU) im Laufe des Politikprozesses mehrere Briefe in dieser Angelegenheit. Insbesondere die nordrhein-westfälischen Abgeordneten im Eu-

---

357   Zum Regierungsstil von Jürgen Rüttgers siehe: Korte/Florack/Grunden 2006, S. 327-379.
358   Aus den vom Verfasser durchgeführten Interviews (siehe Quellenverzeichnis).

ropäischen Parlament aus der eigenen Partei waren wichtige Ansprechpartner für die Landesregierung, um zum einen aktuelle und konkrete Informationen einzuholen und zum anderen um auf Probleme aufmerksam zu machen und um ggf. konkrete und frühzeitige Änderungswünsche in den Politikprozess auf europäischer Ebene einzubringen. Auch jeweilige parteiinterne Gremien und Veranstaltungen wurden genutzt.[359] So nutzte beispielsweise Christa Thoben (CDU) den Bundesparteitag der CDU im Dezember 2008, bei dem auch die Bundeskanzlerin anwesend war, um mit ihrem Redebeitrag auf die industriepolitischen Interessen Nordrhein-Westfalens aufmerksam zu machen und mit Blick auf den Emissionshandel vor der Abwanderung der energieintensiven Industrie zu warnen.[360] Ihr Beitrag war zeitlich betrachtet besonders relevant, weil der Parteitag zu Beginn des Weltklimagipfels in Posen und einige Tage vor dem Europäischen Rat, der nochmals über das „Europäische Energie- und Klimapaket" beraten wollte, stattgefunden hat.

Außerdem äußerte sich Jürgen Rüttgers auch in den Medien sehr negativ gegenüber der geplanten Verbesserung und Ausweitung des EU ETS. Allerdings sind solche medialen Äußerungen für die europäischen Akteure wie Kommission, Rat und Europäisches Parlament kaum von Interesse. Vielmehr sind sie auf den landespolitischen Parteienwettbewerb zurückzuführen.[361]

Auch die Vertretung des Landes Nordrhein-Westfalen bei der EU beteiligte sich an dem Politikprozess zum „Europäischen Energie- und Klimapaket" direkt vor Ort in Brüssel, indem sie eine Info- und Diskussionsveranstaltung zur Thematik organisierte, um einen Ebenen übergreifenden Austausch zentraler Akteure zu ermöglichen. An dieser Veranstaltung nahmen Vertreter der zuständigen Direktion Umwelt der Europäischen Kommission, Verbandsvertreter, Vertreter einzelner Unternehmen (u. a. von der RWE AG) und auch Abgeordnete aus dem Landtag teil.[362]

Der Austausch und die Kontaktaufnahme mit der Bundeskanzlerin zu dieser Thematik nahmen im Politikprozess einen besonderen und zentralen Stellenwert ein, weil erstens die Haltung und die Politik der Bundesregierung im gesamten Politikprozess zum „Europäischen Energie- und Klimapaket" als sehr entscheidend für Nordrhein-Westfalen eingeschätzt wurde und weil zweitens sich bedingt durch die gleiche Parteizugehörigkeit von Merkel und Rüttgers (beide CDU) ein besonderer parteipolitischer Zugang erhofft wurde.[363] Im Vorfeld des

---

359   Ebd.
360   Vgl. Protokoll vom 22. Parteitag der CDU Deutschland am 01. und 02.12.2008 in Stuttgart.   http://www.kas.de/upload/ACDP/CDU/Protokolle_Parteitage/2008-11-30-12-02_Protokoll_22.Parteitag_Stuttgart.pdf. Zugegriffen: 01.02.2013, S. 173-174.
361   Aus den vom Verfasser durchgeführten Interviews (siehe Quellenverzeichnis).
362   Ebd.
363   Ebd.

Europäischen Rates am 17. und 18. Dezember 2008 - jedoch erst zum Ende des europäischen Beratungs- und Entscheidungsprozesses - verfasste der christdemokratische Ministerpräsident Jürgen Rüttgers (CDU) einen letzten persönlichen Brief an Bundeskanzlerin Angela Merkel (CDU), in welchem er die deutsche Regierungschefin aufforderte, die Anliegen Nordrhein-Westfalens in den bereits fortgeschrittenen Prozess der Entscheidung einzubringen.[364] Merkel (CDU) ließ sich jedoch auch von diesem Brief nicht beeinflussen: Die Bundesregierung blieb bei ihrer energie- und klimapolitischen Haltung im Hinblick auf die Vollauktionierung in der Stromwirtschaft ab 2013.

Eine weitere Strategie der Landesregierung bestand darin, den Bundesrat und damit die anderen deutschen Länder von der Position Nordrhein-Westfalens zu überzeugen, um damit politischen Druck auf die Bundesregierung im Politikprozess zum „Europäischen Energie- und Klimapaket" zu erzeugen.[365] Begleitet wurde diese Strategie durch die frühzeitige Thematisierung der aktuellen Energie- und Klimapolitik im europäischen Mehrebenensystem bei Ministerpräsidenten-, Europaminister-, Umwelt- und Wirtschaftsministerkonferenzen. Die Umweltminister des Bundes und der Länder hatten beispielsweise im März 2007 in Düsseldorf eine Sonder-Umweltkonferenz „Klimawandel und Konsequenzen" durchgeführt und eine gemeinsame Erklärung zu den klimapolitischen Entwicklungen im europäischen Mehrebenensystem und auf internationaler Ebene abgegeben.[366] Ende des Jahres 2007 hatte die Wirtschaftsministerkonferenz eine Arbeitsgruppe der Wirtschaftsminister- und Umweltministerkonferenzen eingerichtet, um die von der Europäischen Kommission im Januar 2007 vorgestellten energie- und klimaschutzpolitischen Vorschläge („Eine Energiepolitik für Europa" und „Begrenzung des globalen Klimawandels auf 2 Grad Celsius") und den darauf aufbauenden weiteren politikfeldspezifischen Politikprozess frühzeitig zu bewerten. Dieser Bericht wurde im Mai 2008 vorgelegt.[367] In den Wirtschaftsministerkonferenzen konnte die nordrhein-westfälische Landesregierung frühzeitig und deutlich ihre energie- und klimaschutzpolitische Position im Bereich der

---

364   Vgl. Müller, Peter: Klima-Gipfel: Rüttgers mahnt Merkel zu Härte. In: Handelsblatt.com vom 01.12.2008. http://www.handelsblatt.com/politik/deutschland/eu-klima-gipfel-ruettgers-mahnt-merkel-zu-haerte/3071092.html. Zugegriffen: 01.02.2013.

365   Aus den vom Verfasser durchgeführten Interviews (siehe Quellenverzeichnis).

366   Erklärung der Umweltministerkonferenz anlässlich der Sonder-Umweltministerkonferenz „Klimawandel und Konsequenzen" am 22. März 2007 in Düsseldorf. http://www.u mweltministerkonferenz.de/documents/Endstand_der_Duesseldorfer_Erklaerung.pdf. Zugegriffen: 01.02.2013.

367   Vgl. Bericht der Gemeinsamen Arbeitsgruppe der Umwelt- und Wirtschaftsministerkonferenz zur Bewertung der Vorschläge der EU-Kommission zur integrierten Klimaschutz und Energiepolitik. http://www.wirtschaftsministerkonferenz.de/WMK/DE/termine/Sitzungen/08-06-09-10-WMK/08-06-09-10-bericht-4-1.pdf?__blob=publicationFile&v=1. Zugegriffen: 01.05.2014, Düsseldorf/Mainz 12.05.2008.

Energiewirtschaft durchsetzen. Die Konferenz im Juni 2007 hatte folgendes beschlossen:

„Im deutschen Kraftwerkspark stehen in den nächsten Jahren erhebliche Investitionen an. Insofern müssen für hocheffiziente Neu- und Ersatzanlagen planungssichere Zuteilungsregelungen auch über 2012 hinaus schnell geschaffen und von der EU-Kommission anerkannt werden, damit die Energiewirtschaft diese notwendigen Investitionen so bald wie möglich umsetzen kann. Einen wesentlichen Beitrag leisten Verfahren zur Zuteilung von Emissionsrechten für hocheffiziente Anlagen, die nach den Brennstoffen, wie z. B. die Braunkohle, differenziert werden, die im heimischen Primärenergieverbrauch eine wesentliche Rolle spielen."[368]

Beim konkreten Politikprozess zum „Europäischen Energie- und Klimapaket" sollte der Bundesrat als bundesdeutsches Verfassungsorgan Stellungnahmen im Sinne der nordrhein-westfälischen Interessen verabschieden und damit auch die konträren politikfeldspezifischen Positionen gegenüber der Politik der Bundesregierung auf EU-Ebene aufzeigen.[369] Anfang 2008 beschäftigten sich die zuständigen Ausschüsse des Bundesrates mit dem Legislativpaket und erarbeiteten Empfehlungen für Stellungnahmen des Bundesrates zu den jeweiligen Vorschlägen der Kommission. Der damalige Europaminister von Nordrhein-Westfalen, Andreas Krautscheid (CDU), warb hier um Unterstützung für seine Position und gab im Vorfeld der Behandlung der Thematik im Plenum im März 2008 eine schriftliche Erklärung zu Protokoll, in der er die Vorschläge der Kommission im Hinblick auf die vollständige Versteigerung der Zertifikate für den Stromsektor, den Verzicht auf brennstoffbezogene Benchmarks und die aus seiner Sicht zu späte Vorlegung der Durchführungsbestimmungen für die kostenlose Zuteilung der Zertifikate für besonders energieintensive Unternehmen im Juni 2011 kritisierte.[370] Diese von Krautscheid eingeforderte Unterstützung erhielt Nordrhein-Westfalen durch den Bundesrat, der in seiner 842. Sitzung im März 2008 den Empfehlungen der Ausschüsse[371] zustimmte.[372] In der Stellungnahme des Bun-

---

368   Beschluss der Wirtschaftsministerkonferenz am 04./05. Juni 2007 in Eisennach, Punkt 5.5 der Tagesordnung: Klimaschutz als Ziel der Energie- und Industriepolitik. In: Beschlusssammlung der Wirtschaftsministerkonferenz am 04./05. Juni 2007 in Eisennach. http://www.wirtschaftsministerkonferenz.de/WMK/DE/termine/Sitzungen/07-06-04-05-WMK/07-06-04-05-beschluesse-berichte.pdf?__blob=publicationFile&v=1. Zugegriffen:01.05.2014, Berlin 21.06.2007, S. 41 (S. 5 von Punkt 5.5 der Tagesordnung).
369   Aus den vom Verfasser durchgeführten Interviews (siehe Quellenverzeichnis).
370   Vgl. Plenarprotokoll 842 des Bundesrates der Bundesrepublik Deutschland vom 13.03.2008, S. 95-96.
371   Hier waren für Nordrhein-Westfalen insbesondere die Empfehlungen des federführenden Ausschusses für Fragen der Europäischen Union, des Agrarausschusses, des Ausschusses für Umwelt, Naturschutz und Reaktorsicherheit und des Wirtschaftsausschusses des Bun-

desrates zum „Vorschlag für eine Richtlinie des Europäischen Parlaments und des Rates zur Änderung der Richtlinie 2003/87/EG zwecks Verbesserung und Ausweitung des EU-Systems für den Handel mit Treibhausgasemissionszertifikaten" ging der Bundesrat auf das für Nordrhein-Westfalen sehr wichtige „Carbon Leakage" Problem ein:

> „Der Bundesrat erkennt grundsätzlich das Bemühen der Kommission an, durch EU-weit einheitliche Zuteilungen Wettbewerbsverzerrungen zwischen den Mitgliedstaaten zu vermeiden und den wirtschaftlichen Zwängen im internationalen Wettbewerb stehender Unternehmen durch kostenlose Zuteilungen Rechnung zu tragen. Er hält dies für unverzichtbar. Der von der Kommission vorgelegte Vorschlag bedarf an zahlreichen Stellen einer vertieften Prüfung, der Klärung offener Fragen und der Korrektur, um auch unter dem Gesichtspunkt des Klimaschutzes unerwünschte Produktionsverlagerungen zu vermeiden."[373]

Der Bundesrat bezog auch deutlich Stellung zugunsten der vom nordrhein-westfälischen Europaminister geforderten Planungs- und Investitionssicherheit von energieintensiven Unternehmen:

> „Die vorgeschlagenen, nur rudimentären Regelungen für die kostenlose Zuteilung von Zertifikaten sind nicht akzeptabel. Die konkreten Zuteilungsregeln und die Ausnahmen von der schrittweisen Abschaffung der kostenfreien Zuteilung für besonders energieintensive Industriebranchen im internationalen Wettbewerb sollen erst sehr spät (2010/2011) und lediglich im Komitologie-Verfahren festgelegt werden. Die Zuteilungs- und Ausnahmeregelungen bedürfen einer kurzfristigen und verbindlichen Konkretisierung im Richtlinienvorschlag selbst bzw. in einem Verfahren der Mitentscheidung spätestens im Jahr 2010."[374]

---

desrates der Bundesrepublik Deutschland zum Vorschlag für eine Richtlinie des Europäischen Parlaments und des Rates zur Änderung der Richtlinie 2003/87/EG zwecks der Verbesserung und Ausweitung des EU-Systems für den Handel mit Treibhausgasemissionszertifikaten (Drucksache 102/1/08 des Bundesrates der Bundesrepublik Deutschland vom 03.03.2008) entscheidend.

372   Vgl. Plenarprotokoll 842 des Bundesrates der Bundesrepublik Deutschland vom 13.03.2008, S. 83-84.

373   Beschluss des Bundesrates der Bundesrepublik Deutschland zum Vorschlag für eine Richtlinie des Europäischen Parlaments und des Rates zur Änderung der Richtlinie 2003/87/EG zwecks der Verbesserung und Ausweitung des EU-Systems für den Handel mit Treibhausgasemissionszertifikaten (Drucksache 102/08 des Bundesrates der Bundesrepublik Deutschland vom 14.03.2008), S. 2.

374   Ebd., S. 3.

Weiter hieß es:

„Es ist nicht hinnehmbar, dass die Kommission erst bis zum 30. Juni 2011 gemein-schaftsweite und vollständig harmonisierte Durchführungsbestimmungen für diese EU-weit kostenlose Zuteilung erlassen und auch erst zu diesem Zeitpunkt Vorschlä-ge für Maßnahmen zur Unterstützung bestimmter energieintensiver Industrien vor-legen will. Bis dahin bleibt unklar, ob diese ab 2013 eine kostenlose Zuteilung erhal-ten oder nicht. Für energieintensive Industriebranchen im internationalen Wettbe-werb (z. B. chemische-, Eisen- und Stahlindustrie) sollte eine kostenfreie Zuteilung auf der Basis von EU-weiten Benchmarks auch nach 2012 erfolgen. (...) Es muss bereits jetzt in der Richtlinie für den Zeitraum 2013 bis 2020 detailliert festgelegt werden, dass die im internationalen Wettbewerb stehenden Anlagen genügend kos-tenlose Zertifikate auf der Basis EU-weiter brennstoffbezogener Benchmarks erhal-ten, um sowohl unter Arbeitsplatz- als auch Klimaschutzaspekten negative Produk-tionsverlagerungen zu vermeiden. Eine solche Festlegung bereits in der Richtlinie ist erforderlich, um für die betroffenen Unternehmen die benötigte Planungs- und In-vestitionssicherheit zu gewährleisten. Eine - auch teilweise - Versteigerung von Zer-tifikaten für Industrieanlagen lehnt der Bundesrat zumindest solange ab, wie kein in-ternationales Abkommen mit vergleichbaren anspruchsvollen Anforderungen für Wettbewerber in außereuropäischen Ländern vorliegt."[375]

Auch die Position der nordrhein-westfälischen Landesregierung hinsichtlich der vollständigen Auktionierung der Zertifikate in der Stromwirtschaft spiegelt die Stellungnahme des Bundesrates deutlich wider:

„Der Bundesrat hält ebenso die Absicht der Kommission für problematisch, bereits ab 2013 die Zertifikate für den Stromsektor vollständig zu versteigern. Da in diesem Fall auf Benchmarks für die Zuteilung vollständig verzichtet wird, entfallen Anreize für den Ersatz alter durch neue hoch moderne Kraftwerke, die mit demselben Brenn-stoff weiter betrieben werden sollen. Genau dies ist aber in den nächsten Jahren für viele Kraftwerke in Deutschland vorgesehen. Die vollständige Auktionierung der Zertifikate wirkt daher für diese Vorhaben als massives Investitionshindernis und verschenkt die großen CO_2-Einsparpotentiale, die mit einer Kraftwerkserneuerung verbunden sind. Dies muss durch geeignete Regelungen verhindert werden."[376]

Darüber hinaus suchte die nordrhein-westfälische Landesregierung den Kontakt und den Austausch mit anderen Regionen in der EU, die auf einer ähnlichen Weise vom „Europäischen Energie- und Klimapaket" betroffen waren. Ziel war es, ein transnationales Netzwerk aufzubauen, um das Gewicht im europäischen Politikprozess der Meinungsäußerung, Beratung und Entscheidung zu erhöhen.

---

375   Ebd., S. 4.
376   Ebd., S. 4.

Zum einen beabsichtigte die Landesregierung, eine europäische Öffentlichkeit zu schaffen. Zum anderen versuchte sie formell und informell Einfluss zu nehmen auf entscheidende Akteure im europäischen Mehrebenensystem, insbesondere auf die zuständige Generaldirektion der Europäischen Kommission, auf das Europäische Parlament und auf den Rat.[377]

Als Ergebnis dieser europäischen Netzwerkpolitik gründete sich auf Initiative von Ministerpräsident Jürgen Rüttgers und Josef Pühringer (Landeshauptmann von Oberösterreich) am 17. September 2008 in Linz die „Allianz der wirtschaftsstarken Regionen Europas mit einem hohen Anteil an energieintensiven Industriebetrieben". Zu den Gründungsmitgliedern gehörten zudem auch die beiden deutschen Länder Hessen und Saarland sowie das österreichische Land Steiermark. Dieser sogenannten „CO$_2$-Allianz" traten später noch der Freistaat Bayern, das Land Niedersachsen, das Land Brandenburg, das Land Niederösterreich und die niederländischen Provinzen Limburg und Nord-Holland bei. In ihrem Positionspapier nahmen sie Bezug auf den Vorschlag zur Änderung der Emissionshandelsrichtlinie und erklärten, dass „dringender Handlungsbedarf und eine rasche und klare Positionierung der wirtschaftsstarken Regionen Europas, die einen hohen Anteil an energieintensiven Industriebetreiben aufweisen, unbedingt notwendig [ist]."[378] Die „Allianz" verwies zunächst auf fünf Prioritäten, die sie habe:

- „Bekenntnis zu den gegenwärtigen Klimaschutzzielen der Europäischen Union als wichtiger Beitrag zur Zukunftssicherung der nächsten Generation
- die Sicherung des Wirtschaftsstandortes und der Wettbewerbsfähigkeit Europas
- Fairness, Transparenz, Balance und Kohärenz zwischen dem notwendigen Klimaschutz und sicheren Arbeitsplätzen
- Rechtssicherheit, Planungssicherheit und verlässliche Rahmenbedingungen für europäische Betriebe
- Klimaschutz als globale Herausforderung - Weltklimavertrag als Ziel"[379].

Darauf aufbauend stellte diese politikfeldspezifische Allianz der Regionen sieben „Forderungen" auf, die die Europäischen Institutionen im Politikprozess zum „Europäischen Energie- und Klimapaket" berücksichtigen sollten:

---

377   Aus den vom Verfasser durchgeführten Interviews (siehe Quellenverzeichnis).
378   Positionspapier der „Allianz der wirtschaftsstarken Regionen Europas mit einem hohen Anteil an energieintensiven Industriebetrieben", Linz 17.09.2008 und Brüssel 08.10.2008, S. 1.
379   Ebd., S. 1.

Erstens würden sie sich zu den gegenwärtigen Umwelt- und Klimaschutzzielen der Europäischen Union unter Berücksichtigung der Standortsicherung für regionale Leitbetriebe bekennen.[380]

Zweitens seien die EU-Institutionen aufgefordert, die Kohärenz zwischen den Verpflichtungen zum Klimaschutz, der Sicherung der internationalen Wettbewerbsfähigkeit europäischer Betriebe und der Beschäftigung in Europa herzustellen. Die Balance zwischen Umwelt und Wettbewerbsfähigkeit müsse gewahrt bleiben. Maßnahmen, die zu einer Abwanderung von Produktionen aus Europa führten, seien weder in Sachen Klimaschutz noch im Hinblick auf die Sicherung europäischer Arbeitsplätze akzeptabel. Deshalb müsse die Zuteilung für die energieintensiven Industrien kostenlos auf der Grundlage anspruchsvoller Benchmarks erfolgen. Zudem bedürfe es einer Kompensation der Strompreissteigerungen aufgrund des Emissionshandels, etwa durch die Zuteilung zusätzlicher Zertifikate für den Stromverbrauch.[381]

Drittens müssten bisher geleistete Umweltinvestitionen anerkannt werden. Eine faire Lastenverteilung müsse sichergestellt und die Zuteilungsregeln vor 2011 müssten möglichst rasch geklärt werden. An dieser Stelle forderten die Mitglieder der „Allianz" die EU-Kommission auf, „ein Höchstmaß an Transparenz bei der Bewertung der Sektoren sowie der Zuteilung von Zertifikaten zu wahren."[382] Die energieintensiven Industrien hätten ihre Emissionen und ihren Energieverbrauch bereits weitgehend an die Grenze des technisch-physikalischen Minimums gesenkt. Deshalb müsse berücksichtigt werden, dass nur noch begrenzt Minderungspotentiale vorhanden seien. Eine Minderung um 21 Prozent würde voraussichtlich Produktionseinschränkungen zur Folge haben.[383]

Viertens forderte die Allianz die „sofortige detaillierte Festlegung der Maßnahmen nach Artikel 10b des Kommissionsvorschlages bereits in der Richtlinie für den Zeitraum 2010 bis 2020, um für die betroffenen Unternehmen die benötigte Planungs- und Investitionssicherheit zu gewährleisten."[384] Dies sei die maßgebliche Voraussetzung für anstehende Investitionsentscheidungen und somit zur Verhinderung der Abwanderung ganzer Industriezweige aus der EU. Die Entscheidung, ob Sektoren von der Versteigerung ausgenommen werden, müsse im offenen Mitentscheidungsverfahren getroffen werden und nicht, wie bisher vorgesehen, im Komitologie-Verfahren, bei dem die Regionen und die Industrie nicht eingebunden seien. Aus Gründen der Planungssicherheit plädier-

---

380   Vgl. ebd., S. 2.
381   Vgl. ebd., S. 2.
382   Ebd., S. 2.
383   Vgl. ebd., S. 2.
384   Ebd., S. 2.

ten die Regionen für eine Überprüfung der Ausnahmen von deutlich mehr als drei Jahren.[385]

Fünftens sollte die EU-Kommission „so rasch als möglich im Jahr 2008, jedenfalls aber noch vor März 2009 einen Optionsbericht/vorläufige Einschätzung/Szenarien - vorlegen, wie sich das neue Handelssystem auf die einzelnen energieintensiven Wirtschafts-, Industrie- und Teilsektoren im Hinblick auf das Risiko einer Verlagerung von CO_2-Emissionen auswirken wird."[386]

Sechstens mache CO_2 nicht vor politischen Grenzen halt und unterscheide nicht zwischen innerhalb der EU und außerhalb der EU. Die Unternehmen, die Regionen und die EU-Mitgliedstaaten leisteten bereits ihren wesentlichen Beitrag zur Erreichung von konkreten und erreichbaren Zielen. Die Selbstverpflichtung der EU zu den engagierten Klimaschutzzielen werde voll unterstützt. Allerdings könne der Import von CO_2-Emissionen nach Europa nur global gelöst werden. Dies könne nur durch ein internationales Abkommen mit gleichwertigen Reduktionszielen sichergestellt werden. Um den aufstrebenden Volkswirtschaften zu helfen, ihr Wachstum vom CO_2-Ausstoß zu entkoppeln, müssten Joint Implementation Projekte und Clean Development Mechanism Projekte noch stärker als bisher gefördert und Zertifikate aus diesen Aktivitäten noch stärker genutzt werden können.[387]

Siebtens sollte den Mitgliedstaaten „die Möglichkeit zum Ausschluss kleiner Anlagen mit einem jährlichen Ausstoß von weniger als 25.000 Tonnen CO_2 aus dem Emissionshandelssystem eröffnet werden."[388] Grund hierfür seien die hohen administrativen Kosten für die Betreiber bezogen auf die Tonne CO_2. Zugleich sei dies auch von Vorteil für die Effizienz des Systems. Der von der Kommission vorgeschlagene Grenzwert für den Ausschluss kleiner Anlagen in Höhe von 10.000 Tonnen CO_2 sei zu niedrig.[389]

Dieses Positionspapier schickte die „Allianz" an die Europäische Kommission und an das Europäische Parlament.[390]

Die beiden Regierungsfraktionen im Landtag von Nordrhein-Westfalen waren zwar von der Landesregierung über ihre europäische Netzwerkpolitik und der damit verbundenen Gründung der „Allianz der wirtschaftsstarken Regionen Europas mit einem hohen Anteil an energieintensiven Industriebetrieben" informiert worden, jedoch waren Abgeordnete zu keinem Zeitpunkt direkt beteiligt.[391]

---

385   Vgl. ebd., S. 2-3.
386   Ebd., S. 3.
387   Vgl. ebd., S. 3.
388   Ebd., S. 3.
389   Vgl. ebd., S. 3.
390   Aus den vom Verfasser durchgeführten Interviews (siehe Quellenverzeichnis).
391   Ebd.

Für einen institutionalisierten Austausch mit den Unternehmen, Verbänden und Kammern in Nordrhein-Westfalen zu Fragen im Bereich der Umweltpolitik gründete die schwarz-gelbe Landesregierung den „Dialog Wirtschaft und Umwelt NRW", der u. a. eine Arbeitsgemeinschaft Energie und Klimaschutz einrichtete. Die Federführung dieser Institution teilten sich das Wirtschaftsministerium und das Umweltministerium. Zu den erklärten Zielen der institutionalisierten Kooperation gehörte u. a. eine gemeinsame öffentliche Positionierung gegenüber dem Bund und der EU. In einem von den beiden Ministerien herausgegebenen Bericht wurde folgendes ausgeführt:

> „Die nordrhein-westfälische Landesregierung hat mit dem ‚Dialog' eine effiziente Kommunikationsplattform zur Kooperation mit der nordrhein-westfälischen Wirtschaft geschaffen. Auf der Grundlage dieser Plattform werden insbesondere regulative Rahmenbedingungen des Umweltschutzes erörtert und im Sinne eines effektiven Umweltschutzes bei möglichst geringer wirtschaftlicher Belastung optimiert. Hierzu gehört auch eine gemeinsame Positionierung gegenüber dem Europa- und Bundesgesetzgeber."[392]

Mitglieder des Landtages (auch aus den beiden Regierungsfraktionen) waren an diesem institutionalisierten Austausch zwischen der Landesregierung und der nordrhein-westfälischen Wirtschaft ebenfalls nicht beteiligt.[393] Allerdings wurde der Landtag von der Landesregierung über die Einrichtung dieser Institution unterrichtet, sodass die Abgeordneten die Möglichkeit hatten, über Sinn und Zweck dieses Dialogs ausführlich zu debattieren.[394]

6.4 Die Bewertung des Politikprozesses

Die Landesregierung schätzte den Politikprozess der Meinungsäußerung, Beratung und Entscheidung zum „Europäischen Energie- und Klimapaket" bis auf eine Ausnahme als ausreichend transparent ein, weshalb es keine diesbezüglichen Informationsdefizite gab. Darüber hinaus waren die politikfeldspezifischen Akteure jederzeit an einem Meinungsaustausch interessiert. Allerdings

---

392   Ministerium für Wirtschaft, Mittelstand und Energie des Landes Nordrhein-Westfalen/ Ministerium für Umwelt und Naturschutz, Landwirtschaft und Verbraucherschutz des Landes Nordrhein-Westfalen (Hrsg.): Dialog Wirtschaft und Umwelt in Nordrhein-Westfalen. Zwischenbilanz. http://www.dwu.nrw.de/wir_ueber_uns/downloads/Zwischenbilanz.pdf. Zugegriffen: 01.05.2014, Düsseldorf 2008, S. 4.
393   Aus den vom Verfasser durchgeführten Interviews (siehe Quellenverzeichnis).
394   Vgl. Plenarprotokoll 14/40 des Landtages von Nordrhein-Westfalen vom 28.09.2006, S. 4417-4437.

werden im Allgemeinen das Komitologieverfahren und der Trilog[395] politikfeld-übergreifend als stets vorhandenes latentes Problem und als Nachteil für die deutschen Länder betrachtet.[396]

Die zentralen Akteure auf europäischer Ebene sowie auf Bundesebene stell-ten aus Sicht der Landesregierung im Politikprozess alle nötigen Informationen zur Verfügung, welche konkrete Positionierungen der Landesregierung jederzeit ermöglichten. Eine Ausnahme bildete der vergleichsweise lange und intranspa-rente Prozess der Meinungsäußerung, Beratung und Entscheidung zur Verbesse-rung und Ausweitung des EU ETS innerhalb der Bundesregierung und zwischen den zuständigen Bundesministerien. Dies wurde als nachteilig für Nordrhein-Westfalen erachtet, weil eine frühzeitige und gezielte öffentliche Positionierung der Landesregierrung gegenüber der Position der Bundesregierung im Politik-prozess nicht ausreichend möglich war.[397]

Zudem waren die Teilnahme an diesem Politikprozess und insbesondere die kontinuierliche Informationsverarbeitung dauerhaft mit einem hohen Res-sourceneinsatz verbunden. Dieser hohe Ressourceneinsatz wurde jedoch von der Landesregierung bewusst aufgebracht, weil erstens für Nordrhein-Westfalen die Energiepolitik im europäischen Mehrebenensystem aufgrund der energie- und industriepolitischen Struktur des Landes traditionell einen hohen Stellenwert einnimmt, zweitens die europäische Ebene in diesem Politikbereich als zuneh-mend wichtiger eingeschätzt wurde und drittens Energiepolitik in Verbindung mit Klimaschutzfragen als ein Zukunftsthema für und in Nordrhein-Westfalen betrachtet wurde.[398]

6.5 Zwischenfazit

Im Hinblick auf die Frage, welche Position die schwarz-gelbe Landesregierung zum „Europäischen Energie- und Klimapaket" eingenommen hat, ist zunächst festzustellen, dass durchaus ein großer Teil des Kommissionsvorschlags zu die-sem Legislativpaket als positiv, als unproblematisch, als technische Detailfragen, als technisch lösbar und nicht als Wettbewerbsnachteil für NRW betrachtet wur-de oder dass bereits die grundlegende Position und Politik der Bundesregierung im Sinne Nordrhein-Westfalens stand. Zudem hatte das integrierte Energie- und

---

395   Unter Trilog versteht man hier zumeist informelle - aber auch formelle - Treffen von
          Vertretern des Rates der EU, der Europäischen Kommission und des Europäischen Parla-
          ments im Rahmen der europäischen Gesetzgebung, um eine Einigung im frühen Stadium
          des Politikprozesses zu erreichen.
396   Aus den vom Verfasser durchgeführten Interviews (siehe Quellenverzeichnis).
397   Ebd.
398   Ebd.

Klimaprogramm der Bundesregierung (Meseberger Beschlüsse) einen Großteil der europäischen Regelungsvorschläge vorweggenommen. Darüber hinaus unterstützte die Landesregierung grundsätzlich die auf europäischer Ebene festgelegten Ziele der Emissionsreduktion.

Gleichwohl wurde bereits zu Beginn des Politikprozesses zum „Europäischen Energie- und Klimapaket" ein ganz zentraler Bestandteil der europäischen Klimaschutzpolitik massiv kritisiert, nämlich die Ausweitung und Verbesserung des europäischen klimaschutzpolitischen Instruments EU ETS: Die Landesregierung positionierte sich insbesondere gegen die vorgeschlagene Vollauktionierung von Zertifikaten im Stromsektor bereits zu Beginn der dritten Handelsperiode im Jahr 2013 und gegen die geplante vollständige Versteigerung von Zertifikaten in der produzierenden Industrie bis zum Ende dieser Handelsperiode im Jahr 2020.

Neben dieser Grundsatzentscheidung für die umfassende und EU-weite Versteigerung von Emissionszertifikaten war die Landesregierung gegen einige weitere in diesem Richtlinienvorschlag formulierten Regelungen: Mit dem Argument fehlender Planungssicherheit für die Industrie und der damit verbundenen ausbleibenden Investitionen am Standort NRW, positionierte sie sich gegen die im Vorschlag vorgesehenen – aus ihrer Sicht zu späten – Zeitpunkte für (a) die Beschlussfassung der Kommission zu den gemeinschaftsweiten und vollständig harmonisierten Durchführungsmaßnahmen für die Zuteilung der kostenlosen Zertifikate sowie (b) für die Ermittlung und Festlegung der im internationalen Wettbewerb stehenden energieintensiven Sektoren, die bis zum Ende der Handelsperiode kostenlose Zertifikate erhalten könnten, sofern auf internationaler Ebene kein Abkommen zustande kommt. In diesem Kontext kritisierte sie auch das Datum, an dem die Kommission den entsprechenden Analysebericht zur Einschätzung der internationalen Lage vorlegen wollte. Zudem sprach sie sich gegen das aus ihrer Sicht vorgesehene intransparente Komitologieverfahren zu den Durchführungsbestimmungen aus. Sie plädierte für die frühzeitige Festlegung der konkreten Regelungen bereits in der Richtlinie selbst durch das Mitentscheidungsverfahren. Die Landesregierung forderte die Verteilung von kostenlosen Zertifikaten im Stromsektor anhand von spezifischen brennstoffbezogenen BAT-Benchmarks (auch für den Kohlebereich zur Unterscheidung von Braun- und Steinkohle: sog. Braunkohle-Benchmark) und die Verteilung der kostenlosen Zertifikate in der Industrie anhand von branchenspezifischen BAT-Benchmarks. Zudem setzte sie sich für die Anhebung des Schwellenwertes von 10.000 t CO_2-Äquivalente pro Jahr auf 25.000 t für Kleinemitten ein, die vom EU ETS ausgenommen werden können.

Die Gründe ihrer ablehnenden Position gegenüber der neuen EU-Emissionshandelsrichtlinie lagen in ihrer Einschätzung, dass die zahlreichen nordrheinwestfälischen Unternehmen der Energiewirtschaft und der energieintensiven

Industrie aufgrund ihrer Struktur (Nutzung CO_2-intensiver Energieträger, hoher Energiebedarf) durch die Ersteigerung und den Handel sowie durch schnell steigende Strom- und Energiepreise zu stark belastet werden würden im Vergleich zu anderen europäischen und internationalen Regionen. Die Landesregierung befürchtete, dass die Energieversorgungsunternehmen nicht in den Neubau von Kraftwerken zur Verbesserung der Energieeffizienz investieren würden und die energieintensive Industrie ihre Produktionsstätten aufgrund des internationalen Wettbewerbs in Drittstaaten mit einer günstigeren Energieversorgung und ohne Emissionshandel verlagern könnte. Das hätte nicht nur negative Folgen fürs globale Klima, weil der Ausstoß von CO_2 nur verlagert und nicht gesenkt werden würde, sondern auch weitreichende negative Folgen für die wirtschaftliche Entwicklung und für den Arbeitsmarkt in NRW. Darüber hinaus zweifelte sie daran, dass die durch die Versteigerung von Zertifikaten in NRW generierten finanziellen Mittel auch nach NRW für klimaschutzpolitische Maßnahmen zurückfließen würden. Die Landesregierung plädierte für die Anhebung des Schwellenwertes für Kleinemittenten, um die betreffenden Unternehmen nicht mit unverhältnismäßig hohen Verwaltungskosten zu belasten und um sie im Wettbewerb nicht zu benachteiligen. Sie setzte sich für die Verteilung kostenloser Zertifikate im Stromsektor anhand spezifischer brennstoffbezogener Benchmarks ein, um den nachteiligen Wettbewerb der Braunkohle mit anderen fossilen Energieträgern (u. a. Erdgas, Erdöl und Steinkohle) zu vermeiden. Sie erhoffte sich – bei einer zumindest schrittweisen Versteigerung der Zertifikate im Stromsektor – eine in größerem Umfange unentgeltliche Zuteilung von Zertifikaten für nordrhein-westfälische Kohlekraftwerke. Sie setzte weiterhin auf die heimische Braunkohle, um die nordrhein-westfälische Industrie dauerhaft mit günstigem Strom versorgen zu können und um NRW nicht von anderen Energieträgern und ihrer damals zu erwartenden negativen Preisentwicklung (insbesondere Erdgas aus Russland und Erdöl aus Krisenregionen) abhängig zu machen. Auch die Forderung nach branchenspezifischen BAT-Benchmarks in der Industrie lag der Hoffnung zugrunde, dass bestimmte energieintensive heimische Industrieanlagen in größerem Umfange unentgeltliche Zertifikate erhalten könnten. Es ging der Landesregierrung um das primäre Ziel der Energieversorgungssicherheit, um die Reduzierung von Importabhängigkeiten und um die Sicherung der Wettbewerbsfähigkeit des nordrhein-westfälischen Energie- und Industriestandortes. Sie forderte die frühere Beschlussfassung über die gemeinschaftsweiten und vollständig harmonisierten Durchführungsmaßnahmen und die frühe Ermittlung und Festlegung der im internationalen Wettbewerb stehenden energieintensiven Industriesektoren, die ggf. kostenfreie Zertifikate erhalten könnten, bereits in der Richtlinie aus Gründen der Planungs- und Investitionssicherheit für die nordrhein-westfälischen Unternehmen. Zudem ist der Politikprozess zur Richtlinienentscheidung aufgrund des Mitentscheidungsverfahrens für die Länder weitaus transparenter als das Komitologieverfahren, sodass ihnen zumindest die prinzipielle Teilnahme am Prozess der Meinungsäußerung und Beratung ermöglicht worden wäre.

Die Landesregierung kam insgesamt betrachtet zur Einschätzung, dass die europäische Energie- und Klimaschutzpolitik und insbesondere das klimaschutzpolitische Instrument EU ETS nicht ausreichend die spezifische Energie- und Industriestruktur Nordrhein-Westfalens berücksichtigt. Die EU sehe insbesondere nicht das große Potenzial von Kohle für die zukünftige europäische und deutsche Energieversorgung und industrielle Produktion. Der Rechtsakt wurde sogar im Hinblick auf die Erreichung der in der nordrhein-westfälischen Klimastrategie formulierten Klimaschutzziele als kontraproduktiv eingeschätzt, weil er die Modernisierung des nordrhein-westfälischen Kohlekraftwerksparks gefährde.

Um diese Standpunkte in den Politikprozess der Meinungsäußerung, Beratung und Entscheidung im europäischen Mehrebenensystem einzubringen, verfolgte die Landesregierung eine umfassende Mehrebenenstrategie der Informationseinholung und -auswertung sowie der informellen und formal-institutionellen Überzeugung und Beeinflussung, bei der die Fraktionen und Abgeordneten im Landtag keine wesentliche Rolle im Mehrebenensystem außerhalb der eigenen landespolitischen Ebene spielten.

An dieser Stelle ist auf eine im Gespräch mit dem Verfasser der vorliegenden Arbeit geäußerte Beobachtung des damaligen nordrhein-westfälischen Staatssekretärs für Bundes- und Europaangelegenheiten und Medien und Bevollmächtigter des Landes beim Bund, Michael Mertes, hinzuweisen, der die Politikprozesse im europäischen Mehrebenensystem und die auf das europäische Mehrebenensystem bezogenen landespolitischen Politikprozesse in NRW traditionell als „extrem exekutivlastig" bewertete.[399]

Wesentliche Elemente dieser Mehrebenenstrategie der nordrhein-westfälischen Landesregierung waren: (a) die Entwicklung und Veröffentlichung einer eigenen Energie- und Klimaschutzstrategie als unmittelbare Antwort auf den Vorschlag der Kommission, um damit die Unvereinbarkeit der Ausweitung des EU ETS mit der Klimaschutzpolitik Nordrhein-Westfalens aufzuzeigen, (b) die fortlaufende formelle und informelle Informationsbeschaffung und Informationsverarbeitung, (c) die Verdeutlichung des Problems von „Carbon Leakage" und der unverhältnismäßig hohen Belastung Nordrhein-Westfalens gegenüber den zentralen Entscheidern im europäischen Mehrebenensystem, (d) die Erhöhung des politischen Gewichts der nordrhein-westfälischen Position im Poli-

---

399   Interview mit Michael Mertes, Staatssekretär für Bundesangelegenheiten, Europa und Medien und Bevollmächtigter des Landes Nordrhein-Westfalen beim Bund a. D., in der Staatskanzlei des Landes Nordrhein-Westfalen am 15.06.2010 in Düsseldorf.

tikprozess durch die Übernahme der eigenen Position durch die anderen deutschen Länder im Bundesrat, um damit Druck auf die Haltung der Bundesregierung auszuüben, (e) die Kooperation mit anderen staatlichen Akteuren in der EU mit ähnlicher Interessenlage („CO_2-Allianz"), um mit einem größeren politischen Gewicht auf europäischer Ebene Einfluss auf die Kommission und auf das Europäische Parlament ausüben zu können, (f) die institutionalisierte Kooperation und Abstimmung mit der nordrhein-westfälischen Wirtschaft, um sich gemeinsam gegenüber Europa und Bund positionieren zu können, (g) die Teilnahme am Politikprozess zur Chefsache von Ministerpräsident Jürgen Rüttgers zu machen, um die Wichtigkeit der Thematik für NRW zu verdeutlichen und um konkret unmittelbare informelle Überzeugungsarbeit bei der Bundeskanzlerin und beim Kommissionspräsidenten leisten zu können, (h) die Erzeugung von parlamentarischer Legitimität auf der eigenen landespolitischen Ebene für ihre politikfeldspezifische Mehrebenenstrategie und für ihre Teilnahme am Politikprozess im Mehrebenensystem, was u. a. im folgenden Kapitel verdeutlicht wird.

Insbesondere die Überzeugungsarbeit und Einflussnahme auf die deutsche Bundesregierung wurde als zentral eingeschätzt, weil die Landesregierung davon ausging, dass die Vermittlung und Durchsetzung der eigenen Position in dieser klimaschutzpolitisch sehr relevanten Frage auf europäischer Ebene kaum möglich ist, wenn die eigene Bundesregierung eine völlig entgegenstehende Position vertritt. Allerdings wurde eine sehr frühe und konkrete Einflussnahme durch eine langwierige und intransparente Abstimmung zwischen den Bundesministerien verhindert.

In ihrem Kernanliegen, die Vollauktionierung im Stromsektor bereits zu Beginn der dritten Handelsperiode ab 2013 zu verhindern, war die Landesregierung nicht erfolgreich. Das auch nicht in der frühen Festlegung der Durchführungsbestimmungen und der Ermittlung und Festlegung der energieintensiven Sektoren im Industriebereich durch das Mitentscheidungsverfahren bereits in der Richtlinie. Allerdings wurden die jeweiligen im Vorschlag genannten diesbezüglichen Daten in dem verabschiedeten Rechtsakt auf einen früheren Zeitpunkt festgelegt. Obwohl die Landesregierung zahlreiche Möglichkeiten genutzt hat, die sich nach dem Konzept von Multi-Level Governance für die Teilnahme am Politikprozess im europäischen Mehrebenensystem anbieten, war sie in ihrem Kernanliegen nicht erfolgreich, weil sie einen zentralen Entscheider auf europäischer Ebene im Politikprozess nicht überzeugen konnte: die deutsche Bundesregierung. Die Überzeugung der Bundesregierung war nicht nur aufgrund ihres hohen politischen Gewichts im Rat fundamental, sondern auch im Hinblick auf die Legitimität der nordrhein-westfälischen Position. Schließlich hatte die Bundesregierung, die die gesamtdeutschen Interessen auf europäischer Ebene vertritt, in dieser klimaschutzpolitischen Frage eine völlig entgegengesetzte Position vertreten.

Die Kompromissregelung der schrittweisen Versteigerung der Zertifikate im Industriebereich bis auf 70 Prozent zum Ende der Handelsperiode im Jahr 2020, die Einführung eines produktbezogenen BAT-Benchmarks für die kostenfreie Zuteilung der Zertifikate und die Möglichkeit, bis 2016 15 Prozent der Investitionen in die Modernisierung des Kohlekraftwerksparks zu investieren, kamen der Landesregierung zwar entgegen, jedoch sah sie insgesamt betrachtet die nordrhein-westfälische Industrie zu stark belastet durch die europäischen Entscheidungen. Der Kompromiss geht in erster Linie auf die Haltung der Bundesregierung und ihrer Politik auf europäischer Ebene im Europäischen Rat und im Rat der EU zurück. Es ist schwierig festzustellen, wie groß der Einfluss der Landesregierung auf die Bundesregierung in dieser Frage genau war, aber zweifelsohne hatte Nordrhein-Westfalen im Allgemeinen bei der Präferenzbildung der Bundesregierung im Politikprozess zum „Europäischen Energie- und Klimapaket" keine entscheidende Rolle gespielt. Durchaus erfolgreich war sie aber mit der frühzeitigen Darstellung von „Carbon Leakage", das die Grundlage bildet für die Entscheidung, die im internationalen Wettbewerb stehende energieintensive Industrie in der kompletten dritten Handelsperiode mit kostenlosen Zertifikaten ausstatten zu können. Zudem kann sie auf kleinere Erfolge verweisen, so z. B. auf die geforderte Anhebung des Schwellenwertes von Kleinemittenten, die vom EU ETS ausgeschlossen werden können.

Die Landesregierung hat den Politikprozess insgesamt betrachtet nicht als ausgrenzend und intransparent wahrgenommen, aber als sehr ressourcenintensiv. Informationen wurden jederzeit in sehr großem Umfange von den zentralen Akteuren zur Verfügung gestellt oder konnten durch eine Mehrebenen-Netzwerkarbeit verfügbar gemacht werden. Als problematisch wurde vielmehr die ressourcenintensive Verarbeitung der für NRW relevanten Informationen gesehen. Wie bereits erwähnt, wurde aber die langwierige und intransparente Positionierung innerhalb der Bundesregierung und zwischen den Bundesministerien als nachteilig empfunden.

7 Die Energie- und Klimaschutzpolitik der Landtagsfraktionen

Dieses Kapitel soll Aufschluss geben über die energie- und klimaschutzpolitischen Positionen und Strategien der Regierungs- und Oppositionsfraktionen in der 14. Legislaturperiode und über die Rolle des Landtags von Nordrhein-Westfalen und seiner Fraktionen beim Politikprozess zum „Europäischen Energie- und Klimapaket". In diesem Zusammenhang wird die zentrale Frage zu klären sein, ob man in dem vorliegenden Fall von einer Entparlamentarisierung subnationaler Energie- und Klimaschutzpolitik durch Exekutivlastigkeit und Europäisierung sprechen kann. Um diese zentrale Frage beantworten zu können, wendet sich dieses Kapitel zudem den folgenden Fragen zu:

- Wie intensiv beschäftigten sich im Untersuchungszeitraum die Fraktionen im Landtag mit energie- und klimapolitischen Fragen und insbesondere mit dem Politikprozess der Meinungsäußerung, Beratung und Entscheidung zum „Europäischen Energie- und Klimapaket" im europäischen Mehrebenensystem sowie mit den inhaltlichen Regelungen dieses Europäischen Legislativpakets? Wurde im Bereich von Energie und Klimaschutz die landespolitische Debatte gehemmt oder sogar unterdrückt aufgrund des energie- und klimapolitischen Europäisierungsprozesses?
- Haben sich die Fraktionen im Landtag zum „Europäischen Energie- und Klimapaket" positioniert? Wenn ja, welche Standpunkte haben sie eingenommen? Was waren die Hintergründe ihrer Positionierung?
- Haben sie versucht, ihre Standpunkte in den Politikprozess einzubringen? Wenn ja, wie haben sie dies versucht und warum sind sie so vorgegangen? Wie kann ihr Verhalten erklärt werden?
- An welchen Stellen waren sie warum erfolgreich bzw. nicht erfolgreich?
- Ist in diesem Kontext bei den Landtagsfraktionen eine angepasste oder sogar vereinheitlichte gemeinsame politikfeldspezifische Positions- und Strategieentwicklung für NRW zu beobachten, die auf den Europäisierungsprozess im Bereich der Energie- und Klimapolitik und/oder auf den konkreten Politikprozess zum „Europäischen Energie- und Klimapaket" im europäischen Mehrebenensystem zurückgeführt werden kann?

■   Gab es eine Mehrebeneneinbindung des Landtags, die eine Beteiligung der
Fraktionen und der zuständigen Abgeordneten im Politikprozess zum „Europäischen Energie- und Klimapaket" formal-institutionell sicherstellte?

7.1 Die parlamentarische Arena im ersten Jahr

Bereits die Startphase der 14. Legislaturperiode verdeutlichte, dass Fragen der
Energie- und Klimaschutzpolitik in der Landespolitik Nordrhein-Westfalens
sowohl für die beiden Regierungsfraktionen (CDU und FDP) als auch für die
beiden Oppositionsfraktionen (SPD und Bündnis 90/Die Grünen) einen hohen
parlamentarischen Stellenwert einnahmen. Alle vier Fraktionen machten frühzeitig ihre jeweiligen politikfeldspezifischen Positionen und Prioritäten im parlamentarischen Prozess öffentlich:

Die Sozialdemokraten brachten nur drei Wochen nach Beginn der neuen
Wahlperiode in NRW einen Antrag ein mit dem Titel: „Energie in Nordrhein-
Westfalen: Investitionen und Arbeitsplätze sichern, Ausstoß von Treibhausgasen
senken",[400] um energie- und klimaschutzpolitische Fragestellungen auf die landespolitische Agenda zu setzen. In ihrem Antrag gingen sie u. a. auf neue Ent-
wicklungen in der Energiepolitik der Bundesregierung ein, die aus ihrer Sicht
„den laufenden Erneuerungsprozess in der wichtigsten europäischen Energiere-
gion Nordrhein-Westfalen"[401] gefährdeten. Dazu wurden Veränderungen im
Bereich des „Erneuerbaren Energien-Gesetzes", der Ökosteuer und des Kraft-
Wärme-Kopplungsgesetzes sowie die von der Bundesregierung angekündigte
Verlängerung der Restlaufzeit der deutschen Atomkraftwerke gezählt. In diesem
Kontext forderten die Sozialdemokraten Planungssicherheit für die nordrhein-
westfälische Energiepolitik: Investitionen in Kraftwerke benötigten einen ver-
lässlichen Rahmen und langfristige Perspektiven, so ihre Argumentation. Die
Energie in NRW werde vor allem aus fossilen Brennstoffen und regenerativen
Energien gewonnen.[402] Die von Bundeskanzlerin Merkel forcierte Verlängerung
der Laufzeiten von Atomkraftwerken zeige für NRW keinerlei Vorteile, vielmehr
rechneten sich geplante Investitionen nicht, wenn der betriebswirtschaftlich kon-
kurrenzlos günstige Atomstrom aus komplett abgeschriebenen Atommeilern in
den Wettbewerb eintrete. Diese neue Konkurrenzsituation gefährde Arbeitsplätze
in den nordrhein-westfälischen Energieversorgungsunternehmen und behindere

400   Vgl. Antrag der Fraktion der SPD: Energie in Nordrhein-Westfalen: Investitionen und
      Arbeitsplätze sichern, Ausstoß von Treibhausgasen senken (Drucksache 14/17 des Land-
      tages von Nordrhein-Westfalen vom 28.06.2005).
401   Ebd., S. 1.
402   Vgl. ebd., S. 1-2.

technologische Innovationen. Die möglichen Auswirkungen reichten nach ihrer Ansicht auch in den Kraftwerksbau hinein, der dringend auf Aufträge angewiesen sei. Vor diesem Hintergrund sollte der Landtag u. a. beschließen, dass sich die Landesregierung auf der Bundesebene für die notwendigen rechtlichen Grundlagen zur wirtschaftlichen und technischen Erneuerung des Kraftwerksparks in Nordrhein-Westfalen einzusetzen hat.[403]

In der Debatte im Plenum bekräftigten die Sozialdemokraten ihre Position. Der in der vorausgegangenen Wahlperiode zuständige Minister für Verkehr, Energie und Landesplanung in Nordrhein-Westfalen, Axel Horstmann[404] (SPD), sprach sich deutlich gegen die Verlängerung der Laufzeiten von Atomkraftwerken aus mit dem Argument, Investitionen in die Erneuerung des Kraftwerksparks in NRW im Bereich der fossilen Energieerzeugung würden nachlassen aufgrund fehlenden Erneuerungsdrucks durch im Markt verbleibende Überkapazitäten bei der Stromerzeugung mit Kernkraft.[405]

Die beiden Abgeordneten der Regierungskoalition Christian Weisbrich (CDU) und Dietmar Brockes (FDP) sahen jedoch keinen ursächlichen Zusammenhang zwischen der Verlängerung der Laufzeiten von Atomkraftwerken und Investitionen in Kraftwerkserneuerungen in NRW, die sie - wie auch die Fraktion der SPD - befürworteten.[406] Die Ministerin für Wirtschaft, Mittelstand und Energie, Christa Thoben (CDU), verwies zudem auf das hohe Ausmaß fossiler Brennstoffe in Nordrhein-Westfalen. Nach ihrer Ansicht könne man dem Kyoto-Ziel nicht näher kommen ohne die Modernsierung des nordrheinwestfälischen Kraftwerkparks.[407]

Der SPD-Antrag wurde nach Beratung in den zuständigen Ausschüssen mit den Stimmen der Regierungskoalition und gegen die Stimmen der beiden Oppositionsfraktionen abgelehnt.[408]

Nur wenige Tage später forderte die Fraktion Bündnis 90/Die Grünen die „Bestellung eines Projektausschusses Ausstieg aus dem Steinkohlebergbau als Sonderausschuss des Landtages".[409] Diese Forderung lehnten alle anderen drei Fraktionen ab. Die beiden Regierungsfraktionen unterstützten zwar den Ausstieg

---

403 Vgl. ebd., S 2.
404 Dr. Axel Horstmann war von 2002 bis 2005 Minister für Verkehr, Energie und Landesplanung des Landes Nordrhein-Westfalen. 2007 legte er sein Landtagsmandat nieder.
405 Vgl. Plenarprotokoll 14/3 des Landtages von Nordrhein-Westfalen vom 06.07.2005, S. 105.
406 Vgl. ebd., S. 106-107 und S. 109-110.
407 Vgl. ebd., S. 111.
408 Vgl. Plenarprotokoll 14/7 des Landtages von Nordrhein-Westfalen vom 14.09.2005, S. 586.
409 Vgl. Antrag der Fraktion Bündnis90/Die Grünen: Bestellung eines Projektausschusses Ausstieg aus dem Steinkohlebergbau als Sonderausschuss des Landtages (Drucksache 14/35 des Landtages von Nordrhein-Westfalen vom 05.07.2005).

aus der Steinkohlesubvention, jedoch sahen sie keine Notwendigkeit, einen derartigen Ausschuss einzurichten.[410] Dahingegen nutzte der stellvertretende Vorsitzende der SPD-Landtagsfraktion, Norbert Römer, die Gelegenheit, um den aus Sicht der Sozialdemokraten hohen Stellenwert der Steinkohle für die deutsche Wirtschaft zu verdeutlichen.[411]

Ende August 2005 setzten die Sozialdemokraten den Atomausstieg nochmals auf die landespolitische Tagesordnung und forderten von der Landesregierung u. a. „Investitionen im Rahmen des Kraftwerkserneuerungsprogramms durch die politische Verhinderung der Verlängerung von Laufzeiten der Atomkraftwerke zu sichern".[412]

Gleichzeitig stellten die Grünen die Forderung auf, den Ausbau der Windkraft in NRW weiterzuführen,[413] was jedoch die Regierungskoalition mit einem Entschließungsantrag beantwortete, der eine entgegengesetzte Politik offenbarte: Die Landesregierung sollte eine Bundesratsinitiative ergreifen mit dem Ziel, die aus ihrer Sicht betriebene Überförderung der Windenergie in Deutschland zu beenden.[414] Außerdem sollte der Wind-Energieerlass von Nordrhein-Westfalen überarbeitet werden, um „eine möglichst restriktive Steuerung des Baus von Windkraftanlagen möglich"[415] zu machen.

Aus diesem Grund warf Rainer Priggen (Bündnis90/Die Grünen) in der Plenardebatte den beiden Regierungsfraktionen einen „Kreuzzug gegen Windkraft"[416] vor und setzte sich für den Ausbau von Windkraftanlagen in NRW ein, weil aus seiner Sicht der weitere Ausbau von Windkraftanlagen Arbeitsplätze in Nordrhein-Westfalen erhalten und schaffen würde.[417]

Die sozialdemokratische Abgeordnete Svenja Schulze nahm eine ähnliche Position ein und setzte sich ebenfalls für die Nutzung von Windkraft in NRW

---

410   Vgl. Plenarprotokoll 14/5 des Landtages von Nordrhein-Westfalen vom 14.07.2005, S. 308-313.

411   Vgl. ebd., S. 310.

412   Antrag der Fraktion der SPD: NRW-Interessen wahren: Der geplante Atomausstieg darf nicht angetastet werden! (Drucksache 14/117 des Landtages von Nordrhein-Westfalen vom 23.08.2005), S. 2.

413   Vgl. Antrag der Fraktion Bündnis 90/Die Grünen: Arbeitsplatzvernichtung durch CDU/ FDP in der Windkraftindustrie in NRW stoppen – Ausbau der Windkraft in NRW weiterhin ermöglichen (Drucksache 14/115 des Landtages von Nordrhein-Westfalen vom 23.08.2005).

414   Vgl. Entschließungsantrag der Fraktion der CDU und der Fraktion der FDP zu dem Antrag der Fraktion Bündnis 90/Die Grünen „Arbeitsplatzvernichtung durch CDU/FDP in der Windkraftindustrie in NRW stoppen – Ausbau der Windkraft in NRW weiterhin ermöglichen" (Drucksache 14/156 des Landtages von Nordrhein-Westfalen vom 31.08.2005), S. 1.

415   Ebd., S. 1.

416   Plenarprotokoll 14/6 des Landtages von Nordrhein-Westfalen vom 01.09.2005, S. 369.

417   Vgl. ebd., S. 369-371.

und damit verbunden für das „Repowering"[418] von Windkraftanlagen ein. Zudem warnte sie energisch vor dem Klimawandel und seinen Auswirkungen und forderte für Nordrhein-Westfalen einen Energiemix sowie eine Effizienzsteigerung in den einzelnen Energieformen.[419]

Die beiden Regierungsfraktionen aus CDU und FDP sprachen sich in der Debatte deutlich gegen den Neu- und Ausbau von Windkraftanlagen in NRW in größerem Umfange aus. Christian Weisbrich (CDU), der den Grünen eine „hektische Windkraftvorrangpolitik"[420] vorwarf, plädierte zwar für einen breiten Energiemix in Nordrhein-Westfalen, zu dem er auch einen wachsenden Anteil erneuerbaren Energien zählte, jedoch sprach er sich gegen eine mögliche Verteuerung der Energie durch staatliche Eingriffe und gegen die Überförderung der Windkraft aus, um Wirtschaft und Verbraucher nicht mit aus seiner Sicht zu hohen Preisen zu belasten.[421] Gerhard Papke (FDP) führte an, dass „durch die Subventionierung der Windindustrie in Deutschland keine Arbeitsplätze geschaffen werden, sonder per saldo vernichtet werden."[422] Holger Ellerbrock (FDP) unterstützte zwar die technologische Entwicklung der Windkraft durch Forschung und Entwicklung, sprach sich aber auch gegen den Ausbau von Windkraftanlagen in NRW aus, weil er in diesem Bereich keine Zukunft für subventionierte Arbeitskräfte sah und die Stromproduktionseffizienz durch Windkraft für zu gering in NRW einschätzte.[423] Darüber hinaus nutzte er die Gelegenheit, um im Allgemeinen vor Übertreibungen in der klimapolitischen Diskussion zu warnen:

„Das Klima wandelt sich täglich; das war schon immer so. Es geht um den anthropogenen Einfluss unserer klimarelevanten Spurengase, insbesondere CO_2 und Methan. Wir müssen da wirklich vorsichtig sein. Ich weiß nicht, ob Sie wissen, dass vor rund 1.000 Jahren Weinbau in Pommern völlig normal war. Dort herrschten viel höhere Temperaturen ohne irgendeinen nennenswerten anthropogenen Einfluss. Wir haben in der Wissenschaftssociety ein breites Spannungsfeld. Die Wissenschaftssociety ist auch sehr merkantil ausgerichtet. Mit apokalyptischen Vorstellungen kann ich immer öffentliche Fördergelder für Forschung verfügbar machen."[424]

---

418   Der Begriff „Repowering" beschreibt das Erneuern von alten Anlagen zur Stromerzeugung durch neue Anlagen und wird zumeist im Bereich der Windkraft verwendet.
419   Vgl. Plenarprotokoll 14/6 des Landtages von Nordrhein-Westfalen vom 01.09.2005, S. 375.
420   Ebd., S. 372.
421   Vgl. ebd., S. 371-373.
422   Ebd., S. 371.
423   Vgl. ebd., S. 376 und S. 382.
424   Ebd., S. 375.

Nach Beratung in den zuständigen Ausschüssen wurde der Antrag der Grünen abgelehnt, während der Entschließungsantrag der Regierungsfraktionen angenommen wurde.[425]

In der siebten Sitzung des Plenums im September 2005 debattierten die Abgeordneten erneut die energie- und klimaschutzpolitischen Entwicklungen in Nordrhein-Westfalen und im europäischen Mehrebenensystem. Hintergrund war, dass zum einen die Fraktion von Bündnis90/Die Grünen zuvor einen Antrag eingereicht hatte, der die Stärkung der Stadtwerke in Nordrhein-Westfalen durch mehr Wettbewerb im Strom- und Gasmarkt forderte[426] und zum anderen die Sozialdemokraten eine „Aktuellen Stunde" beantragt hatten zum Thema: „Verspielt die Landesregierung die Interessen des Energielandes Nordrhein-Westfalen und der Verbraucherinnen und Verbraucher".[427]

Im gleichen Monat beantragten die Grünen zudem die „Einrichtung einer Enquete-Kommission zu den Auswirkungen längerfristig stark steigender Preise von Öl- und Gasimporten auf die Wirtschaft und die Verbraucherinnen und Verbraucher in Nordrhein-Westfalen",[428] die tatsächlich Ende des Jahres 2005 eingerichtet wurde und im April 2008 ihren Abschlussbericht vorlegte.[429] Damit hatte der Landtag von Nordrhein-Westfalen als erstes deutsches Landesparlament eine derartige Kommission ins Leben gerufen, die sich systematisch mit den Auswirkungen stark steigender Preise von Öl- und Gasimporten auf die Wirtschaft und die Menschen im Lande befasste.

Eine weitere Forderung der Grünen lautete, dass die schwarz-gelbe Landesregierung spätestens bis zum Jahresende die Grundzüge ihrer Klimaschutzpolitik darstellen und dem Landtag eine Bewertung des Berichtes zur Umsetzung des Klimaschutzkonzepts vorlegen sollte sowie auf Grundlage des Nationalen Klimaschutzprogramms 2005 und des Umsetzungsberichts 2005 zum

---

425　　Vgl. Plenarprotokoll 14/15 des Landtages von Nordrhein-Westfalen vom 14.12.2005, S. 1495.

426　　Vgl. Antrag der Fraktion Bündnis 90/Die Grünen: Mehr Wettbewerb im Strom und Gasmarkt – Stadtwerke stärken – neue Marktteilnehmer ermutigen! (Drucksache 14/208 des Landtages von Nordrhein-Westfalen vom 06.09.2005).

427　　Vgl. Plenarprotokoll 14/7 des Landtages von Nordrhein-Westfalen vom 14.09.2005, S. 465-488.

428　　Vgl. Antrag der Fraktion Bündnis 90/Die Grünen: Einrichtung einer Enquete-Kommission zu den Auswirkungen längerfristig stark steigender Preise von Öl- und Gasimporten auf die Wirtschaft und die Verbraucherinnen und Verbraucher in Nordrhein-Westfalen (Drucksache 14/285 des Landtages von Nordrhein-Westfalen vom 28.09.2005).

429　　Vgl. Abschlussbericht der Enquetekommission zu den Auswirkungen längerfristig stark steigender Preise von Öl- und Gasimporten auf die Wirtschaft und die Verbraucherinnen und Verbraucher in Nordrhein-Westfalen, Düsseldorf 2008 (Drucksache 14/6400 des Landtages von Nordrhein-Westfalen vom 22.04.2008).

Klimaschutzkonzept NRW eine Fortschreibung präsentieren sollte,[430] was die beiden Regierungsfraktionen gegen die Stimmen von SPD und Grüne ablehnten.[431]

Ende des Jahres 2005 setzte sich die SPD-Fraktion für die technologische Erschließung und wirtschaftliche Nutzung von Geothermie in Nordrhein-Westfalen ein.[432] Im Laufe des Bratungsprozesses wurde dieser Antrag für erledigt erklärt, weil alle vier Fraktion dazu einen gemeinsamen Antrag einbringen wollten.[433]

Zudem setzten sich die Sozialdemokraten für die Unterstützung der Stadtwerke als Stromerzeuger ein und forderten damit verbunden die Liberalisierung des Strommarktes. Hintergrund war, dass sie u. a. ein neues Steinkohlekraftwerk im Ruhrgebiet unterstützen wollten, welches von einem Konsortium von zwanzig Stadtwerken aus Deutschland, den Niederlanden, Österreich und der Schweiz gemeinsam mit der Energie- und Wasserversorgung Mittleres Ruhrgebiet GmbH geplant wurde,[434] was nach einer Debatte im Plenum und nach Beratung in den zuständigen Ausschüssen von den Regierungsfraktionen gegen die Stimmen der beiden Oppositionsfraktionen abgelehnt wurde.[435]

Darüber hinaus forderten die Sozialdemokraten mit einem Antrag die Landesregierung auf,

„sich in dem politischen Willensbildungsprozess zum Nationalen Allokationsplan II in Berlin dafür einzusetzen, dass das Mengengerüst des bisherigen Nationalen Allokationsplans eingehalten wird und innerhalb dieses Mengengerüstes

o neue Kraftwerke weiterhin kostenlose Emissionsrechte für mindestens 14 Jahre erhalten,

---

430 Vgl. Antrag der Fraktion Bündnis 90/Die Grünen: Klimaschutzpolitik in NRW fortsetzen! (Drucksache 14/578 des Landtages von Nordrhein-Westfalen vom 31.10.2005), S. 2.

431 Vgl. Plenarprotokoll 14/26 des Landtages von Nordrhein-Westfalen vom 06.04.2006, S. 2752.

432 Vgl. Antrag der Fraktion der SPD: Neue Perspektiven für NRW – Die Zukunftsenergie Geothermie weiterhin technologisch erschließen und wirtschaftlich nutzen (Drucksache 14/695 des Landtages von Nordrhein-Westfalen vom 21.11.2005).

433 Vgl. Antrag der Fraktion der CDU, der Fraktion der SPD, der Fraktion Bündnis 90/Die Grünen und der Fraktion der FDP: Potenziale der Geothermie in Nordrhein-Westfalen optimal nutzen (Drucksache 14/3503 des Landtages von Nordrhein-Westfalen vom 16.01.2007).

434 Vgl. Antrag der Fraktion der SPD: Strommarkt liberalisieren – Stadtwerke als Stromerzeuger stärken (Drucksache 14/867 des Landtages von Nordrhein-Westfalen vom 06.12.2005).

435 Vgl. Plenarprotokoll 14/23 des Landtages von Nordrhein-Westfalen vom 15.03.2006, S. 2411.

    o   mit dem Instrument des Zertifikatehandels Anreize für den Ersatz von Klima schädigenden Kraftwerken geschaffen werden,

    o   bei produktionsseitiger Kapazitätserweiterung (z.B. Anlagenoptimierung oder dem Ausbau der Fernwärmeversorgung) auch die kosten freien [sic!] Emissionsrechte ausgeweitet werden,

    o   beschäftigungsintensiven Branchen in Nordrhein-Westfalen ein Wachstumskorridor mit zusätzlichen Emissionsrechten eingeräumt wird,

    o   die nationalen Regelungen für die Industrie in Nordrhein-Westfalen keine Wettbewerbsnachteile gegenüber EU-Konkurrenten zur Folge haben,

    o   die Informations- und Verwaltungskosten im Zusammenhang mit der Anwendung des Nationalen Allokationsplans insbesondere für die kleinen und mittelgroßen Unternehmen gesenkt werden."[436]

Zu diesem Antrag der Fraktion der SPD brachten die beiden Regierungsfraktionen einen Entschließungsantrag ein.[437] Über diese beiden Anträge wurde jedoch nicht abgestimmt, weil sich die Fraktionen von SPD, CDU und FDP im Laufe des Beratungsprozesses dazu entschieden hatten, in dieser energie- und klimapolitischen Angelegenheit zusammenzuarbeiten und einen gemeinsamen Antrag zum NAP II in den landespolitischen Politikprozess einzubringen: Zu ihren gemeinsamen Forderungen in diesem im April 2006 eingebrachten Antrag gehörte u. a., dass der Landtag die Landesregierung unterstützen sollte bei der Absicht, sich im Politikprozess für bestimmte Anforderungen an den NAP II einzusetzen. Zu diesen Anforderungen gehörten aus ihrer Sicht u. a. eine realistische CO_2-Minderungspflicht bei den Industrieanlagen, die Befreiung der Minderungspflicht von Anlagen, die weniger als 25.000 Tonnen CO_2 pro Jahr ausstoßen, die kostenlose Zuteilung der Zertifikate (d. h. keine Auktionierung) und die Berücksichtigung der wirtschaftlichen Minderungspotenziale der betroffenen Branchen, um internationale Wettbewerbsverzerrungen durch den Emissionshandel zu vermeiden.[438]

---

436   Antrag der Fraktion der SPD: Nationaler Allokationsplan II: Die Landesregierung muss die Interessen des Industrielandes Nordrhein-Westfalen frühzeitig in den Willensbildungsprozess der Bundesregierung einspeisen (Drucksache 14/868 des Landtages von Nordrhein-Westfalen vom 06.12.2005), S. 2.

437   Vgl. Entschließungsantrag der Fraktion der CDU und der Fraktion der FDP zu dem Antrag der Fraktion der SPD „Nationaler Allokationsplan II: Die Landesregierung muss die Interessen des Industrielandes Nordrhein-Westfalen frühzeitig in den Willensbildungsprozess der Bundesregierung einspeisen": Nationaler Allokationsplan II: NRW als Energiestandort sichern (Drucksache 14/925 des Landtages von Nordrhein-Westfalen vom 14.12.2005).

438   Vgl. Antrag der Fraktion der CDU, der Fraktion der SPD und der Fraktion der FDP: Den NAP II wachstumsorientiert ausgestalten – Anreize für Modernisierung und Investitionen

Während dieser Antrag im Mai 2006 nach einer Debatte im Plenum von den beiden Regierungsfraktionen und der sozialdemokratischen Oppositionsfraktion angenommen wurde, stimmten die Grünen nicht nur gegen diesen Antrag,[439] sondern brachten einen entsprechenden Entschließungsantrag dazu ein und forderten von der Landesregierung, sich bei der Bundesregierung für eine Umsetzung des NAP II einzusetzen, bei der „faire und wettbewerbsfördernde Regelungen für neue Marktteilnehmer geschaffen werden"[440] sollten und „geplante Wettbewerbsnachteile für Gaskraftwerke (ungünstigerer Strom-Benchmark, geringe Anzahl jährlicher Betriebsstunden) bei der Zuteilung von Emissionszertifikaten unterbleiben"[441] sollten.

Die Grünen setzten in der ersten Hälfte des Jahres 2006 eine Reihe weiterer energie- und klimapolitischer Themen auf die landespolitische Tagesordnung: Sie sprachen sich gegen Planungen für eine Wiedereinführung von Atomkraft in NRW aus.[442] Sie forderten von der Landesregierung, „sich auf Bundesebene mit Nachdruck für die Beibehaltung der Steuerbefreiung von Biokraftstoffen einzusetzen".[443] Außerdem sollte sie sich für die Fortführung und Weiterentwicklung des Erneuerbare-Energien-Gesetzes auf allen politischen Ebenen stark machen[444] und „umgehend ein Konzept zur Förderung aller erneuerbaren Energien in NRW"[445] vorlegen. Darüber hinaus sollte die Landesregierung nach Ansicht der Grünen „im Zuge der in NRW bevorstehenden Erneuerung des Kraftwerksparks alle Steuerungsmöglichkeiten mit dem Ziel der Errichtung möglichst dezentraler

---

setzen (Drucksache 14/1721 des Landtages von Nordrhein-Westfalen vom 27.04.2006), S. 2.

439   Vgl. Plenarprotokoll 14/29 des Landtages von Nordrhein-Westfalen vom 17.05.2006, S. 3154-3161.

440   Entschließungsantrag der Fraktion Bündnis 90/Die Grünen zum Antrag der Fraktionen von CDU, SPD und FDP „Den NAP II wachstumsorientiert ausgestalten - Anreize für Modernisierung und Investitionen setzen": Keine Wettbewerbsbenachteiligung moderner Gaskraftwerke durch den Nationalen Allokationsplan! (Drucksache 14/1919 des Landtages von Nordrhein-Westfalen vom 15.05.2006), S. 2.

441   Ebd., S. 2.

442   Vgl. Antrag der Fraktion Bündnis 90/Die Grünen: Atomausstieg fortsetzen – keine Renaissance der Atomkraft in NRW! (Drucksache 14/1032 des Landtages von Nordrhein-Westfalen vom 10.01.2006).

443   Antrag der Fraktion Bündnis 90/Die Grünen: Zickzackkurs der Bundesregierung bei der Besteuerung von Biokraftstoffen gefährdet zukünftige Investitionen (Drucksache 14/1197 des Landtages von Nordrhein-Westfalen vom 07.02.2006), S. 2.

444   Vgl. Antrag der Fraktion Bündnis 90/Die Grünen: Erfolgsmodell „Erneuerbare-Energien-Gesetz (EEG)" fortsetzen und weiterentwickeln! (Drucksache 14/1027 des Landtages von Nordrhein-Westfalen vom 10.01.2006), S. 2.

445   Ebd., S. 2.

und Kraft-Wärme gekoppelter Anlagen (…) nutzen."[446] In diesem Zusammenhang forderten die Grünen von der Landesregierung u. a. auch, „sich auf Bundesebene für ein neues KWK-Gesetz einzusetzen, welches den Betrieb dieser Anlagen gegenüber fossilen Großkraftwerken wirtschaftlich interessant"[447] machen würde. Zudem sollte die Landesregierung „mit den Betreibern der in NRW geplanten Großkraftwerke in Gespräche über die Errichtung kleiner, dezentraler und Kraft-Wärme gekoppelter Anlagen"[448] eintreten und „ein Konzept zur Weiterentwicklung der Nah- und Fernwärmeversorgung sowie der KWK in NRW"[449] erarbeiten.

Dieser Antrag der Grünen wurde nach Beratung in den zuständigen Ausschüssen und nach einer Plenardebatte im November 2006 mit dem Stimmen von CDU, FDP und SPD im Plenum abgelehnt.[450]

In diesem Zeitraum thematisierten die Grünen auch die CCS-Technologie. In einem Antrag forderten sie die Landesregierung auf, eine umfassende Bewertung dieser Technologie zur Abtrennung und Lagerung von Kohlendioxid vorzulegen.[451] Über diesen wurde allerdings nicht im Plenum diskutiert und abgestimmt. Er wurde in den Ausschuss für Wirtschaft, Mittelstand und Energie überwiesen, der im August 2007 eine öffentliche Anhörung von Sachverständigen zur Thematik durchführte. Am Ende des Bratungsprozesses erklärten die Grünen ihren Antrag für erledigt.[452]

Wie auch die Grünen hielten sich die Sozialdemokraten mit energie- und klimapolitischen Anträgen und Forderungen nicht zurück. Sie forderten zunächst im Februar 2006 die schwarz-gelbe Landesregierung auf, im Zuge des NAP II zusammen mit der deutschen Bundesregierung die Wirkung der Entlastung des Programms zur Gebäudesanierung zu bewerten. Zudem sollte sie die Kommunen

---

446   Antrag der Fraktion Bündnis 90/Die Grünen: Dezentrale Kraft-Wärme-Kopplung anstelle fossiler Großkraftwerke (Drucksache 14/2109 des Landtages von Nordrhein-Westfalen vom 13.06.2006), S. 3.

447   Ebd., S. 3.

448   Ebd., S. 3.

449   Ebd., S. 3.

450   Vgl. Plenarprotokoll 14/44 des Landtages von Nordrhein-Westfalen vom 16.11.2006, S. 4984-4988.

451   Vgl. Antrag der Fraktion Bündnis 90/Die Grünen: Perspektiven des „CO2-freien Kraftwerks" realistisch bewerten (Drucksache 14/1989 des Landtages von Nordrhein-Westfalen vom 23.05.2006), S. 3.

452   Vgl. Beschlussempfehlung und Bericht des Ausschusses für Wirtschaft, Mittelstand und Energie des Landes Nordrhein-Westfalen zum Antrag der Fraktion Bündnis 90/Die Grünen: „Perspektiven des CO2-freien Kraftwerks realistisch bewerten" (Drucksache 14/5608 des Landtages von Nordrhein-Westfalen vom 10.12.2007).

bei der Umsetzung dieses Programms unterstützen.[453] Im März 2006 forderten sie in einem anderen Antrag vom Landtag die Unterstützung der Bundesregierung bei der weiteren langfristigen Ausrichtung der Energiepolitik. Die nachhaltige Gestaltung des Emissionshandels müsse dabei eine Erneuerung der Energieerzeugung vorantreiben, sie müsse die Ressourcen schonen sowie die Emissionen so weit wie möglich vermeiden. Deshalb seien Regelungen ungeeignet, die einzelne Energieträger diskriminierten und damit neue Investitionen behinderten. Das mit der Energiewirtschaft im Jahre 2005 vereinbarte Kraftwerkserneuerungsprogramm müsse Schritt für Schritt in Nordrhein-Westfalen umgesetzt werden. Die Energieversorgung solle sich künftig stärker auf heimische Energieträger stützen. Die Importabhängigkeit könne begrenzt werden, wenn bei der Kohleverstromung Rohstoff sparende Technologien auf dem neuesten Stand der Technik zum Einsatz kämen, erneuerbare Energien einen größeren Anteil der Stromerzeugung übernähmen und dabei Öl und Gas im Wärmemarkt und im Verkehrsbereich zunehmend ersetzten. Investitionen in effiziente Technologien aus Nordrhein-Westfalen sicherten Arbeitsplätze im Land und trügen zum weltweiten Klima- und Umweltschutz bei und führten zu langfristig stabilen Energiepreisen, so die sozialdemokratische Fraktion.[454]

Kurz vor der Sommerpause forderten sie vom Landtag und von der Landesregierung das Vorantreiben des Repowerings der Windenergieanlagen in Nordrhein-Westfalen,[455] was ohne Debatte im Plenum nach Beratung in den zuständigen Ausschüssen abgelehnt wurde mit den Stimmen der beiden Regierungsfraktionen und gegen die Stimmen der beiden Oppositionsfraktionen.[456]

Die zahlreichen und verschiedenen Anträge und Debatten und insbesondere die Zusammenarbeit der drei Fraktionen CDU, FDP und SPD zum Thema NAP II verdeutlichten bereits im ersten Jahr der 14. Legislaturperiode die Wichtigkeit von energie- und klimaschutzpolitischen Themen und Fragen für das Land Nordrhein-Westfalen. Zudem wurden auch frühzeitig die jeweiligen politikfeldspezifischen Positionen und Prioritäten der Fraktionen sichtbar.

---

453 Vgl. Antrag der Fraktion der SPD: Energiewirtschaft und Industrie beim Emissionshandel entlasten, Bauwirtschaft und Handwerk ankurbeln (Drucksache 14/1187 des Landtages von Nordrhein-Westfalen vom 07.02.2006), S. 2.

454 Vgl. Antrag der Fraktion der SPD: Energiegipfel der Bundesregierung unterstützen, nachhaltige Energieversorgung Deutschlands und Nordrhein-Westfalens sichern (Drucksache 14/1551 des Landtages von Nordrhein-Westfalen vom 28.03.2006), S. 2-3.

455 Vgl. Antrag der Fraktion der SPD: Moderne Windkraft für Nordrhein-Westfalen – Keine schwarz-gelbe Blockade des Austausch veralteter Windräder (Drucksache 14/2091 des Landtages von Nordrhein-Westfalen vom 13.06.2006).

456 Vgl. Ausschussprotokoll 14/293 des Landtages von Nordrhein-Westfalen vom 08.11.2006, S. 12.

Aufgrund des äußeren Drucks im Hinblick auf die Ausgestaltung des NAP II entschlossen sich die Regierungskoalition und die sozialdemokratische Oppositionsfraktion zusammenzuarbeiten, um das Handeln der Landesregierung auf nationaler Ebene in dieser Angelegenheit öffentlich zu unterstützen und gemeinsam zu legitimieren. In der Plenardebatte wies Norbert Römer (SPD) dezidiert auf die Wichtigkeit dieser Zusammenarbeit von Regierung und Opposition für das Land Nordrhein-Westfalen hin:

„Es ist gut, dass es über alle notwendigen politischen Gegensätze und Auseinandersetzungen hinweg auch möglich ist, in Angelegenheiten, die für unser Land und seiner wirtschaftlichen Entwicklung wichtig sind, zu gemeinsamen Auffassungen zu kommen. (…) Dieser Antrag (…) ist wichtig für die Durchführung des milliardenschweren Kraftwerkserneuerungsprogramms hier in Nordrhein-Westfalen, das von der vorigen Landesregierung mit der Energiewirtschaft, der Elektrizitätswirtschaft, verabredet und in Gang gesetzt worden ist und das jetzt von dieser Landesregierung konsequenterweise politisch auch so begleitet wird, dass es erfolgreich durchgesetzt werden kann. Diese Politik (…) dient dem Klimaschutz und sichert den Kraftwerkstandort Nordrhein-Westfalen. (…) Ich möchte deshalb besonders würdigen, dass diese große Gemeinsamkeit von CDU, FDP und SPD in dieser ganz wichtigen Frage eine entscheidende Grundlage dafür sein wird - da bin ich ganz sicher -, dass im weiteren parlamentarischen Verfahren in Berlin diese in dem gemeinsamen Antrag herausgestellten wichtigen Punkt in NAP II auch Bestand haben werden.“[457]

Die Grünen nahmen in dieser Frage jedoch eine zu den anderen drei Fraktionen konträre Position ein. Sie bewerteten die Modernisierung des nordrhein-westfälischen Kraftwerksparks im Hinblick auf die effizientere Erzeugung von Energie aus Kohle nicht als geeignetes Instrument der Klimaschutzpolitik. Sie sprachen sich deutlich gegen die weitere Nutzung sowohl von Braun- als auch von Steinkohle zur Energiegewinnung in NRW aus. Sie setzten auf den Ausbau der erneuerbaren Energien und auf den CO_2-ärmeren Energieträger Erdgas.[458]

7.2 Die parlamentarische Arena im zweiten Jahr

Das zweite Jahr der 14. Wahlperiode begann so, wie das erste Jahr aufgehört hatte. Die Grünen setzten mithilfe des parlamentarischen Instruments der „Aktuellen Stunde" zunächst den Ausstieg aus der heimischen Steinkohleförderung auf die landespolitische Tagesordnung, den in der Debatte nicht nur die Grünen,

---

457   Plenarprotokoll 14/29 des Landtages von Nordrhein-Westfalen vom 17.05.2006, S. 3155.
458   Auch aus den vom Verfasser durchgeführten Interviews (siehe Quellenverzeichnis).

sondern auch die beiden Regierungsfraktionen befürworteten. Dahingegen lehnten die Sozialdemokraten den Steinkohlenausstieg weiterhin kategorisch ab.[459]

Im November 2006 beantragten die Grünen eine Beschlussfassung vom Landtag, „den Klimaschutz als eine zentrale gesellschaftspolitische Herausforderung des 21. Jahrhunderts"[460] zu betrachten. Zur Beschränkung der Folgen des Klimawandels sei eine Reduzierung der Treibhausgasemissionen um 40 Prozent bis zum Jahr 2020 und um 80 Prozent bis zum Jahr 2050 auch im eigenen Bundesland erforderlich. Deshalb solle angestrebt werden, ein Prozent des Bruttoinlandprodukts für den Klimaschutz zu investieren. Zudem solle sich der Landtag für die Erarbeitung einer wirksamen internationalen Folgevereinbarung zum Klimaschutz aussprechen. Er solle auch die Landesregierung zur Fortschreibung des vorhandenen Klimaschutzkonzepts und zur Vorlegung eines konkreten Programms mit Maßnahmen auffordern.[461] Außerdem forderten die Grünen vom Landtag, die Bundesregierung aufzufordern, die „Klimaschutzpolitik in der bevorstehenden Ratspräsidentschaft Deutschlands zu einem Schwerpunktthema zu machen."[462] Dazu gehöre

„zum Beispiel die Verankerung folgender Ziele auf EU-Ebene:

o Steigerung der Energieeffizienz um 20% bis 2020
o konsequenter Ausbau der Erneuerbaren Energien
o Versteigerung der Emissionsrechte bei einer Reform des Emissionshandels
o Abschaffung der Steuerbefreiung für den Flugverkehr"[463].

Ihre Forderungen wurden von den Sozialdemokraten im Kern durch einen Entschließungsantrag unterstützt.[464]

In der folgenden Plenardebatte stimmte Christian Weisbrich (CDU) zwar zu, dass der Klimaschutz als eine zentrale Herausforderung des 21. Jahrhunderts

---

459 Vgl. Plenarprotokoll 14/40 des Landtages von Nordrhein-Westfalen vom 25.09.2006, S. 4401-4417.
460 Antrag der Fraktion Bündnis90/Die Grünen: Der Klimaschutz ist eine zentrale Herausforderung des 21. Jahrhunderts (Drucksache 14/2873 Landtages von Nordrhein-Westfalen vom 07.11.2006), S. 4.
461 Vgl. ebd., S. 4.
462 Ebd., S. 4.
463 Ebd., S. 4.
464 Vgl. Entschließungsantrag der Fraktion der SPD zum Antrag der Fraktion Bündnis 90/Die Grünen „Der Klimaschutz ist eine zentrale Herausforderung des 21. Jahrhunderts": Die Zeit nach dem Kyoto-Protokoll gestalten – entschieden dem Klimawandel entgegentreten (Drucksache 14/2923 des Landtages von Nordrhein-Westfalen vom 14.11.2006).

zu betrachten sei,[465] jedoch teilte er u. a. aufgrund der finanziellen Situation in Deutschland nicht die Vorstellung der Grünen und der Sozialdemokraten hinsichtlich der Mittel ihrer propagierten Klimaschutzpolitik:

> „Wir haben durchaus das gleiche Ziel, doch zwischen den Umsetzungsvorstellungen liegen nun wirklich Welten. (...) Luft kennt keine Grenzen; deswegen ist Klimaschutz ganz sicherlich ein globales Problem, und deshalb sollten Sie der Illusion abschwören, dass alles Leid der Welt in Nordrhein-Westfalen geheilt werden könnte. Wir halten alle internationalen Verträge zum Klimaschutz ein. Aber wir machen uns nicht zum Deppen, der sich selbst amputiert. (...) Wir sparen in Deutschland mit großem Kostenaufwand jährlich 10 Millionen t CO_2-Emissionen ein. Weltweit kommt mehr als 1 Milliarde t hinzu. (...) Vor diesem Hintergrund ist das eine ziemlich ernüchternde Bilanz der internationalen Klimapolitik."[466]

Darüber hinaus sprach sich der CDU-Abgeordnete für einen technisch und wirtschaftlich optimalen Energiemix und für einen weltweiten Transfer deutscher Technologie als Mittel der Klimaschutzpolitik aus.[467]

Im Dezember 2007 diskutierten die Abgeordneten im Landtag aufgrund eines Antrags der Grünen-Fraktion und der beiden Regierungsfraktionen erneut im Rahmen einer „Aktuellen Stunde" den nordrhein-westfälischen Steinkohlebergbau und bekräftigten erneut entgegen der Meinung der Fraktion der SPD den Ausstieg aus der Steinkohle in Nordrhein-Westfalen.[468]

Der Beginn des Jahres 2007 stand ganz im Zeichen der landespolitischen Klimadebatte. Dafür gab es drei Gründe: Erstens richtete der Orkan Kyrill erhebliche Schäden in Nordrhein-Westfalen an, weshalb alle vier Fraktionen entsprechende Anträge dazu einbrachten,[469] die am 25. Januar 2007 im Rahmen

---

465   Vgl. Plenarprotokoll 14/44 des Landtages von Nordrhein-Westfalen vom 16.11.2006, S. 4896.
466   Ebd., S. 4896-4897.
467   Vgl. ebd., S. 4897.
468   Vgl. Plenarprotokoll 14/45 des Landtages von Nordrhein-Westfalen vom 06.12.2006, S. 4099-5018.
469   Vgl. Eilantrag der Fraktion der SPD: Orkan Kyrill fordert Landesregierung auf, endlich das Klimaschutzkonzept fortzuschreiben (Drucksache 14/3580 des Landtages von Nordrhein-Westfalen vom 22.01.2007) und Eilantrag der Fraktion der SPD: Orkan Kyrill zwingt Landesregierung zum Stopp der Forstreform (Drucksache 14/3579 des Landtages von Nordrhein-Westfalen vom 22.01.2007 und Antrag der Fraktion der CDU und der Fraktion der FDP: Orkan „Kyrill": Katastrophenschutz in NRW hat Bewährungsprobe bestanden (Drucksache 14/3576 des Landtages von Nordrhein-Westfalen vom 22.01.2007) und Antrag der Fraktion Bündnis 90/Die Grünen: Bewältigung der dramatischen Folgen von „Kyrill" erfordert Hilfe für die WaldbesitzerInnen und eine funktionsfähige Forstverwaltung (Drucksache 14/3577 des Landtages von Nordrhein-Westfalen vom 22.01.2007).

einer „Aktuellen Stunde" diskutiert wurden.[470] Zweitens veröffentlichte der IPCC seinen Besorgnis erregenden vierten Bericht zum Stand der globalen Klimaveränderung.[471] Drittens setzten die beiden Regierungsfraktionen erneut den deutschen NAP II auf die landespolitische Tagesordnung, u. a. weil die Europäische Kommission in der Entscheidung zu diesem eine Obergrenze für den CO_2-Ausstoß von 453,1 Mill. t verlangte und die Regeln für die Zuteilung für hocheffiziente Neu- und Ersatzanalgen im Kraftwerksbereich revidiert werden sollten.[472] Die Fraktionen von CDU und FDP bezogen sich auf den im April 2006 mit den Sozialdemokraten gemeinsam eingebrachten Antrag zum NAP II und forderten in ihrem neuen Antrag, dass der Landtag die Landesregierung dabei unterstützt,

- „dass Planungssicherheit über das Jahr 2012 hinaus gewährt wird, in dem die spezifischen Anforderungen verschiedener Anlagen durch ein an den einzelnen Brennstoffen orientierten Benchmarkverfahren berücksichtigt werden,
- dass eine weitere Reduzierung der Obergrenze des CO_2-Ausstoßes weitestgehend vermieden wird, da die im Entwurf des NAP II vorgesehene Zuteilungsmenge bereits den Anforderungen des Burden Sharing entspricht,
- dass die Instrumente Clean Development Mechanism (CDM) und Joint Implementation (JI) stärker als bisher im Sinne des Klimaschutzes und zum Nutzen nordrhein-westfälischer Unternehmen genutzt werden können,
- keine folgenschweren Kompromisse zu Lasten Nordrhein-Westfalens zu akzeptieren und für die Bundesregierung die Möglichkeit offen zu halten, notfalls den Klageweg zu beschreiten."[473]

Dieses Mal erarbeiteten die Fraktionen CDU, FDP und SPD in der Frage des NAP II keinen gemeinsamen Antrag. Die beiden Oppositionsfraktionen setzten diesem Antrag der Regierungsfraktionen jeweils einen eigenen Entschließungsantrag entgegen:

Die Fraktion der SPD bezog sich ebenfalls auf den zusammen mit den beiden Regierungsfraktionen eingebrachten Antrag. Sie stellten jedoch die Forderung auf, dass der Landtag von Nordrhein-Westfalen die Bundesregierung (nicht die Landesregierung!) dabei unterstützt,

---

470   Vgl. Plenarprotokoll 14/50 des Landtages von Nordrhein-Westfalen vom 25.01.2007, S. 5636-5662.
471   Zu den Inhalten dieses Berichts siehe Kapitel 3.1 der vorliegenden Arbeit.
472   Vgl. Antrag der Fraktion der CDU und der Fraktion der FDP: NAP II muss Planungssicherheit in NRW gewährleisten (Drucksache 14/3505 des Landtages von Nordrhein-Westfalen vom 16.01.2007), S. 1.
473   Ebd., S. 2.

- „dass Planungssicherheit über das Jahr 2012 hinaus gewährt wird, in dem die spezifischen Anforderungen verschiedener Anlagen durch ein an den einzelnen Brennstoffen orientiertes Benchmarkverfahren berücksichtigt werden, welches die Investitionen in neue Anlagen fördert und damit technische Innovationen unterstützt,
- dass eine weitere Reduzierung der Obergrenze des CO_2-Ausstoßes im Einklang sowohl mit dem deutschen Beitrag zu den Klimaschutzzielen der EU wie auch mit den berechtigten Interessen der deutschen Energiewirtschaft und Industrie steht,
- die Bedingungen zu schaffen, um die auf dem Energiegipfel zugesagten Neuinvestitionen von ca [sic!] 20.000 MW möglich zu machen,
- dass die Instrumente Clean Development Mechanism (CDM) und Joint Implementation (JI) stärker als bisher im Sinne des Klimaschutzes und zum Nutzen nordrhein-westfälischer Unternehmen genutzt werden können,
- alle Verhandlungsoptionen bis Mitte Februar offen gehalten werden, um im Dialog mit der EU-Kommission eine einvernehmliche Lösung zu erreichen und einen Rechtsstreit zur Wahrung deutscher Interessen zu vermeiden."[474]

Dahingegen forderten die Grünen vom nordrhein-westfälischen Landtag, die von der Europäischen Kommission ausgeübte Kritik an der von der Bundesregierung vorgenommenen Zuteilung der Emissionsrechte im Rahmen des NAP II zu teilen. Die Landesregierung sollte sich bei der Bundesregierung einsetzen: (a) für die Begrenzung des Mengenziels auf 453 Mill. t (was der Forderung der EU-Kommission entsprach), (b) für die Korrektur der geplanten Bevorzugung von neuen Kohlekraftwerke gegenüber modernen Gaskraftwerken, (c) für die Befreiung von Emissionssenkungen neuer Kraftwerke für einen Zeitraum von maximal fünf Jahren (nicht 14 oder 18 Jahren) und (d) für die Versteigerung von zehn Prozent der Zertifikate ab dem Jahr 2008. Mit den zu erwartenden Erlösen von mindestens 500 Mill. Euro jährlich sollte nach Ansicht der Grünen ein Klimaschutzfonds aufgelegt werden.[475]

In der folgenden Plenardebatte erörterten und verteidigten die jeweiligen Fraktionen ihre Positionen. Christian Weisbrich (CDU) schätzte die von der EU geplanten Korrekturen am deutschen Nationalen Allokationsplan nicht nur als

---

474   Entschließungsantrag der Fraktion der SPD zum Antrag der Fraktion der CDU und der Fraktion der FDP „NAP II muss Planungssicherhit in NRW gewährleisten": NAP II muss Planungssicherheit in NRW gewährleisten und Klimaschutz voranbringen (Drucksache 14/3588 des Landtages von Nordrhein-Westfalen vom 23.01.2007), S. 2.

475   Vgl. Entschließungsantrag der Fraktion Bündnis 90/Die Grünen zum Antrag der Fraktionen von CDU und FDP „NAP II muss Planungssicherheit in NRW gewährleisten": Emissionshandel: Forderungen aus Brüssel sind richtig (Drucksache 14/3600 des Landtages von Nordrhein-Westfalen vom 24.01.2007), S 2.

schwer nachvollziehbar, sondern sogar als „schikanös"[476] ein. Er plädierte dafür, die nach seiner Meinung übermäßigen Belastungen der europäischen und deutschen Politik zum Schutze des Klimas für NRW und die Bundesrepublik im Weltmaßstab zu betrachten: In Deutschland spare man mit großem Kostenaufwand, der die Standortbedingungen für energieintensive Branchen dramatisch verschlechtere, jährlich 10 Mill. t CO_2 ein. Gleichzeitig würden aber weltweit allein in Asien durch den Industrialisierungsprozess jährlich 1,1 Mrd. t sowie durch Brandrodung 2,4 Mrd. t zusätzliche CO_2-Emissionen hinzukommen. Für energieintensive Branchen könne sich die von der EU gemeinsam mit Bundesumweltminister Gabriel geplante Verschärfung der Klimaschutzauflagen geradezu zur Katastrophe auswachsen. Die Aluminiumindustrie habe schon mit Verlagerung gedroht. Auch das für Nordrhein-Westfalen geplante Neubauprogramm für Kraftwerke sei massiv gefährdet. RWE habe bereits angekündigt, auf den Bau des Steinkohlekraftwerks Hamm zu verzichten, wenn die europäisch-deutschen Pläne umgesetzt werden würden. Auch STEAG wolle dann die in Herne und Lünen geplanten Kraftwerksblöcke nicht bauen. Unter dem Strich ständen 250.000 industrielle Arbeitsplätze in NRW auf dem Prüfstand, die unmittelbar von der Energiepreisentwicklung abhängig seien, so der CDU-Abgeordnete.[477]

Sein liberaler Kollege Holger Ellerbrock bekräftigte diese Argumentation und bezog sich dabei auf die Ergebnisse einer von der Deutschen Bank veröffentlichten Studie: Ohne die ursprünglich zugesagten Emissionsrechte für 14 Jahre wäre es kaum vorstellbar, dass Braunkohlekraftwerke von rationalen Investoren gebaut werden könnten, da selbst Steinkohlekraftwerke zu riskant wären, weshalb in Zukunft die meisten neuen Kraftwerke demzufolge mit Gas laufen würden.[478] Europa könne es sich aber nicht leisten, die sichere und wirtschaftliche Stromerzeugung aus Braun- und Steinkohle über unverantwortliche Vorgaben beim Emissionshandel aus dem Markt zu drängen. Andernfalls mache man sich gänzlich von Stromimporten und russischen Gaslieferungen abhängig.[479]

Die Wirtschaftsministerin Christa Thoben (CDU) verdeutlichte die Energie- und Klimapolitik der Landesregierung in dieser Frage und ergänzte, wie wichtig die brennstoffbezogene Unterscheidung von Braun- und Steinkohle beim Emissionshandel für Nordrhein-Westfalen sei:

---

476   Plenarprotokoll 14/50 des Landtages von Nordrhein-Westfalen vom 25.01.2007, S. 5703.
477   Vgl. Plenarprotokoll 14/50 des Landtages von Nordrhein-Westfalen vom 25.01.2007, S. 5703 - 5704.
478   Nach den Ausführungen von Holger Ellerbrock wurden diese Aussagen in der von ihm zitierten Studie der Deutschen Bank gemacht.
479   Vgl. ebd., S. 5705.

„Gelingt es uns noch, die Bundesregierung zum Verbündeten dafür zu machen, dass auf europäischer Ebene ausgehalten wird, dass man unterschiedliche Bedingungen von Steinkohle und Braunkohle Rechnung trägt? (…) Wenn sich der Kompromiss in Brüssel nicht abzeichnet, müssen wir zum letzten Mittel greifen und klagen. Es geht sonst zulasten unseres Landes."[480]

Norbert Römer (SPD) bekannte sich in der Debatte ausdrücklich zu einer europäischen Vorreiterrolle in Fragen des Klimaschutzes. Ebenso wie die CDU und FDP kritisiere aber die sozialdemokratische Fraktion die EU-Kommission in Bezug auf die Forderung nach einer weiteren Absenkung der Obergrenze des CO_2-Ausstoßes im deutschen Nationalen Allokationsplan II für die Handelsperiode von 2008 bis 2012 und in Bezug auf die Positionierung gegen die brennstoffbezogene Unterscheidung von Braun- und Steinkohle. Anders als die schwarz-gelbe Regierungskoalition gingen die Sozialdemokraten aber davon aus, dass es Bundeskanzlerin Merkel in ihrer Ratspräsidentschaft gelingen werde, eine einvernehmliche Regelung mit der EU-Kommission ohne Rechtsstreit zu finden. Dabei unterstützten sie die Bundesregierung und die Bundeskanzlerin, so Norbert Römer.[481]

Rainer Priggen (Bündnis 90/Die Grünen) unterstützte in der Debatte ausdrücklich die Mittel der EU-Klimaschutzpolitik. Die Zusagen hinsichtlich der Reduzierung von CO_2-Emissionen, die man aus Teilen der Industrie bekommen habe, seien nicht eingehalten worden, was eine Verhöhnung des Klimaschutzes sei. In diesem Kontext griff er in seiner Rede den Energieversorgungskonzern RWE stark an: RWE betuppe die Politik da, wo sie nur könnten, weil sie anders als vorher gesagt, alte Kraftwerke für neue nicht abschalteten und damit dem Klima mehr als vorher schadeten.[482] Auch im Bereich des Luftverkehrs nahmen die Grünen eine eindeutige Position ein und plädierten dafür, den Luftverkehr in den EU-Emissionshandel einzubeziehen,[483] was von den beiden Regierungsfraktionen bei Enthaltung der Sozialdemokraten abgelehnt wurde.[484]

Ebenfalls zu Beginn des Jahres 2007 thematisierten die Sozialdemokraten die mögliche Energiegewinnung durch Biomasse in NRW und forderten die

---

480   Ebd., S. 5708-5709.
481   Vgl. ebd., S. 5706.
482   Vgl. ebd., S. 5707.
483   Vgl. Antrag der Fraktion von Bündnis 90/Die Grünen: Luftverkehr wirksam in den EU-Emissionshandel einbeziehen (Drucksache 14/3490 des Landtages von Nordrhein-Westfalen vom 16.01.2007).
484   Vgl. Plenarprotokoll 14/50 des Landtages von Nordrhein-Westfalen vom 25.01.2007, S. 5722-5728.

Landesregierung auf, eine Biomassestrategie zu entwickeln,[485] was die Regierungsfraktionen in dieser Form ebenfalls ablehnten.[486]

Die energie- und klimapolitischen Positionen der Regierungs- und Oppositionsfraktionen unterschieden sich Anfang des Jahres 2007 deutlich, allerdings gab es auch einen politikfeldspezifischen Bereich, in dem alle vier Fraktionen einen gemeinsamen Nenner finden konnten. Sie erklärten in einem gemeinsamen Antrag, die Entwicklung der Wärmepumpentechnologie und die wirtschaftliche Erdwärmenutzung (Geothermie) in Nordrhein-Westfalen unterstützen zu wollen.[487]

Ende Januar 2007 veröffentlichte der IPCC seinen vierten Sachstandsbericht. Daraufhin beantragten die Grünen, die Konsequenzen aus dem Bericht im Rahmen einer „Aktuellen Stunde" zu debattieren.[488] In der Debatte wurden keine neuen energie- und klimapolitische Einschätzungen, Positionen oder Instrumente dargelegt und diskutiert. Vielmehr hielten die Fraktionen an ihren Standpunkten fest.[489]

Im Februar 2007 forderten die Grünen die Landesregierung auf, auf europäischer und nationaler Ebene im Straßenverkehrsbereich u. a. Initiativen zu ergreifen: zur Festsetzung von deutlichen Zielen zur Reduktion von Kohlendioxid, zur Ergreifung von steuerlichen- und finanzpolitischen Maßnahmen sowie zur Erschließung von Einspar- und Effizienzpotenzialen, was nach einer Debatte im Plenum und nach Beratung in den zuständigen Ausschüssen gegen die Stimmen der beiden Regierungsfraktionen und bei Enthaltung der Sozialdemokraten abgelehnt wurde.[490]

Ebenfalls im Februar brachten die beiden Regierungsfraktionen einen Antrag ein mit dem Titel: „Handlungsoffensive der Landesregierung zum Kli-

---

485 Vgl. Antrag der Fraktion der SPD: NRW braucht Strategie der Biomassenutzung (Drucksache 14/3488 des Landtages von Nordrhein-Westfalen vom 16.01.2007).

486 Vgl. Plenarprotokoll 14/64 des Landtages von Nordrhein-Westfalen vom 13.06.2007, S. 7320.

487 Vgl. Antrag der Fraktion der CDU, der Fraktion der SPD, der Fraktion Bündnis 90/Die Grünen und der Fraktion der FDP: Potenziale der Geothermie in Nordrhein-Westfalen optimal nutzen (Drucksache 14/3503 des Landtages von Nordrhein-Westfalen vom 16.01.2007).

488 Vgl. Antrag der Fraktion der Bündnis 90/Die Grünen: Konsequenzen aus dem IPCC-Bericht für NRW (Drucksache 14/3687 des Landtages von Nordrhein-Westfalen vom 05.02.2007).

489 Vgl. Plenarprotokoll 14/52 des Landtages von Nordrhein-Westfalen vom 05.02.2007, S. 5828-5844.

490 Vgl. Antrag der Fraktion von Bündnis 90/Die Grünen: Wirksame Klimaschutzmaßnahmen im Straßenverkehr ergreifen! (Drucksache 14/3848 des Landtages von Nordrhein-Westfalen vom 27.02.2007) und Plenarprotokoll 14/56 des Landtages von Nordrhein-Westfalen vom 09.03.2007, S. 6245-6257 und Plenarprotokoll 14/76 des Landtages von Nordrhein-Westfalen vom 05.12.2007, S. 8923.

maschutz konsequent umsetzen", mit dem sie die integrierte Energie- und Klimaschutzpolitik der Landesregierung ausdrücklich positiv bewerteten und unterstützten.[491] In dem Antrag hieß es:

> „Die Diskussion über den Klimawandel und seine Auswirkungen verstärken das Bemühen Nordrhein-Westfalens, seinen Beitrag zur Ressourcenschonung und zum effizienten Einsatz von Energie zu leisten. Dazu wählt das Land einen integrativen Ansatz, indem es ausgehend von einer zielgerichteten Förderung von Forschung und Entwicklung bis hin zur verstärkten Nutzung regenerativer Energien eine Handlungsoffensive als wesentlichen Beitrag zum Klimaschutz startet. (…) Die Handlungsoffensive der Landesregierung zum Klimaschutz ist insgesamt geeignet, um
>
> o   einen Beitrag dazu zu leisten, die CO_2-Emissionen weltweit, auf europäischer Ebene und national in dem Maße zu senken, wie es die Klimastrategien von UNO und EU-Kommission fordern,
> o   die Abhängigkeit vom Import fossiler Brennstoffe und von fossilen Brennstoffen insgesamt deutlich zu mindern und
> o   der nordrhein-westfälischen Energietechnologie weltweit einen Spitzenplatz und damit exzellente Exportchancen zu sichern und gleichzeitig einen Beitrag zum weltweiten Klimaschutz zu leisten."[492]

Die Grünen legten dazu einen Entschließungsantrag vor, in welchem sie forderten, dass der Landtag „das von Bundeskanzlerin Merkel im Vorfeld des EU-Gipfels formulierte Klimaschutzziel [unterstützt], wonach die Union ihre CO_2-Emissionen bis zum Jahr 2020 um 30% und alle Industrienationen bis 2050 um 60 bis 80% reduzieren müssen."[493] Zudem sollte der Landtag feststellen, dass „die von der Landesregierung kürzlich vorgelegten Energiekonzepte weder in den Zielen noch in der Konkretisierung der Umsetzung den Anforderungen des Klimaschutzes genügen."[494] Die Landesregierung sollte „unter Zugrundelegung der genannten Reduktionsziele ein Klimaschutzkonzept für NRW einschließlich konkreter Umsetzungsschritte"[495] vorlegen und „auf EU- und Bundesebene Gesetze und Regelungen (…), die dem Klimaschutz dienen"[496] unterstützen und

491   Vgl. Antrag der Fraktion der CDU und der Fraktion der FDP: Handlungsoffensive der Landesregierung zum Klimaschutz konsequent umsetzen (Drucksache 14/3845 des Landtages von Nordrhein-Westfalen vom 27.02.2007).
492   Ebd., S. 2-3.
493   Entschließungsantrag der Fraktion Bündnis 90/Die Grünen zum Antrag der Fraktion der CDU und der Fraktion der FDP „Handlungsoffensive der Landesregierung zum Klimaschutz konsequent umsetzen" (Drucksache 14/3932 des Landtages von Nordrhein-Westfalen vom 07.03.2007), S. 3.
494   Ebd., S 3.
495   Ebd., S 3.
496   Ebd., S 3.

„sich mit den bereits unvermeidlichen Folgen des Klimawandels für NRW"[497] auseinandersetzen und „daraus resultierende Konsequenzen für Gesundheit, Naturschutz, Energie-, Land-, Forst und Wasserwirtschaft, Stadtplanung, Tourismus usw."[498] ziehen.

Nach einer Debatte im Plenum und Beratung in den zuständigen Ausschüssen wurde der Antrag der Regierungsfraktionen gegen die Stimmen der Opposition angenommen. Der Entschließungsantrag der Grünen wurde von CDU, FDP und SPD abgelehnt.[499]

Ende April 2007 setzten die Grünen die Klimadebatte erneut auf die landespolitische Tagesordnung und beantragen eine Beratung des Plenums in einer „Aktuellen Stunde".[500] Der Hintergrund war, dass Bundesumweltminister Sigmar Gabriel (SPD) in einer energie- und klimapolitischen Regierungserklärung nach den Beschlüssen des Europäischen Rates das Ziel für Deutschland vorgegeben hatte, ggf. die CO_2-Emissionen bis zum Jahr 2020 um 40 Prozent gegenüber dem Basisjahr 1990 reduzieren zu wollen.[501]

Gleichzeitig forderten die Sozialdemokraten von der Landesregierung aufgrund der im Februar und April 2007 veröffentlichten Berichte des IPCC einen „Sonderausschuss Klimawandel" einzusetzen.[502] Darüber hinaus sollte der Landtag die Landesregierung auffordern, „1. alle Teile des IPCC-Berichts auszuwerten und dem Landtag umfassend zu berichten, wie sich der Klimawandel auf NRW auswirkt; 2. dem Landtag zu berichten, welche Konsequenzen der Beschluss der Staats- und Regierungschefs der EU für das Land NRW hat; 3. eine umfassende Klimastrategie zu entwickeln, die integrativ die einzelnen Geschäftsbereiche der Landesregierung verbindet; 4. den Klimaschutzbericht 2005 fortzuschreiben und dabei für die Sektoren Verkehr, Wirtschaft, Gebäude und Energieerzeugungen die CO_2-Emissionen zu benennen und zugleich ehrgeizige und realistische Minderungsziele zu definieren."[503]

---

497   Ebd., S 3.
498   Ebd., S 3.
499   Vgl. Plenarprotokoll 14/56 des Landtages von Nordrhein-Westfalen vom 09.03.2007, S. 6229-6245 und Plenarprotokoll 14/79 des Landtages von Nordrhein-Westfalen vom 19.12.2007, S. 9314.
500   Vgl. Antrag der Fraktion Bündnis 90/Die Grünen: Die Bundesregierung legt Klimaschutzziele fest – Was tut NRW? (Drucksache 14/4278 des Landtages von Nordrhein-Westfalen vom 30.04.2007).
501   Vgl. Regierungserklärung des Bundesministers für Umwelt, Naturschutz und Reaktorsicherheit, Sigmar Gabriel, zur Klimapolitik der Bundesregierung nach den Beschlüssen des europäischen Rates vor dem Deutschen Bundestag am 26. April 2007 in Berlin. In: Bulletin der Bundesregierung Nr. 46-1 vom 26. April 2007.
502   Vgl. Antrag der Fraktion der SPD: Klimawandel schreitet voran – NRW muss jetzt handeln (Drucksache 14/4252 des Landtages von Nordrhein-Westfalen vom 24.04.2007).
503   Ebd., S. 2.

Dieser Antrag wurde nach Beratung in den zuständigen Ausschüssen und nach Debatte im Plenum abgelehnt von CDU und FDP gegen die Stimmen von SPD und Grüne.[504]

Zum Ende des zweiten Jahres forderten die Grünen, dass sich die Landesregierung sowohl im eigenen Zuständigkeitsbereich als auch auf EU- und Bundesebene für Energieeinsparung und Energieeffizienz durch den Ausbau der Kraft-Wärme-Kopplung, durch energetische Gebäudesanierung, durch die Reduzierung des Stromverbrauchs um jährlich einen Prozent und durch Effizienzmaßnahmen im Verkehrsbereich einsetzt,[505] was nach ausführlicher Beratung in den zuständigen Ausschüssen und einer Debatte im Plenum von den beiden Regierungsfraktionen gegen die Stimmen der beiden Oppositionsfraktionen abgelehnt wurde.[506] Zudem beantragten sie, dass Nordrhein-Westfalen die CO_2-Emissionen von ca. 300 Mill. t um 90 Mill. t auf ca. 210 Mill. t (30 Prozent) bis zum Jahr 2020 reduziert[507] und die Landesregierung „ein konkretes Umsetzungsziel zur Erreichung dieses Ziels"[508] vorlegt, was ebenfalls nach Beratung in den zuständigen Ausschüssen und einer Debatte im Landtag durch die Fraktionen der CDU und der FDP und gegen die Stimmen von SPD und Grüne abgelehnt wurde.[509]

Noch vor der Sommerpause brachten alle vier Fraktionen im Juni energie- und klimaschutzpolitische Anträge ein,[510] die im Rahmen einer „Aktuellen Stun-

---

504   Vgl. Plenarprotokoll 14/67 des Landtages von Nordrhein-Westfalen vom 23.08.2007, S. 7643-7654.

505   Vgl. Antrag der Fraktion Bündnis 90/Die Grünen: Klimaschutz konkret: Potenziale von Energieeinsparung und -effizienz erschließen (Drucksache 14/4234 des Landtages von Nordrhein-Westfalen vom 24.04.2007).

506   Vgl. Plenarprotokoll 14/82 des Landtages von Nordrhein-Westfalen vom 24.01.2008, S. 9649-9655.

507   Vgl. Antrag der Fraktion Bündnis 90/Die Grünen: Die Landesregierung beim Ziel einer 30%igen CO2-Reduzierung bis 2020 unterstützen (Drucksache 14/4477 des Landtages von Nordrhein-Westfalen vom 05.06.2007), S. 2.

508   Ebd., S. 2.

509   Vgl. Plenarprotokoll 14/64 des Landtages von Nordrhein-Westfalen vom 13.06.2007, S. 7288-7295 und Plenarprotokoll 14/79 des Landtages von Nordrhein-Westfalen vom 19.12.2007, S. 9314.

510   Vgl. Antrag der Fraktion Bündnis 90/Die Grünen: Warum torpediert Nordrhein-Westfalen die Klimaschutzziele der Bundeskanzlerin (Drucksache 14/4513 des Landtages von Nordrhein-Westfalen vom 11.06.2007) und Antrag der Fraktion der SPD: Der Umweltbericht NRW 2006 zeigt: die Landesregierung ist ohne Perspektive und ohne Strategie im Kampf gegen den Klimawandel (Drucksache 14/4514 des Landtages von Nordrhein-Westfalen vom 11.06.2007) und Antrag der Fraktion der CDU und der Fraktion der FDP: Faire Bedingungen für die Braunkohle bei der Zuteilung von Emissionsrechten – heimische Energieträger nicht gefährden (Drucksache 14/4515 des Landtages von Nordrhein-Westfalen vom 11.06.2007).

de" sehr ausführlich diskutiert wurden.[511] Bei der Debatte ging es u. a. darum, dass die Bundesregierung bei dem Gesetzentwurf zur Änderung der Rechtsgrundlagen zum Emissionshandel im Hinblick auf die Zuteilungsperiode 2008 bis 2012 nur jeweils einen brennstoffbezogen Benchmark für Gas und Kohle vorgesehen hatte, aber keinen kohlespezifischen Benchmark, der auch zwischen Stein- und Braunkohle unterscheidet:

Rainer Priggen (Bündnis 90/Die Grünen) lobte in seiner Rede die Klimapolitik der Bundeskanzlerin Merkel und warf der Regierung Rüttgers vor, ihr dabei in den Rücken zu fallen. Er sprach sich ausdrücklich gegen den spezifischen Kohle-Benchmark und für einen einheitlichen Benchmark für alle Energieträger aus. Die Industrie solle sich dann für die Nutzung des jeweiligen Energieträgers entscheiden.[512]

Norbert Römer (SPD) bewertet das gefundene Ergebnis für die heimische Braunkohle als auskömmlich, weil die Regelung sie nicht gefährde.[513]

Dahingegen verteidigte die Regierungskoalition die Position und Politik der Landesregierung: Die Braunkohle sei einer der wenigen Bodenschätze Nordrhein-Westfalens, die man langfristig wirtschaftlich nutzen könne, so der FDP-Politiker Dietmar Brockes. Die Braunkohle versetze NRW somit in die Lage, der hohen Abhängigkeit von russischen Gaslieferungen entgegenzuwirken, indem man den Anteil von Erdgas in der Verstromung begrenze. Zudem komme Braunkohle zukünftig bundesweit eine noch größere Rolle zur Deckung der Grundlast zu aufgrund des von der rot-grünen Bundesregierung erzwungenen Kernenergieausstiegs.[514] Sein Fraktionskollege Holger Ellerbrock (FDP) nutzte in der Debatte erneut die Gelegenheit, um nochmals vor der aus seiner Sicht übertriebenen Darstellung des Ausmaßes und der Folgen des Klimawandels hinzuweisen und um eine sachgerechte Diskussion einzufordern.[515] Nach der Ansicht von Christian Weisbrich (CDU) sei die Braunkohle im Hinblick auf Versorgungssicherheit, Preisgestaltung und Wertschöpfung am Standort NRW so lange unverzichtbar, wie man nicht über andere, gleich preisgünstige heimische Energieträger verfüge. Der Schlüssel für eine erfolgreiche Klimaschutzpolitik liege für NRW damit in der Umsetzung des Programms zur Kraftwerkserneuerung. Deshalb sei es wichtig, dass sich Ministerin Thoben mit ihrer Forderung für getrennte Steinkohle- und Braunkohlebenchmarks in Berlin durchgesetzt

---

511   Vgl. Plenarprotokoll 14/65 des Landtages von Nordrhein-Westfalen vom 14.06.2007, S. 7331-7357.
512   Vgl. ebd., S. 7331-7333.
513   Vgl. ebd., S. 7347.
514   Vgl. ebd., S. 7337-7338.
515   Vgl. ebd., S. 7345-7346.

habe. Allein aus der Modernisierung des Kraftwerksparks lasse sich eine Reduzierung des CO_2-Austoßes um 20 bis 30 Prozent jährlich erzielen.[516]

Vor dem Hintergrund der energie- und klimapolitischen Entwicklungen im
europäischen Mehrebensystem und auf internationaler Ebene reichten die Grünen ebenfalls noch vor der Sommerpause eine „Große Anfrage" an die Landesregierung zum Thema „Klimaschutz in Nordrhein-Westfalen" ein.[517]

7.3 Die parlamentarische Arena im dritten Jahr

Nach der Sommerpause setzten sich die Grünen erneut für den Ausbau der Kraft-
Wärme-Kopplung in NRW ein. Die schwarz-gelbe Landesregierung sollte die
KWK zu einem Schwerpunkt ihrer Energiepolitik machen und u. a. ein umfassendes Konzept mit Maßnahmen zur Förderung des KWK-Ausbaus im Land
erstellen. In Nordrhein-Westfalen sollte nach Ansicht der Grünen bis zum Jahr
2020 der Anteil der KWK an der Stromerzeugung bei mindestens 25 Prozent
liegen. In diesem Zusammenhang sollte sich die Landesregierung auf Bundesebene für eine Novelle des KWK-Gesetzes einsetzen (dies gegebenenfalls über
eine Bundesratsinitiative),[518] was von den beiden Regierungsfraktionen mit Enthaltung der Fraktion der SPD nach Beratung in den zuständigen Ausschüssen
und einer Debatte im Plenum abgelehnt wurde.[519] Zudem setzten sie sich für eine
Verbesserung des CO_2-Gebäudesanierungsproramms ein[520] und forderten die
Landesregierung auf, „umgehend eine gesetzliche Regelung zur Förderung der
erneuerbaren Energien im Wärmebereich vorzulegen".[521] Letzteres erklärten sie
allerdings im Laufe des Beratungsprozesses für erledigt.[522]

---

516   Vgl. ebd., S. 7344-7345.
517   Vgl. Große Anfrage 15 der Fraktion Bündnis 90/Die Grünen: Klimaschutz in NRW
        (Drucksache 14/4604 des Landtages von Nordrhein-Westfalen vom 22.06.2007).
518   Vgl. Antrag der Fraktion Bündnis 90/Die Grünen: Klimaschutz konkret: Im Jahr 2020
        müssen in NRW mindestens 25 % des Stroms in Kraft-Wärme-Kopplung produziert wer-
        den! (Drucksache 14/4855 des Landtages von Nordrhein-Westfalen vom 14.08.2007), S.
        3-4.
519   Vgl. Plenarprotokoll 14/82 des Landtages von Nordrhein-Westfalen vom 24.01.2008, S.
        9655-9660.
520   Vgl. Antrag der Fraktion Bündnis 90/Die Grünen: Konditionen des CO2-Gebäudesa-
        nierungsprogramms verbessern (Drucksache 14/5024 des Landtages von Nordrhein-
        Westfalen vom 11.09.2007).
521   Antrag der Fraktion Bündnis 90/Die Grünen: Klimaschutz konkret: Dem Beispiel Baden-
        Württembergs folgen – Erneuerbare Wärme Gesetz für NRW vorlegen! (Drucksache
        14/4854 des Landtages von Nordrhein-Westfalen vom 14.08.2007), S. 2.
522   Vgl. Plenarprotokoll 14/83 des Landtages von Nordrhein-Westfalen vom 20.02.2008, S.
        9812-9813.

Die Sozialdemokraten starteten in das dritte Jahr der 14. Legislaturperiode mit einem Antrag, der die vom Umweltministerium des Landes vorgenommene Erhöhung der Genehmigungsgebühren für Erdwärmepumpen wieder zurücknehmen sollte.[523] Obwohl sich die Sozialdemokraten mit diesem Antrag nicht durchsetzen konnten,[524] arbeiteten sie in dieser Zeit in einer anderen energie- und klimapolitischen Frage mit den beiden Regierungsfraktionen zusammen: Im Oktober 2007 beantragten CDU, FDP und SPD gemeinsam die Unterstützung des Landtages für „die Errichtung eines hochmodernen Kohlekraftwerks im Chemiepark-Uerdingen als einen wichtigen Beitrag für mehr Klimaschutz, eine langfristige Sicherung des nordrhein-westfälischen Industriestandortes und mehr Wettbewerb."[525] Zudem sollte die Landesregierung „weiterhin politisch für die Errichtung des Kraftwerks (...) werben"[526] und der Landtag sollte die Bayer AG auffordern, „verbindlich einen Zeitplan für das Abschalten der Altanlagen am Standort Krefeld zu erklären, die durch Neuanlagen ersetzt werden."[527]

Als Antwort auf diese Zusammenarbeit veröffentlichen die Grünen einen eigenen Antrag, mit dem sie ihre konträre Position aufzeigten.[528] Sie forderten von der Landesregierung „darzulegen, wie der derzeit laufende Ausbau der Stein- und Braunkohlekraftwerkskapazitäten mit dem Ziel der Landesregierung, die Stromproduktion aus fossilen Kraftwerken bis 2020 um 28 % zu reduzieren und dem Ziel der Bundesregierung, eine CO_2-Reduktion von 40 % bis 2020 zu erreichen, vereinbar ist."[529] Zudem forderten die Grünen die Landes- und die Bundesregierung auf, „die energiepolitischen Rahmenbedingungen umgehend so zu gestalten, dass Investitionen statt in Kohlekondensationskraftwerke in den Ausbau der erneuerbaren Energien und der Kraft-Wärme-Kopplung sowie [in] die Steigerung der Energieeffizienz fließen".[530]

---

523   Vgl. Antrag der Fraktion der SPD: Umweltfreundliche Erdwärmenutzung unbürokratisch unterstützen – Landesregierung darf Geothermie nicht behindern (Drucksache 14/5013 des Landtages von Nordrhein-Westfalen vom 11.09.2007).

524   Vgl. Plenarprotokoll 14/83 des Landtages von Nordrhein-Westfalen vom 20.02.2008, S. 9810-9812.

525   Antrag der Fraktion der CDU, der Fraktion der SPD und der Fraktion der FDP: Hochmodernes Kraftwerk in Krefeld verbessert Klimaschutz, sichert Industriestandort und Arbeitsplätze, sorgt für mehr Wettbewerb auf dem Strommarkt (Drucksache 14/5217 des Landtages von Nordrhein-Westfalen vom 16.10.2007), S. 2.

526   Ebd., S. 2.

527   Ebd., S. 2.

528   Vgl. Antrag der Fraktion Bündnis90/Die Grünen: Weitere Kohlekraftwerke in NRW sind mit den Klimaschutzzielen nicht vereinbar! (Drucksache 14/5223 des Landtages von Nordrhein-Westfalen vom 16.10.2007).

529   Ebd., S. 6.

530   Ebd., S. 6.

Nach einer Debatte im Plenum wurde der gemeinsame Antrag von CDU, SPD und FDP bei zwei Enthaltungen von CDU-Abgeordneten gegen die Stimmen der Grünen angenommen.[531]

Im November 2007 forderten die Grünen von der Landesregierung eine Initiative im Bundesrat, mit der sie sich für die vom Bundesparteitag der Sozialdemokratischen Partei Deutschlands angeregte Änderung des KWK-Gesetzes einsetzten sollte. Dort hatten sich die Sozialdemokraten im Oktober 2007 dafür ausgesprochen, die Genehmigung neuer Kraftwerke auf Grundlage fossiler Brennstoffe abhängig zu machen von der nachweislichen Verwirklichung von KWK und der Sicherung der Nutzung der Wärme.[532] Die Fraktion der SPD lobte in einem Entschließungsantrag dazu ebenfalls den Beschluss des SPD-Bundesparteitages und forderte die Landesregierung ebenfalls auf, in dieser Angelegenheit im Bundesrat initiativ zu werden.[533]

Obwohl beide Oppositionsfraktionen den Beschluss des Bundesparteitages der Sozialdemokraten unterstützten und sich für den Ausbau der KWK in NRW einsetzten, kam es hier nicht zu einer Zusammenarbeit und einem gemeinsamen Antrag. Die Debatte im Plenum offenbarte das diesbezügliche Problem und die Differenzen: Der Sozialdemokrat Norbert Römer warf den Grünen vor, nicht für Kohlekraftwerke mit KWK zu sein. Ihr Antrag diene nur dazu, den positiven Begriff der KWK zu nutzen, um die Ablehnung aller gegenwärtigen Kraftwerksprojekte in NRW zu begründen. Im Gegensatz zu den Grünen sei es nicht das Ziel der Sozialdemokraten, den Ersatz von alten Kraftwerken durch neue Kraftwerke zu verhindern.[534]

Ebenfalls im November 2007 beantragte die Fraktion von Bündnis 90/Die Grünen eine „Aktuelle Stunde", um die aus ihrer Sicht bestehende und nachteilige Monopolstellung der vier großen Stromkonzerne in Deutschland und die

---

531 Vgl. Plenarprotokoll 14/71 des Landtages von Nordrhein-Westfalen vom 24.10.2007, S. 8150-8164.

532 Vgl. Antrag der Fraktion Bündnis 90/Die Grünen: Wenn fossile Kraftwerke, dann als KWK-Anlagen (Drucksache 14/5341 des Landtages von Nordrhein-Westfalen vom 06.11.2007) und den Leitantrag des SPD-Parteivorstandes: „Unser Weg in die ökologische Ökonomie – Für einen New Deal von Wirtschaft, Umwelt und Beschäftigung" vom 20.08.2007. http://www.rhombos.de/fileadmin/content/picture/SDP_Leitantrag.pdf. Zugegriffen: 30.06.2013.

533 Vgl. Entschließungsantrag der Fraktion der SPD zum Antrag der Fraktion Bündnis 90/ Die Grünen „Wenn fossile Kraftwerke, dann als KWK-Anlagen": NRW muss Spitzenstellung bei der Kraft-Wärme-Kopplung ausbauen (Drucksache 14/5443 des Landtages von Nordrhein-Westfalen vom 13.11.2007).

534 Vgl. Plenarprotokoll 14/73 des Landtages von Nordrhein-Westfalen vom 14.11.2007, S. 8460.

Politik der schwarz-gelben Landesregierung dazu öffentlich zu diskutieren und zu kritisieren.[535]

Zum Jahresende brachten die Grünen einen Entwurf für ein „Gesetz zur Nutzung erneuerbarer Wärmeenergie in Nordrhein-Westfalen" ein.[536] Der Zweck des Gesetzes sollte sein, „im Interesse des Klimas und Umweltschutzes den Einsatz von erneuerbaren Energien zu Zwecken der Wärmeversorgung in Nordrhein-Westfalen zu steigern, die hierfür notwendigen Technologien weiter auszubauen und dadurch die Nachhaltigkeit der Energieversorgung zu verbessern."[537] Dieses Gesetz kam nach einer Lesung und Beratung in den zuständigen Ausschüssen nicht zustande, weil die Regierungskoalition im Dezember 2008 dagegen stimmte. Die SPD stimmte für den Gesetzentwurf.[538]

In der zweiten Hälfte des dritten Jahres der 14. Wahlperiode wurde der Ausstieg aus der Steinkohlesubvention erneut auf Antrag aller Fraktionen zum Thema im Landtag. Die Fraktionen CDU, FDP und Bündnis 90/Die Grünen arbeiteten in dieser Angelegenheit zusammen und sprachen sich erneut für den endgültigen Ausstieg aus der Steinkohlesubvention aus. Dahingegen blieben die Sozialdemokraten bei ihrer bisherigen Position und sprachen sich gegen eine komplette Einstellung der Subventionen aus.[539]

Im April 2008 reichte die Regierungskoalition einen Antrag ein, mit dem sie die Landesregierung aufforderte,

---

535   Vgl. Antrag der Fraktion Bündnis 90/Die Grünen: Wettbewerb auf den Energiemärkten: Wann handelt die Landesregierung endlich? (Drucksache 14/5440 des Landtages von Nordrhein-Westfalen vom 12.11.2007) und Plenarprotokoll 14/75 des Landtages von Nordrhein-Westfalen vom 16.11.2007, S. 8669-8686.

536   Vgl. Gesetzentwurf der Fraktion Bündnis 90/Die Grünen: Gesetz zur Nutzung erneuerbarer Wärmeenergie in Nordrhein-Westfalen (Drucksache 14/5576 des Landtages von Nordrhein-Westfalen vom 27.11.2007).

537   Ebd., S. 5.

538   Vgl. Plenarprotokoll 14/78 des Landtages von Nordrhein-Westfalen vom 07.12.2007 und S. 9127-9137 und Plenarprotokoll 14/102 des Landtages von Nordrhein-Westfalen vom 22.10.2008, S. 12097.

539   Vgl. Eilantrag der Fraktion der Bündnis 90/Die Grünen: Die Koalition muss ihre Fehler bei den Steinkohleverhandlungen korrigieren (Drucksache 14/6379 des Landtages von Nordrhein-Westfalen vom 10.03.2008) und Änderungsantrag der Fraktion der CDU, der Fraktion der FDP und der Fraktion Bündnis90/Die Grünen zu dem Eilantrag der Fraktion Bündnis 90/Die Grünen „Die Koalition muss ihre Fehler bei den Steinkohleverhandlungen korrigieren": Planungssicherheit für die Bergbaustandorte (Drucksache 14/6413 des Landtages von Nordrhein-Westfalen vom 13.03.2008) und Entschließungsantrag der Fraktion der SPD zum Eilantrag der Fraktion der Bündnis 90/Die Grünen „Die Koalition muss ihre Fehler bei den Steinkohleverhandlungen korrigieren": Keine erneute Verunsicherung von Bergleuten und Bergbaustandorten - Landesregierung muss verantwortungsvoll reagieren (Drucksache 14/6411 des Landtages von Nordrhein-Westfalen vom 13.03.2008) und Plenarprotokoll 14/86 des Landtages von Nordrhein-Westfalen vom13.03.2008.

- „gemeinsam mit der Bundesregierung bei der EU-Kommission darauf hinzuwirken, dass die Energieversorger schnellstmöglich Planungssicherheit
  über die zweite Periode des Emissionshandels hinaus erhalten, damit sich
  diese rechtzeitig Produktionskapazitäten bei den Kraftwerksbauern sichern
  und somit lange Wartezeiten und steigenden Preise für neue Kraftwerke
  vermeiden können.
- alle Möglichkeiten zu prüfen, wie die gefährdeten Kraftwerksprojekte gemeinsam mit der Industrie zügig umgesetzt werden können.
- sich auf Bundesebene für einen Weiterbetrieb bestehender Kernkraftwerke
  über die bisher geplanten Laufzeiten einzusetzen."[540]

Um gegen die Atomstrompolitik von CDU und FDP ein politisches Zeichen zu
setzen, arbeiteten die beiden Oppositionsfraktionen zusammen und reichten
einen Entschließungsantrag in den landespolitischen Politikprozess ein, mit dem
sie sich erneut für den planmäßigen Ausstieg aus der Atomenergie aussprachen.
Darüber hinaus plädierten sie für die Steigerung der Energieeffizienz, für den
Ausbau der erneuerbaren Energien, für den Ausbau von KWK in NRW und für
die Verbesserung der Wettbewerbsfähigkeit der Stadtwerke auf dem Strommarkt.[541]

Nach einer Debatte im Landtag[542] und Beratung in den zuständigen Ausschüssen wurde der Antrag von CDU und FDP angenommen und der von SPD
und von den Grünen abgelehnt.[543]

Im Mai 2008 setzte die Fraktion Bündnis 90/Die Grünen erneut die Energie-
und Klimapolitik des Landes im Rahmen einer „Aktuellen Stunde" auf die politische Tagesordnung. Die Grünen warfen der Landesregierung u. a. deren Erteilung von Genehmigungen für den Neubau von drei Steinkohlekraftwerken (Datteln, Hamm und Lünen) vor, weil sie die Betreiber nicht gleichzeitig zur Stillle-

---

540   Antrag der Fraktion der CDU und der Fraktion der FDP: Maßnahmen zur Vermeidung des
       prognostizierten Engpasses in der Stromproduktion ergreifen (Drucksache 14/6513 des
       Landtages von Nordrhein-Westfalen vom 08.04.2008), S. 3.
541   Vgl. Entschließungsantrag der Fraktion der SPD und der Fraktion der Bündnis 90/Die
       Grünen zum Antrag der Fraktion der CDU und der Fraktion der FDP „Maßnahmen zur
       Vermeidung des prognostizierten Engpasses in der Stromproduktion ergreifen": Strom-
       versorgung von morgen ohne Atompläne von gestern (Drucksache 14/6581 des Landtages
       von Nordrhein-Westfalen vom 15.04.2008).
542   Vgl. Plenarprotokoll 14/87 des Landtages von Nordrhein-Westfalen vom 16.04.2008,
       S. 10266-10277.
543   Vgl. Plenarprotokoll 14/94 des Landtages von Nordrhein-Westfalen vom 18.06.2008,
       S. 11259.

gung von alten Anlagen in gleichem Umfange verpflichtet hatten.[544] Außerdem machten sie ihr den Vorwurf, beim Emissionshandel „im Gegensatz zu EU-Kommission und -Parlament auch für die Handelsperiode ab 2013 für eine kostenlose Zuteilung der Emissionsrechte nach brennstoffspezifischen Benchmarks anstelle einer Vollauktionierung"[545] einzutreten, was sie als „ein milliardenschweres Geschenk an die Energiewirtschaft"[546] bezeichneten. Nach Ansicht der Grünen würden bei dieser Politik notwendige Einnahmen aus Auktionierungen zur Finanzierung von Klimaschutzmaßnahmen fehlen.[547]

Die CDU-Wirtschaftsministerin Christa Thoben entgegnete, dass die kostenlose Zuteilung kein milliardenschweres Geschenk an die Energiewirtschaft sei. Die von der Landesregierung geforderte Zuteilung beziehe sich ausschließlich auf die CO_2-Emissionen, die beim Einsatz der besten Technik je Brennstoffart entständen. Für darüber hinausgehende CO_2-Emissionen müssten CO_2-Zertifikate erworben werden. Es habe keinen Sinn, die Energiewirtschaft mit Kosten für etwas zu belasten, das sie auch beim Einsatz modernster Technik nicht vermeiden könne.[548]

Norbert Römer (SPD) sprach sich in der Debatte für eine kostenlose Zuteilung der Emissionszertifikate für die im globalen Wettbewerb stehenden energieintensive Industrie (u. a. Stahlindustrie und Zementindustrie) in NRW aus, aber gegen eine kostenlose Zuteilung der Emissionszertifikate in der Energiewirtschaft.[549]

Im Anschluss an diese energie- und klimapolitische Debatte diskutierte der Landtag über den „Abschlussbericht der Enquetekommission zu den Auswirkungen längerfristig stark steigender Preise von Öl- und Gasimporten auf die Wirtschaft und die Verbraucherinnen und Verbraucher in NRW" und über einen gemeinsam von den beiden Oppositionsfraktionen eingebrachten Entschließungsantrag dazu, der die Landesregierung aufforderte, 23 im Abschlussbericht konkret genannte Empfehlungen zeitnah im Austausch mit den jeweiligen Akteuren im Land umzusetzen,[550] was von den beiden Regierungsfraktionen nach ausgedehnter Debatte im Plenum abgelehnt wurde.[551]

---

544 Vgl. Antrag der Fraktion Bündnis 90/Die Grünen: Energie- und Klimaschutzstrategie der Landesregierung ohne wirksame Maßnahmen und ohne ausreichende Finanzierung (Drucksache 14/6749 des Landtages von Nordrhein-Westfalen vom 13.05.2008).

545 Ebd.

546 Ebd.

547 Vgl. ebd.

548 Vgl. Plenarprotokoll 14/89 des Landtages von Nordrhein-Westfalen vom 14.05.2008, S. 10530.

549 Vgl. ebd., S. 10537-10538.

550 Vgl. Entschließungsantrag der Fraktion der SPD und der Fraktion Bündnis 90/Die Grünen zum Abschlussbericht der Enquete-Kommission I „Auswirkungen längerfristig stark steigender Preise von Öl- und Gasimporten auf die Wirtschaft und die Verbraucherinnen und

Im Mai 2008 reichte die SPD-Fraktion den letzten im dritten Jahr relevanten energie- und klimapolitischen Antrag ein, in dem sie sich für das Repowering von Windkraftanlagen einsetzte.[552]

7.4 Die parlamentarische Arena im vierten Jahr

Das vierte Jahr der 14. Wahlperiode stand in Nordrhein-Westfalen ganz im Zeichen des „Europäischen Energie- und Klimapakets" und der damit verbundenen Positionierung der Fraktionen gegenüber der von der EU forcierten Ausweitung der Versteigerung und des Handels mit CO_2-Emissionszertifikaten. Nach der Sommerpause reichten daher im August 2008 alle vier Fraktionen Anträge in den landespolitischen Prozess ein, die sich mit dem EU-Emissionshandel beschäftigten:

Die Grünen sprachen sich deutlich für die Vollauktionierung im Stromsektor aus. Sie forderten in einem Antrag die Landesregierung auf, „ihre bisherige Forderung nach einer weiterhin kostenlosen Zuteilung von Emissionsrechten an die Energieerzeuger aufzugeben und sich stattdessen für eine vollständige Versteigerung der Rechte einzusetzen"[553] und „bei der Bundesregierung darauf hinzuwirken, dass die in NRW angefallenen Einnahmen des Bundes aus dem Emissionshandel weitestgehend nach NRW zurückfließen mit der Priorität in Form einer ‚nationalen Kraftanstrengung zur energetischen Gebäudesanierung'."[554] Der Antrag wurde zunächst ohne Debatte im Plenum in die zuständigen Ausschüsse überwiesen.

Verbraucher in Nordrhein-Westfalen": Öl-Wechsel! Antworten für NRW auf steigende Öl- und Gaspreise (Drucksache 14/6754 des Landtages von Nordrhein-Westfalen vom 13.05.2008), S. 3-4.

551   Vgl. Plenarprotokoll 14/89 des Landtages von Nordrhein-Westfalen vom 14.05.2008, S. 10539-10558.

552   Vgl. Antrag der Fraktion der SPD: Moderne Windkraft für Nordrhein-Westfalen - wenige neue Windräder ersetzen viele veraltete Anlagen (Drucksache 14/6682 des Landtages von Nordrhein-Westfalen vom 06.05.2008).

553   Antrag der Fraktion Bündnis 90/Die Grünen: Einnahmen aus dem Emissionshandel nutzen für Nationale Kraftanstrengungen zur Energetischen Gebäudesanierung (Drucksache 14/7346 des Landtages von Nordrhein-Westfalen vom 19.08.2008), S. 4.

554   Ebd., S. 4.

Norbert Römer (SPD) unterstützte im Ausschuss für Wirtschaft, Mittelstand und Energie den Antrag der Grünen in wesentlichen Punkten.[555] Er verlangt ebenfalls den Rückfluss eines angemessenen Anteils der Erlöse nach NRW. 44 Prozent aller durch den Handel erfassten CO_2-Emission entstünden in diesem Bundesland. Er nannte hier die Summe von ca. 4 bis 5 Mrd. Euro bei einem Preis von 25 Euro pro Zertifikat. Die Landesregierung müsse sich um die Mittel für Ziele (z. B. für die Gebäudesanierung) kümmern. Er plädierte dafür, Maßnahmen in Bundesprogramme zu integrieren, sprach sich dabei aber gegen die Generierung von Quoten für NRW aus (was die Absicht der Grünen sei), weil dies nicht vernünftig und nicht zielführend sei. Er forderte vielmehr, die Programme des Bundes wirkungsvoll für Nordrhein-Westfalen zuzuschneiden. Im Hinblick auf den zukünftigen Emissionshandel forderte der Sozialdemokrat von der Landesregierung und von den Regierungsfraktionen eine Änderung ihrer ablehnenden Haltung. Vor der endgültigen Entscheidung sollten sie besser, unter Berücksichtigung der im Antrag formulierten Ziele, umfangreich Investitionsmittel nach NRW leiten.[556] An einer anderen Stelle machte er den Energieversorgern den Vorwurf, die Zertifikate bei den Stromkunden eingepreisten zu haben, obwohl man ihnen 90 Prozent der Zertifikate kostenfrei zugeteilt hatte. Diese finanziellen Mittel hätten von den Energieversorgern für KWK-gestützte, hocheffiziente Kraftwerke eingesetzt werden können. Sie seien aber lediglich den Energiekonzernen zugutegekommen. Der SPD-Politiker sprach sich aber für die volle kostenlose Zuteilung von Zertifikaten für die produzierende Industrie aus und plädierte für Ausgleichszahlungen an die stromintensive Industrie, um sie nicht in ihrer internationalen Wettbewerbsfähigkeit einzuschränken.[557]

Zu der Einschätzung, dass die Energieversoger bereits die Zertifikate eingepreist hatten, kam auch das Bundesumweltministerium. Im Allokationsplan für die Bundesrepublik Deutschland für 2008-2012 hieß es:

„Insbesondere die Stromversorger beziehen derzeit den Wert der kostenlos zugeteilten Zertifikate in die Strompreiskalkulation ein (Opportunitätskosteneinpreisung). Dadurch erzielen die Energieversorgungsunternehmen derzeit Zusatzgewinne in

---

555 Vgl. Ausschussprotokoll 14/788 des Landtages von Nordrhein-Westfalen vom 10.12.2008, S. 19-24. Das Ausschussprotokoll 14/788 wurde von der Protokollantin / von dem Protokollanten in der indirekten Rede verfasst. Die folgende sinngemäße Wiedergabe der Aussagen von Norbert Römer und Lutz Lienenkämper durch den Verfasser der vorliegenden Arbeit beruhen demnach nicht auf ein Protokoll, das in direkter Rede verfasst wurde.

556 Vgl. ebd., S. 19-20.

557 Vgl. ebd., S. 21.

Milliardenhöhe, wohingegen Stromverbraucher zusätzliche Kosten aufgrund höherer Strompreise tragen müssen."[558]

Der Christdemokrat Lutz Lienenkämper sah in dieser rot-grünen Position die Interessen Nordrhein-Westfalens gefährdet. Er forderte vernünftige Regelungen für den Emissionshandel, die den Energieversorgern die Mittel zur Modernisierung der Kraftwerksparks belasse. Die Vollauktionierung sei hinsichtlich des Klimaschutzes nicht hilfreich und wirtschaftspolitisch von Nachteil. In diesem Kontext wies er auf mögliche zusätzliche Konkurrenzsituationen innerhalb der Union hin (u. a. mit Polen). Eine Vollauktionierung sei für das Bundesland nicht die richtige Lösung, weshalb die CDU-Fraktion nicht auf die Einnahmen aus dieser spekuliere.[559]

Ebenfalls im August 2008 brachten die beiden Regierungsfraktionen einen Antrag ein, mit dem der Landtag u. a. feststellen sollte, dass die Braunkohle ihre Position im Energiemix behalten müsse, weil sie als einziger heimischer fossiler Energieträger in großen Mengen verfügbar sei und vergleichsweise kostengünstig und subventionsfrei genutzt werden könne. Eine Vollauktionierung für die Handelsperiode ab 2013 sei nicht sinnvoll. Sie führe zur Abschöpfung liquider Mittel bei den Kraftwerksbetreibern, die sie jedoch für Investitionen in neue Kraftwerke brauchten. Mit der weiteren Nutzung emissionsintensiver Anlagen konterkariere man das eigentliche klimapolitische Ziel. Darüber hinaus benachteilige eine Vollauktionierung Nordrhein-Westfalen aufgrund seiner besonderen Kraftwerksstruktur.[560] Daher sollte das nordrhein-westfälische Parlament beschließen, dass sich die Landesregierung auf Bundesebene einsetzen soll für die „Verhinderung der Vollauktionierung von Emissionszertifikaten während der 2013 beginnenden dritten Handelsperiode."[561] In diesem Zusammenhang sollte sie sich auch für „eine Regelung der Begrenzung des Strompreisanstieges [einsetzen], die längere Laufzeiten für Atomkraftwerke vorsieht und Kernenergie als Brückentechnologie zur kostengünstigen Vermeidung von CO_2-Emissionen zulässt."[562]

558   Nationaler Allokationsplan für die Bundesrepublik Deutschland 2008-2012. http://www.bmub.bund.de/fileadmin/bmu-import/files/emissionshandel/downloads/application/pdf/nap_2008_2012.pdf. Zugegriffen: 01.02.2013, S. 24.

559   Vgl. Ausschussprotokoll 14/788 des Landtages von Nordrhein-Westfalen vom 10.12.2008, S. 20.

560   Vgl. Antrag der Fraktion der CDU und der Fraktion der FDP: Energieversorgung sichern – Wachstum und Beschäftigung stärken (Drucksache 14/7336 des Landtages von Nordrhein-Westfalen vom 19.08.2008), S. 1-2.

561   Ebd., S. 3.

562   Ebd., S. 3.

Die beiden Oppositionsfraktionen arbeiteten zu dieser energie- und klimapolitischen Frage zusammen und reichten einen gemeinsamen Entschließungsantrag zu diesem schwarz-gelben Antrag ein: Grüne und Sozialdemokraten forderten hier, dass der Landtag begrüßt, dass der Deutsche Bundestag die Bundesregierung dazu aufgefordert hatte, bei der Europäischen Kommission und im Rat

„folgende Punkte durchzusetzen:

o Die Mittel aus den Erlösen fließen dem Staat zu, in dem sie generiert wurden und nicht der Europäischen Union.

o An der Einführung europaweit einheitlicher Allokationsmethoden wird festgehalten.

o In der Stromwirtschaft werden Zertifikate durch Auktionierung verteilt; sie werden ab 2013 zu 100 Prozent versteigert.

o Energieintensive Unternehmen des produzierenden Gewerbes, die vom Emissionshandel betroffen sind, werden besonders behandelt.

o Zertifikate, die nicht versteigert werden, werden anhand von Benchmarks verteilt."[563]

Darüber hinaus sollte nach Ansicht der beiden Oppositionsfraktionen „bei der weiteren nationalen Umsetzung des Emissionshandels bereits in der laufenden zweiten Handelsperiode (…) mindestens ein Anteil von 44 % der Mittel, die bundesweit aus den Erlösen des Emissionshandels eingesetzt werden, für Klimaschutzmaßnahmen nach NRW fließen."[564]

Während sich in der Plenardebatte die Regierungskoalition erneut gegen die Vollauktionierung in der Stromwirtschaft aussprach und für die Laufzeitverlängerung von Atomkraftwerken plädierte, begründeten die Sozialdemokraten und die Grünen ihre von den Christdemokraten und von den Liberalen abweichende Position. Uwe Leuchtenberg (SPD) führte aus:

„Die Forderung von CDU und FDP nach möglichen Laufzeitverlängerungen blockiert Investitionen in neue, hoch effiziente Kraftwerke, den Durchbruch der Kraft-Wärme-Kopplung sowie den stetigen Ausbau der erneuerbaren Energien. Gleiches gilt für die unsinnige Forderung nach einer Verhinderung der Vollauktionierung von Emissionszertifikaten während der 2013 beginnenden dritten Handelsperiode. Was soll das bringen? Die Zertifikate sind doch längst eingepreist. Das Geld bleibt der-

---

563 Entschließungsantrag der Fraktion der SPD und der Fraktion Bündnis 90/Die Grünen zum Antrag der Fraktion von CDU und FDP „Energieversorgung sichern – Wachstum und Beschäftigung stärken": Keine Aufbauhilfe Nord, Süd, Ost: Landesregierung muss endlich Energiepolitik für NRW machen (Drucksache 14/7394 des Landtages von Nordrhein-Westfalen vom 27.08.2008), S. 2.

564 Ebd., S. 3.

zeit noch bei den Unternehmen. RWE begründet den Weiterbetrieb seiner uralten Blöcke in Frimmersdorf mit dem Emissionshandel."[565]

Rainer Priggen konkretisierte noch den Vorwurf an die Energiekonzerne:

> „In der ersten Periode haben RWE und andere die Rechte komplett umsonst bekommen, da es eine Phase des Ausprobierens war. In der zweiten Periode haben sie 10 Prozent bezahlt und 90 Prozent umsonst bekommen. Sie haben aber 100 Prozent preislich eingestellt. Das haben sie gemacht, weil die Rechte einen gewissen Wert hatten. Der Profit blieb bei ihnen."[566]

Der Vorsitzende von RWE hatte zu diesem Zeitpunkt in einer Pressekonferenz vor der Vollauktionierung ausdrücklich gewarnt, weil sie die Wettbewerbsfähigkeit der deutschen Energiewirtschaft kosten könne: Es gehe um Mehrkosten in Milliardenhöhe. Zudem entziehe die Auktionierung den Unternehmen die Finanzmittel, die sie für Investitionen in neue Kraftwerke benötigten. Im Gegenzug verdiene die französische Elektrizitätsgesellschaft Électricité de France[567] so viel Geld, dass sie nach fünf Auktionsjahren praktisch jedes andere Energieunternehmen - vielleicht abgesehen von Gazprom - kaufen könne.[568]

Im September 2009 reichte die Fraktion der SPD einen Antrag ein, mit dem der Landtag die Landesregierung auffordern sollte, „zu den Beratungen der Ausgestaltung des Emissionshandels auf Europäischer [sic!] Ebene die Interessen der energieintensiven Industrie Nordrhein-Westfalens zu vertreten und deshalb mit der Bundesregierung folgende Punkte gegenüber der europäischen [sic!] Kommission durchzusetzen:

1. Vollausstattung in der Industrie nach Benchmarks, die branchenspezifisch auf Basis der besten verfügbaren Technik festgelegt werden (sog. BAT-Benchmarks); Investitionssicherheit durch zeitnahe Entscheidung über diese Benchmarks deutlich vor 2010,
2. Beihilferechtliche Absicherung, damit in den Mitgliedsstaaten Auktionserlöse auch genutzt werden können, um Wettbewerbsverzerrungen durch stei-

---

565   Plenarprotokoll 14/98 des Landtages von Nordrhein-Westfalen vom 28.08.2008, S. 11676.
566   Ebd., S. 11677.
567   Électricité de France ist mit ca. 642,6 TWh einer der größten Stromerzeuger weltweit und erzeugt ca. dreiviertel der elektrischen Energie durch Kernkraftwerke (Stand: 2012). Siehe hierzu das Internetangebot von Électricité de France: Key Figures 2012. http://about-us.edf.com/profile/key-figures-43669.html. Zugegriffen: 28.06.2013.
568   Vgl. Rede der Halbjahrespressekonferenz der Vorstände der RWE AG Jürgen Großmann und Rolf Pohlig am 14.08.2008. http://www.rwe.com/web/cms/mediablob/de/114472/data/114520/3/rwe/investor-relations/de-pressekonferenzrede-grossmann-pohlig-pdf.pdf. Zugegriffen: 01.02.2013, S. 19.

gende Strompreise in besonders energieintensiven europäischen Branchen zu kompensieren."[569]

Zudem sollte der Landtag die Landesregierung dazu auffordern, „bei der weiteren nationalen Umsetzung des Emissionshandels bereits in der laufenden zweiten Handelsperiode die Interessen Nordrhein-Westfalens zu vertreten"[570] und damit verbunden folgende Punkte durchsetzen: Erstens sollten 44 Prozent der bundesweit aus den Erlösen des Emissionshandels eingesetzten Mittel für Klimaschutzmaßnahmen nach NRW fließen, was durch Förderprogramme und deren sachgerechte Ausgestaltung sicherzustellen sei. Zweitens sollten Verbraucher, Unternehmen und Kommunen aus den Erlösen unterstützten werden beim Energiesparen.[571] An dieser Stelle führte die SPD-Fraktion als Maßnahmen zum Sparen von Energie beispielhaft sieben Punkte an: „a) energetische Sanierung des gesamten Gebäudebestandes in NRW, b) Finanzielle Förderung der Solarthermie (…), c) Austausch von klimaschädlichen Elektroheizungen, d) flächendeckende kostenfreie Energieberatung für Privathaushalte, Kommunen und Unternehmen, e) Zuschüsse zum Erwerb hocheffizienter Geräte (…), f) Fuhrparks, g) Maßnahmen der umwelt- und klimafreundlichen Mobilität wie Radwege, Radstationen, Elektrofahrzeuge für den Stadtverkehr."[572] Drittens sollte der Primärenergieverbrauch verringert werden durch die Förderung von Investitionen mithilfe eines „Investitionsprogramm[s] Emissionshandel"[573]. Der Antrag nannte hier sechs Punkte, auf die es dabei besonders ankomme: „a) Ersatz von klimaschädlichen Altanlagen durch hocheffiziente neue Kraftwerke, b) Neubau von Kraftwerken als hocheffiziente KWK-Anlagen, c) Ausbau der Nah- und Fernwärmenetze, d) Forschung, Entwicklung und Produktion von Verfahren und Anlagen der Erneuerbare Energien (…), e) Forschung, Entwicklung und Produktion von Verfahren und Anlagen zur Netzintegration von Erneuerbaren Energien, f) Forschung, Entwicklung und Produktion von Verfahren und Anlagen zur Abscheidung, zum Transport und zur Lagerung von CO_2."[574] Nach einer Debatte im Plenum lehnten CDU und FDP gegen die Stimmen der SPD und mit Enthaltung der Grünen den sozialdemokratischen Antrag ab.[575]

---

569   Antrag der Fraktion der SPD: Investitionsprogramm Emissionshandel für NRW (Drucksache 14/7450 des Landtages von Nordrhein-Westfalen vom 09.09.2008), S. 2.
570   Ebd., S. 2.
571   Vgl. ebd., S. 3.
572   Ebd., S. 3.
573   Ebd., S. 3.
574   Ebd., S. 3.
575   Vgl. Plenarprotokoll 14/100 des Landtages von Nordrhein-Westfalen vom 18.09.2008, S. 11857-11867.

Die nächste Initiative zum Thema Emissionshandel ließ nicht lange auf sich warten: Im Oktober 2008 beantragten die Grünen, dass der Landtag die Landesregierung dazu auffordert, sich auf Bundesebene dafür einzusetzen, dass „nach dem Verursacherprinzip mindestens 30% der Einnahmen, die in einem Bundesland aus dem Emissionshandel erlöst werden, auch an dieses Bundesland, zweckgebunden für Klimaschutzmaßnahmen, zurückfließen."[576] Der Antrag wurde nach kurzer Debatte im Plenum und kurzer Beratung im Wirtschaftsausschuss, in denen sich weder neue Positionen entwickelten noch neue Erkenntnisse ergaben, von CDU, FDP und SPD abgelehnt.[577]

Im November 2008 veröffentlichte die „Organisation für wirtschaftliche Entwicklung und Zusammenarbeit" (OECD) zusammen mit dem Bundesumweltministerium die für Deutschland wichtigen Ergebnisse der Analyse vom „OECD Umweltausblick bis 2030", was die schwarz-gelbe Regierungskoalition nutzte, um eine „Aktuelle Stunde" zu beantragen[578] und um sich auf Grundlage dieses Berichts erneut deutlich gegen die Vollauktionierung von Emissionszertifikaten im EU ETS auszusprechen: Der Christdemokrat Christian Weisbrich argumentierte, dass in anderen Ländern wie USA und China die CO_2-Emissionen weitaus höher seien (er nannte für 2011: in China neun Mrd. t, in den USA sieben Mrd. t, in Deutschland unter 900 Mill. t) und weltweit zunehmend stiegen und daher am Weltmaßstab gemessen der Nutzen der CO_2-Vermeidung in Deutschland sehr begrenzt sei. Aufgrund des in Deutschland und in NRW geringen Beitrages zur weltweiten CO_2-Reduzierung sei es sinnlos, die Wettbewerbsfähigkeit der nordrhein-westfälischen Wirtschaft außerhalb des Kyoto-Folgeabkommens durch deutsche und europäische Vorleistungen zum Klimaschutz zu gefährden. In diesem Kontext forderte er die Opposition auf, sich gemeinsam mit der Regierung im Bereich der Energiewirtschaft für brennstoffspezifische Benchmarks einzusetzen.[579]

Die sozialdemokratische Abgeordnete Svenja Schulze nahm eine ganz andere Position ein und betonte die nötige globale Vorbildrolle Deutschlands und der anderen Industriestaaten im Bereich des Klimaschutzes:

---

576   Antrag der Fraktion Bündnis 90/Die Grünen: Klimaschutz in NRW finanzieren – Bundesländer an den Einnahmen des Emissionshandels beteiligen (Drucksache 14/7673 des Landtages von Nordrhein-Westfalen vom 14.10.2008), S. 2.

577   Vgl. Plenarprotokoll 14/109 des Landtages von Nordrhein-Westfalen vom 17.12.2008, S. 12819.

578   ˙ Vgl. Antrag der Fraktion der CDU und der Fraktion der FDP: OECD Umweltausblick 2030 – Perspektiven für das Industrieland Nordrhein-Westfalen diskutieren (Drucksache 14/7869 des Landtages von Nordrhein-Westfalen vom 10.11.2008).

579   Vgl. Plenarprotokoll 14/106 des Landtages von Nordrhein-Westfalen vom 13.11.2008, S. 12430.

„Woher nehmen Sie eigentlich die Chuzpe, nachdem die Industrieländer wie auch wir über Jahrzehnte die Umwelt benutzt und verschmutzt haben, jetzt andere Länder zu maßregeln? Wir haben doch als Industrieländer einen maßgeblichen Anteil an den Problemen, die wir heute haben. Das Einzige, was wir tun können, ist doch, den Chinesen, den Brasilianern und den Russen gute Argumente zu liefern, warum sie gefälligst nicht die gleichen Fehler machen sollen wie wir. Aber mehr können wir von unserer Seite doch nicht machen. Wir können Vorbild sein. Wir können vorangehen, wir können zeigen, was möglich ist, und nicht schulmeisterlich sagen: Jetzt fangt ihr bitte erst an, und dann gucken wir, ob wir vielleicht auch etwas tun können."[580]

Holger Ellerbrock (FDP) bezweifelte diese Vorbildfunktion. Deutschland sei nicht der Nabel der Welt. Die von der Opposition hervorgehobene Vorbildfunktion sei in den Entwicklungsländern überhaupt nicht von Interesse.[581]

Nur knapp einen Monat nach der letzten „Aktuellen Stunde" zum „OECD Umweltausblick bis 2030" beantragten die Grünen eine weitere energie- und klimapolitische „Aktuelle Stunde" zum Thema: „Wie positioniert sich NRW in Sachen Klimaschutz vor dem Hintergrund der Konferenz in Posen und des EU-Gipfels in Brüssel?".[582] Die Debatte dazu offenbarte keine Veränderungen in den jeweiligen energie- und klimapolitischen Positionen. Die sozialdemokratische Opposition nutzte aber die Gelegenheit, um die Politik der schwarz-gelben Landesregierung im europäischen Mehrebensystem öffentlich zu kritisieren. Norbert Römer (SPD) warf der Regierung Rüttgers vor, dass sie im Politikprozess keinen Einfluss auf Brüssel, Berlin und in die eigenen christdemokratischen Parteigremien gehabt hat - dies weder bei der eigenen Position (im Bereich der Energiewirtschaft) noch bei der gemeinsamen landespolitischen Position von CDU, FDP und SPD (im Bereich der produzierenden energieintensiven Industrie).[583]

Erwähnenswert ist zudem, dass der Christdemokrat Christian Weisbrich konkret vor der Politik Frankreichs warnte: Paris wolle in der EU ein Regime aufdrängen, das für den Standort Deutschland nicht vorteilhaft sei, für den Standort Frankreich mit einer anderen Industriekultur hingegen durchaus. Dagegen müsse man sich verwahren. Der Emissionshandel bringe erst einmal nichts außer Geld (er nannte die Summe von 560 Mrd. Euro von 2013 bis 2020) und habe nichts mit Klimaschutz zu tun. In der EU habe man in der Zeit von 1990 bis 2012 mit Mühe und Not 250 bis 270 Mill. t CO_2 eingespart, davon drei Viertel in

580   Ebd., S. 12433.
581   Vgl. ebd., S. 12440.
582   Vgl. Antrag der Fraktion Bündnis 90/Die Grünen: Wie positioniert sich NRW in Sachen Klimaschutz vor dem Hintergrund der Konferenz in Posen und des EU-Gipfels in Brüssel? (Drucksache 14/8032 des Landtages von Nordrhein-Westfalen vom 01.12.2008).
583   Vgl. Plenarprotokoll 14/107 des Landtages von Nordrhein-Westfalen vom 03.12.2008, S. 12549-12566.

Deutschland. Die anderen hätten nichts getan. Daher müsse man doch darauf aufpassen, dass man nicht weiter unter die Räder komme. Die Franzosen lachten sich doch einen Ast mit ihren Kernkraftwerken. In diesem Kontext plädierte der CDU-Politiker für einen anderen Ansatz: Wenn der Zuwachs in den Entwicklungs- und Schwellenländern nicht gestoppt werden könne, müsse man Anpassungsstrategien an den Klimawandel entwickeln und finanzieren.[584]

Nur drei Wochen nach dieser „Aktuellen Stunde" beantragten die beiden Oppositionsfraktionen eine weitere energie- und klimapolitische „Aktuelle Stunde", um die konkreten Ergebnisse des EU-Gipfels und deren Konsequenzen für NRW zu diskutieren.[585] Die Debatte im Parlament war stark vom Parteienwettbewerb und einer kompetitiven Oppositionsstrategie geprägt: Die beiden Oppositionsfraktionen prangerten das Scheitern der schwarz-gelben Landesregierung bezüglich der europäischen und der deutschen Entscheidung über die Vollauktionierung von CO_2-Zertifikaten in der Stromwirtschaft an, obwohl dies ihrer eigenen Position entsprach. Der SPD-Abgeordnete Norbert Römer führte dazu aus:

> „Diese Landesregierung war kilometerweit von der Position der Bundesregierung und der Bundeskanzlerin entfernt. Deshalb muss man hier das Fazit ziehen: Die Regierung Rüttgers ist auf der ganzen Linie gescheitert."[586]

In der Sache bewerteten die beiden Oppositionsfraktionen die Entscheidung der EU über das „Europäische Energie- und Klimapaket" als durchweg positiv. Norbert Römer (SPD) unterstrich dabei die Wichtigkeit von vier Punkten dieses europäischen Legislativpakets besonders: Erstens seien die Klimaschutzziele eingehalten worden. Damit sei das Klima geschützt und NRW könne die Chancen auf dem boomenden Markt der erneuerbaren Energien nutzen. Zweitens sei die Wettbewerbsfähigkeit der Arbeitsplätze in NRW gesichert worden, weil energieintensive Industriebranchen die CO_2-Zertifikate kostenlos erhalten werden. Drittens sei die Vollauktionierung in der Stromwirtschaft beschlossen worden. Es gebe zukünftig keinen Grund für Preiserhöhungen mit Hinweis auf den Emissionshandel. Viertens gebe das Klimapaket Planungssicherheit für die Energiewirtschaft. Alle Voraussetzungen für eine zeitnahe Umsetzung des

---

584   Vgl. ebd., S. 12563-12564.
585   Vgl. Antrag der Fraktion der SPD: Einigung in Brüssel beim Klimaschutz stärkt Energie-
       und Industrieland NRW (Drucksache 14/8127 des Landtages von Nordrhein-Westfalen
       vom 15.12.2008) und Antrag der Fraktion Bündnis 90/Die Grünen: Welche Konsequen-
       zen zieht die Landesregierung aus der Einigung über das EU-Klimapaket? (Drucksache
       14/8126 des Landtages von Nordrhein-Westfalen vom 15.12.2008).
586   Plenarprotokoll 14/110 des Landtages von Nordrhein-Westfalen vom 18.12.2008, S.
       12830.

Kraftwerkerneuerungsprogramms seien gegeben. Das Klimapaket ermögliche Investitionszuschüsse für diejenigen Stromproduzenten, die auf neue, hocheffiziente Kraftwerke setzten.[587] In diesem Sinne argumentierte auch sein Fraktionskollege André Stinka: Für die Sozialdemokraten sei klar, dass die Finanzkrise nicht zur Abbremsung der Klimaschutzpolitik aus drei Gründen führen dürfe: Erstens sei es eine existenzielle Frage für die Menschheit, die Folgen des Klimawandels auf ein erträgliches Maß zu senken. Zweitens seien die Auswirkungen des Klimawandels langfristig einfach zu teuer. Drittens sei Deutschland zurzeit Spitzenreiter in der Entwicklung klimafreundlicher Technologien, weshalb 250.000 Arbeitsplätze entstanden seien. Was in Brüssel entschieden wurde, sei gut und gebe Planungssicherheit.[588]

Christian Weisbrich (CDU) bestritt diese von der Opposition unterstellte positive Wirkung des „Europäischen Energie- und Klimapakets". Der europäische Beschluss sei aus seiner Sicht ein Hammer für die Wirtschaft und vor allem für NRW. Durch die Vollauktionierung der CO_2-Zertifikate stiegen für die deutschen Stromerzeuger die Strompreise um bis zu 50 Prozent. Unter dem Deckmantel, die Welt retten zu wollen, ginge es bei der Entscheidung im Ministerrat um knallharte industriepolitische Interessen. Vor dem Hintergrund, dass Frankreich einen Atomanteil von fast 85 Prozent habe und die SPD und die Grünen aus der CO_2-armen Kernenergie aussteigen wollten, zahle Deutschland und die Franzosen lachten sich ins Fäustchen und die Konkurrenten in Polen und Osteuropa seien von der Klimasteuer befreit. Besonders schlimm treffe das Nordrhein-Westfalen mit seinen Kohlekraftwerken und mit dem Kraftwerkerneuerungsprogramm, das jetzt - anders als Norbert Römer glaube - auf der Kippe stehe.[589] Die EU zeige sich nach außen spendabel und großmütig mit deutschem Geld, was nicht in Ordnung sei. Man sei in Brüssel zu diesem Verhandlungsergebnis gekommen, weil die CDU in Berlin in der Großen Koalition gefangen sei. In einer Koalition zusammen mit der FDP (auf Bundesebene) hätten sie die Interessen Deutschlands mit einer Stimme in Brüssel vertreten können und es wäre ein ganz anderes Verhandlungsergebnis dabei herausgekommen. Deswegen müsse die Große Koalition so schnell wie möglich beendet werden. Das habe auch Ministerpräsident Rüttgers gemeint, so der CDU-Politiker Weisbrich.[590]

Dietmar Brockes (FDP) ergänzte die Ausführungen seines Kollegen und erklärte, deutsche Energieversorger würden anders als osteuropäische Kraftwerke von der Vollauktionierung erfasst werden. Über ein Solidarfonds finanziere allen voran Deutschland ein riesiges Kraftwerkerneuerungsprogramm in Polen und in

---

587   Vgl. ebd., S. 12829-12830.
588   Vgl. ebd., S. 12836-12837.
589   Vgl. ebd., S. 12831.
590   Vgl. ebd., S. 12842-12843.

den anderen osteuropäischen Staaten. Die Möglichkeit bis zu 15 Prozent Investitionszuschüsse für neue Kraftwerke bis zum Jahr 2016 zu gewähren, sei kein angemessener Ausgleich für deutsche Kraftwerke, sondern ein Witz. Eine Folge der europäischen Entscheidung werde der Ausbau von Gaskraftwerken sein, was nicht nur die Abhängigkeit von russischem Gas erhöhen werde, sondern der Klimabilanz keinerlei Verbesserung bringen werde, weil Russland seine Stromerzeugung auf Kohle umstellen werde, um Deutschland und NRW mit Gas zu versorgen. Der FDP-Politiker bezweifelte, dass aufgrund fehlender Planungssicherheit die Industrie und die Energieversorger auch nur eine Investitionen im Jahr 2009 auf den Weg bringen würden. Dennoch helfe alles Jammern über den fadenscheinigen Kompromiss nicht weiter. Land und Bund müssten nun schnell die Vorgaben umsetzen, um so Rechts- und Planungssicherheit herzustellen. Die Kriterien für eine Vergabe von Zuschüssen zu Kraftwerksneubauten müssten schnellstens festgelegt werden, damit das Kraftwerkserneuerungsprogramm doch noch in Gang komme.[591]

Die christdemokratische Ministerin für Wirtschaft, Mittelstand und Energie, Christa Thoben, betonte die Wichtigkeit der Klimaschutzpolitik: Der Schutz des Klimas habe für die Landesregierung höchste Priorität. Daher habe man sich frühzeitig zu den aktuellen Klimaschutzzielen der EU von März 2007 bis März 2008 bekannt. Die Mengenreduzierung bei den CO_2-Zertifikaten bis 2020 sei von allen unbestritten und akzeptiert, was der Grünen-Politiker Rainer Priggen durch Zuruf bestätigte. Bei den Instrumenten komme man jedoch zu anderen Ergebnissen. Man habe für die energieintensive Industrie wichtige Verbesserungen gegenüber dem Entwurf der Europäischen Kommission durch ein zeitlich gestrecktes Phasing-in erreicht. Von 2013 bis 2020 werde der Anteil der zu ersteigernde Zertifikate von 20 auf 70 Prozent ansteigen und bis 2027 100 Prozent erreichen. Die EU-Kommission habe ursprünglich bereits für 2020 die volle Versteigerung angedacht. Die Entscheidung sei falsch, Anlagen der Energiewirtschaft ab 2013 grundsätzlich vollständig zu besteuern. In einigen mittel- und osteuropäischen Mitgliedstaaten könnten im Stromsektor bis zu 70 Prozent der Zertifikate kostenlos zugeteilt werden. Diese Regelung benachteilige die deutsche Stromerzeugung, denn die konkurrierenden Kraftwerksbetreiber müssten erst ab 2020 alle Emissionsrechte ersteigern. Man habe eine Menge zu verkraften, was man diesem Land und den hier Beschäftigten gerne erspart hätte. Vor diesem Hintergrund werde die Landesregierung die notwendige weitere Ausgestaltung der Ergebnisse im Detail bei Vorschlägen der Kommission und bei nationalen Umsetzungsgesetzen durch eigene Initiativen begleiten.[592]

---

591   Vgl. ebd., S. 12832-12833.
592   Vgl. ebd., S. 12833-12835.

Mit einem Eilantrag im Vorfeld zu dieser „Aktuellen Stunde" bekräftigten die Grünen erneut ihre Forderung nach einem Ausbau der Kraft-Wärme-Kopplung in NRW.[593] Die Beratung zu diesem Antrag wurde in die „Aktuelle Stunde" integriert. Er wurde mit Stimmen der Koalitionsfraktionen und bei Enthaltung der Sozialdemokraten abgelehnt.[594]

In diesem Zeitraum erklärten die Sozialdemokraten erneut, dass sie grundsätzlich für Biomasse im Bereich der Energieerzeugung sind und forderten in einem Antrag eine konkrete Biomassestrategie zur Energiegewinnung in NRW,[595] was ohne Debatte im Plenum in den zuständigen Ausschüssen diskutiert und mit Stimmen der Regierungsfraktionen gegen Stimmen SPD und Grüne abgelehnt wurde.[596]

Anfang des Jahres 2009 versuchten die Sozialdemokraten, den Politikprozess zur Umsetzung der Entscheidung im „Europäischen Energie- und Klimapaket" auf die landespolitische Agenda zu setzen. Sie reichten einen Antrag ein, mit dem sie nochmals die EU-Entscheidung positiv hervorhoben.[597] Allerdings müsse das in NRW durch den Emissionshandel eingenommene Geld auch in NRW in Klimaschutzmaßnahmen investiert werden. Wenn sich die Landesregierung auf der Ebene des Bundes nicht für eine Verwendung dieser Mittel in NRW engagiere, sei zu befürchten, dass ein großer Teil der Mittel aus Nordrhein-Westfalen nicht wieder ins Bundesland zurückfließen werde, so die Argumentation der Sozialdemokraten.[598] Über diesen Antrag wurde jedoch zunächst nicht im Plenum beraten, sondern im Ausschuss für Wirtschaft, Mittelstand und Energie. Die energie- und klimapolitischen Positionen der Fraktionen änderten sich im Laufe des Beratungsprozesses nicht. Christian Weisbrich (CDU) kritisierte den SPD-Antrag, weil er aus seiner Sicht nicht zur Verfügung stehende Mittel verteile. Falls Gelder verteilt werden könnten, dann müsse ein

---

593   Vgl. Eilantrag der Fraktion Bündnis 90/Die Grünen: Kraft-Wärme-Kopplung (KWK) in NRW endlich mit Nachdruck ausbauen (Drucksache 14/8128 des Landtages von Nordrhein-Westfalen vom 15.12.2008).

594   Vgl. Plenarprotokoll 14/110 des Landtages von Nordrhein-Westfalen vom 18.12.2008, S. 12845.

595   Vgl. Antrag der Fraktion der SPD: Öl-Wechsel jetzt: NRW braucht Biomassestrategie (Drucksache 14/7952 des Landtages von Nordrhein-Westfalen vom 25.11.2008).

596   Vgl. Plenarprotokoll 14/142 des Landtages von Nordrhein-Westfalen vom 03.02.2010, S. 16644.

597   Vgl. Antrag der Fraktion der SPD: Schwarz-Gelb runter von der Bremse: Investitionsprogramm Emissionshandel für NRW jetzt (Drucksache 14/8324 des Landtages von Nordrhein-Westfalen vom 20.01.2009), S. 1.

598   Vgl. ebd., S. 2.

angemessener Anteil nach NRW fließen.[599] Nach sehr kurzer Debatte im Plenum im Mai 2009 wurde der Antrag schlussendlich abgelehnt.[600]

Im Februar 2009 nahmen die beiden Oppositionsparteien Äußerungen aus Reihen der CDU und des stellvertretenden Ministerpräsidenten und Wissenschaftsministers Nordrhein-Westfalens, Andreas Pinkwart (FDP), bezüglich der Verlängerung von Laufzeiten und des möglichen Neubaus von Atomkraftwerken zum Anlass, um eine „Aktuelle Stunde" zu beantragen und die deutsche und nordrhein-westfälische Atomenergiepolitik zu diskutieren.[601]

In einer sehr ausführlichen Debatte bekräftigten die Oppositionsfraktionen ihre Position für den gesetzlich beschlossenen Atomausstieg Deutschlands mit den Argumenten, dass Kernenergie weltweit keinen nennenswerten Beitrag zum Klimaschutz leiste und dass sie in der Bundesrepublik den fairen Wettbewerb im Stromsektor verhindere, während sich die Regierungskoalition vehement für die weitere Nutzung der Kernenergie einsetzte:[602] Alle Welt setze auf Kernkraft. Erst jüngst habe sich die Europäische Kommission und das Europäische Parlament genauso wie der Weltklimarat für die Fortsetzung der Kernenergie ausgesprochen. Durch die Verlängerung der Nutzung der Kernenergie könnten in Deutschland ab dem Jahr 2020 jährlich bis zu 150 Mill. t CO_2 vermieden werden und in der Stromerzeugung bis zu sieben Mrd. Euro eingespart werden, so Christian Weisbrich (CDU).[603] Die christdemokratische Wissenschaftsministerin Christa Thoben führte in diesem Kontext aus:

„Ich werbe zum wiederholten Male für die Verlängerung der Laufzeiten vorhandener Kernkraftwerke. Nur so kann die Zeit überbrückt werden bis zur großmaßstäblichen Betriebsreife CO_2-armer Kohlekraftwerke und der weiteren Erschließung erneuerbarer Energien. Deutschland braucht im Sinne einer sicheren, preiswerten und umweltverträglichen Energieversorgung gerade zur Deckung der Stromnachfrage

---

599   Vgl. Ausschussprotokoll 14/833 des Landtages von Nordrhein-Westfalen vom 04.03.2009, S. 8. Das Ausschussprotokoll 14/833 wurde von der Protokollantin / von dem Protokollanten in der indirekten Rede verfasst. Die folgende sinngemäße Wiedergabe der Aussage von Christan Weisbrich durch den Verfasser der vorliegenden Arbeit beruht demnach nicht auf ein Protokoll, das in direkter Rede verfasst wurde.

600   Vgl. Plenarprotokoll 14/122 des Landtages von Nordrhein-Westfalen vom 06.05.2009, S. 14199-14201.

601   Vgl. Antrag der Fraktion der SPD: Atomkraft schadet dem Energieland NRW - Ministerpräsident muss Phantomdebatte in der schwarz-gelben Landesregierung beenden (Drucksache 14/8573 des Landtages von Nordrhein-Westfalen vom 09.02.2009) und Antrag der Fraktion Bündnis 90/Die Grünen: Will die Landesregierung den Neubau von Atomkraftwerken? (Drucksache 14/8572 des Landtages von Nordrhein-Westfalen vom 09.02.2009).

602   Vgl. Plenarprotokoll 14/115 des Landtages von Nordrhein-Westfalen vom 11.02.2009, S. 13317-13335.

603   Vgl. ebd., S. 13321-13322.

weiterhin den bewährten anteiligen Energiemix aus fossilen und erneuerbaren Energieträgern und der Kernenergie. Dies erfordert den verlängerten Betrieb heutiger Kernkraftwerke über die bislang gesetzlich fixierten Restlaufzeiten hinaus."[604]

Im Februar 2009 brachten die Fraktionen der CDU und der FDP einen Antrag ein, der u. a. die energie- und klimapolitische Position der Landesregierung und der Koalitionsfraktionen im Hinblick auf den Emissionshandel erneut verteidigte, beim Emissionshandel gegen einen Überbietungswettbewerb an Verschärfungen warnte, die Initiative der Europäischen Kommission zur schnellstmöglichen globalen Ausweitung des Emissionshandels begrüßte[605] und der die Landesregierung aufforderte, „sich weiterhin für die Interessen Nordrhein-Westfalens bei der Bundesregierung und bei der Europäischen Kommission einzusetzen, um eine weitere Belastung der Bürger, der Industrie und der Kraftwerkswirtschaft durch eine mögliche ordnungsrechtliche CO_2-Grenzwertsetzung in einer neuen IVU-Richtlinie[606] zu verhindern."[607]

In der Debatte unterstützte der christdemokratische Abgeordnete Christian Weisbrich das für den Klimaschutzgipfel in Kopenhagen im Dezember 2009 verkündete Verhandlungsziel der EU-Kommission (Einführung des weltweiten Emissionshandels), weil sie damit Wettbewerbsnachteile für Standorte innerhalb der EU vermeiden wolle. Nur mit solch einem Verhandlungsergebnis komme man dem zentralen Klimaschutzziel der Begrenzung des jährlichen CO_2-Ausstoßes auf zwei Tonnen je Einwohner weltweit näher. Schaffe man eine wettbewerbsneutrale, weltweit verbindliche Vereinbarung zum Emissionshandel nicht, könne man sich von dem Gedanken des Gelingens der wirksamen Bekämpfung des Klimawandels verabschieden. Man beobachte deshalb mit großer Sorge den Versuch, parallel zum System des Emissionshandels auch Ordnungsrecht zur Begrenzung der CO_2-Emissionen für die Anlagen der energieintensiven Industrien und der Energiewirtschaft in der EU nutzen zu wollen. Die parallele Einführung von CO_2-Emissionsgrenzwerten müsse unbedingt verhindert werden,

---

604   Ebd., S. 13325-13326.

605   Vgl. Antrag der Fraktion der CDU und der Fraktion der FDP: Emissionshandel wirken lassen – Konterkarierung des marktwirtschaftlichen Ansatzes verhindern (Drucksache 14/8541 des Landtages von Nordrhein-Westfalen vom 03.02.2009), S. 1-2.

606   Richtlinie 96/61/EG des Rates vom 24.09.1996 über die integrierte Vermeidung und Verminderung der Umweltverschmutzung. Ziel ist die integrierte Vermeidung/Verminderung der Emissionen in Luft, Wasser und Boden. Integriert bedeutet, dass die Gesamtheit der Auswirkungen von Industrieanlagen auf die Umwelt bei Genehmigungsverfahren beachtet werden muss. Ebenso ist die Vereinheitlichung der Zulassungsverfahren für Anlagen in der EU-Richtlinie geregelt.

607   Antrag der Fraktion der CDU und der Fraktion der FDP: Emissionshandel wirken lassen – Konterkarierung des marktwirtschaftlichen Ansatzes verhindern (Drucksache 14/8541 des Landtages von Nordrhein-Westfalen vom 03.02.2009), S. 2.

weil sich sonst die Betreiber andere Standorte außerhalb Europas suchen würden.[608]

Die beiden Oppositionsfraktionen verteidigten hier erneut Ihre positive Haltung zum EU-Emissionshandel und zur Vollauktionierung in der Stromwirtschaft und plädierten ebenfalls für die Durchführung des weltweiten Emissionshandels. In der Debatte bezogen sie zu einer möglichen ordnungsrechtlichen Begrenzung von CO_2-Emissionsgrenzwerten keine Stellung. Allerdings lehnten sie den Antrag ab. Die beiden Regierungsfraktionen stimmten für ihren Antrag.[609]

In der ersten Hälfte des Jahres 2009 reichten die Grünen drei weitere Anträge ein: In einem der Anträge forderten sie ein 10-Jahres-Programm zur energetischen Gebäudesanierung als Konjunkturprogramm zur Sicherung von Arbeitsplätzen in der Wirtschaftskrise,[610] was nach Beratung in den zuständigen Ausschüssen und einer Plenardebatte im November 2009 von der Regierungskoalition gegen die Stimmen der SPD und der Grünen abgelehnt wurde.[611] In einem anderen Antrag brachten sie das Thema Elektromobilität auf die landespolitische Agenda.[612] In einem dritten Antrag beantragten sie eine „Aktuelle Stunde" im Juni 2009 zum Thema CCS.[613] Hintergrund war, dass der Deutsche Bundestag die Beschlussfassung über das „Gesetz zur Regelung von Abscheidung, Transport und dauerhafter Speicherung von Kohlendioxid"[614], welches im Rahmen der Umsetzung der europäischen CCS-Richtlinie als Teil des „Europäischen Energie- und Klimapakets" auf den Weg gebracht wurde, verschoben hatte. Es hatte sich ein erheblicher Widerstand im Bundesrat und insbesondere in der betroffenen Bevölkerung in Schleswig-Holstein gegen den Gesetzentwurf entwickelt.[615] Der Grünen-Politiker Rainer Priggen warnte in der Debatte vor

---

608   Vgl. Plenarprotokoll 14/116 des Landtages von Nordrhein-Westfalen vom 12.02.2009, S. 13464-13465.
609   Vgl. ebd., S. 13464-13471.
610   Vgl. Antrag der Fraktion Bündnis 90/Die Grünen: 10-Jahres-Programm Energetische Gebäudesanierung: In der Wirtschaftskrise 100.000 neue Arbeitsplätze schaffen (Drucksache 14/8876 des Landtages von Nordrhein-Westfalen vom 24.03.2009).
611   Vgl. Plenarprotokoll 14/134 des Landtages von Nordrhein-Westfalen vom 04.11.2009, S. 15498-15506.
612   Vgl. Antrag der Fraktion Bündnis 90/Die Grünen: Elektromobilität: Landesregierung muss Weichen richtig stellen (Drucksache 14/9422 des Landtages von Nordrhein-Westfalen vom 16.06.2009).
613   Vgl. Antrag der Fraktion Bündnis 90/Die Grünen: Keine Politik gegen 100% der Bevölkerung - Entscheidung über das CCS-Gesetz aussetzen (Drucksache 14/9458 des Landtages von Nordrhein-Westfalen vom 22.06.2009).
614   Siehe dazu den damaligen Gesetzentwurf der Bundesregierung: Gesetz zur Regelung von Abscheidung, Transport und dauerhafter Speicherung von Kohlendioxid. http://www.bmwi.de/BMWi/Redaktion/PDF/Gesetz/entwurf-abscheidung-transport-kohlendioxid, property=pdf,bereich=bmwi,sprache=de,rwb=true.pdf. Zugegriffen: 30.06.2013.
615   Der Verfasser der vorliegenden Arbeit hatte diese Entwicklung in den Medien verfolgt.

dem CCS-Gesetz und der dauerhaften CO_2-Speicherung u. a. aufgrund fehlender Erfahrungen. Er sprach sich zwar für eine Prüfung dieser Technologie aus, warf aber gleichzeitig die Frage auf, ob man es sich leisten könne, die aus seiner Sicht schmutzigsten Art der Stromerzeugung durch Braunkohle auf diese Art und Weise zu verlängern.[616]

Dahingegen sprachen sich die anderen drei Fraktionen deutlich für die CCS-Technologie und für das CCS-Gesetz aus:[617] Christian Weisbrich argumentierte, Energie müsse sicher, sauber und bezahlbar sein. Als zentrale Voraussetzung dafür müssten heimische Primärenergieträger in bedarfsgerechtem Umfang zur Verfügung stehen. Braunkohle sei mit Abstand die wichtigste heimische Energiereserve. Bei der Verbrennung von Kohle in Kraftwerken sei aber die Freisetzung von CO_2 in großem Umfang nachteilig. Die bisherige Technologie zur Energieumwandlung aus Kohle sei deshalb in hohem Maße klimaschädlich. Das Gelingen, die Stromerzeugung aus Kohle künftig mit den Zielen des Klimaschutzes zu vereinbaren, entscheide sich an der Technologie zur Abscheidung und Speicherung von Kohlendioxid. Die Anwendung der CCS-Technologie entscheide auch in China, in Indien und in anderen aufstrebenden Industriestaaten mit großem Kohlvorkommen darüber, ob die vom Weltklimarat vorgegebenen Schutzziele erreicht werden könnten. Deutschland mit seinem technologischen Potenzial könne und müsse als Wegbereiter tätig werden.[618] Der FDP-Politiker Dietmar Brockes forderte Planungssicherheit und verlässliche Rahmenbedingungen für die Stromanbieter und warb daher für eine Umsetzung der europäischen CCS-Richtlinie möglichst noch in der damaligen laufenden Legislaturperiode.[619] Norbert Römer (SPD) sprach im Hinblick auf die Abscheidung von Kohlendioxid von einer zentralen Zukunftsaufgabe, der man sich stellen wolle.[620] Der SPD-Politiker Edgar Moron wies darauf hin, dass man eine Demonstrationsanlage für die Anwendung der CCS-Technologie brauche, um die Wirtschaftlichkeit und den Nutzen für die Umwelt auszuprobieren und festzustellen. Eine derartige Anlage wolle der Energiekonzern RWE in Hürth bauen, könne dies aber wahrscheinlich so lange nicht wie es kein CCS-Gesetz gebe. Man brauche eine intensive Überzeugungsarbeit auch der Bevölkerung, die demnächst auf Lagerstätten von CO_2 leben werde. Das sei nun einmal in Schleswig-Holstein. Man lebe nicht mehr in einer Zeit, in der ein großes Unternehmen tun und lassen könne, was es wolle, bloß weil es Zehntausende von Menschen be-

---

616 Vgl. Plenarprotokoll 14/126 des Landtages von Nordrhein-Westfalen vom 24.06.2009, S. 14577-14578.
617 Vgl. ebd., S. 14577-14590.
618 Vgl. ebd., S. 14579-14580.
619 Vgl. ebd., S. 14581.
620 Vgl. ebd., S. 14580-14581.

schäftige und Milliardenumsätze mache. Vielmehr müsse es nicht nur die Politik, sondern auch die betroffenen Menschen mitnehmen. Das habe RWE nicht hinbekommen.[621]

7.5 Die parlamentarische Arena im fünften Jahr

Anfang September 2009 brachten die Grünen erneut die deutsche Atomstrompolitik auf die landespolitische Tagesordnung und forderten den konsequenten Atomausstieg und die Errichtung eines sicheren Atommüllendlagers.[622] Die SPD-Fraktion reichte einen Entschließungsantrag dazu ein, mit dem sie sich u. a. erneut gegen die Laufzeitverlängerung von Atommeilern aussprach.[623] Nach einer Plenardebatte lehnte die Regierungskoalition beide Anträge ab.[624]

Im Herbst 2009 veröffentlichte die Regierungskoalition einen Antrag zum Bau eines modernen Steinkohlekraftwerkes des Energiekonzerns E.ON in Datteln. Mit diesem sollte der Landtag feststellen, dass „das Kraftwerkerneuerungsprogramm (...) eine wichtige Voraussetzung für die Zukunftsfähigkeit des Industriestandortes Nordrhein-Westfalen [ist], um im globalen Wettbewerb seine Standortvorteile sichern und für die Zukunft ausbauen zu können."[625] Aus diesem Grunde liege der Bau des Kohlekraftwerkes in Datteln ökonomisch und ökologisch im Interesse des Landes,[626] weshalb die Landesregierung durch den Landtag u. a. aufgefordert werden sollte, „alle notwendigen Maßnahmen zu ergreifen, um die Vollendung des Kohlekraftwerkes Datteln 4 schnellstmöglich erreichen zu können."[627] Der Hintergrund dazu war, dass das Oberverwaltungsgericht Münster am 3. September 2009 in einem Urteil den Bebauungsplan für unwirksam und damit das bereits im Bau befindliche Steinkohlekraftwerk für

---

621   Vgl. ebd., S. 14589.
622   Vgl. Antrag der Fraktion Bündnis 90/Die Grünen: Atomausstieg konsequent umsetzen - ein sicheres Atommüll-Endlager errichten (Drucksache 14/9761 des Landtages von Nordrhein-Westfalen vom 01.09.2009).
623   Vgl. Entschließungsantrag der Fraktion der SPD zum Antrag der Fraktion Bündnis 90/Die Grünen: „Atomausstieg konsequent umsetzen - ein sicheres Atommüll-Endlager errichten": Am Ausstieg wird nicht gerüttelt – radioaktive Hinterlassenschaften begrenzen und sicher lagern (Drucksache 14/9816 des Landtages von Nordrhein-Westfalen vom 09.09.2009).
624   Vgl. Plenarprotokoll 14/131 des Landtages von Nordrhein-Westfalen vom 11.09.2009, S. 15173-15186.
625   Antrag der Fraktion der CDU und der Fraktion der FDP: Der Bau des E.ON-Kraftwerks in Datteln muss im Interesse der Zukunft des Industriestandortes Nordrhein-Westfalen schnell vollendet werden! (Drucksache 14/9917 des Landtages von Nordrhein-Westfalen vom 29.09.2009), S. 2.
626   Vgl. ebd., S. 2.
627   Ebd., S. 2.

unzulässig erklärte. Die beiden Oppositionsfraktionen reichten daher einen jeweiligen Entschließungsantrag dazu ein, mit dem sie das verwaltungstechnische Handeln der schwarz-gelben Landesregierung im Fall Datteln umfassend kritisierten und missbilligten.[628]

Im gleichen Zeitraum richteten die Sozialdemokraten per Eilantrag einen Appell an Ministerpräsident Jürgen Rüttgers (CDU). Er sollte auf Bundesebene Einfluss nehmen in der Debatte um eine Laufzeitverlängerung alter Atomkraftwerke und dabei „unmissverständlich klarstellen, dass der im Einvernehmen mit der Energiewirtschaft gesetzlich beschlossene Atomausstieg weiterhin planmäßig umgesetzt werden muss".[629] Zudem sollte er sich einsetzen für die Verwendung der aus der Vollversteigerung kommenden finanziellen Mittel als Investitionskostenzuschuss für den Bau hocheffizienter Kraftwerke (in Höhe von bis zu 15 Prozent).[630]

Die Grünen beantragten ebenfalls die Positionierung des Ministerpräsidenten gegen die Laufzeitverlängerung. Anders als die SPD-Fraktion stellten sie sich erneut gegen die Verwendung der Erlöse für den Neubau von Kohlekraftwerken. Jürgen Rüttgers (CDU) sollte sich vielmehr beim Bund für Investitionen in die Kraft-Wärme-Kopplung und in die Sanierung von Gebäuden einsetzen.[631]

In der Debatte wurden die unterschiedlichen energie- und klimapolitischen Positionen in der Frage der Atomstrompolitik bekräftigt: Die Sozialdemokraten sprachen sich u. a. aus Wettbewerbsgründen gegen die Nutzung von Atomstrom aus und verwiesen auf die in NRW heimische Braunkohle, auf Steinkohle und auf die zunehmende Rolle von erneuerbaren Energien. Der Grünen-Politiker

---

628   Vgl. Entschließungsantrag der Fraktion der SPD zum Antrag der Fraktion der CDU und
       der Fraktion der FDP „Der Bau des E.ON-Kraftwerks in Datteln muss im Interesse der
       Industriestandorte Nordrhein-Westfalen schnell vollendet werden!": Regie-
       rungsmurks der Regierung Rüttgers gefährdet Investitionen, Arbeitsplätze und Anwohner-
       schutz (Drucksache 14/9946 des Landtages von Nordrhein-Westfalen vom 06.10.2009)
       und Entschließungsantrag der Fraktion Bündnis 90/Die Grünen zum Antrag der Fraktion
       der CDU und der Fraktion der FDP „Der Bau des E.ON-Kraftwerks in Datteln muss im
       Interesse der Zukunft des Industriestandortes Nordrhein-Westfalen schnell vollendet wer-
       den!": Inkompetentes Verwaltungshandeln der Landesregierung gefährdet Anwohner-
       schutz und Investitionen in Nordrhein-Westfalen (Drucksache 14/9952 des Landtages von
       Nordrhein-Westfalen vom 06.10.2009).
629   Eilantrag der Fraktion der SPD: Investitionszuschüsse für moderne Kraftwerke in NRW -
       Keine Laufzeitverlängerung für Atomkraftwerke außerhalb von NRW (Drucksache
       14/9940 des Landtages von Nordrhein-Westfalen vom 05.10.2009), S. 2.
630   Vgl. ebd., S. 2.
631   Vgl. Entschließungsantrag der Fraktion Bündnis 90/Die Grünen zum Antrag der Fraktion
       der SPD „Investitionszuschüsse für moderne Kraftwerke in NRW - Keine Lauf-
       zeitverlängerung für Atomkraftwerke außerhalb von NRW": Keine Investitionszuschüsse
       für Kohlekraftwerke (Drucksache 14/9954 vom 07.10.2009).

Rainer Priggen erklärte, dass in Zukunft ausschließlich erneuerbare Energien eine Perspektive bieten werden. Er zeigte sich nach wie vor gegenüber Kohlekraftwerken sehr skeptisch, allerdings räumte er ein, dass in der Übergangsphase Gas und Kohle die Hauptenergieträger sein werden. Die beiden Regierungskoalitionen hielten dagegen und erneuerten ihre Forderung nach einem Energiemix mit erneuerbaren Energieträgern, Kohlekraftwerken und Kernenergie, welcher aus ihrer Sicht einen wettbewerbsfähigen Energiepreis insbesondere für die nordrhein-westfälische Industrie garantiere.[632] Beide Anträge wurden mit großer Mehrheit - jeweils mit Stimmen der anderen Oppositionsfraktion - abgelehnt.[633]

Im November 2009 debattierte der Landtag über die nordrhein-westfälische Windkraftpolitik. Hintergrund war, dass die Fraktion von Bündnis 90/Die Grünen im April 2009 eine „Große Anfrage" an die Landesregierung zum Stand und zur Perspektive der Windenergie im Land gestellt hatte,[634] die im Juli 2009 von den zuständigen Ministerien beantwortet wurde.[635] Während die Grünen und die Sozialdemokraten die Windkraftpolitik der Landesregierung kritisierten und den Ausbau sowie das Repowering von Windkraftanlagen in NRW forderten, verteidigte die Regierungskoalition ihre Politik, die u. a. den Kommunen die Entscheidung überlassen hatte, wo und in welcher Größenordnung Windräder entstehen sollten, um damit insbesondere dem Anwohnerschutz gerecht zu werden.[636]

Im selben Monat reichten die Grünen einen Antrag ein, mit dem sie der Landesregierung vorwarfen, beim Klimaschutz zu versagen und durch ihre Energie- und Klimapolitik u. a. eine schleichende Deindustrialisierung voranzutreiben:[637] Die NRW-Landesregierung betreibe in ihrem auf neue Großkraftwerke konzentrierten Einsatz, der zu Lasten der dezentralen Kraft-Wärme-Kopplung und der Erneuerbaren Energien gehe, in Wirklichkeit eine Politik, die eine schleichende De-Industrialisierung Nordrhein-Westfalens in einem be-

---

632   Vgl. Plenarprotokoll 14/132 des Landtages von Nordrhein-Westfalen vom 07.10.2009, S. 15279-15284.

633   Vgl. Plenarprotokoll 14/132 des Landtages von Nordrhein-Westfalen vom 07.10.2009, S. 15284 und Plenarprotokoll 14/133 des Landtages von Nordrhein-Westfalen vom 08.10.2009, S. 15372.

634   Vgl. Große Anfrage 31 der Fraktion Bündnis 90/Die Grünen: Stand und Perspektive der Windenergie in NRW (Drucksache 14/8994 des Landtages von Nordrhein-Westfalen vom 09.04.2009).

635   Vgl. Antwort der Landesregierung auf die Große Anfrage 31 der Fraktion Bündnis 90/ Die Grünen „Stand und Perspektive der Windenergie in NRW" (Drucksache 14/9514 des Landtages von Nordrhein-Westfalen vom 02.07.2009).

636   Vgl. Plenarprotokoll 14/135 des Landtages von Nordrhein-Westfalen vom 05.11.2009, S. 15646-15658.

637   Vgl. Antrag der Fraktion Bündnis 90/Die Grünen: Die Landesregierung versagt beim Klimaschutz und verpasst Chancen für Nordrhein-Westfalen (Drucksache 14/10143 des Landtages von Nordrhein-Westfalen vom 24.11.2009).

deutenden Kompetenzfeld zur Folge habe.[638] Daher sollte der Landtag die Landesregierung auffordern, erstens „ein verbindliches Klimaschutzziel festzulegen, bis zum Jahr 2050 die in NRW anfallenden CO_2-Emissionen um mindestens 80 % gegenüber dem Basisjahr 1990 zu senken"[639] und zweitens „ein Klimaschutzprogramm aufzulegen, in dem dargestellt wird, in welchen Schritten das Reduktionsziel für 2050 dekadenweise erreicht werden soll."[640]

Die Debatte zu diesem Antrag offenbarte keine neuen energie- und klimapolitischen Positionen der Fraktionen im Landtag.[641] Nach Beratung in den zuständigen Ausschüssen, wurde der Antrag von der Regierungskoalition gegen die Stimmen der beiden Oppositionsfraktionen abgelehnt.[642]

Im letzten Halbjahr der 14. Wahlperiode versuchten die Grünen durch eine Gesetzesinitiative nochmals ihre Forderung nach einer Stärkung der Stadtwerke im Energiemarkt zu unterstreichen.[643] Die SPD-Fraktion reichte einen eigenen Entschließungsantrag dazu ein, mit dem sie im Kern diese Gesetzesinitiative unterstützte.[644] Nach zwei Lesungen im Parlament und Beratungen in den zuständigen Ausschüssen, wurden jedoch der Gesetzentwurf und der Entschließungsantrag jeweils von der Regierungskoalition gegen die jeweilige Zustimmung der beiden Oppositionsfraktionen abgelehnt.[645]

Im März 2009 reagierten die beiden Oppositionsfraktionen mit einem gemeinsamen Antrag zum einen auf die damalige Absicht der deutschen Bundesregierung, das Atomausstiegsgesetz zu revidieren sowie zum anderen auf die atompolitischen Positionen der Landesregierung. Der Landtag von NRW sollte sich u. a. gegen eine beabsichtigte Laufzeitverlängerung von Atomkraftwerken in Deutschland aussprechen und bekräftigen, dass in NRW keine Kernkraftwerke (auch keine zu Forschungszwecken) gebaut werden dürfen. Die Landesregierung

---

638   Vgl. ebd., S. 4.

639   Ebd., S. 4.

640   Ebd., S. 4.

641   Vgl. Plenarprotokoll 14/136 des Landtages von Nordrhein-Westfalen vom 02.12.2009, S. 15815-15823.

642   Vgl. Plenarprotokoll 14/144 des Landtages von Nordrhein-Westfalen vom 09.03.2010, S. 16814-16815.

643   Vgl. Gesetzesurwurf der Fraktion Bündnis 90/Die Grünen: Gesetz zur Stärkung der Stadtwerke im Energiemarkt - Stadtwerkerettungsgesetz (StaRG) (Drucksache 14/10585 des Landtages von Nordrhein-Westfalen vom 26.01.2010).

644   Vgl. Entschließungsantrag der Fraktion der SPD zum Gesetzentwurf der Fraktion Bündnis 90/Die Grünen „Gesetz zur Stärkung der Stadtwerke im Energiemarkt – Stadtwerkerettungsgesetz (StaRG)" (Drucksache 14/10633 des Landtages von Nordrhein-Westfalen vom 02.02.2010).

645   Vgl. Plenarprotokoll 14/149 des Landtages von Nordrhein-Westfalen vom 25.03.2010, S. 17407-17408.

sollte u. a. im Bundesrat gegen eine Verlängerung der Laufzeit stimmen und keine weiteren Steuergelder in diese Technologie investieren.[646] In der Debatte bekräftigten die vier Fraktionen ihre in der 14. Wahlperiode oftmals geäußerten Positionen zur Atomkraft: Die beiden Regierungskoalitionen sprachen sich erneut für eine Verlängerung der Laufzeiten, für eine Nutzung der Kernenergie in Deutschland als Brückentechnologie und für weitere Forschungen in diesem Bereich auch in Nordrhein-Westfalen aus. Dahingegen forderten die beiden Oppositionsparteien einen umfassenden Ausstieg aus der Atomkraft in Deutschland.[647]

Nur zwei Wochen später brachten die Grünen noch einen Antrag zur deutschen Atompolitik in den landespolitischen Prozess ein, mit dem sie erneut die Landesregierung aufforderten, „sich eindeutig gegen eine Verlängerung der Laufzeiten der deutschen Kernkraftwerke auszusprechen und in diesem Sinne auf die Willensbildung innerhalb der Bundesregierung und der sie tragenden Parteien einzuwirken.“[648] Den Schwerpunkt der ablehnenden Haltung legte der Grünen-Politiker Rainer Priggen in der Debatte auf die nach Ansicht der Grünen wettbewerbsverzerrenden Wirkung einer Laufzeitverlängerung im Energiebereich, die nur den großen Stromkonzernen nützten und Investitionsplanungen von Stadtwerken gefährdeten,[649] was der Sozialdemokrat André Stinka argumentativ unterstütze.[650]

Die Abgeordneten aus der Regierungskoalition und die christdemokratische Wirtschaftsministerin Christa Thoben widersprachen dieser Ansicht.[651] Christian Weisbrich (CDU) warf Rainer Priggen (Bündnis 90/Die Grünen) sogar vor, sich zum Cheflobbyisten bestimmter Stadtwerke gemacht zu haben.[652] Die Fraktionen von CDU und FDP lehnten daher den Antrag gegen die Stimmen der Grünen und der Sozialdemokraten ab.[653]

---

646   Vgl. Antrag der Fraktion der SPD und der der Fraktion Bündnis 90/Die Grünen: Es bleibt dabei: Nordrhein-Westfalen bleibt atomkraftfrei! (Drucksache 14/10730 des Landtages von Nordrhein-Westfalen vom 02.03.2010).

647   Vgl. Plenarprotokoll 14/145 des Landtages von Nordrhein-Westfalen vom 10.03.2010, S. 16863-16874.

648   Antrag der Fraktion Bündnis 90/Die Grünen: Laufzeitverlängerung der Atomkraftwerke - Milliardeninvestitionen der Stadtwerke werden zurückgestellt - Festschreibung der Wettbewerbsverzerrung (Drucksache 14/10840 des Landtages von Nordrhein-Westfalen vom 16.03.2010), S. 2.

649   Vgl. Plenarprotokoll 14/149 des Landtages von Nordrhein-Westfalen vom 25.03.2010 S. 17433.

650   Vgl. ebd., S. 17434-17435.

651   Vgl. ebd., S. 17433-17438.

652   Vgl. ebd., S. 17434.

653   Vgl. ebd., S. 17438.

Zum Ende der 14. Wahlperiode hatte die Regierungskoalition für die letzte Plenarsitzung eine „Aktuelle Stunde" beantragt mit einem energie- und klimapolitischen Thema: „Kraftwerk Datteln: Weitere Voraussetzung für sichere Planung und positives Signal für den Investitionsstandort Nordrhein-Westfalen geschaffen"[654]. Der Hintergrund dazu war, dass sich der Rat der Stadt Datteln für die Einleitung eines neuen Bebauungsplanverfahrens für das Steinkohlekraftwerk Datteln IV entschieden hatte. Die beiden Regierungsfraktionen bezeichneten in ihrem Antrag die Investition in Datteln als einen wesentlichen Beitrag zur erforderlichen Modernisierung des nordrhein-westfälischen Kraftwerksparks und zur Umsetzung der Energie- und Klimaschutzstrategie der Landesregierung, was langfristig nicht nur Arbeitsplätze sichere, sondern auch eine weitereichende Bedeutung für den Investitions- und Industriestandort Deutschland habe.[655]

In der Debatte lobte der christdemokratische Abgeordnete Oliver Wittke den Rat der Stadt Datteln für diese aus seiner Sicht mutige Entscheidung und stellte erneut heraus, dass man als Übergangstechnologie auch neue Generationen konventioneller Braunkohle- und Steinkohlekraftwerke benötige. Es sei wichtig, dass das neue Kraftwerk in Datteln möglichst schnell vollendet werde und ans Netz gehe, weil dann alte Kraftwerke endlich abgeschaltet werden könnten. Das sei aus ökologischer Sicht, aber auch aus der der Versorgungssicherheit erforderlich.[656] Sein liberaler Kollege aus der Regierungskoalition Dietmar Brockes führte aus, dass das geplante Kohlekraftwerk in Datteln Teil eines Erneuerungsprogrammes sei, welches das ambitionierte Ziel habe, Nordrhein-Westfalen zu dem Land zu machen mit dem effizientesten und saubersten Kraftwerkspark der Welt und betonte zudem die Wichtigkeit der Versorgungssicherheit, der Umweltverträglichkeit und eines wettbewerbsfähigen Strompreises für Nordrhein-Westfalen. Mit der Erneuerung des Kraftwerksparks baue man zudem die nordrhein-westfälische Technologieführerschaft auf dem Gebiet der Kraftwerkstechnologie aus. Auf Kohlekraftwerke werde man weltweit noch eine lange Zeit angewiesen sein. Die Kraftwerke, die den wachsenden Energiehunger von Indien, China und anderen Schwellenstaaten zukünftig decken werden, sollten seiner Ansicht nach mit hochmoderner und sauberer Kraftwerkstechnologie aus NRW gebaut werden.[657] In diesem Sinne argumentiere auch die Wirtschaftsministerin Christa Thoben (CDU): Die Landesregierung stehe hinter dem

---

654 Vgl. Antrag zur Aktuellen Stunde der Fraktion der CDU und der Fraktion der FDP zum Thema: Kraftwerk Datteln: Weitere Voraussetzung für sichere Planung und positives Signal für den Investitionsstandort Nordrhein-Westfalen geschaffen (Drucksache 14/10894 des Landtages von Nordrhein-Westfalen vom 22.03.2010).
655 Vgl. ebd.
656 Vgl. Plenarprotokoll 14/149 des Landtages von Nordrhein-Westfalen vom 25.03.2010, S. 17355 -17356.
657 Vgl. ebd., S. 17356-17358.

Bau weiterer Stein- und Braunkohlekraftwerke in Nordrhein-Westfalen. Sie leisteten einen erheblichen Beitrag zu einer sicheren Versorgung mit preisgünstigem Strom. Die Politik der Landesregierung sei Klimapolitik, jedoch sei ihre Energiepolitik nicht auf Klimapolitik zu reduzieren. Man benötige für einen mittelfristigen Zeitraum auch die Kohle, für deren Verstromung man die beste, effizienteste und sauberste Technologie brauche, die eigene Ingenieure gegenwärtig bauen könnten.[658]

Norbert Römer (SPD) kritisierte zwar das Vorgehen der Landesregierung im konkreten Fall Datteln, bekräftigte aber erneut den Wunsch der Sozialdemokraten nach neuen hocheffizienten Kohlekraftwerken in NRW, um alte Kraftwerke abschalten zu können.[659]

Rainer Priggen (Bündnis 90/Die Grünen) sprach sich erneut gegen den weiteren Neubau von Kohlekraftwerken und u. a. für den Ausbau der dezentralen Kraft-Wärme-Kopplung und für den Ausbau der erneuerbaren Energien in NRW aus. Er erklärte aber auch, dass die Grünen nüchtern genug seien, um zu wissen, dass die neu gebauten Kohlekraftwerke (in Duisburg-Walsum, Neurath und Niederaußem) vierzig Jahre laufen werden. Daher gehe es nicht um einen Ausstieg aus der Kohleverstromung jetzt, sondern es gehe um die entscheidende Weichenstellung.[660]

7.6 Die Teilnahme am Politikprozess außerhalb der parlamentarischen Arena

Wie im vorangegangen Kapitel dargestellt, haben die Landtagsfraktionen und ihre zuständigen Abgeordneten auf der eigenen landespolitischen Ebene sehr ausführlich über die jeweiligen Inhalte und möglichen Auswirkungen der landespolitischen, nationalen und europäischen Energie- und Klimaschutzpolitik und über die EU-Emissionshandelsrichtlinie im „Europäischen Energie- und Klimapaket" debattiert. Andere Aspekte dieses Legislativpakets wurden nur rudimentär thematisiert.

Die Frage, ob die zuständigen Abgeordneten der beiden Regierungs- und Oppositionsfraktionen auch jenseits der parlamentarisch-institutionellen Arena auf landespolitischer Ebene an diesem Politikprozess im europäischen Mehrebenensystem irgendwie partizipiert haben, ist zunächst für alle vier Fraktionen zu bejahen.

---

658   Vgl. ebd., S. 17362-17363.
659   Vgl. ebd., S. 17358-17359.
660   Vgl. ebd., S. 17368-17370.

Allerdings fand die Teilnahme am Ebenen übergreifenden Politikprozess mit dem Ziel, Informationen einzuholen und Einfluss auszuüben, bei allen vier Fraktionen im Wesentlichen durch parteiinterne Gremien wie beispielsweise energie- und klimapolitische Arbeitskreise oder durch die Nutzung informeller persönlicher Kontakte innerhalb der eigenen Partei (in erster Linie: Bundestags- und Europaabgeordnete) meist aus NRW statt. Eine Ausnahme bildete beispielsweise die Teilnahme von Abgeordneten an einer Veranstaltung in der Landesvertretung Nordrhein-Westfalens, an der auch Vertreter der Europäischen Kommission teilgenommen hatten und bei der auch der EU-Emissionshandel thematisiert wurde.[661]

Die jeweilige politikfeldspezifische parteiinterne Mehrebenen-Netzwerkbildung der Landtagsfraktionen ist nicht allein auf den konkreten Politikprozess zum „Europäischen Energie- und Klimapaket" zurückzuführen. So hatte beispielsweise bereits der nordrhein-westfälische Landesverband der SPD im Jahr 2003 eine Arbeitsgruppe Energie eingerichtet unter dem Vorsitz des sozialdemokratischen Europaabgeordneten Bernhard Rapkay, der SPD-Politiker auf der Europa-, Bundes- und Landesebene zusammenbringen sollte, um für NRW eine in der SPD mit allen Ebenen auf Interessenausgleich abgestimmte energiepolitische Neuausrichtung zu erarbeiten. Die Arbeitsgruppe legte im Januar 2004 einen Masterplan „Energie für Nordrhein-Westfalen" vor, der im Februar auf dem SPD-Landesparteitag in Bochum angenommen wurde.[662]

Die nordrhein-westfälischen Abgeordneten haben in der vorliegenden Fallstudie keinen außerparlamentarischen oder interparlamentarischen parteiübergreifenden Austausch zur Meinungsbildung und Beratung im europäischen Mehrebenensystem mit anderen Politikern außerhalb der eigenen Parteilogik praktiziert.[663]

Für die Einholung von Informationen und für die Beeinflussung und die damit verbundene informelle Überzeugungsarbeit während des ganzen Politikprozesses auf europäischer Ebene spielten die nordrhein-westfälischen Abgeordneten aus der jeweils eigenen Partei sowohl im Europäischen Parlament als auch im Bundestag eine sehr wichtige Rolle.[664] Im Hinblick auf Informationen von der europäischen Ebene waren die Europaparlamentarier insbesondere deshalb entscheidend, weil sie beim Politikprozess von Anfang an aufgrund des Mitentscheidungsverfahrens stark einbezogen waren und sowohl relevante inhaltliche Informationen als auch Informationen zum Politikprozess zur Verfügung stellen konnten. Die Abgeordneten im Bundestag waren insbesondere für

---

661   Aus den vom Verfasser durchgeführten Interviews (siehe Quellenverzeichnis).
662   Ebd.
663   Ebd.
664   Ebd.

die Landtagsfraktionen der CDU und der SPD relevant, weil sie zu dieser Zeit die Regierung tragenden Fraktionen im Bundestag stellten und deshalb in der Lage waren, die Position der auf der europäischen Ebene agierenden Bundesregierung im Rat zu beeinflussen.[665]

Da die SPD mit Sigmar Gabriel auf Bundesebene den für Klimaschutz zuständigen Bundesumweltminister stellte, bot sich für die nordrhein-westfälische Landtagsfraktion der SPD auch der regelmäßige politikfeldspezifische Austausch mit ihm an, der auch während des Politikprozesses zum „Europäischen Energie- und Klimapaket" praktiziert wurde. Wie im vorherigen Unterkapiteln dargestellt, hatte sich die SPD-Fraktion im Politikprozess für die Vollauktionierung der Emissionszertifikate in der Energiewirtschaft ausgesprochen. Dies hatte sie u. a. auch gemacht, um damit einen Großteil der Erlöse aus NRW für Klimaschutzmaßnahmen in NRW, hier insbesondere für die Modernisierung der heimischen Kohlekraftwerke, einsetzen zu können. In dieser Angelegenheit unterstützte der Bundesumweltminister das diesbezügliche Interesse der Sozialdemokraten im nordrhein-westfälischen Landtag.[666] Im Juni 2009 erklärte er in einem an Norbert Römer (SPD) verfassten Brief:

> „Die auf europäischer Ebene im Dezember 2008 zur Klimaschutzpolitik und zum Emissionshandel ab 2013 getroffene Entscheidung erlaubt es den Mitgliedsstaaten, aus dem Aufkommen der Versteigerung von Emissionszertifikaten eine bis zu 15 %ige Förderung für den Bau von hocheffizienten Kraftwerken im Zeitraum 2013 bis 2016 zu gewähren. Ich will diese Möglichkeit nutzen, um den vorhandenen fossilen Kraftwerkspark zu modernisieren."[667]

Die beiden Regierungsfraktionen hatten keine eng mit der Landesregierung abgesprochene Lobbying-Strategie für den Politikprozess im europäischen Mehrebenensystem verfolgt. Er wurde vielmehr eine recht strikte Aufgabenteilung praktiziert. Sie bestand darin, dass die Landesregierung im europäischen Mehrebenensystem formal-institutionelle und informelle Lobbying- und Öffentlichkeitsarbeit betrieb, während die Regierungsfraktionen für diese Tätigkeit parlamentarische Legitimität erzeugten, um der Landesregierung den Rücken zu stärken für ihre Teilnahme am Politikprozess im europäischen Mehrebenensystem. Es gab nach Einschätzung der Abgeordneten ausreichende Möglichkeiten, sich mit der nordrhein-westfälischen Wirtschaftsministerin im Politikprozess

---

665   Ebd.
666   Ebd.
667   Brief von Bundesumweltminister Sigmar Gabriel an Norbert Römer vom 17.06.2009.
        http://www.spd-fraktion.landtag.nrw.de/spdinternet/www/startseite/Dokumentenspeicher/
        Dokumente/Pressestelle/Dokumente/Brief_Sigmar_Gabriel.pdf. Zugegriffen: 01.02.2013,
        S. 2.

auszutauschen. Sie sahen jedoch nicht ihre Aufgabe darin, der Landesregierung einen fortlaufenden Handlungsrahmen für ihre Ebenen übergreifenden Teilnahme am Politikprozess vorzugeben.[668]

Insgesamt betrachtet war die Teilnahme der vier Landtagsfraktionen am Politikprozess zum „Europäischen Energie- und Klimapaket" außerhalb der parlamentarischen Ebene im eigenen Land gering und sekundär.[669] Die Abgeordneten schätzen zwar die frühzeitige Teilnahme an Politikprozessen im europäischen Mehrebenensystem und damit verbunden die frühzeitige Beeinflussung von konkreten europäischen Vorschlägen zu Rechtsakten als wichtig ein, aber eine ausgeprägte Ebenen übergreifende Teilnahme am Politikprozess lag nicht in ihrem Rollenverständnis. Außerdem schätzten sie eine derartige Funktion im vorliegenden Fall auch für sie als kaum praktikabel ein aufgrund (a) der sehr technisch, sehr detailliert und sehr bürokratisch formulierten Art der Rechtsakte, (b) der ressourcenintensiven Teilnahme an Politikprozessen im Mehrebenensystem und (c) der fehlenden formal-institutionellen Einbindung außerhalb der landespolitischen Ebene.[670]

Die Abgeordneten legten die Priorität ihrer Arbeit zum einen auf ihre jeweiligen Aufgaben im Parlament und zum anderen auf die politikfeldspezifische Kontakt- und Netzwerkpflege innerhalb Nordrhein-Westfalens u. a. zu Verbänden, Unternehmen, Parteistrukturen und Bürgern. Hier sahen sie sich auch in der Rolle als Vermittler und Erklärer von europäischer Politik bzw. von konkreten Auswirkungen europäischer Entscheidungen. Sie sahen Ihre prioritären Aufgaben in der fortlaufenden Filterung der politikfeldspezifischen Entwicklung und Thematik im europäischen Mehrebenensystem, um sie für landespolitische Grundsatzdiskussionen im Parlament nutzbar zu machen und um als Antwort darauf konkrete landespolitische Politikkonzepte für NRW zu erarbeiten.[671]

Das Angebot der Informationen wurde als ausreichend eingeschätzt und nicht als Problem betrachtet. Als problematisch wurde vielmehr die Filterung, Verarbeitung und Nutzbarmachung der vielen Informationen erachtet. Die Möglichkeiten dieser Filterung, Verarbeitung und Nutzbarmachung von Informationen im Politikprozess hängen von den zur Verfügung stehenden Ressourcen (u. a. Fraktionsgröße, Netzwerke zur Informationsbeschaffung, Vorwissen und Lebensläufe der zuständigen Abgeordneten) und der Prioritätensetzung einzelner Abgeordneter und der ganzen Fraktion ab.[672]

---

668   Aus den vom Verfasser durchgeführten Interviews (siehe Quellenverzeichnis).
669   Ebd.
670   Ebd.
671   Ebd.
672   Ebd.

Die zuständigen Abgeordneten waren in der Wahrnehmung ihrer zu erfüllenden Aufgaben und Funktionen stark vom formal-institutionellen parlamentarischen Kontext des Landtages und dem darin vorgegebenen Ablauf sowie vom landespolitischen Parteienwettbewerb geprägt, also in erster Linie vom Machterhalt oder Machterwerb und der Darstellung oder Verwirklichung von inhaltlichen Politikkonzepten.[673]

Aus diesem Grunde haben die Fraktionen auch nicht versucht, die europäische Ebene unmittelbar dauerhaft strategisch zu beeinflussen oder versucht, einen alle Ebenen übergreifenden Austausch zu institutionalisieren. Sie haben die Beeinflussung der europäischen Ebene vornehmlich über andere Akteure organisiert: Die Regierungsfraktionen haben diese Aufgabe deutlich der Landesregierung zugeschrieben; die SPD-Fraktion in erster Linie der Bundesregierung und hier insbesondere dem Bundesumweltminister; die Grünen-Fraktion den Grünen-Politikern im Europäischen Parlament.[674]

7.7 Zwischenfazit

Die Fraktionen und ihre Abgeordneten im Landtag beschäftigten sich im Untersuchungszeitraum der vorliegenden Arbeit regelmäßig und ausführlich mit energie- und klimaschutzpolitischen Themen, die sie meist in Verbindung mit arbeitsmarkt-, wirtschafts-, und industriepolitischen Fragestellungen diskutierten. Der Landtag von Nordrhein-Westfalen richtete sogar als erstes deutsches Land eine Enquete-Kommission zum Thema der Auswirkungen längerfristig stark steigender Preise von Öl- und Gasimporten auf die Wirtschaft und die Verbraucher in Nordrhein-Westfalen ein. Anreize für die zahlreichen Anträge und Debatten lieferten sowohl originär landespolitische (z. B. regionaler Energiemix, Beendigung der Steinkohleförderung in NRW, Kraftwerksbau, Unterstützung der Stadtwerke) als auch bundespolitische (z. B. Laufzeitverlängerung von Kernkraftwerken) und europäische (insbesondere EU ETS) Themen sowie bestimmte Schlüsselereignisse (z. B. IPCC-Bericht, Stern-Report, Orkan Kyrill).

Die Diskussion um die Laufzeitverlängerung von deutschen Kernkraftwerken zog sich wie ein roter Faden durch die Auseinandersetzungen in der parlamentarischen Arena, obwohl diese Frage kein originäres Thema in NRW mehr ist, da es seit einiger Zeit keine Atomkraftwerke in diesem Bundesland gibt. Die anhaltende Diskussion hatte zwei Gründe: Erstens war die Frage der zukünftigen Rolle der Atomenergie in Deutschland bis zur Nuklearkatastrophe von Fukushima ein medienwirksames Konfliktthema zwischen den beiden Par-

---

673   Ebd.
674   Ebd.

teilagern im deutschen Parteienwettbewerb (CDU/CSU/FDP und SPD/ Grüne) und spiegelte sich auch im landespolitischen Parteienwettbewerb in NRW wider. Zweitens sah die Regierungskoalition in der weiteren Nutzung von Atomenergie eine gute Möglichkeit, die energieintensive Industrie in NRW mit kostengünstigem Strom versorgen zu können, um damit auch die Belastungen durch das EU ETS abzumildern, während die Sozialdemokraten diesen Nutzen nicht sahen, sondern vielmehr Atomstrom als Blockierer für den Modernisierungsprozess des Kohlekraftwerkparks einschätzten. Für die Grünen spielte diese Einschätzung keine Rolle, weil sie Atomstrom traditionell kategorisch ablehnen.

Es wurden auch unterschiedliche landespolitische Prioritätensetzungen im nordrhein-westfälischen Energiemix und im Bereich der Erneuerbaren Energien kontrovers diskutiert: Die Regierungskoalition beispielsweise unterstützte zwar die technologische Weiterentwicklung von Windkraftanlagen durch die nordrhein-westfälische Industrie, wollte aber den Neubau und das Repowering in NRW stark einschränken. Dahingegen sprachen sich die beiden Oppositionsfraktionen deutlich dafür aus.

Bereits zu Beginn der Wahlperiode wurde der Emissionshandel im Zuge des NAP II thematisiert. Die beiden Regierungsfraktionen CDU und FDP und die Oppositionsfraktion der SPD arbeiteten hier zusammen und brachten einen gemeinsamen Antrag in den landespolitischen Prozess ein, um gemeinsam für Investitionen in die Modernisierung des nordrhein-westfälischen Kraftwerksparks politisch zu werben und um gemeinsam die Landesregierung bei dieser Position gegenüber der Bundesregierung zu stärken.

Die Fraktionen waren im Hinblick auf den EU-Emissionshandel bereits durch den NAP II sensibilisiert, weshalb die dritte Handelsperiode (ab dem Jahr 2013) drei Monate nach dem Kommissionsvorschlag im April 2008 durch einen Antrag der Regierungskoalition im Landtag thematisiert wurde. Mit diesem Antrag forderte die schwarz-gelbe Fraktion die Landesregierung auf, gemeinsam mit der Bundesregierung bei der EU-Kommission darauf hinzuwirken, dass die Energieversorger Planungssicherheit über die zweite Periode des Emissionshandels hinaus erhalten, um Investitionen in neue Kraftwerke zu sichern. Einen Monat später wurde die Position der Landesregierung, die sich gegen die Vollauktionierung ausgesprochen hatte, im Rahmen einer „Aktuellen Stunde" zumindest angesprochen, aber nicht ausführlich diskutiert. Eine ausführliche Debatte über Regelungen der neuen EU-Emissionshandelsrichtlinie wurde erst nach der Sommerpause im August 2008 geführt, also knapp sieben Monate nach Veröffentlichung des Kommissionsvorschlages. Die Diskussion wurde aber dann von allen vier Fraktionen gleichermaßen initiiert durch verschiedene Anträge.

Zunächst ist festzustellen, dass die von der Kommission im Legislativpaket vorgeschlagenen Regelungen für alle vier Fraktionen größtenteils nicht weiter von Relevanz waren und daher nicht oder nur kaum im Parlament diskutiert wurden. Dies lag erstens daran, dass viele Regelungen als verwaltungstechnische Detailregelungen empfunden wurden (was sie auch tatsächlich sind), die man nicht landespolitisch in parlamentarischen Gremien debattieren muss bzw. kaum kann. Zweitens hatte das Integrierte Energie- und Klimaprogramm (IEKP) der deutschen Bundesregierung, die so genannten Meseberger Beschlüsse, einen großen Teil der politikfeldspezifischen inhaltlichen Ziele und Regelungen vorweggenommen.[675]

Dennoch positionierten sich die Regierungskoalition, die SPD-Fraktion und die Fraktion der Grünen in zentralen Fragen der EU-Emissionshandelsrichtlinie unterschiedlich, weshalb es zu keiner weiteren diesbezüglichen relevanten Kooperation der Regierungskoalition mit den Oppositionsfraktionen oder der beiden Oppositionsfraktionen untereinander kam.

Die Regierungsfraktionen vertraten inhaltlich die Position der Landesregierung bei den parlamentarischen Auseinandersetzungen im Landtag. Sie positionierten sich insbesondere gegen die Vollauktionierung der Zertifikate im Stromsektor zu Beginn der dritten Handelsperiode und in der Industrie bis zum Ende dieser im Jahr 2020 und setzten sich für eine Sonderbehandlung der vom internationalen Wettbewerb betroffenen energieintensiven Industrie ein. Sie sahen durch die Vollauktionierung im Stromsektor Investitionen in die Modernisierung des nordrhein-westfälischen Kohlekraftwerksparks gefährdet. Im Hinblick auf die Industrie warnten sie vor zu hohen Belastungen und vor dem Verlust der Wettbewerbsfähigkeit am Standort NRW und damit verbunden vor dem Abwandern der Industrie und der Arbeitsplätze ins Ausland. In diesem Kontext warnten sie vor Wettbewerbsnachteilen der heimischen Energiewirtschaft und Industrie gegenüber Frankreich und Polen. Sie unterstützten die heimische Braunkohle insbesondere mit den Argumenten von Energieversorgungssicherheit und wettbewerbsfähiger Energie für die energieintensive Industrie in NRW. Daher sprachen sie sich gegen eine größere Rolle von russischem Erdgas im Energiemix des Landes aus und verhinderten den weiteren Ausbau von Windkraftanlagen. Zudem befürworteten sie die weitere Nutzung von Atomstrom in Deutschland, weil sie darin Wettbewerbsvorteile für die Energiewirtschaft und für die Industrie in NRW sahen. Die CCS-Richtlinie bewerteten sie positiv und sprachen sich für die Entwicklung und Anwendung dieser Technologie aus. Außerdem befürchteten sie, dass die in NRW generierten finanziellen Mittel aus der Versteigerung der Zertifikate nicht vollständig vom Bund nach NRW zurückfließen werden, sondern in Klimaschutzprojekte außerhalb des Landes investiert werden würden (u. a. Windkraftanlagen im Norden Deutschlands).

---

675   Ebd.

Die Regierungskoalition sprach sich deutlich gegen die deutsche und europäische Vorreiterrolle in der internationalen Klimaschutzpolitik aus, insbesondere nach dem Scheitern der internationalen Verhandlungen in Kopenhagen. Ohne erfolgreiche Einbettung in die Weltpolitik wurde die europäische und deutsche Klimaschutzpolitik als ein großer wirtschaftspolitischer Nachteil für NRW empfunden. Sie verwies dabei auf das weltweite Wirtschaftswachstum und den zunehmenden Ausstoß von Treibhausgasen in anderen Staaten wie China, Indien und den USA und zweifelte in diesem Kontext an der internationalen Vorbildfunktion von Europa und Deutschland. Nach den internationalen Verhandlungen in Kopenhagen sollten der politische und der wirtschaftliche Fokus auf Anpassungsmaßnahmen anstatt auf Vermeidung gelegt werden. Sie propagierten als zentrales Mittel ihrer internationalen Klimaschutzpolitik den Transfer technologischer Mittel (u. a. auch die CCS-Technologie) in andere Länder.[676] Sie forderten zudem eine sachlichere Diskussion im Bereich Klimaschutz. In diesem Kontext zweifelten sie generell an dem Ausmaß des Klimawandels und an dem zentralen anthropogenen Einfluss bei der globalen Erwärmung.[677]

Die Fraktion der SPD betrachtete die ambitionierte europäische Energie- und Klimaschutzpolitik und auch das europäische Legislativpaket als notwendigen und guten Rahmen. Sie setzte sich ebenfalls wie die Regierungskoalition für die Modernisierung des nordrhein-westfälischen Kohlekraftwerksparks ein. Anders als diese sahen jedoch die Sozialdemokraten in einer ambitionierten Klimaschutzpolitik keine Gefährdung von Arbeitsplätzen in NRW, sondern vielmehr einen Impuls für die Schaffung von neuen Arbeitsplätzen. Die Vollauktionierung im Stromsektor wurde deshalb nicht als Gefahr für den Industriestandort NRW und nicht als Hemmnis für den Neubau von Kraftwerken eingeschätzt. Zum einen argumentierten sie, dass die Energiewirtschaft in der Vergangenheit unentgeltlich ausgegebene Zertifikate eingepreist hatte, ohne dabei den Kraftwerkspark ausreichend erneuert zu haben. Zum anderen könnten durch die Erlöse konkrete Klimaschutzprojekte in NRW vorangebracht werden (u. a. Investitionszuschüsse für den Neubau von Kohlekraftwerken und für ein umfangreiches Gebäudesanierungsprogramm). Daher setzten sie sich vehement ein für den Rückfluss der in Nordrhein-Westfalen generierten finanziellen Mittel aus der Versteigerung der Zertifikate. Sie sahen ebenfalls wie die Regierungskoalition die energieintensive Industrie in NRW durch zu hohe Belastungen gefährdet und sprachen sich daher gegen die Vollauktionierung im Industriebereich bis zum Ende der Handelsperiode im Jahr 2020 aus. Sie plädierten für eine beihilferechtliche Absicherung für die produzierende energieintensive Industrie und – wie auch die Regierungskoalition – für die Verteilung der kostenlosen Zertifi-

---

676   Ebd.
677   Ebd.

kate anhand von branchenspezifischen BAT-Benchmarks, wodurch sie sich eine größtmögliche kostenlose Zuteilung von Zertifikaten für nordrhein-westfälische Industrieunternehmen in den energieintensiven Branchen erhofften. Aus Gründen der Planungssicherheit für die Unternehmen kritisierten sie ebenfalls die im Kommissionsvorschlag genannten Daten für den Beschluss der gemeinschaftsweiten und vollständig harmonisierten Durchführungsmaßnahmen für die Zuteilung der kostenlosen Zertifikate, für die Ermittlung und Festlegung der im internationalen Wettbewerb stehenden energieintensiven Sektoren, die kostenlose Zertifikate erhalten könnten, und für die Vorlage des Analyseberichts zur internationalen Lage.

Außerdem unterstützten sie auch die CCS-Technologie, weil sie zukünftig grundsätzlich eine klimafreundlichere Nutzung des Energieträgers Kohle ermöglichen könnte.

Die Sozialdemokraten sprachen sich mehrmals deutlich gegen die weitere Nutzung von Atomstrom aus, u. a. weil dadurch Überkapazitäten erzeugt werden würden und damit ausreichende Anreize für Investitionen in den Neubau von Kraftwerken in NRW ausbleiben würden. Sie setzten sich – wie auch die Grünen – für den Ausbau von KWK aus, aber im Gegensatz zu den Grünen im Zusammenhang mit dem Neubau von Kohlekraftwerken.

Anders als die Regierungskoalition zweifelten sie nicht an den Auswirkungen des Klimawandels und an den anthropogenen Einfluss bei der globalen Erwärmung. Deshalb unterstützten sie auch nach Kopenhagen die internationale klimaschutzpolitische Vorreiterrolle Deutschlands und der EU und die damit verbundenen Idee der globalen Vorbildfunktion.

Die Fraktion von Bündnis90/Die Grünen befürwortete grundsätzlich die ambitionierte europäische Klimaschutzpolitik und das „Europäische Energie- und Klimapaket", weil dadurch aus ihrer Sicht nötiger und nachhaltiger Druck für klimaschutzpolitische Reformen in Nordrhein-Westfalen entsteht. Die Grünen-Politiker hätten sich zudem noch höhere Zielsetzungen für die Reduktion der Treibhausgase und für den Anteil der erneuerbaren Energien vorstellen können.[678] Bereits im November 2006 hatten Sie zur Beschränkung der Folgen des Klimawandels eine Reduzierung der Treibhausgasemissionen um 40 Prozent bis zum Jahr 2020 und um 80 Prozent bis zum Jahr 2050 in NRW gefordert.

Die Grünen positionierten sich anders als die anderen drei Fraktionen deutlich gegen den Neubau von Kohlekraftwerken. Sie sprachen sich gegen die weitere intensive Nutzung von Kohle in NRW aus und plädierten für die zunehmende Verwendung anderer Energieträger wie Erdgas und den schnellen Ausbau der erneuerbaren Energien. Zudem setzten sich für einen umfangreichen Ausbau von

---

678   Ebd.

KWK ein. Bei der Entwicklung und Nutzung der CCS-Technologie zeigten sie sich eher skeptisch, weil damit grundsätzlich die weitere Nutzung von Kohle unterstützt wird. In der landespolitischen Debatte sprachen sie sich – wie auch die Sozialdemokraten – vehement gegen die weitere Nutzung der Atomenergie in Deutschland aus. Sie unterstützten die Idee der internationalen klimaschutzpolitischen Vorbildfunktion und sahen in einer ambitionierten Klimaschutzpolitik keine Gefährdung des nordrhein-westfälischen Industriestandortes. Vielmehr argumentierten sie, dass durch eine ambitionierte Energie- und Klimaschutzpolitik in den Bereichen der Ressourceneffizienz und der erneuerbaren Energien neue Arbeitsplätze in NRW, sogenannte „Green Jobs", entstehen werden. Sie sehen hier die zukünftigen großen Märkte. Daher setzten sie sich auch für den Rückfluss der in NRW generierten finanziellen Mittel ein.

Alle vier Fraktionen haben versucht, ihre Standpunkte in den Politikprozess einzubringen, allerdings primär auf der eigenen landespolitischen Ebene: Die Regierungsfraktionen haben eine Aufgabenteilung praktiziert. Sie sahen ihre Aufgabe darin, für die auf nationaler und supranationaler Ebene agierende Landesregierung parlamentarische Legitimität zu erzeugen durch Verteidigung der Position gegenüber der Opposition und durch gezielte Anträge, während die Landesregierung versuchte, Ebenen übergreifend am Politikprozess teilzunehmen. Die Teilnahme der Regierungsfraktionen an Politikprozessen zum „Europäischen Energie- und Klimapaket" außerhalb der eigenen landespolitischen Ebene war gering und fand nur innerhalb der eigenen parteipolitischen Gremien oder durch informelle Kontakte meist in NRW statt. Daher konnten die Regierungsfraktionen auch nur so erfolgreich sein, wie es ihre Landesregierung war. Auch wenn die Verteidigung der Position im Landtag nicht zum inhaltlichen Erfolg geführt hat, so ist doch festzustellen, dass die Regierungsfraktionen ihre diesbezügliche Funktionen und Aufgaben erfolgreich erfüllt haben: In der 14. Wahlperiode kam es zu keinen nennenswerten politikfeldspezifischen Verwerfungen innerhalb der Koalition im Landtag. Sie stand jederzeit öffentlich hinter der Landesregierung.

Die beiden Oppositionsfraktionen sahen ihre Aufgaben ebenfalls darin, ihre Standpunkte primär auf der landespolitischen Ebene einzubringen und durch eine kompetitive Oppositionsstrategie ein anderes Politikkonzept für NRW aufzuzeigen und die parlamentarische Legitimität der Landesregierung für den Politikprozess im europäischen Mehrebenensystem insbesondere immer dann zu reduzieren, wenn diese nicht die eigene Position vertrat.

Die nordrhein-westfälischen Sozialdemokraten nutzten aber auch die Möglichkeit, den sozialdemokratischen Bundesumweltminister Sigmar Gabriel erfolgreich einzubinden, um Zugeständnisse für Investitionen in den Neubau von Kraftwerken in NRW zu erlangen.

Obwohl die Fraktion von Bündnis90/Die Grünen eine kleine Fraktion war, schafften sie es – wie auch die Sozialdemokraten – durch zahlreiche Anträge über den Zeitraum der ganzen Wahlperiode (2005-2010), energie- und klimaschutzpolitische Themen auf die landespolitische Agenda zu setzen. Die Grünen betrieben im Landtag eine sehr kompetitive Strategie gegenüber der Regierung. In diese Strategie reihte sich das „Europäische Energie- und Klimapakt" ein. Das Ziel der Grünen für den Politikprozess im Mehrebenensystem bestand darin, zu verhindern, dass die Vollauktionierung im Stromsektor verhindert wird.[679] Sie forderten aber auch eine Sonderbehandlung der im internationalen Wettbewerb stehenden energieintensiven Industrie.

Aber auch sie fokussierten ihre Tätigkeiten auf den Politikprozess auf der eigenen landespolitischen Ebene und verstanden sich nicht als Netzwerkpolitiker oder als eine Art von Lobbyisten, die eine Mehrebenenstrategie der dauerhaften, informellen und direkten Beeinflussung außerhalb der landespolitischen Ebene zu betreiben haben.[680]

Die Erklärung für das Verhalten aller vier Fraktionen ist im Rollenverständnis der Abgeordneten zu sehen. Es wird zwar von allen Fraktionen als wichtig erachtet, dass man frühzeitig die Prozesse auf europäischer Ebene beeinflussen und verarbeiten muss, aber die Erfüllung dieser Aufgaben und Funktionen außerhalb der eigenen landespolitischen Ebene liegen nicht in ihrem grundlegenden Rollenverständnis. Sie waren vielmehr von ihren formal-institutionellen Aufgaben und Funktionen im Landtag sowie von den Abläufen im Parlament geprägt. Ihr Interesse war mehr auf die Filterung und Verarbeitung von Entwicklungen auf europäischer Ebene und auf Bundesebene ausgerichtet, um sie für den parlamentarischen Prozess und für die grundlegende politikfeldspezifische Debatte zum Energiemix in NRW nutzbar zu machen.

Die Regierungsfraktionen und die beiden Oppositionsfraktionen betrieben keine auf Konsens ausgerichtete durch Europäisierung hervorgerufene kooperative Strategie. Vielmehr waren ihre jeweilige Energie- und Klimaschutzpolitik von parteipolitischen Präferenzen und vom konfliktreichen Parteienwettbewerb im eigenen Land geprägt. Es gab Ausnahmen, wenn es um die Erneuerung des Kohlekraftwerksparks ging. Hier kooperierten die Fraktionen von CDU, SPD und FDP bei Fragen der Ausgestaltung des NAP II und beim Neubau eines hochmodernen Kohlekraftwerks im Chemiepark-Uerdingen. Im Politikprozess zum „Europäischen Energie- und Klimapaket" kooperierten sie in dieser Frage nicht mehr, obwohl sich ihr gemeinsames Ziel der Modernisierung des nordrhein-westfälischen Kohlekraftwerksparks nicht änderte.

---

679   Ebd.
680   Ebd.

Die Kooperation zwischen den beiden Oppositionsfraktionen war streckenweise vorhanden und ausgeprägt. So stimmte die SPD beispielsweise für den Gesetzentwurf der Grünen zur Nutzung erneuerbarer Wärmeenergie in Nordrhein-Westfalen. Beide Fraktionen sprachen sich in einem Entschließungsantrag für den planmäßigen Ausstieg aus der Atomenergie aus. Darüber hinaus plädierten sie in einem gemeinsamen Antrag für die Steigerung der Energieeffizienz, für den Ausbau der erneuerbaren Energien, für die Verbesserung der Wettbewerbsfähigkeit der Stadtwerke auf dem Strommarkt und in gewissem Maße auch für den Ausbau von KWK in NRW. Sie entschieden sich auch, im August 2008 gemeinsam auf die EU ETS Richtlinie mittels eines Entschließungsantrags zu reagieren. Sie unterstützten hier den Deutschen Bundestag bei seiner Forderung nach (a) der Einführung europaweit einheitlicher Allokationsmethoden, (b) der vollständigen Auktionierung im Stromsektor zu Beginn der dritten Handelsperiode, (c) dem Rückfluss von Erlösen aus der Versteigerung von Zertifikaten an die Staaten, in denen sie generiert wurden, (d) der besonderen Behandlung von energieintensiven Unternehmen und (e) der Verteilung der Zertifikate, die nicht versteigert werden, anhand von Benchmarks.

In vielen politikfeldspezifischen Themen lagen zwar die Sozialdemokraten und die Grünen inhaltlich nicht weit auseinander, allerdings unterschieden sie sich in einem ganz zentralen Punkt: in der Rolle des Energieträgers Kohle und der damit verbundenen Modernisierung des nordrhein-westfälischen Kohlekraftwerksparks durch den Neubau von hocheffizienten Kohlekraftwerken. So kam bspw. Ende 2007 keine Kooperation zustande im Bereich KWK, obwohl beide Fraktionen den Ausbau von KWK unterstützten.

Eine über die landespolitische Ebene hinausgehende institutionelle Einbindung der nordrhein-westfälischen Landtagsabgeordneten, die ihre Mehrebenenbeteiligung im Politikprozess zum „Europäischen Energie- und Klimapaket" formal-institutionell hätte sicherstellten können, gab es nicht. Es gab zwar einen Mehrebenenaustausch, der war jedoch ausschließlich parteiintern und für die Abgeordneten sekundär.

Unter Einbeziehung der Ergebnisse des vierten Kapitels und der letzten beiden Kapitel kann man zwar feststellen, dass der Politikprozess zum „Europäischen Energie- und Klimapaket" im europäischen Mehrebensystem exekutivlastig war und die Energie- und Klimaschutzpolitik zunehmend europäisiert wird, jedoch lässt sich nicht feststellen, dass dadurch die landespolitische Debatte in NRW und der Wettbewerb um verschiedene Politikkonzepte im Bereich von Energie und Klimaschutz gehemmt oder gar unterdrückt wurde.

8   Fazit und theoretische Einordnung der Ergebnisse

Die erste zentrale Frage der vorliegenden Arbeit lautete, ob sich die schwarz-gelbe Landesregierung und die Fraktionen im Landtag von Nordrhein-Westfalen zum „Europäischen Energie- und Klimapaket" positioniert hatten und wenn ja, welche zentralen Standpunkte sie warum einnahmen.

Wie die Analyse zeigt, rief ein großer Teil des Legislativpakets bei den untersuchten Akteuren kaum Reaktionen hervor. Der Grund dafür war, dass dieser Teil als positiv, als unproblematisch, nicht als Wettbewerbsnachteil für NRW, als technisch lösbar und für die parlamentarische Debatte als nicht geeignet eingeschätzt wurde oder dass bereits die grundlegenden Positionen und die Politik der Bundesregierung im Sinne Nordrhein-Westfalens waren. Zudem hatte das integrierte Energie- und Klimaprogramm der Bundesregierung (Meseberger Beschlüsse) einen Großteil der europäischen Regelungsvorschläge vorweggenommen.

Bei einigen der vorgeschlagen zentralen Regelungen in der EU-Emissionshandelsrichtlinie verhielt sich dies aber ganz anders: Obwohl die Regierungskoalition die europäische Energie- und Klimaschutzpolitik prinzipiell begrüßte, weil sie einen einheitlichen klimaschutzpolitischen Rahmen für alle EU-Mitgliedsstaaten schafft, übte sie im Laufe des Politikprozesses massive Kritik und positionierte sich gegen die im Kommissionvorschlag geplante vollständige Versteigerung der Emissionszertifikate im Stromsektor zu Beginn der dritten Handelsperiode im Jahr 2013 und gegen die geplante vollständige Versteigerung von Emissionszertifikaten im produzierenden Industriebereich bis zum Jahr 2020. Sie sprach sich für die kostenlose Verteilung von Zertifikaten für die im internationalen Wettbewerb stehende energieintensive Industrie aus. Mit dem Argument fehlender Planungssicherheit für die Industrie und der damit verbundenen ausbleibenden Investitionen am Standort NRW, positionierte sie sich gegen die im Vorschlag vorgesehenen – aus ihrer Sicht zu späten – Zeitpunkte für (a) die Beschlussfassung der Kommission zu den gemeinschaftsweiten und vollständig harmonisierten Durchführungsmaßnahmen für die Zuteilung der kostenlosen Zertifikate sowie (b) für die Ermittlung und Festlegung der im internationalen Wettbewerb stehenden energieintensiven Sektoren, die bis zum Ende der Handelsperiode kostenlose Zertifikate erhalten können, sofern auf internationaler Ebene kein Abkommen zustande kommt. In diesem Kontext kritisierte sie auch das Datum, an dem die Kommission den entsprechenden Analysebericht zur Einschätzung der internationalen Lage vorlegen wollte. Zudem sprach sie sich gegen das vorgesehene – aus ihrer Sicht intransparente – Komitologieverfahren zu den Durchführungsbestimmungen aus. Vielmehr plädierte die Regierungskoalition für die frühzeitige Festlegung der konkreten Regelungen durch das transparentere Mitentscheidungsverfahren bereits in der Richtlinie, um zumindest prinzipiell am Prozess der Meinungsäußerung und Beratung teilnehmen zu können. Zu den weiteren zentralen Forderungen, die das EU ETS betrafen, gehörte die Verteilung von kostenlosen Zertifikaten anhand von brennstoffspezifischen BAT-Benchmarks im Stromsektor sowie die Verteilung der nicht zu versteigernden Zertifikate im produzierenden Industriebereich anhand von branchenspezifischen BAT-Benchmarks. Darüber hinaus setzten sie sich für die Erhöhung des Schwellenwertes von Kleinemittenten ein, die vom EU ETS ausgenommen werden können.

Ein wesentlicher Grund für diese Position der Regierungskoalition war, dass sie in den vorgeschlagenen Regelungen eine im europäischen und internationalen Vergleich zu hohe und zu einseitige Belastung für die nordrhein-westfälische Energiewirtschaft und für die produzierende energieintensive Industrie in NRW sah, die aufgrund der primären Nutzung der CO_2-intensiven Energieträger Braun- und Steinkohle eine sehr hohe Menge an Treibhausgasen ausstoßen und daher über viele Jahrzehnte einen hohen finanziellen Beitrag für den Klimaschutz zu leisten haben. Sie befürchtete, dass die finanziellen Mittel aus den Erlösen zu wenig nach NRW zurückfließen werden und zudem die Energieunternehmen aufgrund der Vollversteigerung nicht mehr in die Modernisierung des nordrhein-westfälischen Kohlekraftwerksparks investieren würden. Die zu erwartenden hohen Belastungen führte die Regierungskoalition nicht nur auf die Ersteigerung, den Kauf und den Handel mit den Zertifikaten zurück, sondern auch auf die daraus resultierenden steigenden Energie- und Stromkosten für die produzierende energieintensive Industrie in NRW. Sie erwartete die Abwanderung der Industrie und ihrer Arbeitsplätze in Drittstaaten, die nicht am EU ETS beteiligt sind („Carbon Leakage"). Im Hinblick auf die Energiewirtschaft und den innereuropäischen Wettbewerb sah sie NRW insbesondere gegenüber Polen und Frankreich stark benachteiligt.

Die Regierungskoalition sah nicht nur die Wettbewerbsfähigkeit der nordrhein-westfälischen Unternehmen gefährdet, sondern auch die Energieversorgungssicherheit des Landes. Sie setzte weiterhin auf die heimische CO_2-intensive Braunkohle, deren Vorkommen in NRW noch für mindestens drei Jahrzehnte ausreichen wird, um Importabhängigkeiten von anderen Energieträgern (Erdgas aus Russland, Erdöl aus Krisengebieten) möglichst zu vermeiden. Aus diesem Grunde setzte sie sich auch für einen spezifischen Kohle-benchmark ein zur Unterscheidung von Braunkohle und Steinkohle. Bei der Verteilung von kostenlosen Zertifikaten im Stromsektor hätte die Braunkohle nicht in direkter Konkurrenz zu anderen fossilen Energieträgern gestanden – auch nicht zur Steinkohle, die einen höheren Brennwert als Braunkohle aufweist. Auch die Forderung nach einem branchenspezifischen BAT-Benchmark für die Verteilung der kostenlosen Zertifikate im produzierenden Industriebereich und die Forderung nach einer Erhöhung des Schwellenwertes für Kleinemitten dienten der Verringerung der finanziellen Belastung der nordrhein-westfälischen Industrie durch das EU ETS. Die Regierungskoalition schätzte die Belastung Nordrhein-Westfalens durch die neue EU-Emissionshandelsrichtlinie als im Vergleich zu einseitig und als unfair ein, weil die vorgeschlagenen Regelungen aus ihrer Sicht nicht die spezifische Industriestruktur des Landes und nicht das zukünftige Potential der eigentlich wettbewerbsfähigen Braunkohle für die Energieversorgung und die industrielle Produktion Nordrhein-Westfalens und Deutschlands ausreichend berücksichtigten. Der Rechtsakt wurde sogar im Hinblick auf die Erreichung der durch die Klimastrategie formulierten Klimaschutzziele in NRW als kontraproduktiv eingeschätzt, weil er die Modernisierung des nordrhein-westfälischen Kohlekraftwerksparks gefährde. Dies hatte die Landesregierung in ihrer Energie- und Klimaschutzstrategie als primäres Ziel der regionalen Klimaschutzpolitik in NRW erklärt.

Obwohl die Landesregierung und die Regierungsfraktionen in verschiedenen Kontexten die grundsätzlichen Ziele und den Rahmen der europäischen Energie- und Klimaschutzpolitik unterstützten, kritisierten sie nicht nur das zentrale europäische klimaschutzpolitische Instrument EU ETS, sondern zweifelten nach dem Scheitern der internationalen Verhandlungen in Kopenhagen an der globalen klimaschutzpolitischen Vorbildfunktion der EU. Ohne erfolgreiche Einbettung in die Weltpolitik wurde die europäische und deutsche Klimaschutzpolitik als großer wirtschaftspolitischer Nachteil für NRW empfunden. Daher plädierten sie nach Kopenhagen dafür, den Fokus der Klimaschutzpolitik auf die Anpassung an die möglichen Folgen des Klimawandels anstatt auf die Vermeidung des Temperaturanstiegs bzw. auf die Verringerung von Treibhausgaskonzentration in der Atmosphäre zu legen. Darüber hinaus zweifelten die beiden Regierungsfraktionen am prognostizierten Ausmaß der Folgen des Klimawandels und am zentralen Einfluss der Menschheit bei der globalen Erwärmung. Sie schätzte die europäische und die deutsche Energie- und Klimaschutzpolitik im internationalen Vergleich betrachtet als zu ambitioniert und aus wirtschafts- und wettbewerbspolitischer Sicht als zu nachteilig für NRW ein. Die Regierungskoalition begrüßte die CCS-Richtlinie und unterstützte die Entwicklung und Anwendung dieser Technologie in Deutschland und deren Export ins Ausland. Sie sah generell nach Kopenhagen in dem Export von Technologie ein besseres Instrument der internationalen Klimaschutzpolitik Nordrhein-Westfalens als die strikte Reduzierung von Treibhausgasemissionen im eigenen Land.

Daher sind die Gründe für die dargelegte Position der Regierungskoalition in erster Linie in den industrie-, energie- und wirtschaftspolitischen Bereichen von NRW zu sehen, die sie vor zu hohen Belastungen im europäischen und internationalen Wettbewerb schützen wollte. Die Erreichung der klimaschutzpolitischen Ziele der EU mithilfe eines größeren nordrhein-westfälischen Beitrags bei der Reduzierung von Treibhausgasen und insbesondere die erfolgreiche Anwendung des EU ETS als zentrales Instrument der EU-Klimaschutzpolitik spielten dabei eine untergeordnete Rolle.

Anders als die Regierungskoalition sahen die Sozialdemokraten in der Vollauktionierung im Stromsektor direkt zu Beginn der Handelsperiode keine Gefahr für die Modernisierung des Kohlekraftwerksparks. Sie argumentieren vielmehr, dass die Energiewirtschaft bereits die Strompreise erhöht habe, obwohl die Zertifikate in der ersten und zweiten Handelsperiode weitestgehend kostenlos verteilt worden waren. Die Gewinne seien aber nicht investiert worden zur Erneuerung der Kraftwerke. Außerdem könnten die Einnahmen aus den Erlösen für Investitionszuschüsse im nordrhein-westfälischen Kraftwerksbau und für andere Klimaschutzprojekte in NRW (z. B. Gebäudesanierungsprogramm) verwendet werden. Daher setzten sie sich vehement für den Rückfluss der aus der Versteigerung der Zertifikate in Nordrhein-Westfalen generierten finanziellen Mittel ein. Diese Mittel sollten also nicht in Klimaschutzprojekte in anderen Bundesländern investiert werden (z. B. Windkraftparks in Norddeutschland). Außerdem unterstützten sie im Gegensatz zur Regierungskoalition die klimaschutzpolitische globale Vorbildfunktion der EU und bezweifelten nicht den zentralen anthropogenen Einfluss beim Klimawandel.

Im Hinblick auf das „Europäische Energie- und Klimapaket" unterschieden sich die Sozialdemokraten von der Regierungskoalition in den anderen Punkten kaum: Sie positionierten sich ebenfalls gegen die vollständige Auktionierung im produzierenden Industriebereich bis zum Jahr 2020. Zudem forderten sie auch (a) die frühzeitige Festlegung der Durchführungsbestimmungen für die Verteilung der kostenlosen Zertifikate, (b) die Sonderbehandlung der im internationalen Wettbewerb stehenden energieintensiven Industrie, (c) die frühzeitige Ermittlung und Festlegung der betreffenden Sektoren, die aufgrund des internationalen Wettbewerbs kostenlose Zertifikate erhalten könnten, (d) die zeitliche Vorverlegung des Analyseberichts zur internationalen Lage, (e) die Verteilung der nicht zu versteigernden Zertifikate an die produzierende Industrie anhand von branchenspezifischen BAT-Benchmarks und (f) die Anhebung des Schwellenwertes für Kleinemittenten. Darüber hinaus unterstützten sie auch die CCS-Richtlinie.

Diese Übereinstimmung bedeutet jedoch nicht, dass sich die Regierungs-koalition und die Sozialdemokraten in der Energie- und Klimaschutzpolitik auf der landespolitischen Ebene in der 14. Legislaturperiode kaum unterschieden haben. Hier waren deutliche divergierende Politikkonzepte für den Energiemix in NRW vorhanden: So war die Regierungskoalition für die weitere Nutzung der Atomenergie, weil sie darin auch Wettbewerbsvorteile für die nordrhein-westfälische Energiewirtschaft und die energieintensive Industrie sah. Dahin-gegen positionierten sich die Sozialdemokraten entschieden gegen mögliche Laufzeitverlängerungen von Atomkraftwerken in Deutschland, weil sie die Atomkraftwerke als Investitionshemmnis für den Modernisierungsprozess des Kaftwerksparks in NRW bewerteten. Die Regierungskoalition positionierte sich gegen den Ausbau und Neubau der Windkraftanlagen in NRW, während sich die Sozialdemokraten dafür einsetzten. In diesem Bereich gab es zwischen den Sozi-aldemokraten und den Grünen weitaus mehr Übereinstimmungen.

Allerdings unterstützten die Grünen nicht die Modernisierung des Kohle-kraftwerksparks in NRW, weil sie sich deutlich gegen die CO_2-intensiven Ener-gieträger Braun- und Steinkohle aussprachen. Sie setzten sich für den schnellen Ausbau der erneuerbaren Energie und für die Nutzung von Erdgas ein. Die Grü-nen unterstützten die vorgeschlagene Vollauktionierung der Zertifikate in der Stromwirtschaft und in der produzierenden Industrie, forderten aber auch eine Sonderbehandlung der im internationalen Wettbewerb stehenden energieintensi-ven Industrie. Sie begrüßten die ambitioniert Energie- und Klimaschutzpolitik der EU und die Vorschläge der Kommission im „Europäischen Energie- und Klimapaket", weil diese nötigen und nachhaltigen Druck zu Reformen in NRW erzeugten. Die Grünen hätten sich auch noch höhere klimaschutzpolitische Ziel-setzungen und weiterführende Maßnahmen vorstellen können. Der politikfeld-spezifische Anpassungsdruck durch das „Europäische Energie- und Klimapaket" war bei den Grünen weitaus geringer als bei der Regierungskoalition und bei den Sozialdemokraten, weil sie im umweltpolitischen Bereich generell zur Überim-plementierung neigen. Sie zeigten sich nur gegenüber der CCS-Richtlinie skep-tisch, weil mit dieser Technologie weiterhin die Nutzung von Kohle grundsätz-lich unterstützt wird.

Die zweite zentrale Frage lautete, ob und wenn ja wie die Landesregierung und Landtagsfraktionen versucht haben, Einfluss zu nehmen, um ihre Positionen zum „Europäischen Energie- und Klimapaket" in den Politikprozess der Mei-nungsäußerung, Beratung und Entscheidung im europäischen Mehrebenensystem einzubringen und wie die diesbezüglichen Beobachtungen erklärt werden kön-nen.

Die Landesregierung verfolgte eine umfassende Ebenen übergreifende Stra-tegie der Informationseinholung und -auswertung sowie der informellen und formal-institutionellen Überzeugung und Beeinflussung, um ihre Standpunkte in den Politikprozess einzubringen: Sie veröffentliche als direkte Antwort auf den Kommissionsvorschlag eine eigene Energie- und Klimaschutzstrategie, um die Unvereinbarkeit der neuen Emissionshandelsrichtlinie mit der nordrhein-westfälischen Klimaschutzpolitik und der Energie- und Industriestruktur des Landes aufzuzeigen. Auf nationaler Ebene versuchte sie den Bundesrat für ihre Position zu gewinnen, um die deutsche Bundesregierung über den formal-institutionellen Weg öffentlich unter Druck zu setzen. Auf europäischer Ebene organisierte sie Kooperationspartner mit ähnlicher Interessenlage und initiierte zusammen mit Oberösterreich die „Allianz der wirtschaftsstarken Regionen Europas mit einem hohen Anteil an energieintensiven Industriebetrieben", um mit einem größeren politischen Gewicht auf europäischer Ebene auf die Kommission und das Europäische Parlament Einfluss ausüben zu können. Sie wollte gegenüber den zentralen Entscheidern das Problem von „Carbon Leakage" verdeutlichen und auf die aus ihrer Sicht unverhältnismäßig hohe und unfaire Belastung der nordrhein-westfälischen Energiewirtschaft und Industrie hinweisen. Um die Wichtigkeit dieser Thematik aufzuzeigen und um direkten Einfluss auf die deutsche Bundeskanzlerin und auf den Kommissionspräsidenten ausüben zu können, wurde in diesem Kontext die Energie- und Klimaschutzpolitik zur Chefsache für den Ministerpräsidenten gemacht. Als besonders zentral wurde die Überzeugungsarbeit und Einflussnahme auf die deutsche Bundesregierung erachtet. Die Landesregierung ging davon aus, dass die Vermittlung und Durchsetzung der eigenen Position in dieser klimaschutzpolitisch sehr relevanten und zentralen Frage auf europäischer Ebene im Politikprozess kaum möglich ist, wenn die eigene Bundesregierung eine völlig entgegenstehende Position vertritt.

Die Landesregierung und die sie tragende Regierungsfraktionen betrieben aber keine aufeinander abgestimmte Strategie für eine Teilnahme am Politikprozess im Mehrebenensystem. Sie betrieben eine deutliche Aufgabenteilung: Während die Landesregierung im europäischen Mehrebenensystem Netzwerkpolitik, Lobby- und Öffentlichkeitsarbeit sowie formal-institutionelle und informelle Überzeugungsarbeit betrieb, versuchten die Regierungsfraktionen dafür auf der eigenen landespolitischen Ebene parlamentarische Legitimität zu erzeugen. Diese Aufgabenteilung erklärt sich mit dem eigenen Rollenverständnis der Akteure, die fortlaufend von den institutionellen Gegebenheiten geprägt werden: Die Landesregierung wird nicht nur durch den landespolitischen Politikprozess auf der eigenen Ebene geprägt, sondern ebenso traditionell im deutschen Exekutivföderalismus durch die horizontale formal-institutionelle Einbindung im Bundesrat sowie durch die vertikale Vernetzung mit anderen Landesregierungen (u. a. bei Ministerkonferenzen). Dahingegen werden die Fraktionen im Landtag traditionell von den parlamentarischen Funktionen, Aufgaben und Abläufen im Landtag und dem landespoltischen Parteienwettbewerb geprägt, der sich im Landtag manifestiert als institutionalisierte Arena für Auseinandersetzungen um regionale Politikkonzepte. Dies war bei den Regierungsfraktionen besonders stark ausgeprägt aufgrund der Aufgabenteilung mit der Landesregierung.

Die institutionelle Prägung durch den Landtag und durch den Parteienwettbewerb konnte aber auch eindeutig bei den beiden Oppositionsfraktionen festgestellt werden. Die eigene landespolitische Ebene verlassende Teilnahme am Politikprozess war zwar vorhanden, aber sekundär, schwach ausgeprägt und fand ausschließlich in den jeweiligen parteiinternen Kontexten statt. Zudem hatte die SPD-Fraktion im Bereich der Energie- und Klimaschutzpolitik frühzeitig einen parteiinternen Interessenausgleich der landespolitischen, bundespolitischen und europäischen Ebene vorgenommen. Im späteren Politikprozess nutzte sie die sich bietende Gelegenheit, den sozialdemokratischen Bundesumweltminister Sigmar Gabriel für die eigenen landespolitischen Interessen bei der Modernisierung des nordrhein-westfälischen Kohlekraftwerksparks einzubinden.

Die Fallstudie hat gezeigt, dass die Abgeordneten im für NRW sehr relevanten Politikbereich der Energie- und Klimaschutzpolitik kaum durch die Anforderungen des europäischen Mehrebenensystems geprägt werden, sondern primär durch die alltäglichen parlamentarischen Anforderungen im nordrheinwestfälischen Landtag als Arena für parteipolitische Kontroversen und für den Wettbewerb um regionale Politikentwürfe.

Die Fraktionen der SPD und der Grünen konnten im Hinblick auf den Politikprozess der Meinungsäußerung, Beratung und Entscheidung im europäischen Mehrebenensystem keine Aufgabenteilung mit der Landesregierung praktizieren. Dafür gab es zwei Gründe: Erstens waren die Positionsdifferenzen in der entscheidenden Frage der Vollauktionierung in der Stromwirtschaft zu groß. Zweitens hatten die beiden Fraktionen eine grundlegend kompetitive Oppositionsstrategie eingenommen. Die Sozialdemokraten hatten nur in Ausnahmefällen, wenn es um den Neubau von Kohlekraftwerken ging, mit der Regierungskoalition zusammengearbeitet. So haben sie bei der Ausgestaltung des NAP II eine Aufgabenteilung mit der Landeregierung betrieben, um in dieser Angelegenheit die parlamentarische Legitimität für Verhandlungen der Landesregierung auf der nationalen Ebene zu erhöhen.

Die dritte zentrale Frage lautete, ob die Fallstudie die in der politikwissenschaftlichen Literatur oftmals vertretene These bestätigt, dass die deutschen Länder in Politikprozessen im europäischen Mehrebenensystem ausgegrenzt sind.

Die deutschen Länder sind formal-institutionell betrachtet in der Energie- und Klimaschutzpolitik selbst nicht am direkten Entscheidungsprozess auf europäischer Ebene beteiligt. Gleichwohl waren Sie in der Fallstudie keinesfalls am Politikprozess der Meinungsäußerung, Beratung und Entscheidung ausgegrenzt. Vielmehr haben sie Möglichkeiten genutzt, auf die das Konzept von Multi-Level Governance hinweist. Wenn man als Maßstab für die Bewertung ihres Erfolgs die Formulierung des Kernanliegens (keine Vollauktionierung) und das Endergebnis des Politikprozesses zugrunde legt, fällt das Ergebnis nüchtern aus: Die nordrhein-westfälische Landesregierung war hier nicht erfolgreich, obwohl NRW aufgrund der Bevölkerungsgröße und der wirtschaftlichen Stärke ein Schwergewicht in der EU ist. Wenn man jedoch als Maßstab die Teilnahme am Politikprozess der Meinungsäußerung und Beratung zugrunde legt, dann war sie durchaus erfolgreich: Der Bundesrat als deutsches Verfassungsorgan hatte die Position der nordrhein-westfälischen Landesregierung angenommen und diese gegenüber der Bundesregierung öffentlich deutlich gemacht. Die Landesregierung hat durch ihre informelle europäische Netzwerkpolitik erfolgreich mit anderen Regionen kooperiert und eine Allianz gegründet, um damit auf europäischer Ebene ihr politisches Gewicht zu erhöhen. Sie war in ihrem Kernanliegen nicht erfolgreich, weil die Bundesregierung hier eine völlig entgegengesetzte Position vertrat. Die Nationalstaaten sind zwar auf europäischer Ebene nicht mehr die alles entscheidenden Akteure, allerdings scheint die deutsche Bundesregierung für die deutschen Länder im Politikprozess der Meinungsäußerung, Beratung und Entscheidung im europäischen Mehrebenensystem zunächst der wichtigste Akteur zu sein.

An dieser Stelle lässt sich daher die These aufstellen, dass der Erfolg der Teilnahme an Politikprozessen im europäischen Mehrebenensystem für die deutschen Länder im Wesentlichen von der Position der deutschen Bundesregierung abhängt, sofern man das Endergebnis der Entscheidung als Maßstab für den Erfolg zugrunde legt. Dabei scheint es offensichtlich keine Rolle zu spielen, ob der/die Bundeskanzler/in und der/die betreffende Ministerpräsident/in durch die gleiche Partei gestellt werden, denn im vorliegenden Fall gehörten beide der CDU an. Zentral war vielmehr, dass die Bundesregierung auf der europäischen Ebene eigene Interessen vertreten hat, die durch ihre selbst erklärte Vorreiterrolle in der europäischen Klimaschutzpolitik bestimmt wurden. Angela Merkel (CDU) war auf internationaler, europäischer und nationaler Ebene als Klimaschutzpolitikerin aufgetreten, was ihr zeitweise den Titel als „Klimakanzlerin" einbrachte. Gleichwohl wurden die Vorschläge der Kommission im Laufe des Politikprozesses an einigen Stellen verwässert und auch im Sinne Nordrhein-Westfalens verändert, was in erster Linie auf die Haltung der Bundesregierung auf europäischer Ebene zurückzuführen ist. Die verabschiedete EU-Emissionshandelsrichtlinie sieht keine vollständige Versteigerung der Zertifikate im produzierenden Industriebereich bis zum Ende der Handelsperiode mehr vor, sondern eine schrittweise bis zu 70 Prozent im Jahr 2020. Die Richtlinie sieht die Vergabe der kostenlosen Zertifikate anhand von zumeist produktbezogenen BAT-Benchmarks vor, was für die Industrie in NRW deshalb vorteilhaft sein könnte, weil einige produzierende Industriebetriebe in den energieintensiven Branchen in der dritten Handelsperiode mit einem größeren Anteil von kostenlosen Zertifikaten rechnen können. Es wurden die Daten zeitlich vordatiert (a) für die Festlegung der Durchführungsbestimmungen für die kostenlose Vergabe der Zertifikate, (b) für die Ermittlung und Festlegung der im internationalen Wettbewerb stehenden Sektoren, die über die ganze dritte Handelsperiode unentgeltliche Zertifikate erhalten können, und (c) für die Veröffentlichung des Analyseberichts zur internationale Lage. Außerdem wurde der Schwellenwert für Kleinemittenten, die vom EU ETS ausgenommen werden können, auf 25.000 Tonnen CO_2-Äquivalent pro Jahr erhöht. Darüber hinaus war NRW erfolgreich bei der generellen Anerkennung von „Carbon Leakage". Die EU hat hier grundlegende Sonderbedingungen für die im internationalen Wettbewerb stehende energieintensive Industrie bereits zu Beginn des Politikprozesses zugestanden.

Die Politikprozesse im europäischen Mehrebenensystem sind zwar auf Konsens ausgerichtet, was sich auch im Ergebnis des „Europäischen Energie- und Klimapakets" widerspiegelt, jedoch betrachtet die EU seit einigen Jahren den Klimawandel als ernsthaftes Problem. Das nicht „nur" in ökologischer und sozio-ökonomischer Hinsicht, sondern auch in sicherheitspolitischer, weshalb sie international eine klimaschutzpolitische Vorbildfunktion anstrebt. Dabei forciert sie den Emissionshandel als zentrales europäisches und internationales Instrument. Daher sollte es nicht verwundern, dass Europäisierung und das System von Multi-Level Governance in diesem Politikbereich auch „Verlierer" produziert. Oder anders formuliert: Es liegt in der Natur dieses klimaschutzpolitischen Instruments, dass einige Regionen in der EU aufgrund ihrer Struktur mehr für den Ausstoß von Treibhausgasen zahlen müssen als andere. Daher wird das Land NRW zweifelsohne aufgrund seiner Energie- und Industriestruktur in den kommenden Jahrzehnten einen großen finanziellen Beitrag im Rahmen des EU ETS für den Klimaschutz leisten müssen. Ob man allerdings Nordrhein-Westfalen hinsichtlich der getroffenen Entscheidung tatsächlich als „Verlierer" bezeichnen sollte, liegt im Auge des Betrachters: Die schwarz-gelbe Regierungskoalition kam zu dieser Einschätzung aus wirtschafts- und industriepolitischen Gründen. Die Sozialdemokraten und die Grünen haben die Vollauktionierung im Stromsektor vielmehr als grundsätzliche Chance für Investitionen am Standort NRW und für industriepolitische Reformen sowie als zwingend notwendigen Beitrag zum erforderlichen Klimaschutz betrachtet.

Aufgrund der europäischen und deutschen ambitionierten Klimaschutzpolitik wäre eine im größeren Umfange unentgeltliche Vergabe der Zertifikate im

Stromsektor auch kaum realistisch gewesen. Als Konsens wäre beispielsweise eine schrittweise Versteigerung bis etwa zur Mitte der dritten Handelsperiode (2013 bis 2020) denkbar gewesen. Die Ausgabe der kostenlosen Zertifikate hätte dann anhand brennstoffspezifischen BAT-Benchmarks erfolgen können, was insbesondere für Betreiber von effizienten Kohlekraftwerken in NRW einen finanziellen und wettbewerbspolitischen Ausgleich bedeutet hätte. Diese Unterstützung wollte allerdings die Bundesregierung nicht mehr zugestehen, weil diese Vorteile aus ihrer Sicht in den vorangegangenen Handelsperioden von der Energiewirtschaft nicht in ausreichendem Maße für Modernisierungsmaßnahmen genutzt wurden.

Im Hinblick auf den Landtag und seine Fraktionen und Abgeordneten kommt man zu dem Schluss, dass die Landtagsfraktionen nicht in die Bemühungen der Landesregierung im europäischen Mehrebenensystem eingebunden waren bzw. wurden. So wäre beispielsweise zumindest die Mitwirkung der Regierungsfraktionen an der europäischen Netzwerkbildung („CO_2-Allianz") denkbar gewesen. Die Abgeordneten waren zwar nicht gänzlich und nicht quasi automatisch vom Politikprozess ausgeschlossen, weil sie schließlich auf der eigenen landespolitischen Ebene daran teilgenommen haben. Die grundlegenden Bedingungen dafür (wie beispielsweise ausreichende Informationen über die vorgeschlagenen inhaltlichen Regelungen des Legislativpakets) waren für die Verwertung im landespolitischen Politikprozess nach eigener Einschätzung ausreichend vorhanden. Jedoch haben sie nicht die Möglichkeiten genutzt, auf die das Konzept von Multi-Level-Governance hinweist: Sie haben keine netzwerkbildenden Initiativen im europäischen Mehrebenensystem gestartet. Die Fokussierung lag zu sehr auf der Interaktion auf der eigenen landespolitischen Ebene und auf die Frage, wie man den Politikprozess für den parlamentarischen Prozess im Landtag verwerten kann. Wie bereits angeführt, ist dies auf das eigene Rollenverständnis zurückzuführen, das insbesondere durch die Institution Landtag geprägt wird und ergänzend auch durch die Repräsentationsfunktion, die sich aus der Rolle als gewählter Volksvertreter in einem Wahlkreis oder über die Liste einer Partei ergibt. Hier müssen sie auch die Funktion als Vermittler von auf europäischer und landespolitischer Ebene gefällten Entscheidungen im Wahlkreis und in der eigenen Partei erfüllen. Da sie sich u. a. auch an dieser Repräsentationsfunktion bei Wahlen messen lassen müssen, sind sie teilweise auch auf die mediale Inszenierung ihrer Arbeit im Land oder ggf. im Wahlkreis angewiesen. Da die mediale Öffentlichkeit auf europäischer Ebene gering ausgeprägt ist, fehlt hier ein diesbezüglicher europäischer Anreiz für eine europaorientierte Prioritätensetzung. Insbesondere fehlt die institutionelle politikfeldspezifische Einbindung der Parlamentarier im europäischen Mehrebenensystem außerhalb ihrer eigenen landespolitischen Ebene. Die bereits vorhandenen Institutionen auf europäischer Ebene – wie der AdR – waren für die vorliegende Fallstudie nicht relevant. Neben der fehlenden institutionellen Einbindung kommt hinzu, dass die Ebenen übergreifende Teilnahme an Politikprozessen ressourcenintensiv ist und die jeweiligen Abgeordneten über nur sehr begrenzte Kapazitäten verfügen. Kapazitäten, die sie für die Teilnahme an Politikprozessen auf der landespolitischen Ebene im Parlament und ggf. in ihrem Wahlkreis ausstatten.

Die Teilnahme der Landtagsabgeordneten an Politikprozessen im europäischen Mehrebenensystem könnte in vielerlei Hinsicht erleichtert werden. Das liegt dem Konzept von Multi-Level Governance zugrunde. Die konkrete thematische Vernetzung müsste aber anhand von Politikfeldern organisiert werden, nicht themenübergreifend durch beispielsweise die ausschließliche Vernetzung von Europaausschüssen. Denkbar wäre z. B. eine in regelmäßigen Abständen tagende gemeinsame Versammlung (organisiert nach allen politikfeldspezifisch zuständigen Ausschüssen) der deutschen Landesparlamente, des Deutschen Bundestages und des Bundesrates, in der zunächst zentrale Rechtsakte wie das „Europäische Energie- und Klimapaket" gemeinsam zu Beginn des Politikprozesses beraten werden, zu denen man politikfeldspezifisch relevante Vertreter der Bundesregierung, des Europäischen Parlaments, der Europäischen Kommission und ausgewählter Verbände einlädt.[681] Eine derartige Institution könnte den Wahrnehmungshorizont der Landtagsabgeordneten um die europäische Dimension erweitern und eine eigene Prägekraft entwickeln für die Teilnahme an politikfeldspezifischen Politikprozessen im europäischen Mehrebenensystem. Im Sinne des akteurzentrierten Institutionalismus könnte also eine „Institution der Mehrebenenpolitik", die dem neuen normativen politikwissenschaftlichen Leitbild des „Mehrebenenparlamentarismus" entspricht, nicht nur die „Handlungsorientierungen" (Wahrnehmungen und Präferenzen), sondern auch die „Handlungsressourcen" (durch privilegierte Informationszugänge) und Interaktionsformen der Landtagsabgeordneten erweitern und verbessern. Zudem könnte sie deren Artikulations- und Repräsentationsfunktion ergänzen. Eine derartige Institution müsste aber im Hinblick auf demokratische Legitimationsaspekte sehr transparent organisiert sein und dürfte nicht die Rolle der deutschen Verfassungsorgane unterminieren.

Im Hinblick auf die Anforderungen des europäischen Mehrebenensystems an den Landesparlamentarismus wurden in NRW durch das kürzlich eingerichtete Verbindungsbüro des Landtags in Brüssel sowie durch die Parlamentsinformationsvereinbarung institutionelle Anpassungen vorgenommen. Solange aber das Rollenverständnis der Landtagsabgeordneten nicht von den

---

681 An dieser Stelle ist darauf hinzuweisen, dass der Grundgedanke der Bildung und Institutionalisierung von inter-parlamentarischen Netzwerken etc. in Europa keinesfalls neu ist und daher nicht auf den Verfasser der vorliegenden Arbeit zurückgeführt werden kann.

spezifischen Anforderungen des Mehrebenensystem geprägt werden, stellen diese Informationsverpflichtungen durch die Landesregierung, unabhängig davon, ob in der Verfassung, als Gesetz oder als Vereinbarung geregelt, allein keine hinreichende Lösung dar für die Aufwertung ihrer Rolle gegenüber der Regierung bei Ebenen übergreifenden Politikprozessen. Wenn sich jedoch das Rollenverständnis der Landtagsabgeordneten an den Anforderungen fürs Mitregieren im europäischen Mehrebenensystems anpassen würde und sich die Abgeordneten dadurch bedingt mehr im Mehrebenensystem vernetzten würden, dann wären sie nicht nur weniger abhängig von den Informationen der Landesregierung, sondern die Regierung wäre auch mehr an den Informationen der Abgeordneten interessiert. Auch wäre dann für die Landesregierung eine strategische Mitwirkung im europäischen Mehrebenensystem zumindest von Abgeordneten der Regierungsfraktion(en) von Interesse. Die Parlamentsinformationsvereinbarung und insbesondere das Anfang 2012 eingerichtete Verbindungsbüro des Landtags in Brüssel sind dennoch sehr zu begrüßen. Die damit verbundene frühzeitige Bereitstellung von europäischen Informationen, die für die Parlamentarier relevant erscheinen, könnten die Möglichkeiten der Landtagsfraktionen zur Verwertung europäischer Themen auf der Landesebene noch verbessern.

Die vierte zentrale Frage lautete, welche Rolle die Landtagsfraktionen und ihre zuständigen Mitglieder beim Politikprozess zum „Europäischen Energie- und Klimapaket" spielten und welche Funktionen sie übernahmen und ob dabei die Fallstudie die in der Politikwissenschaft oftmals vertretene These bestätigt, dass Europäisierung und Politikprozesse im europäischen Mehrebenensystem insbesondere aufgrund der Exekutivlastigkeit zur Entparlamentarisierung subnationaler Politik führen.

Die vorliegende Fallstudie hat deutlich gezeigt, dass die Europäisierung der Energie- und Klimaschutzpolitik und der damit verbundene Politikprozess zum „Europäischen Energie- und Klimapaket" nicht zur Entparlamentarisierung subnationaler Politik in Nordrhein-Westfalen geführt haben, obwohl der Politikprozess als exekutivlastig bezeichnet werden kann. Zum einen wurde ausführlich über den EU-Emissionshandel als zentraler Teil des Legislativpakets im Landtag kontrovers debattiert. Thematisch war der Landtag also auf die europäische Ebene ausgerichtet. Zum anderen reihte sich die Diskussion in eine grundlegende Debatte der Fraktionen über den zukünftigen Energiemix in Nordrhein-Westfalen und über die Rolle der jeweiligen Energieträger ein. Man kann daher vielmehr feststellen, dass die Europäisierung des Politikfeldes und die ambitionierte Energie- und Klimaschutzpolitik der EU und auch die der Bundesregierung in der 14. Wahlperiode als eine Art Agenda Setter für die Landespolitik in NRW und als Anreiz landespolitischer Auseinandersetzungen gewirkt haben anstatt als Bremse oder Entparlamentarisierungsfaktor.

Die Ursache dafür ist in dem unterschiedlichen Anpassungsdruck einiger europäischer politikfeldspezifischer Regelungen und der parteipolitischen Präferenzen der Fraktionen zu sehen. Der parteipolitische Anpassungsdruck der Regierungskoalition bei der Ausweitung und Verbesserung des EU ETS war aufgrund der geplanten Versteigerung von Zertifikaten hoch, weil die Umverteilung der Erlöse gegen ihre wirtschaftsliberale Grundhaltung stand, während die Umverteilung von finanziellen Mitteln und staatlichen Investitionen eher der parteipolitischen Grundhaltung der Sozialdemokraten und der Grünen entsprach. Insbesondere bei den Grünen gab es keinen Anpassungsdruck, weil sie als Umweltpartei beim Klimaschutz generell zur Überimplementation europäischer Vorgaben neigen. Hinzu kommt, dass man Veränderungen in der wirtschaftlichen Situation eines Landes im Allgemeinen der Regierung zuschreibt und nicht der Opposition.

Beim Politikprozess der Meinungsäußerung, Beratung und Entscheidung zum „Europäischen Energie- und Klimapaket" erfüllten also die im Landtag agierenden Fraktionen auf landespolitischer Ebene eine zentrale Funktion: Sie bewerteten, filterten und verwerteten diesen Ebenen übergreifenden Politikprozess und integrierten ihn in die grundlegende landespolitische Debatte und in die Auseinandersetzung um den Energiemix in NRW. Darauf aufbauend entwickelten die Fraktionen mehr oder weniger unterschiedliche energie- und klimaschutzpolitische regionale Prioritäten, Politikkonzepte und Maßnahmen für Nordrhein-Westfalen, über die der Wähler letztlich auch regional entscheiden kann. Der Landtag hat hier also eine für die Demokratie und für die Idee des Subsidiaritätsprinzips ganz zentrale Funktion erfüllt.

Außerdem erfüllen die deutschen Länder und ihre zentralen Akteure die Funktion eines regionalen Korrektivs bei der Präferenzbildung der auf der europäischen Ebene verhandelnden deutschen Bundesregierung. Das bedeutet aber nicht, dass die deutsche Bundesregierung die regionalen Interessen auch immer einbeziehen muss, auch wenn sie für einige Länder besonders wichtig sind.

Die fünfte zentrale Frage lautete, ob bei der Landesregierung und bei den Landtagsfraktionen eine angepasste oder sogar vereinheitlichte gemeinsame politikfeldspezifische Positions- und Strategieentwicklung für NRW zu beobachten war, die auf den Europäisierungsprozess im Bereich der Energie- und Klimaschutzpolitik und/oder auf den konkreten Politikprozess zum „Europäischen Energie- und Klimapaket" im europäischen Mehrebenensystem zurückgeführt werden kann und wie die diesbezüglichen Beobachtungen erklärt werden können.

Es war keine angepasste gemeinsame politikfeldspezifische Positions- und Strategieentwicklung bei den Landtagsfraktionen zu beobachten, die auf den Europäisierungsprozess zurückgeführt werden könnte. Ihre Positionen und Strategien waren von den parteipolitischen Präferenzen sowie dem landespolitischen Parteienwettbewerb und damit verbunden von ihren verschiedenen Politikkonzepten für den nordrhein-westfälischen Energiemix geprägt.

Die Regierungsfraktionen und die Fraktion der SPD hatten zwar zeitweise miteinander kooperiert im Zusammenhang mit dem NAP II und später auch in konkreten Kohlekraftwerksprojekten, weil es hier um ihr gemeinsames Interesse ging: dem Neubau von Kohlekraftwerken in NRW. Als es aber in der neuen EU-Emissionshandelsrichtlinie um die konkrete Annahme und die Verinnerlichung der europäischen Regelungen in die Landespolitik ging, hatten sich die Regierungsfraktionen und die SPD-Fraktion stark unterschieden. Obwohl diese drei Fraktionen in weiteren Punkten übereinstimmten, kam es zu keiner weiteren Kooperation. Hier kooperierten meist die beiden oppositionellen Fraktionen miteinander, um andere politikfeldspezifische Politikansätze im Vergleich zur Regierungspolitik zu verdeutlichen. Die Sozialdemokraten und die Grünen kooperierten aber nicht, wenn es um die Unterstützung von Kohlekraftwerken im Land ging. Die landespolitischen energie- und klimaschutzpolitischen Auseinandersetzungen – auch im Politikprozess zum „Europäischen Energie und Klimapaket" – waren daher vielmehr vom Dualismus der beiden Parteienlager in Deutschland (CDU/FDP und SPD/Grüne) geprägt als von der Europäisierung des Politikfeldes.

Die Regierungsfraktionen von CDU und FDP in NRW hatten hinsichtlich der Vollauktionierung der Zertifikate im Stromsektor eine völlig andere Position vertreten als die Fraktionen im Bundestag. Die Fallstudie hat also auch gezeigt, dass landespolitische und bundespolitische Fragen im Bereich der Energie- und Klimaschutzpolitik auch innerhalb der gleichen regierenden Volkspartei (in diesem Fall CDU) sehr konfliktbehaftet sein können.

Literaturverzeichnis

Abels, Gabriele 2011: Wandel oder Kontinuität? Europapolitische Reformen der deutschen Landesparlamente in der Post-Lissabon-Phase. In: Abels, Gabriele/Eppler, Annegret (Hrsg.): Auf dem Weg zum Mehrebenenparlamentarismus? Funktionen von Parlamenten im politischen System der EU, Baden-Baden, S. 279-294.

Abels, Gabriele/Eppler, Annegret 2011a: Die deutschen Länderparlamente nach Lissabon-Vertrag und -Urteil: Ein Problemaufriss entlang parlamentarischer Funktionen am Beispiel des Landtags Baden-Württemberg. In: Europäisches Zentrum für Föderalismus-Forschung (Hrsg.): Jahrbuch des Föderalismus 2011. Föderalismus, Subsidiarität und Regionen in Europa, Band 12, S. 457-470.

Abels, Gabriele/Eppler, Annegret 2011b: Auf dem Weg zum Mehrebenenparlamentarismus? In: Abels, Gabriele/Eppler, Annegret (Hrsg.): Auf dem Weg zum Mehrebenenparlamentarismus? Funktionen von Parlamenten im politischen System der EU, Baden-Baden, S. 17-40.

Abels, Gabriele/Eppler, Annegret (Hrsg.) 2011c: Auf dem Weg zum Mehrebenenparlamentarismus? Funktionen von Parlamenten im politischen System der EU, Baden-Baden.

Alemann von, Ulrich 2003: Das Parteiensystem der Bundesrepublik Deutschland, 3. Aufl., Opladen.

Alemann von, Ulrich/Münch, Claudia (Hrsg.) 2005: Landespolitik im europäischen Haus. NRW und das dynamische Mehrebenensystem, Wiesbaden.

Andersen, Uwe (Hrsg.) 2009: Parteien – Parteiensysteme – Parteienforschung, Schwalbach.

Andersen, Uwe/Bovemann, Rainer 2004: Der Landtag von Nordrhein-Westfalen. In: Mielke, Siegfried/Reuter, Werner (Hrsg.): Länderparlamentarismus in Deutschland. Geschichte – Struktur – Funktionen, Wiesbaden, S. 307-330.

Ates, Aynur 2011: Der Handel mit Emissionszertifikaten, Köln.

Auel, Katrin 2003: Strategische Anpassung nationaler Parlamente an das europäische Mehrebenensystem. Ein deutsch-britischer Vergleich. In: Grande, Edgar/Prätorius, Rainer (Hrsg.): Politische Steuerung und neue Staatlichkeit, Baden-Baden, S. 259-280.

Auel, Katrin 2005: Die deutschen Landtage im europäischen Mehrebenensystem. In: Alemann von, Ulrich/Münch, Claudia (Hrsg.): Landespolitik im europäischen Haus. NRW und das dynamische Mehrebenensystem, Wiesbaden, S. 133-151.

Auel, Katrin 2012: Europäisierung nationaler Politik. In: Bieling, Hans-Jürgen/Lerch, Marika (Hrsg.): Theorien der europäischen Integration, 3. Aufl., Wiesbaden, S. 247-269.

Axt, Heinz-Jürgen/Milososki, Antonio/Schwarz, Oliver 2007: Europäisierung – ein weites Feld. Literaturbericht und Forschungsfragen. In: Politische Vierteljahresschrift 28: 1, S. 136-149.

Barnickel, Christiane 2012: Der Bundestag in der Europäischen Union – (Ein) Blick von innen. In: Zeitschrift für Parlamentsfragen 43: 2, S. 324-340.

Benz, Arthur 2000: „Europäisierung der Arbeit nationaler Parlamente". Neuantrag auf Gewährung einer Sachhilfe im Rahmen des DFG-Schwerpunktprogramms „Regieren in der Europäischen Union", Hagen.

Benz, Arthur 2004: „Europäisierung der Arbeit nationaler Parlamente". Abschlussbericht. http://www.fernuni-hagen.de/imperia/md/content/politikwissenschaft/lgi/dfgii_ab schlussbericht.pdf. Zugegriffen: 01.02.2013, Hagen.

Beichelt, Timm 2009: Deutschland und Europa. Die Europäisierung des politischen Systems, Wiesbaden.

Beyme, Klaus von 1999: Die parlamentarische Demokratie. Entstehung und Funktionsweise 1789-1999, 3. Aufl., Wiesbaden.

Bieling, Hans-Jürgen/Lerch, Marika (Hrsg.) 2012: Theorien der europäischen Integration, 3. Aufl., Wiesbaden.

Böhler, Susanne/Bonghardt, Daniel/Frech, Siegried 2009: Jahrhundertproblem Klimawandel. Forschungsstand, Perspektiven, Lösungswege, Schwalbach.

Börzel, Tanja A./Risse, Thomas 2000: When Europe hits home: Europeanization and domestic change. In: European Integration Online Papers 15: 4. http://eiop.or.at/eiop/pdf/2000-015.pdf. Zugegriffen: 16.01.2013.

Bräuninger, Thomas/Debus, Marc 2012: Parteienwettbewerb in den deutschen Bundesländern, Wiesbaden.

Buzogány, Aron/Stuchlik, Andrej 2012: Subsidiarität und Mitsprache. Nationale Parlamente nach Lissabon. In: Zeitschrift für Parlamentsfragen 43: 2, S. 340-361.

Chardon, Matthias/Eppler, Annegret 2009: Mehr europapolitische Handlungsspielräume für die deutschen Länder? Die Auswirkungen der Föderalismusreform I und des Vertrags von Lissabon. In: Lambertz, Karl-Heinz/Große Hüttmann, Martin (Hrsg.): Europapolitik und Europafähigkeit von Regionen, Baden-Baden, S. 25-41.

Daiber, Birgit 2012: Das Integrationsverantwortungsgesetz in der Praxis des Deutschen Bundestages. In: Zeitschrift für Parlamentsfragen 43: 2, S. 293-312.

Decker, Frank/Neu, Viola (Hrsg.) 2007: Handbuch der deutschen Parteien, Wiesbaden.

Europäische Kommission 2008: Bekämpfung des Klimawandels. Europa in der Vorreiterrolle, Brüssel.

Geden, Oliver/Fischer, Severin 2008: Die Energie- und Klimapolitik der Europäischen Union. Bestandsaufnahmen und Perspektiven, Baden-Baden.

Grasselt, Nico/Hoffmann, Markus/Lerch, Julia-Verena (Hrsg.) 2011: Der Landtag Nordrhein-Westfalen. Funktionen, Prozesse und Arbeitsweise, Opladen/Berlin/Farmington Hills.

Grimmel, Andreas/Jakobeit, Cord (Hrsg.) 2009: Politische Theorien der Europäischen Integration. Ein Text- und Lehrbuch, Wiesbaden.

Hahn, Jörg-Uwe 2010: Die Integrationsverantwortung der Länder nach dem Vertrag von Lissabon und der Begleitgesetzgebung. In: Europäisches Zentrum für Föderalismus-

Forschung Tübingen (Hrsg.): Jahrbuch des Föderalismus 2010. Föderalismus, Subsidiarität und Regionen in Europa, Baden-Baden, S. 150-162.

Hasse, Raimund/Krücken, Georg 2005: Neo-Institutionalismus, 2. Aufl., Bielefeld.

Helms, Ludger 2010: Strategie und politische Opposition. In: Raschke, Joachim/Tils, Ralf (Hrsg.): Strategie in der Politikwissenschaft. Konturen eines neuen Forschungsfeldes, Wiesbaden, S. 233-256.

Helms, Ludger 2002: Politische Opposition. Theorie und Praxis in westlichen Regierungssystemen, Opladen.

Holzinger, Katharina u. a. 2005: Die Europäische Union. Theorien und Analysekonzepte, Paderborn u. a.

Hrbek, Rudolf 2010: Parliaments in EU Multi-Level Governance. In: Hrbek, Rudolf (Hrsg.): Legislatures in Federal Systems and Multi-Level Governance, Baden-Baden, S. 136-150.

Itzenplitz, Anja 2012: Klimaschutz als nationales und internationales Politikfeld. Zwischenstaatliche Kooperation und nationalstaatliche Implementierung, Köln.

Jachtenfuchs, Markus 2003: Regieren jenseits der Staatlichkeit. In: Hellmann, Gunther/Wolf, Klaus Dieter/Zürn, Michael (Hrsg.): Die neuen internationalen Beziehungen. Forschungsstand und Perspektiven in Deutschland, Baden-Baden, S. 495-518.

Jachtenfuchs, Markus/Kohler-Koch, Beate 2010: Governance in der Europäischen Union. In: Benz, Arthur/Dose, Nicolai (Hrsg.): Governance – Regieren in komplexen Regelsystemen. Eine Einführung, 2. Aufl., Wiesbaden, S. 69-92.

Johne, Roland 2000: Die deutschen Landtage im Entscheidungsprozess der Europäischen Union. Parlamentarische Mitwirkung im europäischen Mehrebenensystem, Baden-Baden.

Johne, Roland 1994: Landesparlamentarismus im Zeichen der europäischen Integration, Frankfurt/Main.

Jun, Uwe/Hass, Melanie/Niedermayer, Oskar (Hrsg.) 2008: Parteien und Parteisysteme in den deutschen Ländern, Wiesbaden.

Kamann, Hans-Georg 1997: Die Mitwirkung der Parlamente der Mitgliedstaaten an der europäischen Gesetzgebung. National-parlamentarische Beeinflussung und Kontrolle der Regierungsvertreter im Rat der Europäischen Union im Spannungsfeld von Demokratie und Funktionsfähigkeit des gemeinschaftlichen Entscheidungsverfahrens, Frankfurt/Main u. a.

Kappas, Martin 2009: Klimaforschung im 21. Jahrhundert – Herausforderung für Natur- und Sozialwissenschaften, Heidelberg.

Kemfert, Claudia 2007: Klimawandel kostet die deutsche Volkswirtschaft Milliarden. In: DIW Wochenbericht 74: 11, S. 165-170.

Kemfert, Claudia 2008: Kosten des Klimawandel ungleich verteilt: Wirtschafsschwache Bundesländer trifft es am härtesten. In: DIW Wochenbericht 75: 12-13, S. 137-142.

Kerber, Markus C. 2009: Wettbewerbsverfälschungen durch die klimapolitische Gesetzgebung der EU? Anmerkungen zur CO2-Richtlinie (ETS) und ihrer europarechtlichen Umsetzung aus ordnungspolitischer und staatsrechtlicher Sicht. In: Wirtschaftswissenschaftliche Dokumentation der Technischen Universität Berlin: Diskussionspapier 2, Berlin.

Klenke, Andreas 2009: Stärkung der Informationsrechte des Landesparlaments in Bezug auf beabsichtigtes Regierungshandeln. Eine Untersuchung auf Grundlage der Verfassung für das Land Nordrhein-Westfalen, Baden-Baden.

Knill, Christoph 2005: Die EU und die Mitgliedstaaten. In: Holzinger, Katharina u. a.: Die Europäische Union. Theorien und Analysekonzepte, Paderborn u. a., S. 153-180.

Kohler-Koch, Beate 2000: Europäisierung: Plädoyer für eine Horizonterweiterung. In: Knodt, Michéle/Kohler-Koch, Beate (Hrsg.): Deutschland zwischen Europäisierung und Selbstbehauptung, Frankfurt/Main, S. 11-31.

Korte, Karl-Rudolf/Florack, Martin/Grunden, Timo 2006: Regieren in Nordrhein-Westfalen, Wiesbaden.

Kost, Andreas/Rellecke, Werner/Weber, Reinhold (Hrsg.) 2010: Parteien in den deutschen Ländern. Geschichte und Gegenwart, München.

Knodt, Michéle 2000: Europäisierung á la Sinatra: Deutsche Länder im europäischen Mehrebenensystem. In: Knodt, Michéle/Kohler-Koch, Beate (Hrsg.): Deutschland zwischen Europäisierung und Selbstbehauptung, Frankfurt/Main, S. 237-264.

Knodt, Michéle/Corcaci, Andreas 2012: Europäische Integration. Anleitung zur theoriegeleiteten Analyse, Konstanz/München.

Knodt, Michéle/Große Hüttmann, Martin 2012: Der Multi-Level Governance-Ansatz. In: Bieling, Hans-Jürgen/Lerch, Marika (Hrsg.): Theorien der europäischen Integration, 3. Aufl., Wiesbaden, S. 187-206.

Knodt, Michéle/Kohler-Koch, Beate (Hrsg.) 2000: Deutschland zwischen Europäisierung und Selbstbehauptung, Frankfurt/Main.

Knodt, Michéle/Große Hüttmann, Martin/Kotzian, Peter 2009: Die Brüsseler Informationsbüros der deutschen Länder: Aktive Mitspieler im Mehrebenensystem der EU. In: Lambertz, Karl-Heinz/Große Hüttmann, Martin (Hrsg.): Europapolitik und Europafähigkeit von Regionen, Baden-Baden, S. 123-135.

Kranenpohl, Uwe 2008: Das Parteiensystem Nordrhein-Westfalens. In: Jun, Uwe/Hass, Melanie/Niedermayer, Oskar (Hrsg.): Parteien und Parteisysteme in den deutschen Ländern, Wiesbaden, S. 315-339.

Kropp, Sabine/Riemann, Silke 2008: Parlamentarismus. In: Schwarz, Hans-Peter (Koord.): Die Bundesrepublik Deutschland. Eine Bilanz nach 60 Jahren, München, S. 253-277.

Ladrech, Robert 1994: Europeanisation of domestic politics and institutions: the case of France. In: Journal of Common Market Studies 32: 1, S. 69-88.

Laursen, Finn/Pappas, Spyros A. (Hrsg.) 1995: The changing role of parliaments in the European Union, Maastricht.

Leinen, Jo 2010: Das Europäische Parlament und der Vertrag von Lissabon. In: Leiße, Olaf (Hrsg.): Die Europäische Union nach dem Vertrag von Lissabon, Wiesbaden, S. 97-113.

Lenz, Aloys/Johne, Roland 2000: Die Landtage vor der Herausforderung Europa. In: Aus Politik und Zeitgeschichte 6, S. 20-29.

Lipset, Seymour/Rokkan, Stein 1967: Cleavage Structures, Party Systems, and Voter Alignments: An Introduction. In: Lipset, Seymour/Rokkan, Stein (Hrsg.): Party Systems and Voter Alignments. Cross-National Perspectives, New York, S. 1-64.

Lübbert, Daniel 2007: CO_2-Bilanzen verschiedener Energieträger im Vergleich. Zur Klimafreundlichkeit von fossilen Energien, Kernenergie und erneuerbaren Energien. In: Info-Brief des Wissenschaftlichen Dienstes des Deutschen Bundestages 056, Berlin.

Marks, Gary/Hooghe, Liesbet/Blank, Kermit 1996: European Integration since the 1980s: State-Centric vs. Multi-level Governance. In: Journal of Common Market Studies 34: 3, S. 341-378.

Maurer, Andreas 2010: Parlamente in der EU, Wien.

Marschall, Stefan 2005: Parlamentarismus. Eine Einführung, Baden-Baden.

Mayntz, Renate/Scharpf, Fritz W. 1995: Der Ansatz des akteurzentrierten Institutionalismus. In: Mayntz, Renate/Scharpf, Fritz W. (Hrsg.): Gesellschaftliche Selbstregelung und politische Steuerung, New York/Frankfurt am Main, S. 39-72.

Mielke, Siegfried/Reuter, Werner 2004: Länderparlamentarismus in Deutschland. Eine Bestandsaufnahme. In: Mielke, Siegfried/Reuter, Werner (Hrsg.): Länderparlamentarismus in Deutschland. Geschichte - Struktur - Funktionen, Wiesbaden, S. 19-51.

Moravcsik, Andrew 1993: Preferences and Power in the European Community – A Liberal Intergouvernementalism Approach. In: Journal of Common Market Studies 31: 4, S. 473-524.

Müller, Ute 2009: Mehr Parlamentarismus wagen – die neue Rolle der nationalen Parlamente in der Europäischen Union. In: Lambertz, Karl-Heinz/Große Hüttmann, Martin (Hrsg.): Europapolitik und Europafähigkeit von Regionen, Baden-Baden, S. 141-156.

Nes Ziegler van, Nils 1990: Vorwort. In: Große-Sender, Heinrich A. (Hrsg.): Bericht Teil Eins. Kommission „Erhaltung und Fortentwicklung der bundesstaatlichen Ordnung innerhalb der Bundesrepublik Deutschland – auch in einem Vereinten Europa", Düsseldorf, S. 7-11.

Niedermayer, Oskar 2007: Die Entwicklung des bundesdeutschen Parteiensystems. In: Decker, Frank/Neu, Viola (Hrsg.): Handbuch der deutschen Parteien, Wiesbaden, S. 114-135.

Niedermayer, Oskar 2008: Das fluide Fünfparteiensystem nach der Bundestagswahl 2005. In: Niedermayer, Oskar (Hrsg.): Die Parteien nach der Bundestagswahl 2005, Wiesbaden, S. 9-35.

Nolte, Paul 2008: Das Verschwinden der Landespolitik. Welche Rollen spielen eigentlich noch die Bundesländer? In: Internationale Politik 63: 1, S. 64-65.

Norton, Philip (Hrsg.) 1996: National Parliaments and the European Union, London.

Nugent, Neil 2001: The European Commission, Houndmills.

Nugent, Neil 2010: The Government and Politics of the European Union, 7. Aufl., Houndmills.

Olsen, Johan P. 2002: The Many Faces of Europeanization. In: Journal of Common Market Studies 40: 5, S. 921-952.

Patzelt, Werner J. 2003: Parlamente und ihre Funktionen. In: Patzelt, Werner J. (Hrsg.): Parlamente und ihre Funktionen. Institutionelle Mechanismen und institutionelles Lernen im Vergleich, Wiesbaden, S. 13-49.

Literaturverzeichnis

Patzelt, Werner J. 2006: Länderparlamentarismus. In: Schneider, Herbert/Wehling, Hans-Georg (Hrsg.): Landespolitik in Deutschland. Grundlagen – Strukturen – Arbeitsfelder, Wiesbaden, S. 108-129.

Radaelli, Claudio M. 2003: The Europeanization of Public Policy. In: Featherstone, Kevin/Radaelli, Claudio M. (Hrsg.): The Politics of Europeanization, Oxford, S. 27-56.

Rahmstorf, Stefan/Schellnhuber, Hans Joachim 2012: Der Klimawandel: Diagnose, Prognose, Therapie, München.

Risse, Thomas/Cowles, Maria Green/Caporaso, James 2001: Europeanization and Domestic Change: Introduction. In: Cowles, Maria Green/Caporaso, James/Risse, Thomas (Hrsg.): Transforming Europe. Europeanization and Domestic Change, Ithaca, S. 1-20.

Rosamond, Ben 2000: Theories of European Integration, Houndmills/London.

Runberger, Maik 2007: Der Landtag von Nordrhein-Westfalen: Zur Frage des Einflusses eines subnationalen Parlaments im Bereich der Europapolitik, Saarbrücken.

Scharpf, Fritz W. 2006: Interaktionsformen. Akteurzentrierter Institutionalismus in der Politikforschung, 2. Aufl., Wiesbaden.

Schmuck, Otto 2012: Ausschuss der Regionen. In: Weidenfeld, Werner/Wessels, Wolfgang (Hrsg.): Jahrbuch der Europäischen Integration 2012, Baden-Baden, S. 129-134.

Schneider, Ellen 2011: Auf dem Weg zum Mehrebenenparlamentarismus? Zukünftige Funktionen von Parlamenten im europäischen Integrationsprozess. Tagungsbericht der wissenschaftlichen Tagung des Arbeitsbereichs Vergleichende Politikwissenschaft und Europäische Integration der Universität Tübingen und des Arbeitskreises Europäische Integration e. V. vom 26. bis 27. Mai 2011 in Tübingen. In: Integration 34: 4, S. 369-375.

Schoofs, Jan 2011: Funktionen des Landtags Nordrhein-Westfalen. In: Grasselt, Nico/Hoffmann, Markus/Lerch, Julia-Verena (Hrsg.): Der Landtag Nordrhein-Westfalen. Funktionen, Prozesse und Arbeitsweise, Opladen/Berlin/Farmington Hills, S. 91-114.

Schröder, Hinrich 2012: Die Mitwirkung des Bundestages in EU-Angelegenheiten nach dem EUZBBG in der Praxis – ein Kurzkommentar. In: Zeitschrift für Parlamentsfragen 43: 2, S. 250-277.

Senge, Konstanze 2006: Zum Begriff der Institutionen im Neo-Institutionalismus. In: Senge, Konstanze/Hellmann, Kai-Uwe (Hrsg.): Einführung in den Neo-Institutionalismus, Wiesbaden, S. 35-47.

Senge, Konstanze/Hellmann, Kai-Uwe (Hrsg.) 2006a: Einführung in den Neo-Institutionalismus, Wiesbaden.

Senge, Konstanze/Hellmann, Kai-Uwe 2006b: Einleitung. In: Senge, Konstanze/Hellmann, Kai-Uwe (Hrsg.): Einführung in den Neo-Institutionalismus, Wiesbaden, S. 7-31.

Solar, Marcel 2010: Nordrhein-Westfalen – das Erbe des politischen Katholizismus und der Mythos vom sozialdemokratischen Stammland. In: Kost, Andreas/Rellecke, Werner/Weber, Reinhold (Hrsg.): Parteien in den deutschen Ländern. Geschichte und Gegenwart, München, S. 276-301.

Steinhilber, Jochen 2012: Liberaler Intergouvernementalismus. In: Bieling, Hans-Jürgen/Lerch, Marika (Hrsg.): Theorien der europäischen Integration, 3. Aufl., Wiesbaden, S. 141-163.

Steffani, Winfried/Thaysen, Uwe (Hrsg.) 1995: Demokratie in Europa: Zur Rolle der Parlamente, Opladen.

Stern, Nicholas 2007: The Economics of Climate Change: The Stern Review, Cambridge.

Straub, Peter/Hrbek, Rudolf (Hrsg.) 1998: Die europapolitische Rolle der Landes- und Regionalparlamente in der EU, Baden-Baden.

Ströbele, Wolfgang/Pfaffenberger, Wolfgang/Heuterkes, Michael 2012: Energiewirtschaft. Einführung in Theorie und Politik, 3. Aufl., München.

Sturm, Roland/Pehle, Heinrich 2012: Das neue deutsche Regierungssystem. Die Europäisierung von Institutionen, Entscheidungsprozessen und Politikfeldern in der Bundesrepublik Deutschland, 3. Aufl., Wiesbaden.

Sturm, Roland/Pehle, Heinrich 2005: Das neue deutsche Regierungssystem. Die Europäisierung von Institutionen, Entscheidungsprozessen und Politikfeldern in der Bundesrepublik Deutschland, 2. Aufl., Wiesbaden.

Tils, Ralf 2005: Politische Strategieanalyse. Konzeptionelle Grundlagen und Anwendungen in der Umwelt- und Nachhaltigkeitspolitik, Wiesbaden.

Töller, Anette Elisabeth 2008: Mythen und Methoden. Zur Messung der Europäisierung der Gesetzgebung des Deutschen Bundestages jenseits des 80-Prozent-Mythos. In: Zeitschrift für Parlamentsfragen 39: 1, S. 3-17.

Tömmel, Ingeborg 2008: Das politische System der EU, 3. Aufl., München.

Treib, Oliver 2004: Die Bedeutung der nationalen Parteipolitik für die Umsetzung europäischer Sozialrichtlinien, Frankfurt/Main.

Treib, Oliver 2003: Die Umsetzung von EU-Richtlinien im Zeichen der Parteipolitik: Eine akteurzentrierte Antwort auf die Misfit-These. In: Politische Vierteljahrsschrift 44: 4, S. 506-528.

Vink, Maarten P. 2003: What is Europeanisation? And other questions on a new research agenda. In: European Political Science 3: 1, S. 63-74.

Weber-Panariello, Philippe A. 1995: Nationale Parlamente in der Europäischen Union. Eine rechtsvergleichende Studie zur Beteiligung nationaler Parlamente an der innerstaatlichen Willensbildung in Angelegenheiten der Europäischen Union im Vereinigten Königreich, Frankreich und der Bundesrepublik Deutschland, Baden-Baden.

Weidner, Helmut 2008: Klimaschutzpolitik: Warum ist Deutschland ein Vorreiter im internationalen Vergleich? Zur Rolle von Handlungskapazitäten und Pfadabhängigkeit. In: Discussion Paper SP IV 2008-303 des Wissenschaftszentrums Berlin für Sozialforschung, Berlin.

Wessels, Wolfgang 2008: Das politische System der Europäischen Union, Wiesbaden.

Wichmann, Richard 2012: Die Bindewirkung von Stellungnahmen des Deutschen Bundestages im Rahmen der Zusammenarbeit mit der Bundesregierung in EU-Angelegenheiten. In: Zeitschrift für Parlamentsfragen 43: 2, S. 278-293.

Wiener, Antje/Diez, Thomas (Hrsg.) 2009: European Integration Theory, 2. Aufl., Oxford.

Quellenverzeichnis

Dokumente und Internetquellen

Abkommen über den Beobachter der Länder bei der Europäischen Union. http://www.laenderbeobachter.de/germanhome/rechtsgrundlagen. Zugegriffen: 01.02.2013.

Abschlussbericht der Enquetekommission zu den Auswirkungen längerfristig stark steigender Preise von Öl- und Gasimporten auf die Wirtschaft und die Verbraucherinnen und Verbraucher in Nordrhein-Westfalen, Düsseldorf 2008 (Drucksache 14/6400 des Landtages von Nordrhein-Westfalen vom 22.04.2008).

Änderungsantrag der Fraktion der CDU, der Fraktion der FDP und der Fraktion Bündnis90/Die Grünen zu dem Eilantrag der Fraktion Bündnis 90/Die Grünen „Die Koalition muss ihre Fehler bei den Steinkohleverhandlungen korrigieren": Planungssicherheit für die Bergbaustandorte (Drucksache 14/6413 des Landtages von Nordrhein-Westfalen vom 13.03.2008).

Antrag der Fraktion der SPD: Energie in Nordrhein-Westfalen: Investitionen und Arbeitsplätze sichern, Ausstoß von Treibhausgasen senken (Drucksache 14/17 des Landtages von Nordrhein-Westfalen vom 28.06.2005).

Antrag der Fraktion Bündnis90/Die Grünen: Bestellung eines Projektausschusses Ausstieg aus dem Steinkohlebergbau als Sonderausschuss des Landtages (Drucksache 14/35 des Landtages von Nordrhein-Westfalen vom 05.07.2005).

Antrag der Fraktion Bündnis 90/Die Grünen: Arbeitsplatzvernichtung durch CDU/FDP in der Windkraftindustrie in NRW stoppen – Ausbau der Windkraft in NRW weiterhin ermöglichen (Drucksache 14/115 des Landtages von Nordrhein-Westfalen vom 23.08.2005).

Antrag der Fraktion der SPD: NRW-Interessen wahren: Der geplante Atomausstieg darf nicht angetastet werden! (Drucksache 14/117 des Landtages von Nordrhein-Westfalen vom 23.08.2005).

Antrag der Fraktion Bündnis 90/Die Grünen: Mehr Wettbewerb im Strom und Gasmarkt – Stadtwerke stärken – neue Marktteilnehmer ermutigen! (Drucksache 14/208 des Landtages von Nordrhein-Westfalen vom 06.09.2005).

Antrag der Fraktion Bündnis 90/Die Grünen: Einrichtung einer Enquete-Kommission zu den Auswirkungen längerfristig stark steigender Preise von Öl- und Gasimporten auf die Wirtschaft und die Verbraucherinnen und Verbraucher in Nordrhein-Westfalen (Drucksache 14/285 des Landtages von Nordrhein-Westfalen vom 28.09.2005).

Antrag der Fraktion Bündnis 90/Die Grünen: Klimaschutzpolitik in NRW fortsetzen! (Drucksache 14/578 des Landtages von Nordrhein-Westfalen vom 31.10.2005).

Antrag der Fraktion der SPD: Neue Perspektiven für NRW – Die Zukunftsenergie Geothermie weiterhin technologisch erschließen und wirtschaftlich nutzen (Drucksache 14/695 des Landtages von Nordrhein-Westfalen vom 21.11.2005).

Antrag der Fraktion der SPD: Strommarkt liberalisieren – Stadtwerke als Stromerzeuger stärken (Drucksache 14/867 des Landtages von Nordrhein-Westfalen vom 06.12.2005).

Antrag der Fraktion der SPD: Nationaler Allokationsplan II: Die Landesregierung muss die Interessen des Industrielandes Nordrhein-Westfalen frühzeitig in den Willensbildungsprozess der Bundesregierung einspeisen (Drucksache 14/868 des Landtages von Nordrhein-Westfalen vom 06.12.2005).

Antrag der Fraktion Bündnis 90/Die Grünen: Erfolgsmodell „Erneuerbare-Energien-Gesetz (EEG)" fortsetzen und weiterentwickeln! (Drucksache 14/1027 des Landtages von Nordrhein-Westfalen vom 10.01.2006).

Antrag der Fraktion Bündnis 90/Die Grünen: Atomausstieg fortsetzen – keine Renaissance der Atomkraft in NRW! (Drucksache 14/1032 des Landtages von Nordrhein-Westfalen vom 10.01.2006).

Antrag der Fraktion der SPD: Energiewirtschaft und Industrie beim Emissionshandel entlasten, Bauwirtschaft und Handwerk ankurbeln (Drucksache 14/1187 des Landtages von Nordrhein-Westfalen vom 07.02.2006).

Antrag der Fraktion Bündnis 90/Die Grünen: Zickzackkurs der Bundesregierung bei der Besteuerung von Biokraftstoffen gefährdet zukünftige Investitionen (Drucksache 14/1197 des Landtages von Nordrhein-Westfalen vom 07.02.2006).

Antrag der Fraktion der SPD: Energiegipfel der Bundesregierung unterstützen, nachhaltige Energieversorgung Deutschlands und Nordrhein-Westfalens sichern (Drucksache 14/1551 des Landtages von Nordrhein-Westfalen vom 28.03.2006).

Antrag der Fraktion der CDU, der Fraktion der SPD und der Fraktion der FDP: Den NAP II wachstumsorientiert ausgestalten – Anreize für Modernisierung und Investitionen setzen (Drucksache 14/1721 des Landtages von Nordrhein-Westfalen vom 27.04.2006).

Antrag der Fraktion Bündnis 90/Die Grünen: Perspektiven des „CO_2-freien Kraftwerks" realistisch bewerten (Drucksache 14/1989 des Landtages von Nordrhein-Westfalen vom 23.05.2006).

Antrag der Fraktion der SPD: Moderne Windkraft für Nordrhein-Westfalen – Keine schwarz-gelbe Blockade des Austausch veralteter Windräder (Drucksache 14/2091 des Landtages von Nordrhein-Westfalen vom 13.06.2006).

Antrag der Fraktion Bündnis 90/Die Grünen: Dezentrale Kraft-Wärme-Kopplung anstelle fossiler Großkraftwerke (Drucksache 14/2109 des Landtages von Nordrhein-Westfalen vom 13.06.2006).

Antrag der Fraktion Bündnis90/Die Grünen: Der Klimaschutz ist eine zentrale Herausforderung des 21. Jahrhunderts (Drucksache 14/2873 Landtages von Nordrhein-Westfalen vom 07.11.2006).

Antrag der Fraktion der SPD: NRW braucht Strategie der Biomassenutzung (Drucksache 14/3488 des Landtages von Nordrhein-Westfalen vom 16.01.2007).

Antrag der Fraktion von Bündnis 90/Die Grünen: Luftverkehr wirksam in den EU-Emissionshandel einbeziehen (Drucksache 14/3490 des Landtages von Nordrhein-Westfalen vom 16.01.2007).

Antrag der Fraktion der CDU, der Fraktion der SPD, der Fraktion Bündnis 90/Die Grünen und der Fraktion der FDP: Potenziale der Geothermie in Nordrhein-Westfalen optimal nutzen (Drucksache 14/3503 des Landtages von Nordrhein-Westfalen vom 16.01.2007).

Antrag der Fraktion der CDU und der Fraktion der FDP: Die deutsche EU-Ratspräsidentschaft ehrgeizig als Motor für ein handlungsfähiges, bürgernahes und zukunftsfestes Europa nutzen (Drucksache 14/3504 des Landtages von Nordrhein-Westfalen vom 16.01.2007).

Antrag der Fraktion der CDU und der Fraktion der FDP: NAP II muss Planungssicherheit in NRW gewährleisten (Drucksache 14/3505 des Landtages von Nordrhein-Westfalen vom 16.01.2007).

Antrag der Fraktion der CDU und der Fraktion der FDP: Orkan „Kyrill": Katastrophenschutz in NRW hat Bewährungsprobe bestanden (Drucksache 14/3576 des Landtages von Nordrhein-Westfalen vom 22.01.2007).

Antrag der Fraktion Bündnis 90/Die Grünen: Bewältigung der dramatischen Folgen von „Kyrill" erfordert Hilfe für die WaldbesitzerInnen und eine funktionsfähige Forstverwaltung (Drucksache 14/3577 des Landtages von Nordrhein-Westfalen vom 22.01.2007).

Antrag der Fraktion der Bündnis 90/Die Grünen: Konsequenzen aus dem IPCC-Bericht für NRW (Drucksache 14/3687 des Landtages von Nordrhein-Westfalen vom 05.02.2007).

Antrag der Fraktion der CDU und der Fraktion der FDP: Handlungsoffensive der Landesregierung zum Klimaschutz konsequent umsetzen (Drucksache 14/3845 des Landtages von Nordrhein-Westfalen vom 27.02.2007).

Antrag der Fraktion von Bündnis 90/Die Grünen: Wirksame Klimaschutzmaßnahmen im Straßenverkehr ergreifen! (Drucksache 14/3848 des Landtages von Nordrhein-Westfalen vom 27.02.2007).

Antrag der Fraktion Bündnis 90/Die Grünen: Klimaschutz konkret: Potenziale von Energieeinsparung und -effizienz erschließen (Drucksache 14/4234 des Landtages von Nordrhein-Westfalen vom 24.04.2007).

Antrag der Fraktion der SPD: Klimawandel schreitet voran – NRW muss jetzt handeln (Drucksache 14/4252 des Landtages von Nordrhein-Westfalen vom 24.04.2007).

Antrag der Fraktion Bündnis 90/Die Grünen: Die Bundesregierung legt Klimaschutzziele fest – Was tut NRW? (Drucksache 14/4278 des Landtages von Nordrhein-Westfalen vom 30.04.2007).

Antrag der Fraktion Bündnis 90/Die Grünen: Die Landesregierung beim Ziel einer 30%igen CO_2-Reduzierung bis 2020 unterstützen (Drucksache 14/4477 des Landtages von Nordrhein-Westfalen vom 05.06.2007).

Antrag der Fraktion Bündnis 90/Die Grünen: Warum torpediert Nordrhein-Westfalen die Klimaschutzziele der Bundeskanzlerin (Drucksache 14/4513 des Landtages von Nordrhein-Westfalen vom 11.06.2007).

Antrag der Fraktion der SPD: Der Umweltbericht NRW 2006 zeigt: die Landesregierung ist ohne Perspektive und ohne Strategie im Kampf gegen den Klimawandel (Drucksache 14/4514 des Landtages von Nordrhein-Westfalen vom 11.06.2007).

Antrag der Fraktion der CDU und der Fraktion der FDP: Faire Bedingungen für die Braunkohle bei der Zuteilung von Emissionsrechten – heimische Energieträger nicht gefährden (Drucksache 14/4515 des Landtages von Nordrhein-Westfalen vom 11.06.2007).

Antrag der Fraktion Bündnis 90/Die Grünen: Klimaschutz konkret: Dem Beispiel Baden-Württembergs folgen – Erneuerbare Wärme Gesetz für NRW vorlegen! (Drucksache 14/4854 des Landtages von Nordrhein-Westfalen vom 14.08.2007).

Antrag der Fraktion Bündnis 90/Die Grünen: Klimaschutz konkret: Im Jahr 2020 müssen in NRW mindestens 25 % des Stroms in Kraft-Wärme-Kopplung produziert werden! (Drucksache 14/4855 des Landtages von Nordrhein-Westfalen vom 14.08.2007).

Antrag der Fraktion der SPD: Umweltfreundliche Erdwärmenutzung unbürokratisch unterstützen – Landesregierung darf Geothermie nicht behindern (Drucksache 14/5013 des Landtages von Nordrhein-Westfalen vom 11.09.2007).

Antrag der Fraktion Bündnis 90/Die Grünen: Konditionen des CO_2-Gebäudesanierungsprogramms verbessern (Drucksache 14/5024 des Landtages von Nordrhein-Westfalen vom 11.09.2007).

Antrag der Fraktion der CDU, der Fraktion der SPD und der Fraktion der FDP: Hochmodernes Kraftwerk in Krefeld verbessert Klimaschutz, sichert Industriestandort und Arbeitsplätze, sorgt für mehr Wettbewerb auf dem Strommarkt (Drucksache 14/5217 des Landtages von Nordrhein-Westfalen vom 16.10.2007).

Antrag der Fraktion Bündnis90/Die Grünen: Weitere Kohlekraftwerke in NRW sind mit den Klimaschutzzielen nicht vereinbar! (Drucksache 14/5223 des Landtages von Nordrhein-Westfalen vom 16.10.2007).

Antrag der Fraktion Bündnis 90/Die Grünen: Wenn fossile Kraftwerke, dann als KWK-Anlagen (Drucksache 14/5341 des Landtages von Nordrhein-Westfalen vom 06.11.2007).

Antrag der Fraktion Bündnis 90/Die Grünen: Wettbewerb auf den Energiemärkten: Wann handelt die Landesregierung endlich? (Drucksache 14/5440 des Landtages von Nordrhein-Westfalen vom 12.11.2007).

Antrag der Fraktion der CDU und der Fraktion der FDP: Maßnahmen zur Vermeidung des prognostizierten Engpasses in der Stromproduktion ergreifen (Drucksache 14/6513 des Landtages von Nordrhein-Westfalen vom 08.04.2008).

Antrag der Fraktion der SPD: Moderne Windkraft für Nordrhein-Westfalen – wenige neue Windräder ersetzen viele veraltete Anlagen (Drucksache 14/6682 des Landtages von Nordrhein-Westfalen vom 06.05.2008).

Antrag der Fraktion Bündnis 90/Die Grünen: Energie- und Klimaschutzstrategie der Landesregierung ohne wirksame Maßnahmen und ohne ausreichende Finanzierung (Drucksache 14/6749 des Landtages von Nordrhein-Westfalen vom 13.05.2008).

Antrag der Fraktion der CDU und der Fraktion der FDP: Energieversorgung sichern – Wachstum und Beschäftigung stärken (Drucksache 14/7336 des Landtages von Nordrhein-Westfalen vom 19.08.2008).

Antrag der Fraktion Bündnis 90/Die Grünen: Einnahmen aus dem Emissionshandel nutzen für Nationale Kraftanstrengungen zur Energetischen Gebäudesanierung (Drucksache 14/7346 des Landtages von Nordrhein-Westfalen vom 19.08.2008).

Antrag der Fraktion der SPD: Investitionsprogramm Emissionshandel für NRW (Drucksache 14/7450 des Landtages von Nordrhein-Westfalen vom 09.09.2008).

Antrag der Fraktion Bündnis 90/Die Grünen: Klimaschutz in NRW finanzieren – Bundesländer an den Einnahmen des Emissionshandels beteiligen (Drucksache 14/7673 des Landtages von Nordrhein-Westfalen vom 14.10.2008).

Antrag der Fraktion der CDU und der Fraktion der FDP: OECD Umweltausblick 2030 – Perspektiven für das Industrieland Nordrhein-Westfalen diskutieren (Drucksache 14/7869 des Landtages von Nordrhein-Westfalen vom 10.11.2008).

Antrag der Fraktion der SPD: Öl-Wechsel jetzt: NRW braucht Biomassestrategie (Drucksache 14/7952 des Landtages von Nordrhein-Westfalen vom 25.11.2008).

Antrag der Fraktion Bündnis 90/Die Grünen: Wie positioniert sich NRW in Sachen Klimaschutz vor dem Hintergrund der Konferenz in Posen und des EU-Gipfels in Brüssel? (Drucksache 14/8032 des Landtages von Nordrhein-Westfalen vom 01.12.2008).

Antrag der Fraktion Bündnis 90/Die Grünen: Welche Konsequenzen zieht die Landesregierung aus der Einigung über das EU-Klimapaket? (Drucksache 14/8126 des Landtages von Nordrhein-Westfalen vom 15.12.2008).

Antrag der Fraktion der SPD: Einigung in Brüssel beim Klimaschutz stärkt Energie- und Industrieland NRW (Drucksache 14/8127 des Landtages von Nordrhein-Westfalen vom 15.12.2008).

Antrag der Fraktion der SPD: Schwarz-Gelb runter von der Bremse: Investitionsprogramm Emissionshandel für NRW jetzt (Drucksache 14/8324 des Landtages von Nordrhein-Westfalen vom 20.01.2009).

Antrag der Fraktion der CDU und der Fraktion der FDP: Emissionshandel wirken lassen – Konterkarierung des marktwirtschaftlichen Ansatzes verhindern (Drucksache 14/8541 des Landtages von Nordrhein-Westfalen vom 03.02.2009).

Antrag der Fraktion Bündnis 90/Die Grünen: Will die Landesregierung den Neubau von Atomkraftwerken? (Drucksache 14/8572 des Landtages von Nordrhein-Westfalen vom 09.02.2009).

Antrag der Fraktion der SPD: Atomkraft schadet dem Energieland NRW – Ministerpräsident muss Phantomdebatte in der schwarz-gelben Landesregierung beenden (Drucksache 14/8573 des Landtages von Nordrhein-Westfalen vom 09.02.2009).

Antrag der Fraktion Bündnis 90/Die Grünen: 10-Jahres-Programm Energetische Gebäudesanierung: In der Wirtschaftskrise 100.000 neue Arbeitsplätze schaffen (Drucksache 14/8876 des Landtages von Nordrhein-Westfalen vom 24.03.2009).

Antrag der Fraktion Bündnis 90/Die Grünen: Elektromobilität: Landesregierung muss Weichen richtig stellen (Drucksache 14/9422 des Landtages von Nordrhein-Westfalen vom 16.06.2009).

Antrag der Fraktion Bündnis 90/Die Grünen: Keine Politik gegen 100% der Bevölkerung – Entscheidung über das CCS-Gesetz aussetzen (Drucksache 14/9458 des Landtages von Nordrhein-Westfalen vom 22.06.2009).

Antrag der Fraktion Bündnis 90/Die Grünen: Atomausstieg konsequent umsetzen – ein sicheres Atommüll-Endlager errichten (Drucksache 14/9761 des Landtages von Nordrhein-Westfalen vom 01.09.2009).

Antrag der Fraktion der CDU und der Fraktion der FDP: Der Bau des E.ON-Kraftwerks in Datteln muss im Interesse der Zukunft des Industriestandortes Nordrhein-Westfalen schnell vollendet werden! (Drucksache 14/9917 des Landtages von Nordrhein-Westfalen vom 29.09.2009).

Antrag der Fraktion Bündnis 90/Die Grünen: Die Landesregierung versagt beim Klimaschutz und verpasst Chancen für Nordrhein-Westfalen (Drucksache 14/10143 des Landtages von Nordrhein-Westfalen vom 24.11.2009).

Antrag der Fraktion der SPD und der der Fraktion Bündnis 90/Die Grünen: Es bleibt dabei: Nordrhein-Westfalen bleibt atomkraftfrei! (Drucksache 14/10730 des Landtages von Nordrhein-Westfalen vom 02.03.2010).

Antrag der Fraktion Bündnis 90/Die Grünen: Laufzeitverlängerung der Atomkraftwerke – Milliardeninvestitionen der Stadtwerke werden zurückgestellt – Festschreibung der Wettbewerbsverzerrung (Drucksache 14/10840 des Landtages von Nordrhein-Westfalen vom 16.03.2010).

Antrag zur Aktuellen Stunde der Fraktion der CDU und der Fraktion der FDP zum Thema: Kraftwerk Datteln: Weitere Voraussetzung für sichere Planung und positives Signal für den Investitionsstandort Nordrhein-Westfalen geschaffen (Drucksache 14/10894 des Landtages von Nordrhein-Westfalen vom 22.03.2010).

Antwort der Landesregierung auf die Große Anfrage 31 der Fraktion Bündnis 90/Die Grünen „Stand und Perspektive der Windenergie in NRW" (Drucksache 14/9514 des Landtages von Nordrhein-Westfalen vom 02.07.2009).

Arbeitskreis Umweltökonomische Gesamtrechnungen der Länder der Statistischen Ämter der Länder: Emissionen an Treibhausgasen 1995-2009 nach Bundesländern. http://www.ugrdl.de/tab31.htm#diagramm. Zugegriffen: 11.06.2013.

Ausschussprotokoll 14/33 des Landtages von Nordrhein-Westfalen vom 08.09.2005.

Ausschussprotokoll 14/293 des Landtages von Nordrhein-Westfalen vom 08.11.2006.

Ausschussprotokoll 14/788 des Landtages von Nordrhein-Westfalen vom 10.12.2008.

Ausschussprotokoll 14/833 des Landtages von Nordrhein-Westfalen vom 04.03.2009.

Begleitpapier der Kommission der Europäischen Gemeinschaften zum Paket der Durchführungsmaßnahmen für die Ziele der EU in den Bereichen Klimawandel und erneuerbare Energie bis 2020, SEK (2008) 85, Brüssel 23.01.2008.

Bericht der Gemeinsamen Arbeitsgruppe der Umwelt- und Wirtschaftsministerkonferenz zur Bewertung der Vorschläge der EU-Kommission zur integrierten Klimaschutz und Energiepolitik. http://www.wirtschaftsministerko nferenz.de/WMK/DE/termine/Sitzungen/08-06-09-10-WMK/08-06-09-10-bericht-4-1.pdf?__blob=publicationFile&v=1. Zugegriffen: 01.05.2014, Düsseldorf/Mainz 12.05.2008.

Beschluss des Bundesrates der Bundesrepublik Deutschland zum Vorschlag für eine Richtlinie des Europäischen Parlaments und des Rates zur Änderung der Richtlinie 2003/87/EG zwecks der Verbesserung und Ausweitung des EU-Systems für den Handel mit Treibhausgasemissionszertifikaten (Drucksache 102/08 des Bundesrates der Bundesrepublik Deutschland vom 14.03.2008).

Beschluss der Kommission vom 24. Dezember 2009 zur Festlegung eines Verzeichnisses der Sektoren und Teilsektoren, von denen angenommen wird, dass sie einem erheblichen Risiko einer Verlagerung von CO_2-Emissionen ausgesetzt sind, gemäß der Richtlinie 2003/87/EG des Europäischen Parlaments und des Rates (2010/2/EU). In: Amtsblatt der Europäischen Union vom 05.01.2010, L 1/10-18.

Beschluss der Kommission vom 27. April 2011 zur Festlegung EU-weiter Übergangsvorschriften zur Harmonisierung der kostenlosen Zuteilung von Emissionszertifikaten gemäß Artikel 10a der Richtlinie 2003/87/EG des Europäischen Parlaments und des Rates (2011/278/EU). In: Amtsblatt der Europäischen Union vom 17.05.2011, L130/1-45.

Beschluss der Wirtschaftsministerkonferenz am 04./05. Juni 2007 in Eisennach, Punkt 5.5 der Tagesordnung: Klimaschutz als Ziel der Energie- und Industriepolitik. In: Beschlusssammlung der Wirtschaftsministerkonferenz am 04./05. Juni 2007 in Eisennach. http://www.wirtschaftsministerkonferenz.de/WMK/DE/termine/Sitzungen/07-06-04-05-WMK/07-06-04-05-beschluesse-berichte.pdf?__blob=publicationFile&v =1. Zugegriffen: 01.05.2014, Berlin 21.06.2007.

Beschlussempfehlung und Bericht des Ausschusses für Wirtschaft, Mittelstand und Energie des Landes Nordrhein-Westfalen zum Antrag der Fraktion Bündnis 90/Die Grünen: „Perspektiven des CO_2-freien Kraftwerks realistisch bewerten" (Drucksache 14/5608 des Landtages von Nordrhein-Westfalen vom 10.12.2007).

Beschlussempfehlung und Bericht des Ausschusses für Umwelt, Naturschutz und Reaktorsicherheit 1. zu dem Antrag der Abgeordneten Michael Kauch, Gudrun Kopp, Angelika Bruckhorst, weiter Abgeordneter und der Fraktion der FDP „Vorschlag der EU-Kommission für den Emissionshandel nach 2012 überarbeiten – Klima schützen, Stromverbraucher entlasten, Wettbewerb stärken und 2. zu der Unterrichtung durch die Bundesregierung „Vorschlag für eine Richtlinie des Europäischen Parlaments und des Rates zur Änderung der Richtlinie 2003/87/EG zwecks Verbesserung und Ausweitung des EU-Systems für den Handel mit Treibhausgasemissionszertifikaten" (Drucksache 16/9334 des Deutschen Bundestages vom 28.05.2008).

Beschluss-Sammlung der Wirtschaftsministerkonferenz am 15./16. Dezember in Weimar. http://www.wirtschaftsministerkonferenz.de/WMK/DE/termine/Sitzungen/08-12-15-16-WMK/08-12-15-16-beschluesse.pdf?__blob=pu blicationFile&v=1. Zugegriffen: 01.05.2014).

Brief von Bundesumweltminister Sigmar Gabriel an Norbert Römer vom 17.06.2009. http://www.spd-fraktion.landtag.nrw.de/spdinternet/www/startseite/Dokumentenspeicher/Dokumente/Pressestelle/Dokumente/Brief_Sigmar_Gabriel.pdf. Zugegriffen: 01.02.2013.

BVerfG, 2 BvE 2/08 vom 30.6.2009.

Deutscher Braunkohlen-Industrie-Verein: Braunkohle in Deutschland 2011, Daten und Fakten. http://www.braunkohle.de/tools/download.php?filedata=1350989167.pdf& filename=DEBRIV_Statistikfaltblatt_de_20121009.pdf&mimetype=application/pdf. Zugegriffen: 01.02.2013, Köln.

Die Präsidentin des Landtages von Nordrhein-Westfalen (Hrsg.) 2012: Der direkte Draht. Landtag eröffnet Verbindungsbüro im Brüsseler Europa-Viertel. In: Landtag Intern 43: 3, S. 14.

Dokumentensammlung der Europäischen Kommission zur Energie- und Klimapolitik der EU. http://ec.europa.eu/climateaction/key_documents/index_de.htm. Zugegriffen: 01.02.2013.

Eckpunkte für ein integriertes Energie- und Klimaprogramm. http://www.bmub. bund.de/fileadmin/bmu-import/files/pdfs/allgemein/application/pdf/klimapaket_aug 2007.pdf. Zugegriffen: 01.02.2013, Meseberg 2007.

Eilantrag der Fraktion der SPD: Orkan Kyrill zwingt Landesregierung zum Stopp der Forstreform (Drucksache 14/3579 des Landtages von Nordrhein-Westfalen vom 22.01.2007).

Eilantrag der Fraktion der SPD: Orkan Kyrill fordert Landesregierung auf, endlich das Klimaschutzkonzept fortzuschreiben (Drucksache 14/3580 des Landtages von Nordrhein-Westfalen vom 22.01.2007).

Eilantrag der Fraktion der Bündnis 90/Die Grünen: Die Koalition muss ihre Fehler bei den Steinkohleverhandlungen korrigieren (Drucksache 14/6379 des Landtages von Nordrhein-Westfalen vom 10.03.2008).

Eilantrag der Fraktion Bündnis 90/Die Grünen: Kraft-Wärme-Kopplung (KWK) in NRW endlich mit Nachdruck ausbauen (Drucksache 14/8128 des Landtages von Nordrhein-Westfalen vom 15.12.2008).

Eilantrag der Fraktion der SPD: Investitionszuschüsse für moderne Kraftwerke in NRW – Keine Laufzeitverlängerung für Atomkraftwerke außerhalb von NRW (Drucksache 14/9940 des Landtages von Nordrhein-Westfalen vom 05.10.2009).

Empfehlungen des federführenden Ausschusses für Fragen der Europäischen Union, des Agrarausschusses, des Ausschusses für Umwelt, Naturschutz und Reaktorsicherheit und des Wirtschaftsausschusses des Bundesrates der Bundesrepublik Deutschland zum Vorschlag für eine Richtlinie des Europäischen Parlaments und des Rates zur Änderung der Richtlinie 2003/87/EG zwecks der Verbesserung und Ausweitung des EU-Systems für den Handel mit Treibhausgasemissionszertifikaten (Drucksache 102/1/08 des Bundesrates der Bundesrepublik Deutschland vom 03.03.2008).

Entscheidung Nr. 406/2009/EG des Europäischen Parlaments und des Rates vom 23. April 2009 über die Anstrengungen der Mitgliedstaaten zur Reduktion ihrer Treibhausgasemissionen mit Blick auf die Erfüllung der Verpflichtungen der Gemeinschaft zur Reduktion der Treibhausgasemissionen bis 2020.

Entschließung des Europäischen Parlaments zum Klimawandel vom 14.02.2007, P6_TA(2007)0038.

Entschließungsantrag der Fraktion der CDU und der Fraktion der FDP zu dem Antrag der Fraktion Bündnis 90/Die Grünen „Arbeitsplatzvernichtung durch CDU/FDP in der Windkraftindustrie in NRW stoppen – Ausbau der Windkraft in NRW weiterhin ermöglichen" (Drucksache 14/156 des Landtages von Nordrhein-Westfalen vom 31.08.2005).

Entschließungsantrag der Fraktion der CDU und der Fraktion der FDP zu dem Antrag der Fraktion der SPD „Nationaler Allokationsplan II: Die Landesregierung muss die Interessen des Industrielandes Nordrhein-Westfalen frühzeitig in den Willensbildungsprozess der Bundesregierung einspeisen": Nationaler Allokationsplan II: NRW als Energiestandort sichern (Drucksache 14/925 des Landtages von Nordrhein-Westfalen vom 14.12.2005).

Entschließungsantrag der Fraktion Bündnis 90/Die Grünen zum Antrag der Fraktionen von CDU, SPD und FDP „Den NAP II wachstumsorientiert ausgestalten – Anreize für Modernisierung und Investitionen setzen": Keine Wettbewerbsbenachteiligung moderner Gaskraftwerke durch den Nationalen Allokationsplan! (Drucksache 14/1919 des Landtages von Nordrhein-Westfalen vom 15.05.2006).

Entschließungsantrag der Fraktion der SPD zum Antrag der Fraktion Bündnis 90/Die Grünen „Der Klimaschutz ist eine zentrale Herausforderung des 21. Jahrhunderts": Die Zeit nach dem Kyoto-Protokoll gestalten – entschieden dem Klimawandel entgegentreten (Drucksache 14/2923 des Landtages von Nordrhein-Westfalen vom 14.11.2006).

Entschließungsantrag der Fraktion der SPD zum Antrag der Fraktion der CDU und der Fraktion der FDP „NAP II muss Planungssicherhit in NRW gewährleisten": NAP II muss Planungssicherhit in NRW gewährleisten und Klimaschutz voranbringen (Drucksache 14/3588 des Landtages von Nordrhein-Westfalen vom 23.01.2007).

Entschließungsantrag der Fraktion Bündnis 90/Die Grünen zum Antrag der Fraktionen von CDU und FDP „NAP II muss Planungssicherheit in NRW gewährleisten": Emissionshandel: Forderungen aus Brüssel sind richtig (Drucksache 14/3600 des Landtages von Nordrhein-Westfalen vom 24.01.2007).

Entschließungsantrag der Fraktion Bündnis 90/Die Grünen zum Antrag der Fraktion der CDU und der Fraktion der FDP „Handlungsoffensive der Landesregierung zum Klimaschutz konsequent umsetzen" (Drucksache 14/3932 des Landtages von Nordrhein-Westfalen vom 07.03.2007).

Entschließungsantrag der Fraktion der SPD zum Antrag der Fraktion Bündnis 90/Die Grünen „Wenn fossile Kraftwerke, dann als KWK-Anlagen": NRW muss Spitzenstellung bei der Kraft-Wärme-Kopplung ausbauen (Drucksache 14/5443 des Landtages von Nordrhein-Westfalen vom 13.11.2007).

Entschließungsantrag der Fraktion der SPD zum Eilantrag der Fraktion der Bündnis 90/Die Grünen „Die Koalition muss ihre Fehler bei den Steinkohleverhandlungen korrigieren": Keine erneute Verunsicherung von Bergleuten und Bergbaustandorten – Landesregierung muss verantwortungsvoll reagieren (Drucksache 14/6411 des Landtages von Nordrhein-Westfalen vom 13.03.2008).

Entschließungsantrag der Fraktion der SPD und der Fraktion der Bündnis 90/Die Grünen zum Antrag der Fraktion der CDU und der Fraktion der FDP „Maßnahmen zur Vermeidung des prognostizierten Engpasses in der Stromproduktion ergreifen": Stromversorgung von morgen ohne Atompläne von gestern (Drucksache 14/6581 des Landtages von Nordrhein-Westfalen vom 15.04.2008).

Entschließungsantrag der Fraktion der SPD und der Fraktion Bündnis 90/Die Grünen zum Abschlussbericht der Enquete-Kommission I „Auswirkungen längerfristig stark steigender Preise von Öl- und Gasimporten auf die Wirtschaft und die Verbraucherinnen und Verbraucher in Nordrhein-Westfalen": Öl-Wechsel! Antworten für NRW auf steigende Öl- und Gaspreise (Drucksache 14/6754 des Landtages von Nordrhein-Westfalen vom 13.05.2008).

Entschließungsantrag der Fraktion der SPD und der Fraktion Bündnis 90/Die Grünen zum Antrag der Fraktion von CDU und FDP „Energieversorgung sichern – Wachstum und Beschäftigung stärken": Keine Aufbauhilfe Nord, Süd, Ost: Landesregierung

muss endlich Energiepolitik für NRW machen (Drucksache 14/7394 des Landtages
von Nordrhein-Westfalen vom 27.08.2008).

Entschließungsantrag der Fraktion der SPD zum Antrag der Fraktion Bündnis 90/Die
Grünen: „Atomausstieg konsequent umsetzen – ein sicheres Atommüll-Endlager errichten": Am Ausstieg wird nicht gerüttelt – radioaktive Hinterlassenschaften begrenzen und sicher lagern (Drucksache 14/9816 des Landtages von Nordrhein-
Westfalen vom 09.09.2009).

Entschließungsantrag der Fraktion der SPD zum Antrag der Fraktion der CDU und der
Fraktion der FDP „Der Bau des E.ON-Kraftwerks in Datteln muss im Interesse der
Zukunft des Industriestandortes Nordrhein-Westfalen schnell vollendet werden!":
Regierungsmurks der Regierung Rüttgers gefährdet Investitionen, Arbeitsplätze und
Anwohnerschutz (Drucksache 14/9946 des Landtages von Nordrhein-Westfalen
vom 06.10.2009).

Entschließungsantrag der Fraktion Bündnis 90/Die Grünen zum Antrag der Fraktion der
CDU und der Fraktion der FDP „Der Bau des E.ON-Kraftwerks in Datteln muss im
Interesse der Zukunft des Industriestandortes Nordrhein-Westfalen schnell vollendet
werden!": Inkompetentes Verwaltungshandeln der Landesregierung gefährdet An-
wohnerschutz und Investitionen in Nordrhein-Westfalen (Drucksache 14/9952 des
Landtages von Nordrhein-Westfalen vom 06.10.2009).

Entschließungsantrag der Fraktion Bündnis 90/Die Grünen zum Antrag der Fraktion der
SPD „Investitionszuschüsse für moderne Kraftwerke in NRW – Keine Laufzeitverlängerung für Atomkraftwerke außerhalb von NRW": Keine Investitionszuschüsse
für Kohlekraftwerke (Drucksache 14/9954 vom 07.10.2009).

Entschließungsantrag der Fraktion der SPD zum Gesetzentwurf der Fraktion Bündnis
90/Die Grünen „Gesetz zur Stärkung der Stadtwerke im Energiemarkt – Stadtwerkerettungsgesetz (StaRG)" (Drucksache 14/10633 des Landtages von Nordrhein-
Westfalen vom 02.02.2010).

Erklärung der Umweltministerkonferenz anlässlich der Sonder-Umweltministerkonferenz
„Klimawandel und Konsequenzen" am 22. März 2007 in Düsseldorf. http://www.um
weltministerkonferenz.de/documents/Endstand_der_Duesseldorfer_Erklaerung.pdf.
Zugegriffen: 01.02.2013.

Europäische Kommission/Europäisches Parlament (Hrsg.): Spezial Eurobarometer 300.
Einstellungen der europäischen Bürger zum Klimawandel. http://ec.europa.eu/
public_opinion/archives/ebs/ebs_300_full_de.pdf. Zugegriffen: 06.07.2013, Brüssel
2008.

European Security Strategy: a secure europe in a better world. http://www.con
silium.europa.eu/uedocs/cmsUpload/78367.pdf. Zugegriffen: 01.02.2013, Brüssel
12.12.2003.

European Environment Agency: Annual European Union greenhouse gas inventory 1990-
2012 and inventory report 2013. http://www.eea.europa.eu/publications/european-
union-greenhouse-gas-inventory-2013/greenhouse-gas-inventory-2013-full-report.
Zugegriffen: 11.06.2013, Kopenhagen 2013.

Gemeinsames Positionspapier des „Dialog Wirtschaft und Umwelt NRW" zu den Anforderungen an die CCS-Technologie sowie ein CCS-Gesetz vom 03. November 2009.

http://www.dwu.nrw.de/energie-und-klima/downloads/Positionspapier_CCS-Gesetz. pdf. Zugegriffen: 01.02.2013.

Geschäftsbericht 2012 der EO.N SE. http://www.eon.com/content/dam/eon-com/ueberuns/GB_2012_D_eon.pdf. Zugegriffen:11.06.2013.

Gesetz über die politischen Parteien.

Gesetz über die Wahrnehmung der Integrationsverantwortung des Bundestages und des Bundesrates in Angelegenheiten der Europäischen Union vom 22.09.2009. In: Bundesgesetzblatt, Teil 1, 60/2009, S. 3022-3025.

Gesetz über die Zusammenarbeit von Bund und Ländern in Angelegenheit der Europäischen Union vom 12.03.1993, zuletzt geändert durch Gesetz vom 22.09.2009.

Gesetz zur Änderung des Gesetzes über die Zusammenarbeit von Bundesregierung und Deutschem Bundestag in Angelegenheiten der Europäischen Union vom 22.09.2009. In: Bundesgesetzblatt, Teil 1, 60/2009, S. 3026-3030.

Gesetz zur Änderung des Gesetzes über die Zusammenarbeit von Bund und Ländern in Angelegenheit der Europäischen Union vom 22.09.2009. In: Bundesgesetzblatt, Teil 1, 60/2009, S. 3031-3035.

Gesetzentwurf der Bundesregierung: Gesetz zur Regelung von Abscheidung, Transport und dauerhafter Speicherung von Kohlendioxid. http://www.bmwi.de/BMWi/Redak tion/PDF/Gesetz/entwurf-abscheidung-transport-kohlendioxid,property=pdf,bereich =bmwi,sprache=de,rwb=true.pdf. Zugegriffen: 30.06.2013.

Gesetzentwurf der Fraktion der FDP: Gesetz zur Veränderung der Verfassung für das Land Nordrhein-Westfalen (Drucksache 13/2393 des Landtages von Nordrhein-Westfalen vom 19.03.2002).

Gesetzentwurf der Fraktion Bündnis 90/Die Grünen: Gesetz zur Nutzung erneuerbarer Wärmeenergie in Nordrhein-Westfalen (Drucksache 14/5576 des Landtages von Nordrhein-Westfalen vom 27.11.2007).

Gesetzentwurf der Fraktion Bündnis 90/Die Grünen: Gesetz zur Stärkung der Stadtwerke im Energiemarkt- Stadtwerkerettungsgesetz (StaRG) (Drucksache 14/10585 des Landtages von Nordrhein-Westfalen vom 26.01.2010).

Große Anfrage 15 der Fraktion Bündnis 90/Die Grünen: Klimaschutz in NRW (Drucksache 14/4604 des Landtages von Nordrhein-Westfalen vom 22.06.2007).

Große Anfrage 31 der Fraktion Bündnis 90/Die Grünen: Stand und Perspektive der Windenergie in NRW (Drucksache 14/8994 des Landtages von Nordrhein-Westfalen vom 09.04.2009).

Grünbuch der Kommission der Europäischen Gemeinschaften an den Rat, das Europäische Parlament, den Europäischen Wirtschafts- und Sozialausschuss und den Ausschuss der Regionen: Anpassung an den Klimawandel in Europa – Optionen für Maßnahmen in der EU, KOM (2007) 354, Brüssel 29.06.2007.

Grundgesetzes für die Bundesrepublik Deutschland.

Intergouvernemental Panel on Climate Change (Hrsg.): Klimaänderung 2007: Synthesebericht. Zusammenfassung für politische Entscheidungsträger. http://www.ipcc.ch/ pdf/reports-nonUN-translations/deutch/IPCC2007-SYR-german.pdf. Zugegriffen: 01.02.2013.

Internetseite der Forschungs-Initiative NRW in Europa. http://fine.phil-fak.uni-duessel dorf.de/fine/das-projekt. Zugegriffen: 01.02.2013.

Internetangebot der „Conference of the committees of the national Parliaments of the European Union Member States". www.cosac.eu. Zugegriffen: 01.02.2013.

Internetangebot von IPEX. http://www.ipex.eu/IPEXL-WEB/home/home.do. Zugegriffen: 01.02.2013.

Internetangebot der „Conference of European Regional Legislative Assemblies". www.calrenet.eu. Zugegriffen: 01.02.2013.

Internetangebot der „Conference of European regions with legislative power". http://www.regleg.eu. Zugegriffen: 01.02.2013.

Internetangebot der Deutschen Emissionshandelsstelle im Umweltbundesamt. http://www.dehst.de. Zugegriffen: 01.02.2013.

Internetangebot der E.ON SE: Transparenz für mehr Klimaschutz. http://www.eon.com/ de/nachhaltigkeit/umwelt/klimaschutz/co2-berichterstattung.html. Zugegriffen: 11.06.2013.

Internetangebot der ThyssenKrupp AG: ThyssenKrupp kompakt. Konzern in Zahlen. http://www.thyssenkrupp.com/de/konzern/konzernzahlen.html. Zugegriffen: 11.06.2013.

Internetangebot von Électricité de France: Key Figures 2012. http://about-us.edf.com/ profile/key-figures-43669.html. Zugegriffen: 28.06.2013.

Internetglossar des Bundesministeriums für Umwelt, Naturschutz und Reaktorsicherheit. http://www.bmu.de/themen/klima-energie/klimaschutz/internationale-klimapolitik/ glossar. Zugegriffen: 01.02.2013.

Koalitionsvertrag von CDU, CSU und SPD vom 11.11.2005. http://www.cdu.de /sites/de fault/files/media/dokumente/05_11_11_Koalitionsvertrag_Langfassung_navigierbar _0.pdf. Zugegriffen: 01.05.2014.

Landesamt für Natur, Umwelt und Verbraucherschutz Nordrhein-Westfalen (Hrsg): Treibhausgas-Emissionsinventar Nordrhein-Westfalen 2010. http://www.lanuv.nrw. de/klima/pdf/Treibhausgas_Emissionsinventar.pdf. Zugegriffen: 01.02.2013, Reck-linghausen 2012.

Landesamt für Natur, Umwelt und Verbraucherschutz Nordrhein-Westfalen: Übersicht über die CO_2-Emissionen der Energiewirtschaft und der Industrie in NRW aufge-schlüsselt nach Unternehmen (Zusendung auf Anfrage des Verfassers im Juni 2013).

Leitantrag des SPD-Parteivorstandes: „Unser Weg in die ökologische Ökonomie – Für einen New Deal von Wirtschaft, Umwelt und Beschäftigung" vom 20.08.2007. http://www.rhombos.de/fileadmin/content/picture/SDP_ Leitantrag.pdf. Zugegriffen: 30.06.2013.

Lübecker Erklärung der deutschen Landesparlamente vom 31. März 2003: Bekenntnis zum Föderalismus und zur Subsidiarität – Landesparlamente stärken! In: Der Präsi-dent des Schleswig-Holsteinischen Landtages (Hrsg.) 2003: Föderalismuskonvent der deutschen Landesparlamente – Dokumentation. https://www.landtag.ltsh.de/ export/sites/landtagsh/downloads/infomaterial/schriftenreihe/sr-heft-01_foederalis muskonve nt.pdf. Zugegriffen: 01.03.2013, Kiel, S. 89-94.

Ministerium für Klimaschutz, Umwelt, Landwirtschaft, Natur- und Verbraucherschutz des Landes Nordrhein-Westfalen: Energie. Daten NRW 2011, Düsseldorf 2011.

Ministerium für Wirtschaft, Energie, Bauen, Wohnen und Verkehr des Landes Nordrhein-Westfalen: Mit neuen Chancen und Ideen die Energiewende aktiv gestalten. Wirtschaftsbericht 2012, Düsseldorf 2012.

Ministerium für Wirtschaft, Mittelstand und Energie des Landes Nordrhein-Westfalen/Ministerium für Umwelt und Naturschutz, Landwirtschaft und Verbraucherschutz des Landes Nordrhein-Westfalen (Hrsg.): Dialog Wirtschaft und Umwelt in Nordrhein-Westfalen. Zwischenbilanz. http://www.dwu.nrw.de/wir_ueber_uns/downloads/Zwischenbilanz.pdf. Zugegriffen: 01.05.2014, Düsseldorf 2008.

Ministerium für Wirtschaft, Mittelstand und Energie des Landes Nordrhein-Westfalen: Mit Energie in die Zukunft – Klimaschutz als Chance. Energie- und Klimaschutzstrategie Nordrhein-Westfalen, Düsseldorf 2008. http://www.wirtschaftnrw.de/zAblage_PDFs/Energie-_und_Klimaschutzstrategie_Nordrhein_Westfalen_290408.pdf. Zugegriffen: 21.04.2009.

Mitteilung der Kommission der Europäischen Gemeinschaften an den Rat, an das Europäische Parlament, an den Europäischen Wirtschafts- und Sozialausschuss und an den Ausschuss der Regionen: Strategie für eine erfolgreiche Bekämpfung der globalen Klimaänderung, KOM (2005) 35, Brüssel 09.02.2005.

Mitteilung der Kommission der Europäischen Gemeinschaften an den Europäischen Rat und das Europäische Parlament: Eine Energiepolitik für Europa, KOM (2007) 1, Brüssel 10.01.2007.

Mitteilung der Kommission der Europäischen Gemeinschaften an den Rat, das Europäische Parlament, den Europäischen Wirtschafts- und Sozialausschuss und den Ausschuss der Regionen: Begrenzung des globalen Klimawandels auf 2 Grad Celsius. Der Weg in die Zukunft bis 2020 und darüber hinaus, KOM (2007) 2, Brüssel 10.01.2007.

Mitteilung der Kommission der Europäischen Gemeinschaften an den Rat, das Europäische Parlament, den Europäischen Wirtschafts- und Sozialausschuss und den Ausschuss der Regionen: 20 und 20 bis 2020. Chancen Europas im Klimawandel, KOM (2008) 30, Brüssel 23.01.2008.

Müller, Peter: Klima-Gipfel: Rüttgers mahnt Merkel zu Härte. In: Handelsblatt.com vom 01.12.2008. http://www.handelsblatt.com/politik/deutschland/eu-klima-gipfel-ruettgers-mahnt-merkel-zu-haerte/3071092.html. Zugegriffen: 01.02.2013.

Nachhaltigkeitsbericht 2011 der E.ON SE. http://www.eon.com/content/dam/eon-com/Nachhaltigkeit/E.ON_Nachhaltigkeitsbericht2011.pdf. Zugegriffen: 11.6.2013.

Nachhaltigkeitsbericht 2012 der RWE AG. http://www.rwe.com/web/cms/mediablob/de/1888352/data/10122/3/rwe/ueber-rwe/RWE-CR-Bericht-2012.pdf. Zugegriffen: 11.06.2013.

Nationaler Allokationsplan für die Bundesrepublik 2005-2007. http://www.bmu.de/fileadmin/bmu-import/files/pdfs/allgemein/application/pdf/nap_kabinettsbeschluss.pdf. Zugegriffen: 09.07.2013.

Nationaler Allokationsplan für die Bundesrepublik Deutschland 2008-2012. http://www.bmu.de/fileadmin/bmu-import/files/emissionshandel/downloads/application/pdf/nap_2008_2012.pdf. Zugegriffen: 01.02.2013.

Papier des Hohen Vertreters und der Europäischen Kommission für den Europäischen Rat: Klimawandel und internationale Sicherheit. http://www.consilium.europa.eu/ueDocs/cms_Data/docs/pressdata/DE/reports/99391.pdf. Zugegriffen: 01.02.2013, Brüssel 14.03.2008.

Plenarprotokoll 842 des Bundesrates der Bundesrepublik Deutschland vom 13.03.2008.

Plenarprotokoll 14/3 des Landtages von Nordrhein-Westfalen vom 06.07.2005.

Plenarprotokoll 14/5 des Landtages von Nordrhein-Westfalen vom 14.07.2005.

Plenarprotokoll 14/6 des Landtages von Nordrhein-Westfalen vom 01.09.2005.

Plenarprotokoll 14/7 des Landtages von Nordrhein-Westfalen vom 14.09.2005.

Plenarprotokoll 14/15 des Landtages von Nordrhein-Westfalen vom 14.12.2005.

Plenarprotokoll 14/23 des Landtages von Nordrhein-Westfalen vom 15.03.2006.

Plenarprotokoll 14/26 des Landtages von Nordrhein-Westfalen vom 06.04.2006.

Plenarprotokoll 14/29 des Landtages von Nordrhein-Westfalen vom 17.05.2006.

Plenarprotokoll 14/40 des Landtages von Nordrhein-Westfalen vom 28.09.2006.

Plenarprotokoll 14/44 des Landtages von Nordrhein-Westfalen vom 16.11.2006.

Plenarprotokoll 14/45 des Landtages von Nordrhein-Westfalen vom 06.12.2006.

Plenarprotokoll 14/50 des Landtages von Nordrhein-Westfalen vom 25.01.2007.

Plenarprotokoll 14/52 des Landtages von Nordrhein-Westfalen vom 05.02.2007.

Plenarprotokoll 14/56 des Landtages von Nordrhein-Westfalen vom 09.03.2007.

Plenarprotokoll 14/64 des Landtages von Nordrhein-Westfalen vom 13.06.2007.

Plenarprotokoll 14/65 des Landtages von Nordrhein-Westfalen vom 14.06.2007.

Plenarprotokoll 14/67 des Landtages von Nordrhein-Westfalen vom 23.08.2007.

Plenarprotokoll 14/71 des Landtages von Nordrhein-Westfalen vom 24.10.2007.

Plenarprotokoll 14/73 des Landtages von Nordrhein-Westfalen vom 14.11.2007.

Plenarprotokoll 14/75 des Landtages von Nordrhein-Westfalen vom 16.11.2007.

Plenarprotokoll 14/76 des Landtages von Nordrhein-Westfalen vom 05.12.2007.

Plenarprotokoll 14/78 des Landtages von Nordrhein-Westfalen vom 07.12.2007.

Plenarprotokoll 14/79 des Landtages von Nordrhein-Westfalen vom 19.12.2007.

Plenarprotokoll 14/82 des Landtages von Nordrhein-Westfalen vom 24.01.2008.

Plenarprotokoll 14/83 des Landtages von Nordrhein-Westfalen vom 20.02.2008.

Plenarprotokoll 14/86 des Landtages von Nordrhein-Westfalen vom 13.03.2008.

Plenarprotokoll 14/87 des Landtages von Nordrhein-Westfalen vom 16.04.2008.

Plenarprotokoll 14/89 des Landtages von Nordrhein-Westfalen vom 14.05.2008.

Plenarprotokoll 14/94 des Landtages von Nordrhein-Westfalen vom 18.06.2008.

Plenarprotokoll 14/98 des Landtages von Nordrhein-Westfalen vom 28.08.2008.

Plenarprotokoll 14/100 des Landtages von Nordrhein-Westfalen vom 18.09.2008.

Plenarprotokoll 14/102 des Landtages von Nordrhein-Westfalen vom 22.10.2008.

Plenarprotokoll 14/106 des Landtages von Nordrhein-Westfalen vom 13.11.2008.

Plenarprotokoll 14/107 des Landtages von Nordrhein-Westfalen vom 03.12.2008.

Plenarprotokoll 14/109 des Landtages von Nordrhein-Westfalen vom 17.12.2008.

Plenarprotokoll 14/110 des Landtages von Nordrhein-Westfalen vom 18.12.2008.

Plenarprotokoll 14/115 des Landtages von Nordrhein-Westfalen vom 11.02.2009.

Plenarprotokoll 14/116 des Landtages von Nordrhein-Westfalen vom 12.02.2009.

Plenarprotokoll 14/122 des Landtages von Nordrhein-Westfalen vom 06.05.2009.

Plenarprotokoll 14/126 des Landtages von Nordrhein-Westfalen vom 24.06.2009.

Plenarprotokoll 14/129 des Landtages von Nordrhein-Westfalen vom 09.09.2009.
Plenarprotokoll 14/131 des Landtages von Nordrhein-Westfalen vom 11.09.2009.
Plenarprotokoll 14/132 des Landtages von Nordrhein-Westfalen vom 07.10.2009.
Plenarprotokoll 14/133 des Landtages von Nordrhein-Westfalen vom 08.10.2009.
Plenarprotokoll 14/134 des Landtages von Nordrhein-Westfalen vom 04.11.2009.
Plenarprotokoll 14/135 des Landtages von Nordrhein-Westfalen vom 05.11.2009.
Plenarprotokoll 14/136 des Landtages von Nordrhein-Westfalen vom 02.12.2009.
Plenarprotokoll 14/142 des Landtages von Nordrhein-Westfalen vom 03.02.2010.
Plenarprotokoll 14/144 des Landtages von Nordrhein-Westfalen vom 09.03.2010.
Plenarprotokoll 14/145 des Landtages von Nordrhein-Westfalen vom 10.03.2010.
Plenarprotokoll 14/149 des Landtages von Nordrhein-Westfalen vom 25.03.2010.
Plenarprotokoll 16/163 des Deutschen Bundestages vom 29.05.2008.
Positionspapier der „Allianz der wirtschaftsstarken Regionen Europas mit einem hohen Anteil an energieintensiven Industriebetrieben", Linz 17.09.2008 und Brüssel 08.10.2008.
Pressemitteilung des Landtages von Nordrhein-Westfalen vom 13.12.2012: Stärkung des nordrhein-westfälischen Parlamentarismus. http://www.nrw.de/landesregierung/staer kung-des-nordrhein-westfaelischen-parlamentarismus-13854/. Zugegriffen: 02.05.2014.
Pressemitteilung des Ministeriums für Arbeit, Integration und Soziales des Landes Nordrhein-Westfalen vom 09.06.2011: Minister Schneider: Energieintensive Industrien gehören zu Nordrhein-Westfalen – Wenn Grundstoffindustrien verschwinden, gehen uns Wertschöpfungsketten und Arbeitsplätze verloren / 4. Kongress des Europäischen Metallgewerkschaftsbundes in Duisburg. http://www.nrw.de/meldungen-der-landesregierung/schneider-energieintensive-industrien-gehoeren-zu-nordrhein-westfalen-11038/. Zugegriffen: 11.06.2013.
Pressemitteilung des Rates der Europäischen Union zur 2874. Tagung des Rates Umwelt, Rat 9959/08 (Presse 149), Luxemburg 05.06.2008.
Pressemitteilung des Rates der Europäischen Union zur 2898. Tagung des Rates Umwelt, Rat 13857/08 (Presse 282), Luxemburg 20.10.2008.
Protokoll über die Rolle der einzelstaatlichen Parlamente in der Europäischen Union. In: Amtsblatt der Europäischen Union vom 29.12.2006, C 321 E/227-228.
Protokoll über die Rolle der nationalen Parlamente in der Europäischen Union. In: Amtsblatt der Europäischen Union vom 17.12.2007, C 306/148-150.
Protokoll über die Rolle der nationalen Parlamente in der Europäischen Union. In: Amtsblatt der Europäischen Union vom 30.03.2010, C 83/203-205.
Protokoll über die Anwendung der Grundsätze der Subsidiarität und der Verhältnismäßigkeit In: Amtsblatt der Europäischen Union vom 30.03.2010, C 83/206-209.
Protokoll vom 22. Parteitag der CDU Deutschland am 01. und 02.12.2008 in Stuttgart. http://www.kas.de/upload/ACDP/CDU/Protokolle_Parteitage/2008-11-30-12-02_ Protokoll_22.Parteitag_Stuttgart.pdf. Zugegriffen: 01.02.2013.
Protokoll von Kyoto zum Rahmenübereinkommen der Vereinten Nationen über Klimaänderungen. http://unfccc.int/resource/docs/convkp/kpger.pdf. Zugegriffen: 01.02.2013.

Regierungserklärung des Bundesministers für Umwelt, Naturschutz und Reaktorsicherheit, Sigmar Gabriel, zur Klimapolitik der Bundesregierung nach den Beschlüssen des Europäischen Rates vor dem Deutschen Bundestag am 26. April 2007 in Berlin. In: Bulletin der Bundesregierung 46-1, Berlin 26.04.2007.

Rede der Halbjahrespressekonferenz der Vorstände der RWE AG Jürgen Großmann und Rolf Pohlig am 14.08.2008. http://www.rwe.com/web/cms/mediablob/de/114472/ data/114520/3/rwe/investor-relations/de-pressekonferenzrede-grossmann-pohlig-pdf. pdf. Zugegriffen: 01.02.2013.

Rede von Ministerpräsidentin Hannelore Kraft anlässlich der Übernahme der Bundesratspräsidentschaft in der 876. Sitzung des Bundesrates am 05. November 2010. http://www.nrw.de/web/media_get.php?mediaid=15077&fileid=43203&sprachid=1. Zugegriffen: 24.04.2014.

Richtlinie 96/61/EG des Rates vom 24.09.1996 über die integrierte Vermeidung und Verminderung der Umweltverschmutzung.

Richtlinie 2003/87/EG des Europäischen Parlaments und des Rates vom 13.10.2003 über ein System für den Handel mit Treibhausgasemissionszertifikaten in der Gemeinschaft und zur Änderung der Richtlinie 96/61/ EG des Rates.

Richtlinie 2009/28/EG des Europäischen Parlaments und des Rates vom 23.04.2009 zur Förderung der Nutzung von Energie aus erneuerbaren Quellen.

Richtlinie 2009/29/EG des Europäischen Parlaments und des Rates vom 23.04.2009 zur Änderung der Richtlinie 2003/87/EG zwecks Verbesserung und Ausweitung des Systems für den Handel mit Treibhausgasemissionszertifikaten in der Gemeinschaft.

Richtlinie 2009/30/EG des Europäischen Parlaments und des Rates vom 23.04.2009 zur Änderung der Richtline 98/70/EG im Hinblick auf die Spezifikationen für Otto-, Diesel- und Gasölkraftstoffe und die Einführung eines Systems zur Überwachung und Verringerung der Treibhausgasemissionen bei der Verwendung von für den Straßenverkehr bestimmten Kraftstoffen, zur Änderung der Richtlinie 1999/32/EG des Rates im Hinblick auf die Spezifikationen für von Binnenschiffen gebrauchte Kraftstoffe und zur Aufhebung der Richtlinie 93/12/EWG.

Richtlinie 2009/31/EG des Europäischen Parlaments und des Rates vom 23.04.2009 über die geologische Speicherung von Kohlendioxid und zur Änderung der Richtlinien 85/337/EWG des Rates sowie der Richtlinien 2000/60/EG, 2001/80/EG, 2004/35/EG, 2006/12/EG sowie der Verordnung (EG) Nr. 1013/2006.

Schlussfolgerungen des Rates der EU (Umwelt) vom 28.06.2007, Rat 11429/ 07, Brüssel 04.07.2007.

Schlussfolgerungen des Rates der EU (Umwelt) vom 03.03.2008, Rat 7251/ 08, Brüssel 04.03.2008.

Schlussfolgerungen des Rates der EU vom 20.02.2007: Ziele der EU für die Weiterentwicklung der internationalen Klimaschutzregelung über das Jahr 2012 hinaus, Rat 6621/07, Brüssel 21.02.2007.

Schlussfolgerungen des Vorsitzes des Europäischen Rates vom 08./09.03.2007, Rat 7224/07, Brüssel 09.03.2007.

Schlussfolgerungen des Vorsitzes des Europäischen Rates vom 13./14.03.2008, Rat 7652/1/08, Brüssel 20.05.2008.

Schriftliche Fragen mit den in der Woche vom 02. Mai 2005 eingegangenen Antworten der Bundesregierung (Drucksache 15/5434 des Deutschen Bundestages vom 06.05.2005).

Statistik der Kohlenwirtschaft e. V. (Hrsg.): Der Kohlenbergbau in der Energiewirtschaft der Bundesrepublik Deutschland im Jahre 2011. http://www.kohlenstatistik.de/files/ silberbuch_2011.pdf. Zugegriffen: 01.02.2013, Herne/Köln 2012.

Stern-Review: Der wirtschaftliche Aspekt des Klimawandels. Zusammenfassung der Schlussfolgerungen – kurze Version. Stern-Review: Der wirtschaftliche Aspekt des Klimawandels. Zusammenfassung der Schlussfolgerungen - kurze Version. http://webarchive.nationalarchives.gov.uk/+/http://www.hm-treasury.gov.uk/media/ A/9/stern_shortsummary_german .pdf oder http://unfccc.int/files/meetings/dialogue/ application/pdf/wp_20_ add.1_g.pdf. Zugegriffen: 01.02.2013.

Time Magazin vom 29. Oktober 2007.

Umweltbundesamt: Kraftwerke in Deutschland ab 100 Megawatt elektrischer Leistung. http://www.umweltbundesamt.de/energie/archiv/kraftwerke_in_deutschland.pdf. Zugegriffen: 11.06.2013.

Vereinbarung zwischen Landtag und Landesregierung über die Unterrichtung des Landtags durch die Landesregierung – Parlamentsinformationsvereinbarung – (Anlage der Drucksache 14/9787 des Landtags von Nordrhein-Westfalen vom 03.09.2009).

Vereinbarung zwischen Landtag und Landesregierung über die Unterrichtung des Landtags durch die Landesregierung – Parlamentsinformationsvereinbarung – (Anlage der Drucksache 14/11070 des Landtags von Nordrhein-Westfalen vom 27.04.2010).

Vereinbarung zwischen Landtag und Landesregierung über die Unterrichtung des Landtags durch die Landesregierung (Anlage der Drucksache 16/1724 des Landtags von Nordrhein-Westfalen vom 14.12.2012).

Vermerk des Generalsekretariats des Rates für die Delegation: Energie und Klimawandel – Bestandteile des endgültigen Kompromisses vom 11./12 Dezember 2008, Rat 17215/08, Brüssel 12.12.2008.

Vermerk des Vorsitzes für den AStV/Rat zur Vorbereitung der Tagung des Rates (Umwelt) am 05. Juni 2008 und der Tagung des Rates (Verkehr, Telekommunikation und Energie) (Tagungsteil Energie) am 06. Juni 2008, Rat 9648/08, Brüssel 26.05.2008.

Verordnung (EG) Nr. 443/2009 des Europäischen Parlaments und des Rates vom 23. April 2009 zur Festsetzung von Emissionsnormen für neue Personenkraftwagen im Rahmen des Gesamtkonzepts der Gemeinschaft zur Verringerung der CO_2-Emissionen von Personenkraftwagen und leichten Nutzfahrzeugen.

Vorschlag der Kommission der Europäischen Gemeinschaften für eine Entscheidung des Europäischen Parlaments und des Rates über die Anstrengungen der Mitgliedstaaten zur Reduktion ihrer Treibhausgasemissionen mit Blick auf die Erfüllung der Verpflichtungen der Gemeinschaft zur Reduktion der Treibhausgasemissionen bis 2020, KOM (2008) 17, Brüssel 23.01.2008.

Vorschlag der Kommission der Europäischen Gemeinschaften für eine Richtlinie des Europäischen Parlaments und des Rates über die geologische Speicherung von Kohlendioxid und zur Änderung der Richtlinien 85/337/EWG und 96/61/EG des Rates sowie der Richtlinie 2000/60/EG, 2001/80/EG, 2004/35/EG, 2006/12/EG und der Verordnung (EG) Nr. 1013/ 2006, KOM (2008) 30, Brüssel 23.01.2008.

Vorschlag der Kommission der Europäischen Gemeinschaften für eine Richtlinie des Europäischen Parlaments und des Rates zur Förderung der Nutzung von Energie aus erneuerbaren Quellen, KOM (2008) 19, Brüssel 23.01.2008.

Vorschlag der Kommission der Europäischen Gemeinschaften für eine Richtlinie des Europäischen Parlaments und des Rates zur Änderung der Richtlinie 2003/87/EG zwecks Verbesserung und Ausweitung des Systems für den Handel mit Treibhausgasemissionszertifikaten in der Gemeinschaft, KOM (2008) 16, Brüssel 23.01.2008.

Webportal des Umweltbundesamtes für die Abfrage von Emissionsdaten. www.thru.de. Zugegriffen:11.06.2013.

Interviews[682]

Brockes, Dietmar
> Mitglied des Landtages von Nordrhein Westfalen (FDP-Fraktion), Sprecher der Fraktion im Ausschuss für Wirtschaft, Mittelstand und Energie, Vertreter des Landes NRW im Ausschuss der Regionen.
> Interview am 26.01.2010 in Düsseldorf.

Ellerbrock, Holger
> Mitglied des Landtages von Nordrhein Westfalen (FDP-Fraktion), Sprecher der Fraktion im Ausschuss für Umwelt, Naturschutz, Landwirtschaft und Verbraucherschutz.
> Interview am 16.12.2009 in Düsseldorf.

Dr. Epping, Christoph
> Referent im Arbeitskreis Wirtschaft, Mittelstand und Energie der SPD-Fraktion im Landtag von Nordrhein-Westfalen.
> Interview am 26.01.2010 in Düsseldorf.

Dr. Hoffmann, Heidi
> Referentin in der Staatskanzlei des Landes Nordrhein-Westfalen, Abteilung Europa und internationale Angelegenheiten, Referat Grundsatzfragen der EU-Förderprogramme; Koordination der europäischen Fachpolitiken.
> Interview am 16.10.2010 in Düsseldorf.

---

682 Der Verfasser hat weitere Interviews geführt, die hier nicht aufgeführt werden, weil die entsprechenden Interviewpartner(innen) hier nicht genannt werden wollten.

Janik, Michael
> Leiter des Fachbereichs Energie- und Umweltwirtschaft, Wettbewerbspolitik bei der Vertretung des Landes Nordrhein-Westfalen bei der Europäischen Union. Interview am 05.07.2010 in Brüssel.

Mertes, Michael
> Staatssekretär für Bundesangelegenheiten, Europa und Medien und Bevollmächtigter des Landes Nordrhein-Westfalen beim Bund. Interview am 15.06.2010 in Düsseldorf.

Priggen, Rainer
> Mitglied des Landtages von Nordrhein Westfalen (Fraktion Bündnis90/ Die Grünen), Sprecher der Fraktion im Ausschuss für Wirtschaft, Mittelstand und Energie. Interview am 05.01.2010 in Düsseldorf.

Remmel, Johannes
> Mitglied des Landtages von Nordrhein Westfalen (Fraktion Bündnis90/ Die Grünen), Parlamentarischer Geschäftsführer der Fraktion, Sprecher der Fraktion im Ausschuss für Umwelt, Naturschutz, Landwirtschaft und Verbraucherschutz. Interview am 21.01.2010 in Düsseldorf.

Römer, Norbert
> Mitglied des Landtages von Nordrhein Westfalen (SPD-Fraktion), Mitglied im Ausschuss für Wirtschaft, Mittelstand und Energie, Mitglied im Ältestenrat, stellvertretender Fraktionsvorsitzender. Interview am 26.01.2010 in Düsseldorf.

Dr. Rörig, Andreas
> E.ON SE, EU-Repräsentanz. Interview am 26.05.2010 telefonisch Duisburg/Brüssel.

Schäufele, Marcel
> Bundesverband der Energie- und Wasserwirtschaft e.V., Strategie und Politik. Interview am 11.06.2010 telefonisch Duisburg/Berlin.

Stinka, André
> Mitglied des Landtages von Nordrhein Westfalen (SPD-Fraktion), Mitglied im Ausschuss für Wirtschaft, Mittelstand und Energie, Mitglied im Ausschuss für Umwelt, Naturschutz, Landwirtschaft und Verbraucherschutz. Interview am 08.12.2010 in Düsseldorf.

Veit, Sebastian
> E.ON SE., Abteilung Politik. Interview am 26.05.2010 telefonisch Duisburg/Düsseldorf.

Weisbrich, Christian
Mitglied des Landtages von Nordrhein Westfalen (CDU-Fraktion), Mitglied im
Ausschuss für Wirtschaft, Mittelstand und Energie, zum Zeitpunkt des Inter-
views in der 15. WP: Sprecher der Fraktion im Haushalts- und Finanzausschuss,
Mitglied im Ältestenrat, stellvertretender Fraktionsvorsitzender.
Interview am 10.09.2010 in Düsseldorf.

The manufacturer's authorised representative in the EU is Springer
Nature Customer Service Centre GmbH, Europaplatz 3, 69115 Heidelberg,
Germany. If you have any concerns regarding our products, please
contact ProductSafety@springernature.com

Printed and bound by CPI Group (UK) Ltd, Croydon, CR0 4YY
27/04/2026
02097644-0002